U0604947

西华大学
多样化应用型人才培养
试验区论文集

Xihua Daxue
Duoyanghua Yingyongxing Rencai Peiyang
Shiyanqu Lunwenji

主编　何建平
副主编　马力　蒋珍菊　赵修文

四川大学出版社

责任编辑:敬铃凌
责任校对:夏　宇
封面设计:米茄设计工作室
责任印制:李　平

图书在版编目(CIP)数据

西华大学多样化应用型人才培养试验区论文集 / 何建平主编. —成都：四川大学出版社，2011.12
ISBN 978-7-5614-5630-9

Ⅰ.①西…　Ⅱ.①何…　Ⅲ.①西华大学-人才培养-文集　Ⅳ.①G649.287.11-53

中国版本图书馆 CIP 数据核字（2011）第 268333 号

书名	西华大学多样化应用型人才培养试验区论文集
主　　编	何建平
副主编	马　力　蒋珍菊　赵修文
出　　版	四川大学出版社
地　　址	成都市一环路南一段24号 (610065)
发　　行	四川大学出版社
书　　号	ISBN 978-7-5614-5630-9
印　　刷	郫县犀浦印刷厂
成品尺寸	185 mm×260 mm
印　　张	20
字　　数	485 千字
版　　次	2011 年 12 月第 1 版
印　　次	2011 年 12 月第 1 次印刷
定　　价	50.00 元

◆读者邮购本书,请与本社发行科
　联系。电话:85408408/85401670/
　85408023　邮政编码:610065

◆本社图书如有印装质量问题,请
　寄回出版社调换。

◆网址:http://www.scup.cn

序　言

　　西华大学是 2003 年 4 月 16 日经教育部批准，由原四川工业学院和原成都师范高等专科学校合并组建的省属多科性大学。2008 年 9 月 25 日四川经济管理（干部）学院并入西华大学。学校的办学指导思想是：以毛泽东思想、邓小平理论和"三个代表"重要思想为指导，坚持"教学立校、人才强校、特色兴校"的办学思路，确立了培养"真有高尚的人格素养，具有强烈的责任意识，具有扎实的实际能力，具有奋进的改革精神的优秀人才"的人才培养目标，坚持内涵发展，提倡科学精神与人文精神并重，深化教育教学改革，不断提高人才培养质量，培育具有西华特色的校园文化和学术精神。建校以来，为国家培养各类建设人才十六万余名，已经成为四川省科技、经济和社会发展人才和智力支持的重要基地。

　　西华大学在各个不同的时期，能够根据国家政治、经济、文化建设的不同要求，对人才培养模式进行了不懈的探索。在省属本科院校中，是较早进行人才培养模式多样化应用型研究与探索的学校，是四川省地方属高等院校人才培养模式多样化应用型研究与探索的学校，是四川省地方属高等院校人才培养模式创新实验区的建设单位。在这些年的不断探索和实践中，西华在多样化应用型本科人才培养方面积累了较为丰富的经验，能够主动适应地方经济的战略性调整，为发展地方经济培养人才奠定了坚实的基础。

　　这本论文集共收集文章 61 篇，从人才培养模式、专业建设、课程建设、实践教学、考试改革、教学方法等方面，对多样化应用型人才培养的教育教学改革进行了认真的总结和提炼。我相信，该论文集的出版，必将进一步指导学校人才培养的实践，同时为发展地方经济作出更大的贡献。

周之情　二〇一一年
十月

前　言

西华大学是 2003 年 4 月 16 日经教育部批准，由原四川工业学院和原成都师范高等专科学校合并组建的省属重点综合性大学。在历经五十余年的办学生涯中，始终坚持一切从实际出发，以"求是、明德、卓越"为校训，传承"知难而进，自强不息"的优良办学传统，坚持"教学立校、人才强校、特色兴校"的办学思路，确立了培养"具有高尚的人格素养，具有强烈的责任意识，具有扎实的实际能力，具有奋进的改革精神的优秀人才"的人才培养目标，始终以不断提升人才培养质量为办学的根本任务，坚持内涵发展，提倡科学精神与人文精神并重，深化教育教学改革，培育具有西华特色的校园文化和学术精神。建校以来，学校为国家培养各类建设人才 16 万余名，已经成为四川省科技、经济和社会发展人才和智力支持的重要基地。学校正在深化改革，坚持科学发展，努力在人才培养模式上大胆创新，在专业上办出特色，把学校建设成为省内一流、国内知名的教学研究型大学，为西部大开发和四川省的跨越式发展做出贡献。

我校对多样化人才培养的研究可以追溯到本世纪初。当时学校是全国地方工科院校教改协作组主要成员单位，在 2000 年，和兄弟高校一起承担了教育部教改课题《地区性院校理工科本科人才培养模式多样化的研究与实践》，并作为其中理论研究子课题的负责单位做了大量工作，由此推动了西华大学人才培养模式多样化实践的起步。学校在 2002 年开始全面实施学分制，探索了实验班分层培养模式、校企合作办学模式、"3+1"、"2+2"及"1+2+1"分类培养模式，为学生开办双学位和第二专业。特别是 2007 年本科教学工作评估进一步推进了多样化人才培养工作，学校评估结论为优秀。在 2010 年，我校"适应地方经济建设的多样化应用型人才培养的创新试验区"被批准为四川省人才培养模式创新实验区，在全校范围内进一步深化多样化人才培养工作。这些年来，我们坚持"培养为区域经济建设服务的应用型人才"的办学定位，主动适应、不断满足社会需要和学生需求，让我们的学生面向国民经济建设主战场，"下得去、留得住、干得好"，真正为区域经济社会发展贡献力量。

我校多样化人才培养的主要做法是精心制定人才培养方案、努力打造专业特色、在培养过程中抓住几个关键环节。在制定人才培养方案的过程中，以反映专业本质特征为要求，注重通识教育与宽口径专业教育相结合，加强实践环节，培养学生就业创业能力，注重学生可持续发展能力提升。在打造专业特色方面，具体做法是"六个"结合，即校内校外结合，教学科研结合，本硕学习结合，一、二课堂结合，不同专业结合及国际学习结合。狠抓的几个关键环节是狠抓专业建设，推动课程改革和建设，加强实践环节，改革毕业设计（论文）的传统做法。西华大学多样化人才培养的保障措施有教学团队建设、经费支持、教研活动、教学督导团检查和学生评教和建立教师奖励制度。

经过多年的探索，我校多样化人才培养效果凸显。具体表现在多样化人才培养实现招生就业良性循环，近几年，我校招生录取线高于四川省本科控制线40分左右，学生就业率保持在90％左右，实现了"入口旺、出口畅、人才培养质量是保障"的良性循环。特色鲜明的多样化人才培养模式，主要体现在，西华学院创新人才培养模式，凤凰学院校企合作办学，后备军官学院培养空军技术干部，机械工程与自动化学院、交通与汽车工程学院、能源与环境学院卓越工程师试点班效果显著。建立了"2＋2"、"3＋1"、"3.5＋0.5"和"1＋2＋1"等比较成熟的多样化人才培养模式。大学生科技活动蓬勃开展，人才培养多样化上了新的台阶。

基于我校对多样化应用型人才培养模式进一步的探索，基于近些年的教育教学改革进行总结，基于提升教师从事教育教学改革研究的积极性，学校决定出版《西华大学多样化应用型人才培养实验区论文集》。本次共收到的教研教改论文近二百篇，全校教师从人才培养模式、专业建设、课程建设、实践教学、考试改革、教学方法等方面，对我校的多样化应用型人才培养模式进行了认真的总结和提炼。学校高度重视该项工作，组织相关专家对稿件进行了两轮审查。针对专家提出的意见和建议，组织教师对稿件进行了认真的修改。我相信，该论文集的出版，必将进一步指导我校人才培养的实践，同时为发展地方经济作出更大的贡献。

西华大学　何建平

2011 年 10 月

目　录

课程建设

实践教学

人才培养理念、模式

多样化人才培养的探索与实践*

何建平①

（西华大学）

摘　要：多样化人才培养是对人才培养模式的一种有效探索。本文以多样化人才培养是地方院校人才培养模式的战略选择为基本理论依据，结合我校的实际，对多样化人才培养的具体做法和保障措施进行深入的分析、归纳和总结，以具体事例和数据说明我校多样化人才培养的效果正在凸显。

关键词：多样化人才培养；战略选择；培养模式；保障措施

《国家中长期教育改革和发展规划纲要（2010—2020 年)》中提出，"……引导高校合理定位，克服同质化倾向，形成各自的办学理念和风格，在不同层次、不同领域办出特色，争创一流……"胡锦涛在"在庆祝清华大学建校 100 周年大会上的讲话"中指出，"要注重更新教育观念，把促进人的全面发展和适应社会需要作为衡量人才培养水平的根本标准，树立多样化人才观念和人人成才观念，树立终身学习和系统培养观念……"高等学校如何深化人才培养模式改革，充分调动广大师生的积极性和主动性，满足社会对人才多样化的需求和学生的个性发展，实现人才培养模式多样化，培养具有创新精神和实践能力的人才，成为高校教学改革研究的新课题，并受到越来越多的关注和重视。

人才培养的多样化可以从宏观和微观两个角度理解。宏观上看，多样化体现在由不同类型、层次、规模、学科结构和办学形式的高等学校所组成的一个多样化的高等教育体系。微观上看，多样化可以具体到某一类型或层次的学校甚至某一个专业。

一、多样化人才培养是地方院校人才培养模式的战略选择

人才培养模式多样化，是我国经济社会发展的现实需要，是高等教育思想变革的必然性选择，是人才培养从精英教育向大众化教育的转变适应性选择，是尊重学生个性多样化发展的理性选择，也是地方院校为区域经济发展培养应用型人才的战略选择。

（一）多样化人才培养是适应社会经济发展的现实性选择

我国幅员辽阔，各个地区在生产力发展水平、产业结构、地理环境、资源优势、发展战略、发展方式和途径，以及相关的传统文化、生存方式等的差异，形成了地区经济发展

* 基金项目：2010 年四川省地方属高等院校人才培养模式创新试验区建设项目（10SYQ201）研究成果。

① 何建平（1957—），男，教授，硕士生导师，西华大学党委常委、副校长，主要从事高等教育管理和电机与电气传动技术研究。

的不均衡性、多样性和动态性，必然要求高等教育建立能与之相适应的、多样化的人才培养模式及体系。

经济增长和经济发展的动力是产业结构的转换，新产业替代旧产业，高效率产业替代低效率产业，是产业结构转换的必然趋势。产业结构转换是人才需求结构变化的动因，不同区域经济发展的质量和水平决定着人才的结构，而人才结构只有与产业结构相匹配，才能发挥应有的作用。可以说，合理的人才结构是经济社会发展的推进器。

培养出结构合理的人才，成为高校为经济增长和经济发展输送人才的任务。一方面人才供给总量要满足经济增长的需要，另一方面人才供给的结构要与产业结构相匹配。从人才供给总量看，由于近年来招生规模增长，实现了高等教育的历史性跨越，基本上满足了人才增长的数量需求。但从人才供给的结构看，存在人才供给结构与人才需求结构错位的现象，这种现象在现实中的表现就是，一方面高等学校学生就业难，另一方面，很多企业也在为寻求不到合适的多样化人才而苦恼。因此，多样化的人才培养是解决这一问题的有效途径。

（二）多样化人才培养是高等教育思想变革的必然性选择

我国的课程体系长期以来受苏联"专才教育"人才培养思想的影响，过分强调"专业对口、学以致用"，专业划分过细，专业口径过窄。爱因斯坦对过分地强调专业教育，将导致学生知识面狭窄的问题曾提出过尖锐的批评，他说："仅仅用专业知识教育人是不够的。通过专业教育，他可以成为一种有用的机器，但是不能成为一个和谐发展的人。"随着高等教育改革的不断深入，"素质教育"、"终身教育"、"个性化教育"等适应时代发展的教育思想逐渐成为人们的共识。因此，坚持知识、能力、素质并重的教育价值取向，促进学生的个性发展与可持续发展，构建多样化的人才培养模式是高等教育思想变革的必然性选择。

通过对我国高校人才培养模式的考察和案例分析，总结出多样化人才培养的表现形式——高校办学指导思想的多样化、人才培养目标的多样化、培养途径的多样化、专业与课程设置的多样化、教学方法与教学手段的多样化、具体教学与教学管理方式的多样化等。从而为高等学校确立各有特色的人才培养模式提供基本的参照和佐证，推动高等学校尤其是地方院校人才培养模式实现多样化和统一性的和谐发展。

人本主义理论是多样化人才培养的理论基础。人本主义理论认为，人类自身的人格、身体和行为都存在着一个基本的属性。这种基本属性便是潜能。每个人都可以按照他在自身的存在、感受或经验方面具有的潜能来描绘。每个人自身潜能描绘得越仔细、越具体，人们在自身潜能准确意义上的差异也就越明显。对于大多数人来说，学习是为了获得一组潜能。并且，无论人在自身的存在、感觉或经验方面的潜能的性质或内容如何，每一种潜能都是可以实现的。

多样化人才培养的内涵是因地制宜地组合人才培养模式的构成要素（人才培养目标、教育制度、培养方案、教育过程与教育教学运行机制），使之成为适应社会发展和经济变化需要的、适应不同类型和层次人才需要的多种多样的人才培养模式，具有多样性、动态性、特殊性的特征。因此，不同的高校可根据自身的办学实力与条件，结合社会需求进行科学的战略目标定位，构建合适的人才培养模式，形成自身的办学特色。

（三）多样化人才培养是高等教育大众化阶段下的适应性选择

2010 年，全国各类高等教育总规模达到 3105 万人，高等教育毛入学率达到 26.5％，普通高等教育本专科共招生 661.76 万人，我国高等教育已从精英教育转变为大众化教育。然而，在高等教育大众化的过程中，出现了严重的高校同质化现象，较为突出的是高校办学目标定位趋同，脱离实际盲目攀比求高；高校办学层次类型趋同，专科向上发展，本科向下延伸；高校学科专业设置趋同，不管条件盲目兴办所谓热门专业；高校教学计划课程趋同，培养的学生呈现千人一面的现象。

我国高等学校数量众多，规模不一、目标取向和类型各异，其已有的办学传统、办学条件和办学水平以及所处地位，也有较大差异，国家、所在地区对他们的要求和期望也不相同。地方院校的人才培养模式不能单一雷同，必须明确目标，找准位置，扬长避短，发挥优势，办出水平和特色，才能促进自身的发展和进步。

在大众化教育阶段，生源跨度增大，入学对象日趋多样化。学生在求学意志、学习态度、学习方式、知识基础、学习进程等方面都呈现出明显的差异性和多样性的特点。如果用一个统一的标准和模式去要求和培养学生，学生的发展空间将会受到较大的限制。同时，在扩招前，社会需求多样性与人才培养规格单一性的矛盾不是特别突出。现在如果仍用过去的方式方法培养学生，将会造成千人一面，甚至千校一面的结果，学生的就业问题将会特别的凸显。因为培养目标决定学生的培养方向和规格要求，是人才培养的出发点和归宿。所以大众化阶段的高等教育人才观和质量观必须是多样化、多规格的，必须实现从一元质量观到多元质量观的转变，与之相适应的人才培养模式也必将多样化。

（四）多样化人才培养是尊重学生个性多样化发展的理性选择

就学生而言，每个人的个性特点、先天秉赋、兴趣专长、成才需求和职业追求等是不同的。就学校而言，如何培养学生的可持续发展能力是重点要考虑的问题，解决这一问题的途径只能是尊重学生的个性发展和为学生个人的成才提供良好的环境支持，这体现了学校对学生个体的重视和关怀，同时成为高校人才培养和教学改革的基本方向。

传统的教学模式是以"教师为中心、课堂为中心、教材为中心"的三中心教学模式，事实证明，它束缚了学生个性发展，不利于培养学生的创造性、主动性。因此，树立以学生发展为本的教育理念，为学生的个人选择和个人成长成才创造和提供一个宽松、自主、有指导、有帮助的学习环境，鼓励学生按自己的特长和个性特点进行自我设计、自我发展，追求个人潜能的充分发挥，使学生获得社会发展进步所需要的智力、情感、伦理和体力等各方面的素质的整体提升与和谐发展，才能更好地提高学生"做事"和"做人"的能力。要实现这个目标，建立多样化的人才培养模式，遵循人才成长规律和尊重个性发展规律，适应学生全面发展和可持续发展的要求，就成为高校办学的理性选择。

二、西华大学多样化人才培养的探索和主要做法

西华大学对多样化人才培养的研究可以追溯到本世纪初。当时学校是全国地方工科院校教改协作组主要成员单位，在 2000 年，和兄弟高校一起承担了教育部教改课题"地区性院校理工科本科人才培养模式多样化的研究与实践"，并作为其中理论研究子课题的负责单位做了大量工作，由此推动了西华大学人才培养模式多样化实践的起步。学校在

2002 年开始全面实施学分制，探索了实验班分层培养模式、校企合作办学模式、"3+1"、"2+2" 分类培养模式，为学生开办第二专业。特别是 2007 年本科教学工作评估进一步推进了多样化人才培养工作，学校评估结论为优秀。在 2010 年，我校"适应地方经济建设的多样化应用型人才培养的创新试验区"被批准为四川省人才培养模式创新实验区，在全校范围内进一步深化多样化人才培养工作。这些年来，我们坚持"培养为区域经济建设服务的应用型人才"的办学定位，坚持"培养具有高尚的人格素养，强烈的责任意识，扎实的实际能力，奋进的改革精神的优秀人才"的人才培养目标，主动适应、不断满足社会需要和学生需求，让我们的学生面向国民经济建设主战场，"下得去、留得住、干得好"，真正为区域经济社会发展贡献力量。

（一）精心制定人才培养方案

学校从 2010 级学生开始实施新的本科人才培养方案。新的人才培养方案是多样化人才培养的主体基础，主要有以下特点：

（1）通识教育与宽口径专业教育相结合。整个人才培养方案设置为"人格与素养、表达与理解、发展基础、专业与服务、研讨与探究"五大课程群，各专业最低毕业学分设定为 160－180 学分。在人格与素养课程群中，专门设置了"公共艺术、人文社科、科学基础、经济管理、生物环境、大众体育"六个模块，每个模块中设置 8－12 门选修课，以满足学生不同需求。在专业与服务课程群中，设置有多个方向模块课程，允许学生有 30％的替代课程的选择权力。

（2）反映专业本质特征。每个专业均设置核心课程，核心课程是该专业学生的必修课程。

（3）加强实践环节，培养学生就业创业能力。学生实践实验学分占总学分的 30％以上。对在企业实习和做毕业设计（论文）的学生，经批准可用在企业学习的相关课程代替学校课程。

（4）注重学生可持续发展能力提升。根据不同专业的特点，在基础课程中有 A、B 不同学分的课程提供学生选择。同时对学生攻读双学位、修读二专业、辅修专业、跨专业选课也作出相应的规定。

（5）探索学生创新能力培养。专门设置了 5 个学分的研讨与探究课程群，每门课程 1个学分，讲座式、讨论式学习本专业最新技术或理论发展，以及教师科研成果分享。并规定 1 学分为科技创新实践活动，其内容和考核方式由各专业自定。另外，对参加全国大学生各类竞赛活动获奖者给予奖励学分。

（二）努力打造专业特色

专业特色是该专业的生命力所在，也是区别于其他学校同类专业的重要标志。专业特色既是学校办学历史的长期积淀，又要与时俱进地持续发展。我们认为专业特色主要体现在两个方面，一是该专业在社会的影响力，表现为服务区域经济和社会发展的能力和所作出的贡献，主要是结合地方发展的科学研究能够帮助解决政府和企业的实际问题。二是社会对该专业学生的认同度和学生在社会的竞争力，要让用人单位感受到我校学生"上手快、出力多、离不开"。因此专业特色打造就在于人才培养方案、培养模式、教学改革、教材建设、能力培养等各方面的工作，特别是培养学生的实践能力和创新能力。我们的做法是"六个结合"：

（1）校内校外结合。校企共同培养学生，请校外专家和企业高管参与人才培养方案制定和到校授课，在企业实习请工程技术人员授课。同时选派优秀学生到"211"高校作大三交换生学习。

（2）教学科研结合。一方面是教师的科研和工程项目成果进书本，进课堂；另一方面是有条件的专业，大二学生就开始参加教师科研项目。

（3）本硕学习结合。优秀本科生可以选取研究生课程，并替代本科课程学分。这些优秀本科生可以优先保送研究生，在本校研究生期间，免试已学过的课程。

（4）一、二课堂结合。学校每年举办大学生科技文化艺术节，鼓励学生参加学术性实践性活动项目，并计算学分。许多学院建有创新实验室作为学生二课堂活动基地。学校鼓励学生参加全国大学生科技竞赛活动。

（5）不同专业结合。鼓励学生跨专业选修课程和跨专业参加科技竞赛活动，建立了学生学习第二专业通道。

（6）国际学习结合。学校与美国十多所大学有"1－2－1"交换生协议，学生毕业可获得中美两所大学的文凭。学校对学生在校期间自费留学保留学籍，同时为学生短期到国外实习提供方便。

（三）在多样化人才培养过程中抓住几个关键环节

在多样化人才培养过程中要做的工作很多，所有工作对多样化人才培养都有积极作用，我们在工作中重点抓好以下几个关键环节。

（1）狠抓课程改革和建设。课程是人才培养的主体基础，学生能力提升源于课程的有效学习。因此，狠抓课程建设，提高课程建设质量，就是抓住了提高人才培养质量的核心和关键点。

①优化课程体系，建立基于课程群的理论教学体系。根据本科人才培养方案，在五大课程群中，加大力度优化课程体系。一是注重基础知识衔接。有的知识在各个课程群中都会出现，团队（个人无能为力）就应当确定在哪门课中讲深讲透，其余课程一带而过。这样既减少总的学时，又有利于学生对知识点的掌握。二是注重专业知识的整合。将关联度高的课程合二为一，合几为一，突出讲授重要知识，其余部分可与学生自学相结合。同一门课程，可以一个教师讲授，也可以两个教师分段讲授。三是鼓励教师创新课程知识构建。有的专业要求学生掌握一些复合性的课程知识，可能会涉及不同学院的教师，学校鼓励不同学院的教师合作，编写复合性课程的讲义或教材，满足学生多样化的需求。

②改变教学方法，培养学生自学能力。学生通过课程学习，不断学会思考，学会学习的方法。学校提倡教师在教学中改变灌输式的教学方式，引入案例式教学、讨论式教学等，采用生动的教学方法，提高学生的学习兴趣，有讲解，有分析，有思考，有指导，形成课程教学的有效互动。这样不仅仅是让学生把知识"学会"，而通过课程教学让学生"会学"。

③改变考试方式，探究多元化和多维化的课程考核。课程考核是教学活动的最后一环，用于评测教学活动的效果。过去以卷面成绩作为主要考核指标很难适应多样化人才培养的要求，我校探索的多元化和多维化的课程考核一定程度上适应了多样化人才培养的要求，考核涉及知识水平、创新能力和拓展能力等多个方面。知识水平的考核由学生的期中

考试、平时作业、平时测验和期末考试综合而成，创新能力考核由创新实验、专题报告和课外竞赛综合而成，拓展能力考核由课堂表现、课外活动综合而成。

针对多元化的课程考核，学校做了比较明确的一些规定。原则上 2 学分以上的课程都应当进行半期和期末考试，基础课程进行闭卷考试（可以在有些课程进行随堂考试的试点），成绩计入总成绩的一部分。专业课程可以根据专业特点进行形式多样的考核方式，经过学院和教务处同意后实施。学校鼓励学生参加教育部、省教育厅组织的各类与教学相关的竞赛活动，获奖学生可获得相关课程的奖励分数。

（2）加强实践环节。学生实践能力的提升，离不开实践环节的培养。学校高度重视实验室建设和实验教学改革，加大力度改善基础教学的实验条件，尽可能地改善专业教学实验条件，减少了验证性实验，尽可能多地开设综合性、设计性、创新性和技术应用性的实验。学校将所有课程对应的实验列进《实验室建设指南》，逐年投入保证开出更多的教学实验。扩大实验室的对外开放，引进高水平的国际国内公司联合建立实验室。在实验教学方面也实行了学分制，给学生提供方便。允许学生自主申请课外实验，只收取耗材费用，满足学生兴趣和提升动手能力。各学院的创新实验室成为学生课外完成科研小项目和设计制作小产品的基地，发展学生创新能力。

学校有上百个学生校外实习基地，与公司和企业共同探索培养人才新机制，让学生在公司和企业的真实环境中，获得初步的工作经验。除集中实习外，允许已签订就业合同的学生在该企业单独实习和完成毕业设计。鼓励教师到企业短期工作，提高自己的工程实践能力和科研能力，促进产学研结合，满足学生培养的要求。

（3）改革毕业设计（论文）的传统做法。①对已签订或拟签订工作合同的学生，可以在企业完成毕业设计任务。由学校聘请企业技术人员为指导教师，做企业的真实项目，效果较好。②对优秀学生实行毕业设计（论文）任务和时间前移，从大二下期或大三上期跟随教师参加科研项目，以此作为毕业设计（论文）题目，能力提升较快。③对大四在校做毕业设计的学生，除题目尽可能是应用型项目以外，倡导三人左右组成毕业设计（论文）课题组，每人完成其中的一部分，培养学生的团队创新精神，深受学生欢迎。

三、多样化人才培养的保障措施

我校现有人才培养试验区 2 个。特色专业 40 个，其中国家级特色专业 4 个，省级特色专业 14 个，其余为校级特色专业。教学名师 16 人，其中省级教学名师 6 人。精品课程 132 门，其中省级精品课程 29 门，校级精品课程 103 门。省级教学团队 6 个。省级实验示范教学中心 6 个。校级重点课程 123 门。双语课程 51 门，其中省级 5 门。

（一）教学团队建设

教学团队建设是实施多样化人才培养的根本保证。没有教师，就没有专业，没有教学团队，就办不好专业。注重教学团队与科研团队相结合，发挥团队的智慧，以更加开放的视野来思考多样化的人才培养，思考本专业怎样发展，为什么要这样发展，防止专业建设和人才培养游离于该专业发展的主流之外，防止学术边沿化。同时以教学团队建设为抓手，创造条件提升教师教学能力。要求各专业教学团队实现每门课程有当家的教师，每个教师有自己当家的课程，以利于更好地提高人才培养质量。

（二）经费支持

（1）专业建设。在正常的教学运行费之外，学校每年拨出专款，支助国家级特色专业每个 10 万元，省级特色专业每个 6 万元，校级特色专业每个 3 万元，主要用于教师外出学习调研，参加全国性会议等。

（2）课程建设。一次性支助省级精品课程每门 4 万元，校级精品课程每门 1 万元。同时将各专业核心课程选出部分作为校级重点课程建设，也是支助每门课程 1 万元。另外，学校每年还划出专款支持课程教学改革。

（3）实验室建设。学校每年对学科建设和本科教学实验室投入在 2000 万以上。

（三）教研活动

教研活动是专业建设、课程建设和团队建设的重要载体。学校要求各专业教研活动计划每学期初要上报教务处。教研活动，一方面开展研讨教学改革与多样化人才培养的重大问题；另一方面，培养青年教师，帮助他们解决过教学关的问题和教学能力的提升。

（四）教学督导团检查和学生评教

（1）多年来发挥校院两级教学督导组的督导作用。采用随机听课、专题听课等多种计划形式监控教学质量，并参加专项教学检查，对课程考试、课程设计（论文）、毕业实习、设计提出改进意见，以保证教学质量和水平的提升。

（2）学生评教机制健全。学生评教有网上全体学生评教，每学期各班学习委员和随机抽取的每门课程学生信息员（教师不知道该信息员的姓名）直接告知教务处对本期所有课程评教，有利于对教师教学作出公正的评价。

（3）坚持了干部听课制度和教师互相听课制度。

（五）建立教师奖励制度

（1）建立教学突出贡献奖。每年评选 10 人，奖励达到学校教学名师条件以上的教师。

（2）建立教学优秀奖。每两年评选 20 人，奖励课堂教学优秀的教师。

（3）建立校友奖教金。每年奖励 24 名教师，奖励教学工作突出的教师。

（4）设立青年教师讲课大赛奖。每两年奖励 16 名 35 岁以下的青年教师。

四、多样化人才培养效果凸显

（一）多样化人才培养实现招生就业良性循环

近几年，我校招生录取线高于四川省本科控制线 40 分左右，学生就业率保持在 90％左右，实现了"入口旺、出口畅、人才培养质量是保障"的良性循环。

（二）特色鲜明的多样化人才培养模式

（1）西华学院创新人才培养模式。每年在新生中选拔 70 人，基础课程学习内容多于普通学生。有专门的科研导师和 5 学分科研项目课程与实践，每人有 500 元的小科研经费，每个年级有 20 万元出国交流学习经费和专门的参加大学生全国竞赛活动经费。每个学生毕业前发表 1 篇科研论文和作 1 次学术报告。对西华学院的学生设有专门的奖励政策和淘汰机制。

（2）凤凰学院校企合作办学。学校与凤凰卫视合作组建凤凰学院，并聘请凤凰卫视著名主持人阮次山先生为名誉院长。学院实施校企合作新的人才培养模式，培养新闻传媒、数字媒体方面的高端人才。凤凰学院协助拍摄的《山顶洞人》和《警察爸爸》两期专题节目均在央视播出。

（3）后备军官学院培养空军技术干部。每年我校招收80名左右的空军国防生，培养"军政技兼备、以技术为主"的空军技术干部，实施军政素质及管理能力、多学科基础及信息化能力双重培养体系。2008年汶川大地震时部分学生和学院干部还参加了都江堰地震灾区现场抗震救灾活动，并受到嘉奖。2010年5月6日，共青团中央、教育部联合发文《关于表彰"全国三好学生"、"全国优秀学生干部"和"全国先进班集体"的决定》（中青联发〔2010〕17号），对两年来在创先争优活动中取得突出成绩的个人和班集体予以表彰，西华大学后备军官学院2005级国防生2班获得"全国先进班集体"荣誉称号。毕业生的军政素质和业务素质深受空军部队首长的和基层的好评。

（4）机械工程与自动化学院、交通与汽车工程学院、能源与环境学院卓越工程师试点班效果显著。其做法是依托教育部和省级重点实验室，整合专业资源，重点按照工程实际要求培养学生的工程设计能力和实践创新能力。

（5）各学院依托创新实验室提升学生实践能力。其中代表性的有机械学院的足球机器人、汽车学院的方程式赛车、电气学院的电子设计竞赛等等。其中测控专业学生在电气学院创新实验室锻炼后，动手能力大幅提升，深受用人单位欢迎，该专业就业率从70％上升到96％。

（三）"2＋2"、"3＋1"、"3.5＋0.5"等比较成熟的多样化人才培养模式

通过多样化人才培养的实践，主要形成了"2＋2"和"3＋1"的人才培养模式，即前两年或三年各学院相近专业课程相同，以后再分专业学习。在此基础上，派生出"1＋2＋1"、"3.5＋0.5"等模式。特别是"3＋1"、"3.5＋0.5"模式中后续课程及毕业设计（论文）在企业完成的，效果更好。学校与长安集团、东方电气集团等一大批企业建立了校企合作关系。

（四）大学生科技活动蓬勃开展，人才培养多样化上新的台阶

学校每年举办大学生科技文化艺术节，让所有学生都有参加科技活动的机会。学校开设1学分科技创新实践活动课程，引导、激发学生的实践创新能力。学校鼓励优秀学生从大二开始参与教师的科研活动，并每年拨出专款，资助大学生科研项目，支持各学生协会开展课外科技活动，支持学生参加全国大学生科技竞赛。据不完全统计，仅2010－2011年，我校大学生参加全国大学生电子设计竞赛、中国大学生方程式汽车大赛、全国大学生"飞思卡尔"杯智能汽车竞赛、"高教杯"全国大学生数学建模竞赛、"林海雪原杯"全国机器人大赛、全国三维数字化创新设计大赛、物理实验竞赛、全国周培源大学生力学竞赛、"利尔达杯"首届全国物联网应用设计大赛等重要科技竞赛，获得国家级奖78项，省级奖120项，其中，国家级一等奖14项，二等奖19项，三等奖45项，省级一等奖19项，二等奖37项，三等奖64项。

我校交通与汽车工程学院赵刚、许俊、闵文、张志强、陈舒扬、许俊、杨勇等四十余名同学组成的西华大学FSC车队，在首届（2010年）及第二届（2011年）中国大学生方程式汽车大赛（Formula Student China，FSC）上，分别获得总分位列第三、季军及总分

第五、赛车造型设计一等奖的好成绩。机械工程与自动化学院张宇涵 2011 年设计的水、陆、冰多栖概念车"Aeolus"引起广泛关注，11 月，与吉利集团成都高原汽车工业有限公司达成初步合作意向，吉利概念电动车"Aeolus"预计 2012 年发布设计，有望在 2014 年初上市。电气信息学院电气工程与自动化专业的李本曾同学在全国 130 所高校选送参评的 288 名优秀学子中脱颖而出，荣获"第三届栋梁工程全国高校'栋梁之星'"称号，张凯、奉红名、罗德军获 2011 全国大学生电子设计竞赛一等奖，赵命华、李涛、吴智敏获 2011 全国大学生电子设计竞赛二等奖。材料学院周超、羊凡、孙鹏飞、刘帅在 2011 全国三维数字化创新设计大赛四川赛区获得国家级一等奖。外国语学院杨阳同学，在 2011 年 ACTS 中国校园综合素质能力竞赛大学生英语口语素质能力竞赛（全国总决赛）中获得专业组国家级银奖，王钮同学在 NECCS 全国大学生英语竞赛 B 类获得国家级二等奖。数学与计算机学院刘彬彬同学，在安利杯 2011 大学生计算机作品赛获国家级铜奖。凤凰学院 7 名同学参与著名导演徐克拍摄的国内首部 3D 武侠片《龙门飞甲》的后期特效制作。王浩和杨汀同学在中央电视台实习活动中，参与春节特别节目《相逢》的制作，受到了节目组编导的高度赞扬。这类学生代表还有很多。

结束语

尽管我们在人才培养多样化方面进行了多年有效的探索和实践，但我们的工作还有待深化。人才质量是永恒主题，培养任务永无止境。我们会不断学校新的教育理念，学习兄弟院校先进经验，不断改革创新，把人才培养多样化工作提升到新的水平，为地方经济建设培养更多更好的应用型人才。

注释

[1] 王琰春. 地方高师院校构建多样化人才培养模式的研究与实践 [J]. 海南师范大学学报（社会科学版）. 2007 (3)：148−151.

[2] 傅建中，李建法. 地方高校多样化人才培养之路探索 [J]. 现代教育科学. 2006 (5)：101−103.

[3] 尹文博. 地方综合性大学多样化人才培养模式探析 [J]. 青岛大学师范学院学报. 2007 (6)：125−128.

[4] 袁世鹰. 多样化人才培养模式与个性化人才培养方案研究 [J]. 中国大学教学. 2003 (3)：10−13.

[5] 王海涛，刘孔庆. 多样化质量观下的应用型人才培养新模式探索 [J]. 中国大学教学. 2009 (5)：34−35.

[6] 白波，张应强. 高等教育大众化与高校多样化人才培养 [J]. 黑龙江高教研究. 2008 (1)：152−154.

[7] 宣华，郭大勇，邓伟. 构建促进多样化人才培养的教学管理模式 [J]. 教育科学. 2009 (6)：34−37.

[8] 邓远美. 培养制度人性化：多样化人才培养的必然选择 [J]. 广西民族大学学报（哲学社会科学版）. 2007 (11)：185−188.

[9] 李红兵，蔡文伯. 以就业为导向的边疆高校本科专业多样化人才培养模式的建构与实践 [J]. 陕西师范大学学报（哲学社会科学版）. 2007 (7)：141−146.

师德是一种规范，而教师在教育过程中体现出来的良好师德行为则是一种教育，一种能真正照亮学生的教育，一种能有效塑造学生内在素质的教育，更明白地说，就是一种素质教育。

——笔者

教师师德行为与学生内在素质塑造

——教师师德行为是一种素质教育力量

顾航宇①

（西华大学学术期刊编辑部）

摘　要：师德是一种引导教师职业行为的道德规范，而教师在教育过程中体现出来的良好师德行为，则是塑造学生良好素质的一种素质教育。成功的教育必须能塑造出学生良好的内在素质。学生良好的内在素质集中体现为：会做人，会学习，会做事。教育实践表明，教师在实施教育过程中所表现出来的良好师德行为，对于塑造学生上述良好的内在素质发挥着重要作用，是一种非常现实而可贵的素质教育资源。

关键词：教师师德；学生；内在素质；素质教育；会做人；会学习；会做事

师德是一种引导教师职业行为的道德规范，而教师在教育过程中体现出来的良好师德行为，则是一种塑造学生良好内在素质的素质教育。

成功的教育必须能塑造出学生良好的内在素质。良好的内在素质集中体现为：会做人，会学习，会做事。我们如何才能塑造出学生这些良好的素质？实践证明，塑造学生良好的内在素质，不是单纯的"言教"所能实现的，更重要的是必须要有教师的"身教"熏陶，即必须要有教师自身良好的素质在日常教育活动中对学生的辐射、渗透、影响与熏陶。教师在教书育人的过程中体现出来的良好师德就是这样的"身教"。对于教师"身教"的作用，美国学者芬斯特马赫有这样的表述：教师从三个方面扮演着道德代言人和道德教育者的角色，其中一个重要的方面，就是教师以身作则，以自己的道德行为来感染学生，让学生从教师身上看到诚实、公平竞争、替他人着想、宽容和共享等品质[1]。实践证明，教师在教书育人的过程中所表现出来的良好师德行为是一种最能感染学生、打动学生的人格力量，而且，教师的师德行为本质上就是教师综合素质的体现。因此，教师良好的师德行为对于塑造学生良好的内在素质具有不可低估的重要作用。

众所周知，良好师德的基本内涵与要求是：师爱为魂，学高为师，身正为范。这"师

---

①　顾航宇（1957—），西华大学学术期刊部主任、《西华大学学报》（哲社版）常务副主编，教授，硕导，主要从事马克思主义理论与政治学的教学与研究。

爱"、"学高"、"身正"就是一种崇高的做人、做事、做学问的精神境界，其在现实生活中的具体表现就是：对学生持有大爱之心，严谨的治学态度，深厚的知识底蕴，高度的教育责任心，海人不倦的育人精神、遵守教育诚心等等。这些良好的师德在教育过程中体现出来，不仅会深深地感染学生、打动学生，而且会使学生在这种感动中有效地接受教师良好的做人、做事、做学问精神的熏陶，并在这种熏陶中潜移默化地学会做人，学会学习，学会做事。所以，俄国著名教育家乌申斯基讲："教师的人格，就是教育工作的一切。"下面我们将看到，教师的人格、教师良好的师德行为，就是一种教育资源，一种教育养料，一种引导学生学会做人、学会学习、学会做事的素质教育力量。

一、教师良好的师德行为与学生"会做人"素质的塑造

教学生学会做人、进而具备"会做人"的内在素质，是我们的教育必须达到的一个目标。我国著名教育家陶行知有这样一句名言："先生不应该专教书，他的责任是教人做人。"那么，教师如何教人做人？实践证明，教人做人，远非单纯的理论性"言教"所能实现。真正要教人做人，不仅要在理论上讲清做人的道理，更重要的是教师本人就具有"会做人"的素质与行为（身教），是做人的楷模；这样，教师才能在教书育人的过程中以自己良好的做人行为感染和影响学生，才能有效地引导学生学会做人、进而成为会做人的人。会做人，就是做有道德之人，有爱心之人，有诚信之人，有责任之人。要将学生塑造成这样的人，教师首先必须是这样的人。有良好师德的教师就是这样的人。有良好师德的教师，对学生持大爱之心，遵守教育诚信，有工作责任心。这些良好的师德在教育过程中体现出来，对于培育学生的爱心、责任心、诚信观念等良好素养，具有直接的示范与滋养作用。譬如，教师对每一个学生的关爱行为，可以使学生在接受教师关爱的过程中亲身感受、深刻体悟"爱"的内涵，可以使学生在教师"捧着一颗心来，不带半根草去"[2]的大爱沐浴中领悟应怎样实施爱。曾培养出叶圣陶、顾颉刚、李政道、钱伟长等一大批名人的全国名校苏州中学有这样一句话：爱自己的孩子是人，爱别人的孩子是神；而教师就应该做神的职业[3]。苏州中学历来倡导教师对学生要有大爱之心。事实上，唯有教师有大爱之心，学生才可能形成大爱之德。教师关爱学生的真挚行为，是滋养与培育学生爱心的最好且最有效的教育。

二、教师良好的师德行为与学生"会学习"素质的塑造

教学生学会学习、进而具备"会学习"的内在素质，是我们的教育必须达到的又一个重要目标。著名教育家陶行知认为，教师的责任在于教学生学会学习，他说："先生的责任不在教，而在教学，而在教学生学。"因为，"世界上的新理无穷"，而"先生不能一生一世跟着学生"。因此，先生在有限的时间里"所能给学生的，也是有限的。其余还是要学生自己去找出来"[4]。学生要在"新理无穷的世界"中找出新东西来，就必须学会学习，必须具有会学习的内在素养。会学习，包括乐于学习、善于学习，勤于学习。成功的教育莫过于培育出学生乐学、善学、勤学的良好素养。而教师良好的师德行为对于培育学生的这些素养具有不可低估的作用。

（1）教师良好的师德行为，具有激发学生"乐学"的功能。成功的教育必须能激发学生"乐学"。这对于提高学习效率与学习质量至关重要。正所谓"知之者不如好之者，好

之者不如乐知者"[5]。教师何以激发学生"乐学"？那就是教师的教育能深深地打动学生、感染学生。什么教育最能打动和感染学生呢？这就是教师在教育过程中体现出来的良好师德行为。实践证明，教师良好的师德行为，最能感动学生、感染学生、吸引学生，并最终令学生喜欢教师。而学生喜欢教师是学生"乐学"的重要条件。笔者在二十多年的教学生涯中，多次发现，学生常因喜欢某教师，而喜欢某学科。而学生喜欢和敬仰的教师，多是有良好师德的教师；这样的教师因良好师德而具有打动、感染和吸引学生的人格魅力。于是，学生喜欢他、进而喜欢他教的学科，甚至能学好该学科，正所谓"亲其师，信其道"。信，则乐于学；信，才可能学好。而且，有良好师德的教师，总是乐于教育，即"乐教"。何谓"乐教"？有学者将"乐教"表述为："教师教学不应该只是一种牺牲和付出，还应是一种收获和满足。"[6]而当一名教师将教学视为一种收获与满足时，他就会以巨大的热情全身心投入教育，这种巨大热情往往会深深地感染学生，因而能有效调动学生的学习积极性，激发学生"乐学"。教师"乐教"，则学生"乐学"。

（2）教师良好的师德行为，具有培育学生"善学"的功能。"善学"，即善于学习，譬如，掌握好的学习方法。教师良好的师德行为之所以能培育学生的"善学"素养是因为：第一，如前所述，教师良好的师德行为，能激发学生"乐学"，而"乐学"是形成"善学"素养的最好沃土。一个快乐于学习的人，总是千方百计地积极寻求适合自身特点的最佳学习方法，以享受获取更多知识的快乐。所以，孔子视"乐学"为学习的最高境界："知之者不如好之者，好之者不如乐之者。"显然，要使学生"善学"，关键是要使学生"乐学"。而教师良好的师德行为恰好具有激发学生"乐学"的功能，因而，蕴涵了培育学生"善学"的功能。学生一旦"乐学"，便具备了形成"善学"素养的根本条件。第二，教师某些具体的良好师德行为，具有直接培育学生"善学"素养的作用。譬如，严谨治学就是一种具体的良好师德行为。治学严谨的教师，其严谨的治学方法必然会在教学过程中自然体现出来；这种在教学中自然体现出来的严谨治学方法，对于启迪学生探索和掌握良好的学习方法具有直接的示范与熏陶作用。

（3）教师良好的师德行为，具有培育学生"勤学"的功能。实践证明，师德好的教师不仅敬业、精业，而且勤业。教师在教育过程中体现出来的勤业精神，必然会感染学生，打动学生，从而对培养学生的"勤学"精神起着直接的熏陶与引导作用。

三、教师良好的师德行为与学生"会做事"素质的塑造

教学生学会做事、进而具备"会做事"的内在素质，也是我们的教育必须达到的一个非常重要的目标。我们培养的学生，应该是会做事的学生。会做事，包括能做事，做成事，做好事（把事情做好）。而要将学生培育成会做事的人，关键是要培育出学生会做事的精神：踏实、认真、勤奋、严谨、有责任心等。这些精神是做事的灵魂，没有这些精神，就不可能把事情做成做好。大凡事业有成者，都具有良好的做事精神，无一例外。因此，教人做事的根本，是培育人良好的做事精神。那么，如何培育学生良好的做事精神呢？笔者多年的观察表明，教师良好的师德对于培育学生良好的做事精神——踏实、认真、勤奋、严谨、有责任心等等——具有极其重要的作用。我们知道，凡是师德好的教师，都具有良好的做事精神：精心备课，认真讲课，仔细批改作业（或论文），勤奋工作，严谨治学，一丝不苟做学问，等等。这些良好的师德无疑是滋养学生踏实、认真、勤奋、

严谨、有责任心等良好做事精神的最好养料；这些良好的师德在教育过程中体现出来，不仅会感染学生、感动学生，而且，更重要的是，可以使学生在这种感动中潜移默化地接受教师严谨、认真、勤奋等良好做事精神的熏陶，这种熏陶无疑有助于培育和塑造学生良好的做事精神。学生具备了良好的做事精神，就具备了会做事的内在素养。

显然，教师良好的师德行为就是一种教育，一种能真正照亮学生的教育，一种能有效塑造学生内在素质的教育，更明白地说，就是一种素质教育。实践证明、而且将继续证明：最能打动和感染学生的教育、最能有效塑造学生内在素质的教育，就是教师在实施教育的过程中自然体现出来的良好师德行为。因此，我们必须站在这样的高度来重视师德建设：师德建设，不仅是规范教师职业行为的需要，更是我们实施素质教育的需要。

注释

[1] 墨菲. 玛多娜. 美国蓝带学校的品性教育——应对挑战的最佳实践 [M]. 周玲、张学文译. 北京：中国轻工业出版社，2002.

[2] 陶行知全集编委会. 陶行知全集（第八卷）[M]. 成都：四川教育出版社，1991：295.

[3] 毕树志. 名校之名——解读一所有"千年府学"之称的学校 [J]. 教育双周刊，2006（1）.

[4] 陶行知全集编委会. 陶行知全集（第一卷）[M]. 成都：四川教育出版社，1991：22.

[5] 见《论语·雍也》。

[6] 周立群. 乐学——文言文教学改革的使命 [J]. 中国教育学刊，2006（4）.

多样化应用型本科人才培养模式的研究与设计*

张改勤[1①]　马力[2]　何承源[3]　蒋珍菊[4]

（1，3西华大学西华学院；2，4西华大学教务处）

摘　要：人才培养模式是在一定教育理念指导下建构的较为稳定的人才培养活动框架和程序。地方高校多样化应用型人才培养得以实现的关键之处在于创新人才培养模式。根据学校多样化应用型人才培养目标，以通识教育课程为基础，进一步优化课程体系结构；以多样化应用型能力培养为重点，进一步完善实践教学体系；以个性化发展为指引，柔化教学管理制度这三个方面是人才培养方案修订的主要成果。

关键词：多样化；应用型；本科人才培养模式

人才培养模式是在一定教育理念指导下建构的较为稳定的人才培养活动框架和程序，它从根本上规定了人才培养的内容并集中体现了高校的办学思想。地方高校要培养符合时代和社会发展需要的、具有创新精神和实践能力的高素质多样化应用型人才，必须创新本科人才培养模式，树立现代化的全面教学管理理念。多样化应用型本科人才培养模式的改革与管理不仅是课程体系和教学内容改革有效实施和不断深化的前提与基本条件，也是实践多样化人才培养的有效保障。

一、多样化应用型人才培养的目标定位

随着社会对高等教育多样化需求的增加，高等教育的目标必然是多样化的。教育目标的多样化，决定了高校活动目标定位的多样化。教育要解决脱离实际的问题，就应当按照社会的实际需要，来安排分类型分层次人才的培养。这就要求高等学校各有分工、彰显特色，担负不同类型、不同层次人才的培养任务。根据联合国教科文组织的《国际教育标准分类法》的有关标准，高等学校培养人才的种类分为学术研究型、知识应用型和职业技术型。一般而言，地方本科院校强调人才的适用性[1]，培养的大多是知识应用型人才，如设计师、工程师、工程技术与管理专家等。潘懋元教授亦指出：进入大众化高等教育阶段，除少数精英型高校之外，大量高等学校，应当面向人才市场，培养应用型或技能型的专门人才。这些应用型本科人才的主要特点是知识、能力、素质的有机结合[2]。因此，在知识

---

　*　本文是四川省高等教育教学改革项目"适应区域经济发展的人才培养模式探索与实践"（项目编号为Z11091，项目负责人为马力）阶段性研究成果之一。

　①　张改勤（1983—），女，湖北襄阳人，助理研究员，教育学硕士。主要从事高等教育管理和教育基本理论研究。

储备上，应用型人才应具有一定的知识深度和广度，既有基础扎实、活学活用的实力，又有拓展视野、增强后劲的学习能力。在能力训练上，他们应能够依靠所学的专业知识和技能，将科学原理和科学知识转化为设计方案，并承担项目开发、生产管理、经营决策等任务。在素质修养上，他们应具有较强的专业素养和道德素养。

在突出"应用"的同时，还应强调"多样化"的特征。人才培养模式多样化既是学生个性发展及其差异的要求，也是社会多方面发展的需求，更是地方高等学校应对大众化进程寻求自身发展的必然选择。大学生作为一个群体，由不同的个体构成。在智力、体力、情感、个性品质等方面，大学生有获得相对于自身而言最好发展的需要以及充分认识个性特征，扬长避短，朝自己最有优势的方向发展的需要。因此，大学生对人生教育发展的选择呈现出自主性、差异性和多样性。高校是育人的重要场所，随着数量扩张、招生规模扩大和生源日益多样化，其教育过程作为促进个性发展过程的重要功能愈发凸显。高校实施多样化人才培养，目的就是要让教育适应社会多方面发展对人才多样化的需求，适应学生对象对教育服务的多样化需求。正是这些多样化和个性化体现了高等学校培养人才这一活动的客观状况，体现了教育所特有的生机与活力。要实现这些特征，只有通过多样化的人才培养模式才能办到。

"水平高低不在于学校处于哪个层次，而在于是否能办出特色，培养出高质量的人才。"[3]因此，各个高等学校应当明确自己人才培养的目标和规格，发扬优势，努力办出特色和水平。地方高校本科人才培养应兼顾应用型和多样化双重特质，着重培养能够适应社会发展和区域经济建设的综合型人才。

二、多样化应用型人才培养模式设计

从心理学和教育学的角度分析，多样化应用型人才培养有其客观的规律；从大学的角色和地位来看，地方高校人才培养有其明显的特征。这些规律和特征形成于高等教育发展的历史进程里，体现在人才培养方案中。人才培养方案是高校育人的基本框架，是人才培养的实施蓝图，是组织管理教学活动和实施教学改革的重要依据。它不仅明示了本专业培养目标和要求、主干学科、主要课程、修业年限、毕业学分要求、授予学位等，而且展示了本专业中一系列具有一定逻辑关系的课程组合（program）[4]即教学计划，以及课程教学大纲和简介。

对我校而言，构建一个完整的人才培养方案，应遵循以下原则：课程设置具有相对稳定性和灵活性，保证既能够按照学校统一的要求和安排进行施教，又能根据专业特色和产业结构调整需求做相应更新；学校教学应促进学生可持续发展和日后职业能力扩张；人才培养服务于地方经济建设和社会发展需要，充分体现学校办学指导思想。在这些原则的指导下，结合多样化应用型人才培养目标，近年来，学校对本科人才培养模式进行了深度探索。

（一）以通识教育课程为基础，进一步优化课程体系结构

根据人才培养目标，合理选择课程体系的结构模式是科学地、规范地构建本科人才培养模式的关键环节。教育部在《教育部关于进一步深化本科教学改革全面提高教学质量的若干意见》（教高［2007］2号）中指出，高校要优化课程结构，构建以核心课程和选修课程相结合、有利于学科交叉与融合的课程体系。这为课程改革指明了方向。在坚持通识

教育与专业教育培养相结合的课程设置理念的前提下，本着为学生人生发展服务的宗旨，我校将现行各类型课程概括为五大课程群：人格与素养课程群、表达与理解课程群、发展基础课程群、专业与服务课程群、研讨与探究课程群（课程体系结构见图1）。每个课程群又分为必修和选修两大部分，通过弹性学分制增加学生学习的自由度。通过重构或优化这些课程，进一步深化人才培养方案改革，为学生的未来生活和职业发展奠定坚实基础。

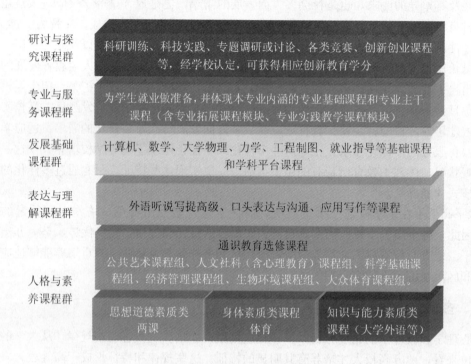

图1 课程体系结构图

首先，突出设置了通识教育素质课程，即人格与素养课程群。必修课程主要培养学生思想道德素质、身体素质、外语能力素质等，一般前两学年完成。选修课程设置公共艺术、人文社科、科学基础、经济管理、生物环境、大众体育六个课程组，共计六十余门。在课程安排和教学管理上，学校鼓励教师开设"宏大主题"、"重要文本"等能够影响学生人生发展的综合性人文科学素质教育课程；学生必须按要求交叉选修人文社科类和理工类课程，其中非艺术学生在公共艺术课程组必选2学分，这在一定程度上实现了培养目标的宽口径；鼓励"多人一课"的团队授课形式，可以有两个以上的教师讲授一门课程；降低授课时数为16学时/每门课，精简并更新教学内容，为新课开设预留余地，也为学生自学和独立思考预留时间；确立一批重点课程并予以立项，以教改项目的形式进行研究和建设。此外，学校还组织学院和相关部门经常开设讲座性、研讨性课程（学术讲坛），聘请相关领域专家和国内外知名学者介绍行业、学科最新研究成果及人生哲学，让学生在阅读经典、学习新知的同时，接受知识、文化及价值观上的熏陶。这样的活动极大地开阔了学生的视野、拓宽了学生的知识结构。

其次，人才培养方案中加强基础理论，重视基础学科教学，坚持基础与应用并重。例如数学类、物理、力学等课程，单独放在发展基础课程群中，其目的在于扎实专业基础，进一步拓展专业口径，扩大学生知识面，培养学生日后应用科学的能力。培养方案中还明示了专业核心课程和可替换课程。那些体现专业特性的课程被标志为核心课程。核心课程是为实现专业教育目标服务的，强调学生要进行职业训练，其最终目标是为了就业需要。核心课程是专业课程的核心，是为专业准备的，因而不能随意免修或替换。可替换课程是在校企嫁接的基础上，为适应区域经济不断发展以及知识更新的要求，需要进行动态调整的专业课程或课程模块。可替换课程是为高校培养应用人才、有效服务社会准备的。可替换课程的设置使企业对人才的现实诉求在人才培养过程中得到较充分体现。基于产业需求的定制培养，通过课程与学分替换等方式开设企业定制课程，从而深化课程体系改革，形成校企共同培育应用型人才的良好机制。利用学校和企业两种不同的教育环境和教育资源，采取课堂教学与学生参加实际工作的有机结合，以学生的全面素质、综合能力和就业竞争力提高为重点，培养适合不同用人单位需要的应用型人才，是人才培养模式改革取得的新突破。

最后，构建了学生能力素质拓展体系，设置了基于导师指导制的学生课外科技实践创新体系。人才培养方案改革注重学生的能力培养，特别是创新意识和应用能力的培养，提高学生获取并运用知识，进行综合分析和调查研究，进而进行创造的能力。为了实现这一目标，在人才培养方案中突出设置了"研讨与探究课程群"，增加了"科技创新实践活动"学分要求，并规定学生必须获取相应创新教育学分并达到毕业学分要求后方可申请毕业。修订后的人才培养方案把第二课堂活动作为第一课堂的有机延伸，作为学生创新创业教育的实施阵地，并明确纳入教学计划，成为学生必修和毕业审核判定的重要组成部分。各学院根据自己的特色和专业的要求，制定了符合学生可持续发展的科技活动学分认定标准。学生可以在专业导师的指导下，参与文献检索、科研训练、科技实践、专题调研或讨论、各类竞赛和创新创业课程等；还可以借助于开放实验室以及实践教学基地进行自主性实验设计，自拟题目，自由想象，实现高层次的创新。这一做法促使第二课堂与第一课堂有机结合、相互补充，促进学生知识、能力、素质的全面协调发展，在省属高校尚属首次。

（二）以多样化应用型能力培养为重点，进一步完善实践教学体系

学生多样化应用型能力的培养贯穿于教学全过程。其中最重要的一环，也最行之有效的方法就是重视和加强实践教学环节。我们认为，除了上述所讲的增加科技创新实践活动必修课外，整合并优化人才培养方案中实践教学课程，建设适用于应用型能力培养的实验平台和实验教学基地，完善实践教学各环节也是培养多样化应用人才的关键。人才培养方案中，各专业实践教学比例高达总学分的20%以上。加大校内实验教学中心建设的力度，并以企业为依托，优选合作伙伴，建立长期稳定的校外实训实习教学基地，营造良好的实践环境，努力形成理论与实践相结合、分散与集中相结合、校内与校外相结合、必修实验项目与自选实验项目相结合等实践教学模式，充分利用校内外优质资源，形成人才培养合力。秉着循序渐进的认知原则，按照实验——实习——毕业设计（论文）的顺序，将课带实验、综合实验、社会调查、实训、课程设计、实习、毕业设计（论文）等几个环节的实践教学内容有机统一起来。在教学计划前期，除了体育训练、军事训练、上机训练、听力训练外，针对发展基础课程群中部分学科平台课程（如力学、物理），尽量单独设立实验课程。每个实验又设置项目，分必修项目和选修项目。学生根据自己专业，并结合兴趣与特长，可以在完成必修项目的前提下选择一定数量的选修项目。在教学计划中期，针对专

业课程，逐步增加独立的综合性实验、设计性、创新性实验。同时，实行实验室的开放管理，学生凭借学生证可进入相应实验室并在导师指导下做自己感兴趣的实验，这保证了对学生实践动手能力的培养。后期，主要进行毕业实习和毕业设计（论文）。实习的目的在于培养学生的职业素质，缩短进入角色的进程，为今后就业做准备。毕业设计是学生大学期间学习成效的综合检验和总结，也是学生理论联系实际、提高实践能力和创新精神的一个重要机会。论文选题要紧扣实践应用，体现一定的实用性，行文思路清晰，方案切实可行，论证言之有理。

（三）以个性化发展为指引，柔化教学管理制度

学分制管理对培养多样化人才有不可替代的作用，但是在实施过程中，也有不足，体现在：第一，由于教学管理人员与教师、教学办与学工办、辅导员与学生等之间存在渠道不畅通、信息不对称的情况，学生获得的学业指导不足，选课时存在一定的盲目性；第二，由于各专业课程结构的制约，学生选择专业困难重重。针对这些问题，学校除了在新生入学时发放本科学习指南（各学院培养计划）和学生手册（与学生有关的各类管理文件）外，还为学生配备了专业导师，修订了《导师工作条例》，由导师负责向学生介绍专业培养方案，指导学生选课，指导学生参加课外实践活动和各类竞赛等，为学生学习提供全方位的支持服务。导师的工作纳入教师年度考核。另一方面，成立本科精英学院，允许优秀学生可以在一定范围内自主选择专业，鼓励学生出国交流、考研深造。建立双学位和第二专业、辅修学习制度，鼓励学有余力、成绩优良的学生有计划地修读其他专业课程，允许并提供充分的条件使其能够自主构架知识结构[5]。此外，弹性学制的实施充分调动了学生的自主性和积极性。学生可以根据自己的兴趣点和学习能力选择课程的学习进度。优秀的学生在达到毕业学分要求和学分绩点后可以提前毕业；部分学生也可以中途休学、停学就业，在规定的最长学习年限内完成学业。诸种弹性制度给予了学生充分的选择权利和机会，不同程度地满足了学习者横向跨专业和纵向跨层次移动的要求[6]，从而为学生提供更加自主的学习环境，为学生的多样化应用能力培养以及个性化发展提供了有力保障。

三、结束语

多样化应用型人才培养模式的改革既是我国经济发展和社会进步的需要，也是地方高校寻求自身发展的必然选择。学校在人才培养模式的探索过程中，有了初步的认识和收获。通识教育课程的设置，开阔了学生的视野，扩大了学生的知识面，促进了学生能力和素质的提高；基础学科课程的加强及对专业核心课程的重视，为学生进行多样化应用打下了坚实的知识基础；课内外多元化的实践教学体系为学生提供了"做中学"和实践创新的平台；柔性化的教学管理制度则是学生进行实践、创新、应用的重要保障。总的来说，集人性化的培养方案、柔性化的管理制度以及多样化的培养宗旨于一体是本次人才培养方案修订的主要成果，也是学校培养多样化应用型人才思想的具体体现。但如何进一步完善这个体系，提高学生的多样化应用能力，还需要学校管理者和一线教师进行长期的理论探索和教学实践。

注释

［1］郝德永. 社会化定位与适用型人才培养［J］. 教育研究，2005（5）.

［2］张炳生. 工程人才培养目标、规格和模式的关系研究［J］. 中国高教研究，2006（6）.

［3］姚启和. 高等教育管理学［M］. 武汉：华中科技大学出版社，2000：49.

［4］［5］卢晓东. 大学本科教育中四个重要名词的辨析［J/OL］. 北大教育经济研究（电子季刊），2005
（6）.

［6］联合国教科文组织. 国际教育标准分类（ISCED）［M/OL］.

基于机器人设计制作的
大学生创新能力培养的探索与实践*

王强②　王进戈　张诗德

（西华大学机械工程与自动化学院）

摘　要：机器人技术是一门跨专业、多学科综合的新兴技术。把机器人设计制作引入大学生教学环节，在设计制作和调试过程中，学生们不仅可以将理论知识应用于实践，加深对理论知识的理解，同时可以培养学生的创新意识，提高学生的创新能力，并可以促进学科交叉创新，培养学生的科学素养和团队精神。本文介绍了我校将机器人设计制作应用于大学生创新教育平台的探索与实践。

关键词：创新教育；机器人技术；实践

一、机器人与创新教育

江泽民同志在十六大的报告中强调[2]，"创新是一个民族进步的灵魂，是一个国家兴旺发达的不竭动力"，要坚持"教育创新"。传统的工科类课程的教学模式以灌输式讲授和演示性实验为主，学生大多处于被动的学习状态，按主讲教师的要求上课听讲、记笔记，下课做作业，复习考试之后便对所学知识逐渐淡忘。学生很少有机会将所学知识应用于具体实践，很难对所学知识有较为客观、深刻的理解，对自己的设计缺乏理性的认识，甚至缺乏信心。机械式灌输法对学生的创造性思维产生一定的束缚，随着科学技术发展速度的加快，这种教与学的方式已不能适应社会的发展节奏[3]。探索和推进能促进创新能力培养的新型创新教育模式，是时代发展对高等教育提出的一个新要求。

机器人技术是当今前沿技术之一，集成了诸多高新技术，具有很高的学术价值。机器人教育是指以机器人为主要教学内容或教学工具而开展的教学活动，其核心基础是机器人技术在教育中以物化、人性化、智能化的形式加以利用。机器人教育具有如下一些特点：具有学科普适性，易于资源共享，节约教学成本；有利于学科交叉创新，能增强相关学科或课程的联系；在课题的设计、制作和调试过程中既能拓宽学生的知识面，又可培养学生的专业技能和动手能力，同时还能培养学生的科学素养和团队意识。

机器人教育为创新素质教育提供了一个崭新的平台，特别是机器人设计与制作方面的

---

*　四川省教育厅教改项目"机器人教育与大学生创新能力培养的探索"，项目编号：09JG211。

②　王强（1964—），教授，博士，全国机械原理教学研究会理事。长期从事工业机器人、智能机器人以及多智能体技术的研究和产品开发工作。

教学，正是满足创新教育的任务和目标的好课题、好方法。由于机器人技术自身的特点和优势，将其引入大学生教育中，在教师的引导下按照学生自身的特点，进行个性化教育，能突出培养学生的创新精神、创新能力和创业意识，既能激发学生的学习兴趣和求知欲望，使学习从被动转为主动，培养学生的自学能力和选择知识的能力，又能理论联系实践，提高学习的深度和广度，培养学生的创造精神、实践能力以及独立分析问题和解决问题的能力，还能够在实践的过程中拓宽知识面、提高理论水平、开阔眼界、了解国内外的科技发展前沿，从而培养学生的现代专业技能和动手能力[4]。

二、机器人设计制作活动的背景

（一）国内外机器人教育现状

日本是世界上的机器人制作王国，其机器人教育水平和机器人文化普及水平也是世界上最高的国家之一，每所大学都有高水平的机器人研究会，每年定期举行机器人设计和制作大赛。大赛得到了日本政府、企业界和教育主管部门的重视和支持。大赛不仅加速了日本机器人文化的普及，而且调动了社会各方面的力量，开发了大量机器人产品，增加了社会应用机器人技术的积极性；同时也为日本的创新教育提供了好教材、好课题，培养了大批创新人才和机器人研究和应用人才。

近年来国内许多知名高校，如清华大学、哈尔滨工业大学、东北大学等，相继开展了机器人教育。如清华大学以进口的 MOTOMAN-SV3X 小型工业机器人和国产的数控运动平台为基础，构建了开放式机构实验室，并规划和设计了一些基于发现式教学方法的实验，为学生发挥自己的创造力和想象力提供了一个开放的实验平台。目前国内每年一度的 CCTV 机器人大赛、FIRA（中国）机器人足球大赛的开展极大地推动了机器人教育在我国高校的推广。

在机器人作为创新能力培养和素质教育手段在我国高校大力推广的同时，也暴露出了一些问题。调研及查阅相关资料显示，主要存在如下两个方面的问题：（1）知识结构老化不合理，无法将最新研究成果应用于机器人制作方案中；（2）教师在方案制订、结构选择、策略运用上大包大揽，使学生在整个设计制作过程中仅仅作为一个操作工，按照教师的指示做事，这严重影响了学生主观能动性的发挥，限制了对学生创新能力的培养。

（二）我校机器人设计制作活动的基础条件

我校已于 1999 年成立机器人研究所，现有研究人员 8 名，其中博士生导师 1 人，教授 3 人，副教授 2 人，博士以上学历 4 人，在读博士生 2 名。主要研究设备：集控式足球机器人一套（5Vs5）、半自主型类人机器人一套（4 个）、多功能数控动态模拟机械传动实验台、5100RA（4 通道 100MHZ）示波仪一台、高性能微机 20 台、信号源一台、台钻一台，以及其他辅助仪器设备。另外还配置有多套机械设计制造 CAD、CAE、CAM 软件。

2008 年建设、整合、开放了立体式多元化的创新实践学术平台。具体包括以下三个创新实践平台：

1. 开放的现代机械创新设计实验室——普及型创新制作平台

历时约十年，我校分三期立项建成了现代机械创新设计实验室，投资逾百万。该实验室为我校一年一度的"机械创新设计竞赛"提供场地、培训与技术指导，并积极选拔学生参加各种创新竞赛。目前，该实验室已经成为我校大学生科技制作的普及型基地。

2. 开放的机器人研究所与工程训练中心——校内合作型创新平台

开放机器人研究所与工程训练中心，通过整合校内的资源，为具有创新特质的学生提供个性化指导与服务。并通过组织学生参加"挑战杯"和"全国大学生机械创新设计大赛"等方式，促进该创新平台的建设。

3. 开放的机器人足球大赛——校际交流型创新平台

我校于2003年便着手筹建足球机器人团队，开展了基于决策算法的研究，也开始参加国内外各类机器人足球比赛。特别是通过承办"2004年'西华杯'西南区机器人足球大赛"和"2005年'西华大学杯'第六届全国大学生机器人足球锦标赛暨第九届机器人足球世界杯中国地区选拔赛"，推动了四川地区机器人足球活动的发展，扩大了创新活动的社会影响。

这些多元互补的创新平台，实现了多元互补的创新素质教育，从形式到内容丰富了大学生创新素质的培养体系。

三、机器人设计制作活动的实施

结合我校特点，整合学校的资源，利用完善的软硬件条件，基于立体式多元化的创新实践学术平台我校建立了机器人创新实践平台，并力图通过这样一个平台，解决目前高校机器人教学中普遍存在的知识结构老化、不合理和对学生创新能力的培养不足等方面的问题。

（一）机器人设计制作活动的准备

以机械工程、电子技术等专业学生为主体，吸收其他专业的学生，组成多专业、跨学科的复合型团队。通过学生社团、校团委及学院各级分团委的宣传，组织学生报名，也可通过由机械原理、机械设计、单片机原理、程序设计等相关课程任课老师推荐。活动参与者主要有以下几方面来源：以大三学生为主。低年级同学作为后备力量，提前接触相关知识，了解项目进展流程，为以后直接参与项目打下基础，并可给予师兄们一些力所能及的帮助。另外还可吸收毕业班部分优秀学生通过毕业设计的形式参与进来[5]。图1和表1给出了近些年报名人员专业分布情况和变化趋势。

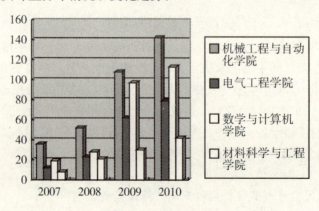

图1 2007—2010年报名学生专业分布及走势

机器人设计需要较复杂的知识储备，参与成员需要对相关知识有一定的了解，故团队成员以大三学生为主，并对其进行必要的培训。培训多安排在课余时间，这样学生既不耽误正常的专业课学习，又能充分利用课余时间，锻炼实践能力，提高课余时间的利用率，一二课堂紧密结合，理论教学与课外科技创新实践活动有机融合，极大激发学生的学习兴趣。

由于报名人员较多，在基础培训结束后组织考核选拔。未通过考核的学生同样可以进入实验室，参观其他同学的制作过程，并可提出意见和建议。

表1　2007—2010 年报名学生专业分布情况

年份　学院	2007	2008	2009	2010
机械工程与自动化	36	52	108	142
电气工程学院	12	23	62	79
数学与计算机	19	28	97	113
材料科学与工程	8	21	30	42

（二）机器人设计制作活动的组织管理

机器人的设计制作是一项复杂的系统工程，需要各种不同专业的人才。为此在学生接受了基础知识培训后，根据学生兴趣和专业特长，将学生不同的设计小组，包括方案组、机器人本体组、底层电路组、程序开发组，另设决策和协调组，由指导老师兼任该组小组长，负责各小组间的组织协调及项目决策。每个制作团队由 20—30 名学生组成，表2给出了 2009 年一个团队队员分组和专业分布情况。

表2　队员分组和专业分布

组别	人数	专业分布及人数
方案组	5	机械设计（1）、机械电子工程（2）、自动化（1）、计算机（1）
机器人本体组	7	机械设计（3）、机械电子工程（2）、车辆工程（2）
底层电路组	6	机械电子工程（3）、自动化（2）、计算机（1）
程序开发组	4	机械电子（1）、自动化（1）、计算机（2）
决策和协调组	3	机械设计（1）、机械电子工程（1）、计算机（1）

在具体实施过程中老师应尽量减少干预，以确保主要工作由学生完成，并应注意以下三方面问题[6]。

（1）老师对学生提出的设计方案及实施方法应给予客观评价，并给予积极鼓励，以免使部分学生的积极性在项目初期就受到打击。在机器人的设计制作过程中，老师要信任学生的知识水平和能力，让学生充分发挥想象力去设计和制作，鼓励学生大胆运用最新成果，仅在学生偏离时给予必要的指导和纠正；切不可在方案制订、结构选择和策略运用上大包大揽，使学生在整个设计制作过程中仅仅作为一个操作工，按照教师的指示做事，这样将严重影响学生主观能动性的发挥。

（2）在项目进行过程中，指导老师要积极鼓励学生对在实际动手中出现的意外情况进行分析，找出问题原因，解决问题。这样既可帮助学生树立信心，亦可锻炼学生分析问题、解决问题的能力。学生在机器人制作的初期都表现出极大的热情，但随着项目进展的深入，有些学生会对重复、枯燥的制作调试过程丧失兴趣，甚至产生厌倦心理。加之由于学生实验技能较低，在实际动手制作过程中往往表现为实验时无从下手或手忙脚乱，易对工具、仪器、设备等造成损坏，也可能会使自己或同学受伤。另外由于学生实践经验不足，实验时会不注意观察实验现象，记录实验数据，且不善于从总结、分析、归纳中得出结果，结果就是学生的实验技能较差。此时，老师应指导学生按实验原理和要求正确地进行实验，并鼓励学生积极面对问题，让学生自己去认真推敲修改设计方案，改进实验方法和步骤，总之就是尽一切可能让学生自己去完成制作过程。这样学生独立自主地解决了所出现的问题，必会增强其对参与机器人制作的信心和积极性。

（3）时间安排尽可能机动灵活，减少集中时间理论培训的安排，减少集中会议的时间和次数，以免打击学生参与的积极性。成员对项目的问题和建议可以通过网络聊天、手机短信等多种方式进行交流。

（三）考核方式

建立多方位、多层次的立体考核机制。对于申请了学校经费支持的项目，在经费申请之初，申请人须提出项目预期，并初步给出可考察的项目结题成果形式，如公开发表学术论文、获得有关创新基金项目研究方面的授权专利或科研奖励等；对于一般性项目，可通过多种形式进行评比，如科技文体艺术节、社团评比等，这样也可以扩大机器人制作的宣传。对产生优秀方案的团队成员给予一定的精神和物质奖励，提高学生参与的积极性，推荐部分极优秀方案参加全国机器人大赛、"挑战杯"等全国竞赛。

（四）我校机器人创新设计活动的具体实践

依托机器人足球协会、电气协会等现有学生社团，成立西华大学大学生机器人俱乐部，由校团委领导，聘用各相关领域知名人员为指导老师，开展以机器人创新设计为核心的大学生课外科技创新活动。指导老师指导学生进行课外科技作品的创作，审批学生申报的作品制作方案。通过选拔的学生即可参与机器人创新实践，并依据个人兴趣和特长进行分组。方案讨论和实施均由学生完成。

学校对通过审批的方案投入一定的经费支持，如西华杯、创新基金等。另外，还可以由指导老师带领学生争取企业项目资金的支持。这样既可解决学生在方案实施过程中的经费支出，又可实现基于项目的教学模式，让学生在运用中学习，从而更好地培养学生的实践能力；企业则可在项目进程中发现并吸收人才，为企业发展注入活力。

课外机器人创新设计较之于实验课，设计周期更长、要求更高，更能满足特长生、尖子生的要求。通过半年或一年的设计制作，产生出一些高水平的机器人作品，在老师的指导下形成相应的发明专利或学术论文，并配合学校每年一届的大学生科技文体艺术节，选拔一批优秀作品参展。

自 2000 年开展创新教育以来，我校已产生六百余件作品和三百多个创新团队，涉及的专业包括机械设计制造及其自动化、机械电子工程、车辆工程、自动化、材料科学与工程、计算机科学与工程等。以下是一些优秀作品在国家级或省市级创新设计竞赛中的获奖情况（见表3）。

表3 创新设计竞赛中的获奖情况

	作品名称	年份	竞赛名称	获奖等级
1	多体同构机器人	2001	第七届"挑战杯"全国大学生课外学术科技作品大赛	终审决赛三等奖
2	多体同构机器人	2002	首届中国高校"慧鱼"模型创意大赛	二等奖
3	科氏加速度观察实验台	2004	第一届全国大学生机械创新设计大赛	西南赛区一等奖
4	随机动态水平操作台	2006	第二届全国大学生机械创新设计大赛	四川赛区一等奖
5	基于并联机器人的随机动态水平工作台	2007	第九届"挑战杯"四川省大学生课外学术科技作品竞赛	二等奖
6	智能控火节能安全灶	2008	第三届全国大学生机械创新设计大赛	四川赛区一等奖

四、结束语

由于机器人综合应用了机构学、力学、数学、电子学、计算机技术、自动控制原理、人工智能等学科的最新成就，吸引学生参与机器人的设计制作，对培养学生的实践能力、创新能力和团队精神等方面都具有重要意义，对国家的教育改革和机器人技术发展具有深远的影响。

目前，基于机器人创新实践平台的"机器人创新设计"已在西华大学学生社团内开展，接下来将在机械电子工程、自动化、计算机原理等专业大三学生中开设一门实践选修课程，在实践中不断探索更有效可行的实施方法和途径。

注释

[1] 彭绍东. 论机器人教育 [J]. 兰州：电化教育研究，2002 (6)：3－7.

[2] 江泽民. 全面建设小康社会，开创中国特色社会主义事业新局面. 北京：人民出版社. 2002.

[3] 谢迪斌. 把培养创新能力贯穿于素质教育的始终——关于高校创新教育的思考 [J]. 广州：广东工业大学学报，2003 (4)：15－18.

[4] 安蕾. 关于机器人创新教育的思考 [J]. 济南：科技信息，2010 (27)：571－572.

[5] 吴皓，田国会，黄彬. 让机器人技术走进学生社团 [J]. 电气电子教学学报，2009，（S2）：123－126.

[6] 祝龙记，郑晓亮. 基于机器人制作平台的大学生创新能力的培养 [J]. 安徽理工大学学报（社会科学版），2010 (1)：95－97.

西华大学通识教育人文素养课程设置
及教学方法改革初探[*]

谢应光　范国英①

摘　要：用通识课程代替公共选修课程并非简单的课程设置上的替换。要有效实现通识课程开设的初衷，必须对通识课程体系的设置及具体的教学实践进行探索和改革。

关键词：通识教育；人文素养；课程设置；教学方法

目前，许多大学用通识课程取代了传统的公共选修课程。通识课程的设置是要从根本上打破传统大学课程设置上的专业壁垒，为实现《国家中长期教育改革和发展规划纲要》中提出的培养"厚基础、宽口径、复合型"的高素质人才打下基础。那么我们应该在人文素养课程设置和教学方法上进行怎样的改革，才能真正实现通识课程开设的初衷呢？笔者认为我们首先要从理论上厘清通识课程开设的意义及开设的目的，在此基础上，才能有效探索实现通识课程教学方法的改革。

用通识课程代替公共选修课程并非简单的课程设置上的替换。实际上，通识课程教育理念的提出是为了改变专业教育发展过程中出现的问题。应该说，各专业领域的独立分化是现代以来出现的一个突出现象，正如汪晖所言，"分科的知识谱系不仅构筑了现代的知识类型，而且为现代世界的社会分工和制度性实践提供了知识上的证明"[1]。大学无疑是人类现代性进程中极其重要的面向，所以说，大学的设置必然也打上了专业领域分化的烙印。不过，由于西方大学有几百年的历史，并且一开始是从贵族教育开始的。在这一基础上，为了适应科学技术发展的要求及学科分科的要求，大学才逐步开始专业教育。因而通识教育在西方各著名高校，如哈佛、耶鲁、牛津等一直占有重要地位。自晚清帝国主义侵略者的坚船利炮打开了我们的国门，我国开始了独具特色的现代性历程。因此，在我国面临国家和民族危机的进程中逐步建立和完善的大学，就与西方大学有所不同。对富国强民的热望，必然会导致我国特别强调大学教学中的应用性和专业性。因而，长期以来我们的高等教育和实践都深深地打上了专业教育的烙印。以专业教育为根本的高等教育无疑已经为现代化建设输送了众多人才，不过随着现代化建设的不断发展，对人才品质的需求发生

＊　基金项目：本文为 2009 西华大学校级高等教育人才培养质量和教学改革项目"旅游文化特色课程设置与历史学专业复合型人才的培养"［西华教字 2010（21）号文］研究成果。

①　谢应光（1964—），男，重庆开县人，教授，文学博士。主要从事中国现代文学研究。联系方式：15928632096。

范国英（1970—），女，四川西昌人，副教授，文学博士。主要从事文艺学研究。联系方式：fanguoying@ 126. com，电话：13550149059。

了变化，我们不仅需要掌握一定专业知识的专门人才，而且在人才的创新能力和综合素质方面还提出了更高的要求。在这一基础上，我国提出要"培养创新型人才和复合型人才"。人才培养目标的改变，要求我们的高等教育在强调专业教育的同时，要实现通识教育。因而，通识课程体系的提出不仅是简单地用通识课程来取代传统的公共选修课程，这本身意味着人才培养理念和培养模式的改变。

那么，通识课程的开设主要是着力于学生何种品质的培养呢？由于高等教育对专业性和应用性的强调，中国大学历来是重理轻文，所以通识课程的开设更多是强调学生人文素养的培养，而人文素养更多体现在丰富的感受力和批判力的形成上的。丰富的感受力和批判力的形成，一方面有利于形成学生的想象力，而想象力无疑是创新型人才和复合型人才形成的基础；另一方面，它能有效制衡现代化进程中必然产生的建立在功利主义基础上的实用主义，有利于人和社会的全面及和谐发展。这样一来，我们就不难理解著名科学家钱学森的倡议——在理工类大学开设人文类通识课程。既然人文类通识课程的开设对"创新型人才和复合型人才"的培养具有举足轻重的作用，那么我们的教学方法该做怎样的调整才能有效地实现人文类通识课程开设的初衷呢？

首先要从课程设置上着手，改变传统课程板块课程设置的基本模式。一般来说，传统的课程板块将课程划分为公共、专业和实践三大模块。在这种模块中，公共课往往被定位为人才培养方案的辅助部分。而通识教育理念的提出并非是对公共课程的简单替换。因而首先要改变传统课程设置的方案。将通识课程的设置和安排列为与专业课相同的核心地位，并密切专业课与通识课的联系，将两者纳入一个完整体系内来思考。目前西华大学课程设置的主要模块包括：人格素养课程群、表达与理解课程群、发展基础课程群、专业与服务课程群、研讨与探究课程群，这类课程群的设置打破了传统公共课与专业课之间的壁垒，为通识教育的落实奠定了基础。

在打破传统课程设置壁垒的基础上，要解决的第二个问题就是，如何设置具体的人文类通识课程。由于涉及人文素养的课程种类众多，学生在四年内既要完成专业教育，又要完成通识课程的学习，因而通识课程体系的建立和开设首先就面临一个筛选的问题，也就是通识课程的设置问题。正如甘阳所言："那么多书是谁也看不了的，不可能希望现在的学生读太多的书，而必须考虑让他们看最必须读的书。"[2] 因而，通识课程体系设置遵循的应该是少而精，而非多而乱的原则。从通识课程的设置上看，哈佛模式被许多学者和教育家所称道，其通识教育涉及的科目虽然较多，但都是以西方的人文经典为核心。从国内各大高校通识课程体系的设置来看，应该说，随着对中国传统文化的再认识，一度曾被忽视的中国人文经典受到越来越多的重视，这是应该的。但是我们也不能矫枉过正，而是要拥有开放的心态，毕竟我们处在一个以西方话语为主导的世界，并且自"五四"以来，我们对中国人文经典的阐释也是以西方话语为参照的。所以说在笔者看来，我们的通识课程体系的建立应该同时以"中国人文经典"和"西方文明"为核心。

"中国人文经典"主要是讲授中国从古至今的文明，"西方文明"主要讲授在西方历史上产生的对人类社会的发展具有普适性的理论或典籍。毫无疑问，无论是"中国人文经典"还是"西方文明"包括的内容都极为庞杂，那么怎样建立"中国人文经典"和"西方文明"统摄下的课程体系就极其重要？通识教育是英文"general education"的译名，有学者把它译为"普通教育"、"一般教育"、"通才教育"等等。也就是说，通识教育是以培养人的全面性和丰富性为旨归，其追求的是人之所以为人的普遍意义。因而在通识课程的设置上，应该以人类面临的永恒不变的问题，以及中华文明作为一个民族在解决人类面临的普遍问题时的问答为基本出发点，在"中国人文经典"和"西方文明"两大核心课程体系下，建立4至6门子课程。在"中国人文经典"下可包括对《论语》、《史记》、"四大名著"等的讲授，在"西方文明"体系下可涵盖对亚里士多德、柏拉图、康德、尼采等的学习。同时，既然通识教育探讨的是对整个人类而言都具有普遍性的问题，那么，通识课程一旦设定就要具有一定的稳定性。甘阳在由上海世纪出版股份有限公司主办、复旦大学思想史研究中心协办的"世纪人文论坛"的系列讲演中就指出，美国许多著名高校的通识教育的核心不是变而是不变，"通识教育的阅读课程不是不断更新的课程，而是恒久不变的问题"[3]。

在建立了有效的通识课程体系后，我们的教学实践应该做怎样的改革，才能实现通识课程开设的目的呢？

首先，从目前专业教育的角度来看，通识课程涉及多门学科、多种专业。因而，通识课程的教学一方面要打破传统教师授课——一门课由一位老师主讲——的方式，另一方面要破除传统院系之间设定的专业壁垒。也就是说，一门通识课程的任课教师可以由不同专业（也就是隶属于不同院系）的多个老师组成课程组任课教师，不同的老师担任一门课程的不同内容的教学，将老师的课程教学与其专业研究领域紧密联系起来，最大限度地提高教师的课堂教学质量，最终实现由专才来培养通才的教学目的。

其次，还要对具体的教学方法进行探索和改革。笔者认为人文类通识课程按其性质大体上可分为两类：一类课程主要关注具体的文学艺术作品，这类课程是最有利于学生人文情怀和丰富心灵的培养的。应该说，这类课程在大学公共选修课程体系中，也是有所涉及的。不过其教材的编写及教学方法基本上是中学语文教学模式的一个延续，而这种教学模式与学生人文情怀和丰富心灵的培养是背道而驰的。上海师范大学教授薛毅就指出，"几十年来，文学教育变成了这么一种东西，它使人的心灵变得越来越简单、狭窄，越来越教条、刻板"[4]。因而，首先要打破这类课程按历史时期对不同时代不同地域的文学艺术作品泛泛讲解的教学模式，代之以对重要文本的细读或赏析。在课堂教学中，师生互动以及学生之间的交流对话也极为重要，要采用多种方式（如个人发言、课堂讨论、小组讨论等多种形式）来充分调动学生的参与性，积极培养他们的感悟能力。同时，教师对文本的分析和讲解要摒弃传统的以点概面、以偏概全的分析方法，而要引导学生从不同的方面来感受文本呈现出的不同意义。教师要让学生明白，教师的讲授并非是向学生传授什么绝对真理，而是要通过指导学生对文本的学习，给学生打开不同的看世界、社会和人生的新窗口。只有这样才有利于学生丰富感受力的培养，如果教师把自己对文本的理解作为唯一的阐释方式向学生灌输，这无疑就会扼杀学生丰富的感受力。只有学生拥有了丰富的感受力，那么在以后的工作和生活中，许多事物才会激发他们的灵感，才能形成他们的想象力和创新性能力。

另一类课程着重于学生理解力的培养，深刻的感受力离不开深刻的理解力的滋养。不同的理解力，会使不同的感受力处于不同的平台上。而理解力的形成无疑是以掌握重要的理论经典为基础。通过对不同时期中西方重要思想（包括文艺思想、哲学思想等）的学习，让学生理解人类思想探索的轨迹，提高学生的阐释力。这类课程为学生打开了更多的观察世界的窗口。

这类课程主要以对理论的探讨为核心，因而这类课程不同于文学艺术作品的讲授课程。结合这类课程的基本特点，我认为在教学上应该突出以下几个特点：

由于理论自身具有的枯燥性，那么在教学上首先要求教师要吃透理论，只有教师对理论有深入的把握和理解，在讲授过程中，才能做到触类旁通、旁征博引，这样教师才可能帮助学生更好地把握理论。其次，在教学中教师不能仅从理论到理论。在理论的讲授过程中，一方面要借助 PPT，通过图片、音乐等方面的内容，将抽象的理论具体化；另一方面教师还要紧密联系当下现实，将理论应用于对具体事件或现象的分析。只有这样才能使学生更快、更好地把握和运用理论，逐渐培养学生深刻的理解能力。

文学艺术作品课和理论课这两类课程并不矛盾，而之间是一种相辅相成的关系。文本的分析是理论的基础，也是理论的目的，只有在理论的指导下我们才能实现对文本更有效的阐释，从而培养学生丰富的感受力和理解力。

总之，随着人类社会对人和社会全面发展诉求的不断增强，必然要求高等教育在完成专业教育的同时，也要完成对学生的通识教育，以此来实现人和社会的全面与和谐发展。可以预见，通识课程在高等教育中所占的比例和所取得的作用会越来越大。因而对大学通识教育课程改革的思考将会引起越来越多的关注。

注释

[1] 汪晖. 现代中国思想的兴起：第二部，下卷. 北京：三联书店，2004：1359.

[2] 甘阳. 2010 年十二月北大演讲综述. http://www. zgyspp. com/Article/y6/y53/2011/0208/29130_3. html.

[3] 甘阳. 通识教育在中国大学是否可能. http://bbs. sjtu. edu. cn/bbscon, board, philosophy, file, M. 1290775218. A. html.

[4] 薛毅. 文学教育的悲哀//当代文化现象与历史精神传统. 桂林：广西师范大学出版社，2007：186.

适应学分制管理模式下校院二级教学管理工作初析[*]

张大凤^{1①}　蒋珍菊²

（1. 西华大学生物工程学院；2. 西华大学教务处）

摘　要：本文分析了新的教育形势下，我校采用完全学分制管理模式后实行校院二级教学管理来提高人才培养质量、深化教育教学改革校院两级所做的工作，得出了只有不断学习新形式的教学管理模式，提高教学管理人员心理素质和创新素质，提高管理能力，协调好各种关系，才能实现教学管理的科学化和现代化的结论。

关键词：学分制；管理模式；教学管理

在新的教育形势下，各高校进一步明确人才培养是高校的根本任务、质量是高校的生命线、教学是高校的中心工作的理念，强化教学管理，深化教学改革，提高人才培养质量。我校为了进一步推进教育教学改革，教学管理权力分配、管理重心下移，实行校院教学二级管理。二级教学管理为实现学校发展整体规划，深化教学体制改革，强化学院的教学管理职能，实行院系（部、院）二级管理，管理重心下移，促进教学管理的科学化、制度化和规范化而改革的内容之一。教学管理是有效连接教与学的桥梁，是各学院教学办管理工作的中心内容，因此，加强和改进现行模式下的教学管理工作，已成为学校改革发展的重要课题。

我校从 2009 年开始实行二级教学管理，推动和深化教育教学改革，学校做了以下几方面工作。

1. 完全实行学分制

学分制是高等教育发展到一定阶段的产物，它作为一种较为先进的教学管理制度，我校从 2003 年开始实行完全学分制，经过几年实践，基本解决了实行学分制的几个主要制约因素（例如选课资源匮乏，选课缺乏指导，教学管理相关配套制度不完善等），已经全面推进，实行了完全学分制管理模式。

2. 课程体系和教学内容的改革

学校要研究课程体系，更新教学内容，把社会需要的最新科技成果迅速反映到课程上来，提高教学质量。具体体现在我校在新的一轮人才培养方案中，将学生所修课程分为五大块课程群，分别为：人格与素养课程群、表达与理解课程群、发展基础课程群、专业与服务课程群、研讨与探索课程群。每一课程群都有必修课和选修课。在主要由专业课构成

───────────

* 基金项目：四川教育厅教育教学改革项目资助。

① 张大凤（1972—），女，汉族，重庆潼南人，讲师，主要从事高等教育管理等工作。

的专业与服务课程群和研讨与探索课程群中，还设有可替换课程。可替换课程是指根据社会经济的发展、产业结构的调整、知识的更新、企业对人才的要求而进行动态调整的课程。

3. 教学形式的改革

采用灵活多变的教学形式，讲座、创新活动、教学竞赛获奖等都可获得一定的学分，以有利于调动学生的学习积极性和创新精神及实践动手能力的培养。

4. 增加课程资源

选课制要选择课程，要求学校能提供足够的课程资源以供学生选择，特别是大量增加各种选修课的门数，这样学生才有选择的余地，才有可能成为具有创新能力的应用型人才。

5. 努力提高学生就业竞争力

在社会主义市场经济下，广大学生的自我成才意识、竞争意识将会明显增强。选课时，学生将选修有兴趣的、有利于择业的、社会上需求量大的专业方向和课程，使自己的知识结构在就业时更具竞争力。

6. 调动教师投入教改的积极性

随着学校综合体制改革的深入，以提高教学质量为核心的改革措施逐渐深化，完善教师聘任制将成为调动教师积极性的重要改革。推行选课制为教师聘任制引入了竞争机制，为满足和吸引广大学生选课，必然激励教师去更新教学内容，提高教学质量，开设新课。学分制改变了教学上的"大锅饭"，为教师带来了可能被淘汰的压力，激发了教学工作的活力。

学院作为一线教学管理人员，是教学管理的协调者和执行者。教学管理方面日常具体事务性工作诸如：考试安排与成绩管理，为学生学位资格审查提供成绩依据，学生学籍管理负责，教学档案的管理及保管和完全学分制下的排课和选课，面对完全学分制管理模式下校院二级教学管理体制带来的新问题、新挑战，要把工作的落脚点放在哪儿才能更好地开展工作，起到桥梁和协调作用、桥梁和纽带作用，笔者认为主要有以下几点。

1. 树立服务意识，具备参谋和助手的作用

牢固树立服务意识。教学管理是教学的基石，作为教学第一线服务群体的工作人员，要具备很高的责任感，树立良好的服务意识，热心为师生服好务。由于完全实行学分制，使教学管理工作的任务成倍地增加，学生特别是新生对选课系统不熟悉或对人才培养方案不熟悉等，均会增加教学管理的工作量。由于二级管理的实施，教学办工作人员开始直接面对学生增删课程或调整教学任务的容量等问题，只有增强服务意识，围绕教学为中心，一切以师生为本，才能使教学管理工作得到学生、教师和各级领导的认可和满意，使整个学院的教学管理质量不断提高，对学生起到参谋作用，对领导和老师的管理教学工作起到参谋作用和助手作用。

2. 具备协调和沟通能力

校院教学管理二级管理管理体制下中心下调，教务处的直接管理变为宏观管理，由各学院直接负责，在管理职能上发生了很大的转变。作为二级学院教学管理的工作人员由一味接受和传达教务处的指令转变为要贯彻落实上级管理的各项任务和指令，要向教务处反馈信息，变成了学院与学校之间、学院领导和老师之间、各系部（教研室）之间、各学院

之间以及师生之间协调、沟通的主要桥梁。人才培养方案的变化，增加了研讨与探索课程群以及每一课程群中可替换课程，就必须协调好学生和社会需求者的关系，协调好学生与任课教师之间的关系，沟通好在毕业判定时各相关课程替换的关系等。只有在观念上尽快转变，找准工作位置，明确自己的工作职责，不断提高自身的能力，为提高教学质量创造有利的条件。

3. 强化责任意识，注重档案管理

教学过程的原始资料最能真实反映教学运行实际状况，二级管理模式下教学办工作人员必须注重日常文件和资料的收集和存档，这些资料是为教学办工作人员的工作提供的重要依据。教学档案也是教学检查和评估的重要内容，教学办工作人员必须加强教学档案的管理，强化责任意识，注重各类资料的完整性。同样由于人才培养方案的变化，增加的研讨与探索课程群及其成绩认定方式，会增加课程成绩认定的原始资料。因此，增加可替换课程模块，会增加替换课程的各种原始资料。因此，只有坚持原则，强化责任意识，才能准确衡量学生学习成绩，为提高学生的可持续发展能力奠定基础。

4. 加强学习教学管理方法，不断充实自己

完全学分制管理模式下，增加了本科各专业之间、本科生与硕士研究生之间和本校与外校之间课程嫁接，任课教师把社会需要的最新科技成果反映到课程中来，更新教学内容，变更课程大纲，教学管理人员只有不断学习业务知识，充实自己，才能更好地适应工作的需要。同样学院教学办工作人员，在现行的校院二级管理模式下，应不断加强学习管理方式，提高自身管理的能力，学习各种有关高等教育的课程，参加相关的学术研讨，以开阔自己的视野，加强校内、校际之间教学管理工作经验的交流，相互学习和探讨教学管理中存在的问题，以提高管理水平，更好地为师生服务。

我校在实行完全学分制的管理模式下，又实行了教学管理校院二级管理，给学院每一位教育工作者都提出了更高的要求。通过不断学习新形式的教学管理，提高心理素质和创新素质来适应繁杂的工作，充分发挥主观能动性，创新工作思路以提高管理水平和工作效率；提高管理能力，协调好教务处、各系部、教研室、教师和学生之间的各种关系，具备一定的专业知识和管理科学知识和管理能力，实现教学管理的科学化和现代化，从而促进全校的教学管理水平的提高。

学籍管理适应多样化人才培养的探索与实践

熊朝坤① 刘敏 严利

（西华大学教务处）

摘　要：随着我国高等教育的发展和改革的深入，全面实行学分制管理已成为很多高校的选择，也是今后高等学校管理发展的趋势。随着学分制的不断深化，高校人才培养模式的多样化，学籍管理也出现了一些新的特点和不足。文章从加强领导、规范管理、增加服务意识、完善配套制度和注重电子注册等几个方面，提出了进一步提高多样化人才培养模式下高校学籍管理质量的措施，并以西华大学为例，进行了实践和探索。

关键词：高等教育；人才培养；学籍管理；探索；实践

高等学校是以教学为中心的教育行政部门，虽然高校管理牵涉方方面面，但教学管理必将是高校管理的核心，而高校学籍管理又是高校教学管理的重要组成部分，是建立良好教学秩序和提高教学质量的重要保证，是优化高校管理的基础，也是一项政策性、原则性较强的管理工作。高校学籍管理的好坏不但直接影响高校的教学质量，而且对高校总体管理也起着举足轻重的作用。因此，怎样规范高校学籍管理，提高高校学籍管理水平，是我们每位教务工作者和高校管理者应该认真思考的问题。特别是在当今高校多样化人才培养模式下，进一步探索学籍管理新方法、新思路有着很重要的现实意义。

一、学籍管理存在的问题

随着我国高等教育改革的深入和发展，全面实行学分制管理模式已被众多高校所采用，并还在不断深化，学分制管理也必将是今后其他高校教学管理模式的选择。由于学分制是以学分作为计算学生学习量的单位，以取得最低毕业学分作为毕业标准的教学管理制度，它强调的是目标管理，在过程管理中注重学生的个性差异和趣味发展，每位学生可以结合自身的能力和特点，自主制订学习计划、学习进程，充分调动学生学习的积极性，使其个性得到全面发展。因此学分制管理就要求高校人才培养模式多样化，学习形式多样化，教学方法多样化，考试方法多样化，实践环节多样化，等等。

多样化培养模式的这些特点要求高校学籍管理要与之相适应。虽然学分制管理已在一些高校运行多年，学籍管理也在原来学年制基础上有了一些的变化，但随着学分制改革的不断深化，高校学籍管理仍有一些不足之处，需要进一步完善。

---

① 熊朝坤，男，1968 年 12 月出生，重庆开县人，硕士，副教授。主要从事高等学校教学管理方面的工作。

（一）对学籍管理工作重视不够

学籍和"户籍"一样，它是一个学生能在高校学习的基本条件，没有学籍，不管你如何学习都不会得到国家教育主管部门的认可。近些年来国家教育主管部门虽然也从各方面不断规范高校学籍管理工作，但随着学分制的深化，学籍管理的一些新特点日益体现出来，提前毕业、延长学习年限、国内外高校的联合培养、校企联合培养等情况越来越多。而部分高校领导干部对此重视不够，仍然用原来的管理模式来思考和指导工作，加之少数领导干部管理能力不强，管理人员素质不高，责任心不强，工作积极性不高，人员流动频繁。这都是学籍管理的真正作用难以体现的关键所在。学籍管理工作做得好与坏，可能不会马上反映出来，但一旦反映出来，可能造成无法弥补的后果。另一方面，法治社会，依法治国，也要依法治校，当今学生的维权意识较高，如对学籍管理工作不引起足够重视，还可能会出现"官司"问题。

（二）学籍管理制度内容陈旧，不能适应不断变化的新形势

深化学分制后，学籍管理不断涌现一些新的特点，而一些高校的学籍管理制度没能跟上形势的变化，仍"几十年不变"，内容陈旧，其内容已不能适应现代化社会对人才素质层次多元化的要求，不能给部分特长生提供更多的发展空间，不能充分体现因材施教、个性化教育的育人理念，不能体现依法治校的观念。比如："在校学习期间擅自结婚而未办退学手续的学生，作退学处理"这条规定已严重不适应实行学分制后"学生可以分段完成学业"的要求，也和国家法律相抵触。一些非法律术语，如"品行极为恶劣，道德败坏者"予以开除学籍的规定等在法律层面也难以认定。

（三）配套制度和设施不完善

学分制管理制度的改革，要求学校的配套制度和设施也要不断完善，比如导师制、学生管理、缴费管理、注册管理、网络建设等等。但由于种种原因，很多学校的导师制形同虚设，学生管理跟不上，其他配套措施滞后。

二、提高学籍管理质量的路径

（一）加强领导，分工合作

加强领导是学籍管理工作完成好坏的关键因素之一。各级领导要充分认识上述深化学分制后学籍管理可能出现的问题，转变思想，针对新特点有新举措，从意识上进一步重视学分制新形势下的学籍管理工作。学籍管理无小事，稍有不慎，就可能造成无法弥补的后果。在学籍管理过程中，各级领导要统一认识，上下一致，分工负责。学校、教务处、学生处、学院都要各负其责，既有政策的支撑，又有具体实施，还要有监督保障。学校分管校长必须亲自抓，教务处、学生处、学院分管领导具体落实，学籍管理工作人员负责实施。要形成一支校级、处级和具体管理者的三级管理体系。

（二）建章立制，按章办事，依法管理

由于学籍管理是一项政策性、原则性较强的管理工作，因此完善的学籍管理，就不能太"人性化"，一定要按章办事，依法管理。而按章办事、依法管理的前提就是要有完善的学籍管理规章制度，没有规矩，不成方圆，完善的学籍管理规章制度是学籍管理制度化

建设的基础，也是其核心。当然，各高校可能都有自己的学籍管理制度，但深化学分制后，学校应重新审视原来的管理制度，不断修订原来不适合学分制新特点的陈旧管理制度。这样才能使我们的学籍管理在新形势下有新的内涵和依据，也避免在学籍管理中的一些新问题找不到制度的支撑。

在制定学籍管理规章制度时一定还要注意合法性和合理性，即高校学籍管理实施细则和规章制度不能与国家法律、法规相抵触，同时还要公平、公正和合理，依法治国，也要依法治校。学校是一个比较特殊的行政机构，从学校内部来看，学校对学生的管理基本上是封闭的，大多数学校可能认为无论学校对学生怎样处理，都是理所当然的。但在法治化的今天，随着学生维权意识的提高，学校因学籍处理不当而造成的法律官司比比皆是，也不乏学校败诉的情况，因此高校管理者要审视上述"理所当然"是否与法律发生抵触，是否真正站在为学生服务的高度。衡量高校管理工作好坏的标准，不仅仅在于管理效率的高低，还在于其学生的正当权益是否得到维护。

（三）提高管理人员素质，增强服务意识

深化学分制后，学生的个体差异越来越大，延长学习年限、国内外联合培养、校企联合培养等"特殊"学生越来越多，因此学籍管理工作就越来越繁琐，工作量也越来越大，同时学籍管理的政策性和技术性也较强，这些都要求高校学籍管理者要有高度的责任心。每位学籍管理者，不但要具有良好的思想政治素质和较高的业务素质，还必须熟悉学籍管理的目的、任务和要求。因此，学籍管理者要加强业务学习，不断提高自己的专业素质和管理水平，勇于改革创新，尽可能通过管理为学生服务。学校也应积极创造条件，对学籍管理人员进行经常性的业务培训，提供培训学习的机会，定期和兄弟学校交流。

树立服务意识，转变服务态度，管理就是服务，现代的学籍管理要从"训导型"向"咨询服务型"转变。学校和学生之间不再是单纯的管理与被管理关系，而是一种特定的权利义务关系。另外，管理人员不要将个人情绪带到工作中来，不要因为其管理工作的繁琐而降低服务质量，能办到的，尽快为学生办好；由于学籍管理是一项政策性、原则性较强的管理工作，有一些办不到或程序不对的，要尽量给学生做好解释工作，要让学生高兴而来，满意而归。

（四）进一步完善学校配套制度，促进学籍管理现代化

人才培养是高等学校的核心工作，学生又是人才培养的主体，为了能更好做好学分制下学生的学籍管理工作，必须进一步完善学校的配套制度和设施。除加强导师制、学生管理等外，加快网络建设也是十分必要的。一方面，学生的学习情况各异，同班不同学的情况时有发生，加之提前毕业、延长学习年限毕业、联合培养、休学、复学等学籍异动情况，学籍管理也将复杂化。另一方面，随着学校招生规模的扩大，很多学校都从几千学生发展到了几万学生，同时，还可能有多个校区，因此过去靠手工来完成的学籍管理已远远不能满足要求。学分制下的学籍管理要以先进的技术和手段为支撑，因此，加快高校校园网络建设，为学籍管理网络化构建起便捷、快速的网络平台就十分重要了。学校应建立完善的教务管理系统、一卡通系统等，建立起一套完整的学生学籍信息资料档案，实现资源共享，使其可以便捷地统计、查询学生学籍的各类信息，及时了解学生的学习状况，掌握学生学籍和教学质量的动态情况，及时进行调控。这样，既提高了工作效率，又大大提高

了工作的准确度，减少差错率。

（五）注重电子注册工作，提高学籍管理水平

电子注册的实施是新形势下对学籍学历管理的完善和补充，也是一种管理制度和管理模式的创新。国家教育行政主管部门针对新形势也在不断规范和完善电子注册工作，从某种意义上讲，电子注册必将对高校实现学籍学历管理现代化乃至高校管理水平的提高起到积极的推动作用。

目前，电子注册分为学籍电子注册、学年电子注册和学历电子注册。（1）学籍电子注册是对新生进校后的学籍注册，是解决学生"户口"的问题，未经招生主管部门批准的学生将不能注册成功，毕业时国家也不承认其学历，这从源头上杜绝了学校违规乱招生的情况，为学生的学籍管理奠定了良好的基础。（2）学年电子注册是在每学年对在校学生新学年学习资格的认定，是加强高校学生管理的基础性工作。学年电子注册的实施，有助于实现对普通高校学生在校期间全过程的规范化、信息化管理，建立完整的高校学生数据信息库；统计分析高校学生学籍变动结果，促进宏观管理决策；反映学生借贷还贷、奖励、处分等诚信信息，促进高校学生诚信体系建设。（3）学历电子注册是学生毕业时学历证书的注册。学历电子注册有利于打击假文凭和维护高校形象。

电子注册工作的实施和完善分别从源头、过程和结果方面强化了学籍管理，严格电子注册工作从制度上充分保证了学籍管理的规范化和制度化。这使得在学籍管理中出现的问题能得到及时处理，把问题处理在萌芽阶段，避免出现了问题就无法弥补的后果。

三、我校学籍管理的实践

我校是较早实行学分制管理的地方高等学校之一，现有学生三万多人，校区四个，经过多年学分制管理的探索和实践，在常规学籍管理的基础上主要作了以下几点的尝试。

（一）注重规范化与人性化相统一

学籍管理的政策性、原则性较强，规范化管理、制度化管理是理所当然的。但我校在制度化、规范化管理的同时，始终坚持以人为本，以学生为本，关爱学生群体，注重规范化和人性化的统一。由于而今的大学生大都在二十岁左右，又是独生子女的一代，主动性较差，因此，一方面我们主动对教育行政部门和学校制订的不可逾越的规章制度通过各种渠道及时宣传；另一方面，在管理过程中提高服务质量，做到首问负责制。能办到的，尽快为学生办好；不能办到或程序不对的，尽量给学生做好解释工作，告知学生不能办的理由或正确的办理程序，让学生满意而来，高兴而归。

（二）与时俱进，加强学籍管理改革，不断完善学籍管理规定

和其他高校一样，在深化学分制管理改革的过程中，我们的学籍管理也遇到很多新的问题，面对问题，我们不回避，发现问题及时处理。学校领导高度重视学籍管理工作，各级管理者始终坚持"学籍管理无小事"。在运行中，加强学籍管理改革，强化教学班管理、学生的片区管理、延长学习年限的学生管理、国内外交换生管理。不断完善学籍管理规定，根据运行经验我校的学籍管理规定一般每四年进行一次大的修订，不定时进行完善。

（三）强化电子注册工作

电子注册是上级教育主管部门对高校的基本要求，我们以电子注册工作为契机，由专人负责电子注册工作，重点把关新生学籍注册、在校生的学年注册和毕业生的学历注册，每种形式的注册数据都要经学生本人和相关工作人员的签字确认，以确保学生的学籍准确无误。同时也拿电子注册这个"上方宝剑"避免了很多干扰学籍管理的人为因素，规范了学籍管理。

通过这些年的探索和实践，我校在学籍管理工作的一些具体方法，有成功之处，也还有不足的地方。随着学分制改革的不断深化，这些观点还有待进一步完善和发展。

四、结束语

总之，高校学籍管理是教学管理的一个重要内容，是一项繁杂的、政策性较强的工作。在深化学分制管理的新形势下，只有改革传统、滞后的学籍管理制度与方法，建立科学合理的、适应现代教育发展需要的新的学籍管理制度，才能为培养多元化创新人才发挥更大的作用。

注释

[1] 教育部高校学生司. 普通高等学校学生管理规定（解读）[M]. 北京：北京第二外国语学院旅游教育出版社，2005.

[2] 熊朝坤，刘敏，冯冬，等. 关于实现高校学籍管理规范化与人性化的思考 [J]. 高等教育研究（成都），2010（1）：91－93.

[3] 江天肃，张洪波，杨军，等. 关于完全学分制的思考 [J]. 现代教育科学：高教研究，2009（6）：6－8.

[4] 相阳. 我国高校学分制改革存在的问题与对策研究 [J]. 现代教育科学：高教研究，2009（6）：9－11.

[5] 王建刚，李美洁，甘应进. 关于完善高校学分制学籍管理的思考与建议 [J]. 纺织教育，2008（4）：43－45.

[6] 韩磊磊，源国伟. 中国高校学分制 30 年——大学教学制度改革讨论述评 [J]. 高教探索，2008（4）：62－67.

[7] 潘晓卉，郑家茂. 深化学分制改革　培养高素质人才 [J]. 江苏高教，2003（3）：62－64.

[8] 赵雄辉，聂娟. 高等学校学籍管理制度建设原则探讨 [J]. 高等教育研究学报，2006（3）：78－80.

论教学质量监控体系的内涵及其实现

李艳①　何锡辉　余熙燕

（西华大学教务处）

　　摘　要：教学质量是衡量教学过程效果的重要指标，也是教学设计所追求的基本目标之一，而教学质量监控手段则是保障教学质量实现的重要措施。高校的教学管理部门作为实施质量工程的职能部门，应该树立正确的教育教学管理思想，洞悉教学质量监控体系的科学内涵，完善教学质量的评价体系、监控制度体系，并采取相应措施充分调动教学主体的主观能动性。

　　关键词：教学质量；监控体系；内涵；教学管理

　　众所周知，教学质量是推进高等教育不断发展的重要保障力量。当前，我国的高等教育正在以前所未有的速度向纵深发展，改革的风险和成果是并存的，如何在这一过程中保证和提高教育质量成了高校亟待研究的问题。在实施高教质量工程的过程中，构建完善的教学质量监控体系就是其中一项重要的工作内容。

一、教学质量监控体系的内涵

　　按通常的教育理论，教学质量指的是教学对学生达到预期教育结果的促进程度。这个概念涉及众多的教学因素，包括教师对学生和教学内容的处理，学习活动是否合理恰当，是否考虑了学生的特征等。也有学者指出，教学质量不是一个单一的概念，它应是教学情境中的质量，包括教学的学术质量、教学的管理质量和教学的"内生"质量在内的概念体系[1]。布卢姆则更加强调学生主体性的发挥，他指出，如何向学生提供线索或指导，如何给予强化以吸引学生学习和学生参与学习活动的程度是教学质量的重要组成部分。

　　教学质量监控就是基于上述过程的管理而提出的一个概念。一般来说，它是指在教学质量评价的基础上，通过一定的组织机构，按照一定的程序，对影响教学质量的诸要素和教学过程的各个环节，进行积极认真的规划、检查、评价、反馈和调节，以确保学校的教学工作按计划进行，并达到学校教学质量目标的过程。

　　从字面上讲，教学质量的监控包括监督和控制两个方面。监督重在对教学过程的监测和督查，是外在管理方法的运用；而控制则是在科学监测的基础上对获取的教学信息的分析和处理。从关系上讲，监督是手段，控制是目的，控制以监督为基础，并结合教学评价

---

　　①　李艳（1976—），女，湖南衡阳人，助理研究员，法学硕士。Email：Liyan200013@sohu.com。

目标进行管理上的延伸。因而，从内涵上分析，教学质量监控是手段和目标的双向运行，质量评价标准是导向和指针，是监控的依据和价值指向；而监督控制则是实践层面上的运行，没有这些管理载体的实现和运作，教学质量的评价就无从实现，质量监控的目的也就沦为了空话。所以，科学把握教学质量监控的内涵，有助于我们合理构建教学质量监控的体系。

二、建立教学质量监控体系的必要性

近年来，我国高等教育取得了迅猛的发展，成绩骄人，但过快的发展速度和庞大的教育规模已使当前的教育现状出现了新的问题。其中人们最为关注的就是高校大规模扩招以后整体教学质量的滑坡。针对这些问题，2007年出台了《教育部财政部关于实施高等学校本科教学质量与教学改革工程的意见》及《教育部关于进一步深化本科教学改革全面提高教学质量的若干意见》等重要文件。在"质量工程"思想的指导下，提高教学质量和人才培养质量的关键是建立健全科学有效的教学质量监控与保障体系。没有教学质量监控与保障机制，高校人才培养质量这一核心职能就无法实现，以质量求发展就会沦为一句空话。

教学质量监控是教学主体实现教学目标的重要保证。教育教学主体包括教师和学生两个部分。前者实施教育教学行为，后者接受教育教学服务。一般来说，教师教学行为是主动的、积极的，而学生的学习过程是被动的。但是，不管是教师还是学生，他们在实施教学过程中都要受制于人性的特性，教师和学生都有懈怠的时候，因而，针对教学主体而实施适当的监控措施就是要充分激发教师的教育教学的积极性，防范其慵懒和松懈，并应尽可能调动学生的能动性和创造性，使每一个教师和学生都能得到全面、充分的发展，最终达到教育人、培养人的目标。

教学质量监控还是提高教学管理水平的重要环节。教学管理体系应是一个综合性的开放体系，它包括教学主体管理、教学目标管理、教学设施管理、教学环节管理、教学质量管理和教学责任管理等诸多环节。相对而言，质量监控措施体系只是其中一个相对较小的子系统，它的主要目标就是保障教学质量和教学效果的最大实现。如果这个环节出现故障，教师教学行为的随意性也将增加，教学质量也就无法评价，对教学计划和教学目标的实现均将产生负面的影响。因而，毫无疑问，科学严谨的教学管理体系离不开良性运行的教学质量监控体系，二者在功能上是密不可分的。

三、当前高校教学质量监控体系的构成状况

目前，国内高校教学质量的评价一般来自两个方面：一方面通过外部压力推动教学质量的提高，包括政府、主管部门和社会上的评估、咨询检查、综合排名等。如教育部本科教学工作水平评估就是十分重要的教学质量评价措施。另一方面是在学校内部建立起一套完整的、规范化的自我约束与控制、自我发展与保障机制，实现对教学质量的有效管理。教学质量监控系统主要由教学指导委员会、教师职业道德规范制度、教学督导制度、听课制度、学生信息员制度、学生评教制度、教学检查制度、实践性环节的监控等组成。具体内容也因各个学校的实际情况而有所不同。

国外高校对教学质量的监控措施跟国内高校有着较为明显的差异。比较典型的有：一

是通过宏观调控手段在政策上加以限制和监控，如在高等教育的大众化过程中，利用法律或在划拨教育经费和在制定政策过程中通过运用评价手段进行宏观管理；二是直接组建专门机构进行教育评价，如法国国家评价委员会由国家财政支持、拥有自己的预算；三是单独设立"高等教育质量保障委员会"，如澳大利亚1993年就成立了该组织，它是由民间发起成立，独立于政府和高校的专门高教评价中介机构；四是评价方法高效、科学、客观、灵活[2]。

不难看出，国内外高校的教学质量监控体系在内容上各有侧重，效果也各有所长。国内高校质量监控体系注重从制度构建入手，教学环节设置严谨而完备，教学管理手段严密、细致，效果评价体系精确，重视对教学实施主体采取一定的奖惩措施以调动教师的主动性、积极性。但客观地讲，国外高校质量监控措施体系也有值得我们借鉴的地方：一是微观层面和宏观层面的监控并举，增大了教育行政管理的外部威慑力；二是质量监控的权威性高，有专门的法律授权组织负责贯彻实施；三是监控过程更注重学生学习效果的管理，而不仅仅是将监控的重点放在教师身上。

四、我校现有的教学质量监控体系的构成及创新

长期以来，坚持本科教学工作的中心地位在我校从未动摇过。因而，狠抓教学质量一直是我校教学工作中的重要内容。建校60年来，经过长时间的探索和实践，我校建立了分管校长亲自抓、教务管理部门具体落实、教学督导和学生共同参与的齐抓共管的教学质量保障机制。特别是在实施学校的第二次跨越式发展战略之后，我校逐步建成了一套汇集质量目标建设、监控队伍建设、监控制度建设、信息反馈环节建设、教师激励和奖惩制度建设等五个方面的监控体系，收到了良好的效果。其主要构成包括如下几个方面：

第一，根据学校的定位、办学思路以及人才培养目标，制订了适应各年级各专业的培养计划和教学大纲。在教学计划制订过程中，注重了解社会经济发展对人才的要求，并以此来调整我们的课程设置和教学开展，为我校的教学质量监控提供了科学的依据和标准。

第二，完善的教学质量监控队伍是我校教学质量监控体系有效运作的保证。我校已逐步建成校、院二级教学管理模式，教务处负责监管、调控，教学管理督导组参与具体检查、指导，学生教学信息员协助信息采集，形成了多层次、全方位的教学质量监控与保障体系。

第三，从课程教学到实践教学环节等方面入手，建立了一套健全而完备的教学质量监控制度。如：《教学单位教学工作考核办法及指标体系》、《教学督导工作细则》、《干部听课制度》、《教学检查实施办法》、《课程设计管理办法》、《本科毕业设计（论文）管理办法》等。

第四，多渠道收集教学信息，形成了畅通快捷的信息反馈及调控系统。通过学生评教、日常教学检查、教学督导及干部听课、学生信息员反馈教学信息等途径广泛收集教学相关信息，并通过各级教学工作会议、教学简报、教学检查情况通报等多种形式，反馈至相关部门及相关人员，制订并实施整改方案，不断推动我校教学工作的改进。

第五，制订了一系列的奖惩措施。如：《教学工作成果奖励办法》、《课程首席教师实施办法》、《教学违规及事故处理办法》等，这些制度的贯彻和实施，调动了教师的教学积极性和主动性，使我校近几年来的教学成果取得了较大的突破。

我校的教学质量监控不是在孤立的教学环节上进行监控，而是将教学质量监控措施纳入整体目标进行考量，既考虑了地方工科高校在人才培养目标上的特殊性，又兼顾我校师资在教学计划设计上的可行性，教学质量评价的标准始终没有偏离我校人才培养模式的目标，这是我校教学质量监控体系在构建时始终坚持的一个原则。

五、加强教学质量监控内涵建设的几点建议

通过教学质量监控体系的实施，能及时了解教学及教学管理工作中存在的各种问题，能评估出教师、教研室、实验室和各学院工作的优劣。如何在推进学校教学工作发展的过程中进一步发挥教学质量监控体系的作用，除了应谨防教学管理制度上的纰漏、教学管理人员执行上的偏差、对教师教学效果的激励不够等外，还应注意以下几个问题：

（一）在建构教学质量监控体系的过程中要坚持人本思想，就是把人的因素作为管理的重要因素

在教学质量监控体系的构建过程中应注重突出教师的主体地位，与教师共同探讨教学质量保障的诸多环节，重视学生、教师、管理人员的全面协同作用，通过沟通与交流，达成统一的意志与行为，最终实现由监督检查向指导服务的转变，由"他监控"到"自监控"的转变，由"制度约束"到"文化融合"的转变[3]。只有本着"以人为本"的教育理念去管理教师、激励教师，才能最大限度地调动教师的积极性，发挥教师这一主体在教学质量监控体系中的作用。

（二）监控必须与保障、改进密切结合

如果只有质量监控措施，而没有相应的配套制度体系，那么质量监控就难以取得实际性的效果。因而，要尽快建立一套教学质量监控体系的跟踪服务制度，保证教学质量监控成为良性的与教学环节紧密联系的常态性机制。如，要将津贴的计算、职称职务的晋升与教师课堂教学评估有机结合起来，要将学生的评优、评先制度与学生的综合测评相结合，要将考核、评优制度与教学管理人员工作测评结合起来，只有这样，才能充分调动广大师生参与教学管理和提高教学质量的积极性，巩固教学质量监控的成效。

（三）应将教学质量监控纳入整个教学管理系统进行考量

建立教学质量监控体系只是完成预定教学目标的其中一个环节，如果不把这个环节放到教学管理的诸多环节中去考量的话，那么，教学质量的保证就会成为无源之水。必须将整个教学管理环节进行过程化管理，并实施流程化、周期化运作，才能形成完整而有效的管理活动，从而从根本上提升高校的教学质量。

总之，科学认识高校教学质量监控的内涵和运行规律是提高教学管理水平的前提。目前高校的硬件建设进度普遍较快，但软件尤其是教学管理软件也需要同步建设和发展。只有这样，才能保证人才培养的质量，从而全面提升学校的办学水平。同时，教学质量监控是一项长期的工作，在运行过程中要不断进行调整和修正。值得注意的是，重点关注教学行为实施过程中教师和学生的主体性的发挥以及尽快建立一套行之有效的质量监控的跟踪配套制度显得尤为重要。

注释

［1］刘慧云，吴庆华. 论教学质量的概念体系［J］. 黑龙江高教研究，2008（8）.

［2］赵居礼，李继刚. 国外高职教学质量监控与评价对我国的启示. 中国教育职业网，2008年6月.

［3］白童. 高校教学质量监控及保障体系的构建［J］. 学园，2011.

［4］安心著. 高等教育质量保证体系研究［M］. 宁夏：甘肃教育出版社，1999：23.

［5］沈斐敏. 教学质量监控与保证体系的构建与运行［J］. 教育探究，2006（1）.

［6］张静伟. 应用型本科院校教学质量监控体系的构建与实施［J］. 中国冶金教育，2009（1）.

［7］李焰，邰江霖. 地方院校实践教学质量监控体系的构建［J］. 高等工程教育研究，2009（4）

［8］唐继红，徐江涛. 论建立高职院校教学质量监控体系的探索与实践. 职业时空，2010（1）.

［9］张秋硕. 普通高校院（系）教学质量监控的体系建构与运行研究［D］. 华中师范大学，2010.

我校经济类专业
服务地方经济、培养应用型人才的探索与实践

兰虹　刘泽仁　于代松　张利　苏文明　张华[①]

（西华大学经济与贸易学院）

摘　要：高校的经济类专业在服务地方经济建设方面具有得天独厚的条件，即具有人力资源和地域方面的优势。西华大学经贸学院在服务地方经济方面经过长期的探索，取得了一定的成绩。同时学院还将服务地方经济方面取得的成果与人才培养结合起来，对教学体系、课程体系、教学内容和教学方法进行了改革，取得了显著成绩。

关键词：高校；经济类专业；人才培养

一、问题的提出

20 世纪初美国威斯康星州立大学提出的大学教育应当为区域经济和社会发展服务的新理念，创建了培养人才、发展科学与社会服务三位一体的高等教育发展模式。2002 至 2005 年间，美国麻省理工学院（MIT）组织美国、英国、芬兰等五个国家的有关工程、管理和社会科学方面的专家就大学如何服务地方经济社会发展的问题进行了相关研究。该研究最重要的发现是，大学对区域创新过程的作用依赖于当地经济产业结构，新产业形成、产业移植、产业多样化、产业升级等均需要不同模式的技术支持，也需要大学不同类型的贡献；大学必须深刻认识地方经济发展的途径及其创新过程，将大学的贡献与地方发展的实际需求相结合，并使大学服务地方经济发展的战略思路完全符合大学既定的追求卓越的教育与研究使命。

经验证明，高校将其知识资产转移和扩散到企业和社会其他领域，是强国、强省的重要途径，也是高校社会服务职能的实质所在。面对知识经济引发的新一轮世界经济结构调整和日趋激烈的国际竞争，包括美国在内的一些发达国家的政府和高校仍在进一步探索如何充分发挥高校的人才、科技优势，为地方经济、社会发展提供双方认为最有价值的服务。我国政府也非常关注作为知识创新的主要发源地的高校在服务地方经济方面的作用，

---

① 兰虹（1962—），四川资阳人，西华大学经济与贸易学院副院长、教授，硕士生导师。

刘泽仁，硕士生导师，教授。

于代松，西华大学区域与社会经济研究所所长，硕士生导师、教授。

张利，西华大学经济与贸易学院教学办主任，讲师。

苏文明，西华大学经济与贸易学院团委书记，讲师。

张华，西华大学经济与贸易学院党政办主任，副教授。

作为经济类专业，我们在服务地方经济方面具有得天独厚的条件。我们的第一届学生是 2000 年才开始招收的，但我们在建系之初就确定了我们的办学宗旨，即"繁荣经济科学，服务地方经济，培养应用型人才"。这些年来，我们在服务地方经济、培养应用型人才方面做了多方探索和实践。

二、了解地方实际，明确服务地方经济建设和社会发展的任务

地方高校要服务好地方经济建设和社会发展，必须深入地方实际，分析地方经济建设和社会发展的目标，明确服务的任务，找准服务的接口。

首先是了解地方资源条件，包括人、才、物三个方面静态的资源条件。如土地资源、水资源、气候条件、交通运输条件、劳动力状况，此外还包括外引、内联中的动态资源。只有全面、深入、准确地了解当地资源条件，才能真正把握当地经济建设和社会发展的脉搏，保证实现服务的有效性。

其次是了解地方发展的现状，即地方当前经济建设和社会发展的进展情况，包括地方当前的资源开发和利用程度，工业发展规模，生产技术水平，生产经营效益，乡镇企业和第三产业的发展速度等诸方面的状况，从而保证地方高校服务的时效性。

最后是要了解当地的发展目标和趋势，包括当地政府的发展战略和自己对本地的发展预测。当前，不少地方政府和职能部门都在围绕国家和省上的"十二五"提出各自的规划，在这方面高校是大有可为的。有的地方围绕资源优势，大力发展名特优产品；有的提出加速产业结构调整，走工商一体化的生产经营道路；有的乡镇企业由分散化、家族化、粗放型向专业化、规模化、国际化、集约型转化。地方高校应该做好这方面的调查分析，研究地方经济建设和社会发展对教育事业的种种需要，结合自身实际条件，确定自己的发展方向、办学模式、培养目标、专业设置等，使地方高校与地方经济建设和社会发展形成联动效应。

三、发挥学院人才优势，为地方经济建设提供人力资源和智力支持

我院始终牢记"繁荣经济科学，服务地方经济、培养应用型人才"的办学宗旨，充分发挥高校科技人才实力强的优势，积极参政议政，为地方政府、企事业单位提供服务，为地方企业出谋划策。

我院原常务副院长刘泽仁教授是成都市政协常委，政协农业与地方合作委员会委员，成都市政府参事，农工民主党西华大学主委。近年来，他积极参政议政，先后向地方政府递交了很多提案，引起了地方政府的高度重视，市委书记李春城、市长葛红林亲自批复要求有关部门认真研究并抓紧落实。如刘泽仁教授发表在成都市人民政府参事室《参事建议》第 24 期上的，《从"品质经济"视觉看我市"世界现代田园城市"蓝图的不足及建议》，李书记亲自批示"请研究室深入研究一下'品质经济'的概念和抓法"；提交的提案《成都市可对完善我国地震灾害居民财产保险制度进行探索和创新》荣获 2008 年成都市人民政府参事室优秀建议奖；报告《建议国务院参事室建立对地方政府参事室业务考评制度》被成都市政府参事室上报国务院参事室，引起了国务院参事室领导的高度重视；《建立成都市农民增收长效机制的建议》荣获 2009 年成都市人民政府参事室优秀建议奖。

于代松教授是成都市政协委员，九三学社社员，我院区域社会经济研究所所长，他既

为政府建言献策，又担任一些企业的顾问。他向成都市政府提出"腾笼换鸟——东郊产业结构调整"的建议被采纳，成为成都市近年来重大经济决策；"冷静思考西部大开发"的提案，成为国家政协的优秀提案；"四川省免费义务教育需要的是决心"的提案是四川省2006年唯一现场督办提案。近年来，他已经有七十多篇服务地方经济方面的文章在各类刊物发表；他的研究文章《关于开发成都市府（南）河流域生态旅游的思考》在2003年被成都市环境保护局评为二等奖；论文《灾难处置过程中作用的有效思考与建议》在2009年1月被九三学社成都市委员会评为特等奖。他所带领的团队主持制订了成都市温江区、郫县的旅游发展规划和甘孜州的"十一五"和"十二五"的经济和社会发展规划。在服务地方企业方面，他们为企业进行产品定位和产品选择，积极进行营销策划，使一个年产值不到200万的小厂张飞牛肉发展到年产值达两个多亿的中国知名食品企业；郫县高福记食品有限责任公司也是在于教授及其团队的长期帮助下发展壮大的，他一直在该企业兼任营销顾问，亲自参与决策活动，使其品牌"饭扫光"成为中国著名休闲食品，年销售收入1.5亿。2008年8月于代松被九三学社成都市委员会评为抗震救灾先进个人；他还主持了国家和省市以及地方政府各部门委托的科研项目二十余项，企业的横向课题三十余项；2009年2月于代松又被四川省委组织部、人事厅、科技厅、科技顾问团聘为四川省灾后恢复重建专家服务团成员。

项目负责人兰虹教授是经济与贸易学院分管教学的副院长，他在2007年7月成功申报四川省教育厅重点课题（课题名称：岷江流域文化旅游资源的保护与综合开发，项目编号06DFWH007，该项目已于2009年10月结题），2009年11月成功申报四川省哲学社会科学"十一五"规划项目（项目名称：完善和改革四川农村金融服务体系研究，项目批准号：SC09W016，目前项目已完成，正等待鉴定并结题），2010年10月成功申报四川省教育厅重点课题（课题名称：中国农村金融的区域差异研究，项目编号：10SA086）。近年来，他在《经济体制改革》、《农村经济》、《生产力研究》等核心刊物发表论文三十余篇。在将科研服务地方经济的同时，他还将学院服务地方经济的一些成功做法与人才培养方案相结合。对学院四个本科专业人才培养方案进行了更加科学合理的优化和完善，在保证学科基础课和专业核心课程的基础上，进一步增加了可替换课程的比例以及实践教学课程比例，其比例约为10%和22%，加大了个性化人才培养力度，增强了学生实践能力和创新意识，确保了人才培养质量的源头。

四、围绕服务地方经济，培养应用型人才的办学宗旨，改革创新人才培养体系和教学方法

我们根据服务地方经济，培养应用型人才的要求对课程体系进行了改革。创建课程实验教学体系、校内实践创新体系、校外平台扩展体系的"三位一体"实践教学体系，创建基本型、综合分析型、研究创新型"三类实验"教学模式，改革实验教学内容和方法，建构"校内外实践双基地"专业实践模式，建立指导学生实践的导师制，建立证券公司、电子商务龙头企业、大型连锁超市企业、国内知名保险集团等实践教学基地和共同考核学生实践能力的评价机制。

在教学内容上，根据市场对人才素质不断提升的要求和学科发展趋势，增加了选修课和实践课的比例，开设了丰富多彩的专业任选课程，并允许学生根据个人兴趣和发展方向

进行选择。在教学方法上，加大实践教学课程的改革，培养学生的实践能力和创新能力，陆续购买了进出口软件、国际结算软件、电子商务软件、ERP软件等，大大增强了学生上机操作的能力。在课程设置上，除按教育部的规定开出课程外，我们还增设了社会需求强的相关课程。如专业英语是七个学期不间断，第一、二学年是基础英语，第三、四学年是专业英语。在国际贸易专业中，我们还开设了社会需要的一些课程，如商务英语、外贸函电、商务礼仪、进出口贸易模拟操作等，以强化学生外语实际应用能力和国际贸易的实际操作能力。

为了进一步提高教学水平，保证人才培养质量，我们狠抓教育教学改革，近年来发表教育教学改革论文近二十篇，对教学管理、课程体系、课程内容、教学手段和教学方法进行了系统研究，有力地促进了教学质量的提高。

为了适应教学改革，及时更新教学内容，保证教材的科学性、先进性和启发性，我们在教材建设方面做了大量的工作，对重要学科基础课、核心专业课自编了适合二本学生的教材。

以教学为基础，以科研促教学，促进本科教学水平的全面提升。近三年来，发表科研论文两百余篇，承担省部级课题十余项，横向课题二十余项，经费达两百余万元。

教师还将科研工作中的一些成果、科研论文中的主要论点引入课堂教学，丰富了教学内容，扩大了知识的广度和深度；同时，通过课堂教学和课下交流，了解学生对相关知识领域的需求，进而形成新的科研选题，促进科研向纵深发展。

我们还建立了基于岗位胜任素质模型的实践性教学环节，分别引入无领导小组讨论和即兴演讲的人才测评培训方式。这是在第一学年和第二学年学习的基础上，在专业知识储备达到一定程度的前提下进行。该项实践模式的改革取得了非常好的效果，师生普遍反映很好，极大地提高了学生的学习热情，教学效果明显。同学们普遍反映通过这种具有实践性和创新性的模拟实战练兵，既能有效地锻炼自己的综合能力，又能真正地提高素质，为以后的求职面试、走上工作岗位打下坚实的基础。

我们采取实习与就业相结合的实习方式，把实习与就业结合起来，学生在前七个学期理论课程就全部结束，第八学期主要完成毕业实习、毕业论文创作以及寻找就业单位，所以学生是在就业中实习，在实习时就业，这样既提高了学生质量，又较好地解决了学生就业问题。我们还创新就业实习模式，拓宽就业渠道，将就业、实习与学生实际技能培训紧密结合，以实习基地的形式，尝试创新就业实习模式，学生一边上课，一边利用寒暑假到单位实习，这种形式不仅增强了学生的实践知识和能力，也大大缩短了用人单位和学生的"磨合期"，目前西藏证券已从我院招录了七名学习成绩优异、有投资天赋的学生到该公司进行操盘训练，这些学生毕业以后原则上都可以到该公司工作。

充分发挥学生社团的作用，积极开展社会实践活动，我院现有经济研究会、三农学会等学生社团组织，在老师的指导下，积极开展社会实践，如经济研究会每期都要组织两次以上师生共同参加的学术沙龙。如2008年"5·12"汶川地震后，我们组织了师生共同参加灾害经济学与灾后重建研讨会；2009年美国金融风暴后又组织了对金融风暴成因的探讨；当中国政府决定投资四万亿以应对金融危机后，我们又组织了对四万亿的投向以及可能产生的问题进行了探讨。2001级的王学菲等四位同学参加四川省团委组织的2004年MBA创业计划大赛，获得金奖，其后又参加团中央在厦门大学举行的"全国大学生创业计划大赛决赛"，获得银奖；我院"三下乡"社会实践团队曾获得过省级优秀团队称号，多名老师和同学在"三下乡"活动中获得过省、市级和校级先进个人称号。电子商务专业2008级学生在全国高校电子商务创意、创新、创业挑战赛四川赛区比赛中荣获一等奖，我院荣获优秀组织奖。

我院虽然在服务地方经济，培养应用型人才方面取得了一定成绩，但离教育厅和学校的要求还有一定差距，我们决心再接再厉，在服务地方经济、培养应用型人才方面取得更大的成绩。

注释

[1] 彭省临，湛毅青，周鹤林，何作利，刘诚. 高校服务地方经济社会发展的探索与实践［J］. 现代大学教育，2008（1）：80－85.
[2] 周应佳. 地方高校服务地方经济社会发展的实践与探索［J］. 襄樊学院学报，2009（6）：5－9.

学生感知教学质量评价方法实证研究[*]

蔡云① 唐岚 谭金会 张易红

（西华大学交通与汽车工程学院）

摘 要：学生感知教学质量评价对促进教学质量提高和课程教育改革发展具有重要意义。本研究以汽车服务工程专业本科生为调查对象，通过问卷调查和因素分析等方法探讨学生评价教师教学质量的因子构成，研究结果得出由学生评价教师教学质量的十个维度构成的三个因子变量，并从中得到改进现有评价教学质量方法的启示。

关键词：教学评价；感知质量；指标体系；实证研究

布卢姆对教学质量的评价标准是如何向学生提供线索或指导，学生参与（外显地或内隐地）学习活动的程度，以及如何给予强化以吸引学生学习。即教师教的水平和学生学的结果的优劣程度，是教师教和学生学的互动过程中产生的教授目的和学习目的的统一程度[1]。服务质量理论认为，顾客对服务质量的感知源于服务期望与服务体验相比较的结果。学生作为高等教育的顾客，在接受服务提供者——教师提供的教育服务过程中，形成了对教学质量的感知，并且在感知教学质量过程中不断用自己的期望与自己所体验到的教学质量进行比较，最终形成了对感知教学质量的评价体系。

教学质量评价是高等学校教学管理中的一个重要环节，也是一项十分复杂的工作。建立科学、客观、公正、可行的教学质量评价体系和方法，是高等学校进行教学质量监控的有效保证。依据格罗鲁斯的观点，"服务质量应由顾客评价"[2]。那么既然教育属于服务行业，学生对教学质量进行评价也就是理所当然之事。本文结合实际教学，通过使用学生感知教学质量评价表，对汽车服务工程专业在校大学生进行访问调查，收集了一些学生感知教学质量评价的数据，在对数据进行统计分析的基础上，建立了一个比较科学可行的教学质量评价的指标体系，并结合数据分析结果，对现有评价方法存在的主要问题进行了说明，提出了对现有评价方法的改进措施。

一、学生评价教师教学质量的维度及指标体系的建立

学生评价教师教学质量指标[3][4]的设计应遵循科学性、系统性、合理性、目标性、实用性和可测性的原则，确定的评价指标应尽量使所选指标能较全面地反映评价客体的价值

* 基金项目：西华大学教改项目，编号：09JG301。

① 蔡云（1979—），男，湖北荆州人，讲师，硕士。主要研究方向：汽车营销和后市场技术服务。讲授"汽车服务工程"、"汽车营销学"等课程。

特性，同时，应尽量满足评价主体对客体的评价目的。指标体系的制订，把"教"和"学"结合起来，既评价教师教学中独特的教学思想组织、策略和方法，又着重从"学"的角度出发，把教师的教学目标转化为学生的学习目标，对其实现程度进行评价[5]。从这两个方面出发，我们设计了一个包括十个维度、33 个指标的学生感知教学质量评价表。

我们在对已有的教学质量评价表的系统分析基础上，发挥优势，弥补不足，创造性地把课后教学质量评价引入教学质量评价系统，将教学质量评价的指标体系分为课堂教学质量评价和课后教学质量评价。因为通过对同学们的访谈，我们了解到教师课后的行为表现深刻影响着学生对其教学质量的评价，所以我们将课后评价引入了总体评价体系中。课堂教学质量评价包括六个维度，分别是教学态度、教学内容、教学方法、教学素质、教学时间和教学效果。课后教学质量评价包括四个维度，分别是课外实践、课后学习、关注学生和便利学生。其中教学态度和教学内容被分别细分为五个指标，教学方法、教学素质和教学效果被分别细分为四个指标，教学时间被细分为三个指标，课外实践、课后学习、关注学生和便利学生分别被细分为两个指标，最终构成了十维度、33 个项目的指标体系。

在评价教学质量过程中，我们使用 5 分制作为各项指标打分的基准，1 分为最低水平，2 分为中低水平，3 分为中等水平，4 分为中高水平，5 分为最高水平，每位调查者可依据自身感知的教学质量，对十维度下的 33 个指标给予相应分值。我们把 10 分作为十个维度的权重总计，调查者可依据自身感受给予十个维度相应的权重。在学生感知教学质量评价表的最后，我们给出了一个主观问题，即要求调查者对现有评价方法存在的主要问题及信度进行评价。

二、数据的收集与分析

（一）数据的收集

我们采用问卷调查的方式进行了数据的收集。首先我们在总结前人经验的基础上，本着科学、合理、有效、可行的方针，在对同学进行大量访谈的基础上设计了学生感知教学质量评价表，然后选取了汽车学院汽车服务工程专业本科的八位学生进行问卷调查。我们为了维持公平与合理，特选取了四位男生，四位女生。发放了八份问卷，收回了八份问卷，回收率为 100%。其中有效问卷为八份，有效率为 100%。

（二）数据的分析

在整理收集到的相关数据后，我们利用数理统计的方法对数据进行了分析，主要采用了 SPSS 统计分析方法。

1. 问卷调查结果总汇

我们将八位调查者给予感知教学质量评价表十个维度的分数及权重进行了计算，得到了每个调查者给予每个维度的平均分数和权重，以及每个维度的最终得分和权重，如表1所示。从表1中可以得出，十个维度的得分情况按降序排列如下：教学态度 4.71 分，教学方法 4.67 分，教学效果 3.28 分，教学内容 3.25 分，课后学习 2.82 分，便利学生 2.817 分，课外实践 2.8 分，关注学生 2.23 分，教学素质 2.17 分，教学时间 2.16 分。其中教学态度获得了最高分数 4.71 分，教学时间得到了最低分数 2.16 分，全距为 1.55。教学态度、教学方法、教学效果和教学内容排在了前四位，从教学质量评价的角度来说也是合理的。因为这些因素代表着教师教授课业的本质内涵，即为人师表的态度，利用科学、合理、有效的教学方法，将知识传授给学生，使学生学有所得。而教学素质和教学时间排在了最后两位也是可以理解的。就教学时间而言，其细分指标为上课时间安排合理、课程时间安排合理以及考试时间安排合理。时间是一个可以量化的指标，而每天的可利用时间又是有限的，学生们早已习惯了学校对上课时间、考试时间和课程时间的安排，而几乎每个学校都千篇一律，学生们认为时间的安排对感知教学质量并不产生重要影响，这从其平均权重得分 0.7 中也可看出，这一权重仅比教学素质的权重 0.66 高，仅是最高权重 1.51 的 46.4%。而对于教学素质来说，学生们普遍认为绝大多数大学教师的素质修养是比较高的，教学素质并不是影响教学质量的关键因素，而对教学质量产生关键性影响的是教学方法和教学态度，所以教学素质的权重最低为 0.66，教学方法的权重最高为 1.51，教学态度的权重次之为 1.28。课后感知教学质量的四个维度在整体评价的得分中处于中间位置，说明学生们还是比较看重课后教师行为对教学质量的影响作用的，把握好这些维度对于提高学生感知教学质量是有所助益的。

表 1 学生感知教学质量访问调查结果总汇表

评价维度 / 学生序号	教学态度 平均分	权重	教学内容 平均分	权重	教学方法 平均分	权重	教学素质 平均分	权重	教学时间 平均分	权重	教学效果 平均分	权重	课外实践 平均分	权重	课后学习 平均分	权重	关注学生 平均分	权重	便利学生 平均分	权重
1(女)	3.2	3	3.8	0.15	3.5	0.5	3.75	0.35	3	0.5	3.75	0.5	3	4	2.5	0.25	2.5	0.25	4	0.5
2(女)	3.6	1	3.4	1	3.5	3	3.75	0.5	3	0.5	3.75	1	4	1	3.5	1	4	0.5	3	0.5
3(男)	4.2	1	4.2	2.5	3	2	4	0.5	2.5	0.5	3.75	0.5	3	1	2.5	0.25	0.5	0.5	5	0.5
4(男)	4.2	2	2.8	0.5	2.75	2	2	1.5	1.67	0.5	2.5	0.5		0.5		1.5	1	3	1	1
5(女)	2.4	1.5	2.8		3.25				2.75			0.3	3.25	1.5	1	3.5	3.5	0.7	4	1
6(男)	4.6	0.5	3	1.5	2.75	1	3.75				4		2.5	1.5			4.5	1	5	0.5
7(男)	3.8	0.2	3	0.3	2.75	0.05	2.25	0.4	4	0.01	3.25	0.02	2	0.02	3	2	3	1.5	3	2.5
8(女)	3.4		3.2		3	1.5	3.5			0.8	2.75	1	2		2		1.5	0.5	1.5	0.2
总体平均	3.68	1.28	3.28	0.99	3.09	1.51	3.29	0.66	3.08	0.7	3.28	1.28	2.19	1.28	3	0.94	2.56	0.87	3.13	0.9
总计	4.71(1)		3.25(4)		4.67(2)		2.17(9)		2.16(10)		3.28(3)		2.8(7)		2.82(5)		2.23(8)		2.817(6)	

2. 调查问卷信度检验

信度是指所使用分析工具的可靠性，即同一群被调查者在同一份问卷上测验多次的结果具有一致性和稳定性的特征。因此本研究采用现代衡量信度最佳的 Gronbach's α 系数方法，这种方法的基本含义是系数值越高，说明问卷内各指标的结果越趋于一致，即问卷信度越高；反之亦然。当 α 低于 0.35，则属低信度，问卷不采用；若 α 大于 0.7，则表示信度相当高，问卷设计相当好，问卷适宜采用；若 α 在 0.35 至 0.7 之间，则属中信度，问卷可接受。

我们采用 SPSS 统计分析方法中的同质性信度检验中的 Gronbach's α 系数方法，测得

$\alpha=0.8260$，标准 $\alpha=0.8590$，说明此问卷设计相当良好，问卷信度相当高，可以作为学生感知教学质量评价的标准量表使用，使用此量表进行调查访问具有科学性和有效性。

3. 因子分析

因子分析就是用少数几个因子来描述许多指标或因素之间的联系，以较少几个因子反映原资料大部分信息的统计学方法。本研究试图利用因子分析方法来探求对学生感知教学质量产生影响的主要因素，以期得到的结论能为今后的教学工作提供借鉴。我们采用 SPSS 统计分析方法中的因子分析方法，以主成分分析法进行因子提取，设定提取因子的标准是特征值大于 1，得到结果如下：

表 2　Total Variance Explained

Component	Initial Eigenvalues			Extraction Sums of Squared Loadings			Rotation Sums of Squared Loadings		
	Total	% of Variance	Cumulative %	Total	% of Variance	Cumulative %	Total	% of Variance	Cumulative %
1	5.167	51.674	51.674	5.167	51.674	51.674	4.696	46.960	46.960
2	1.758	17.577	69.251	1.758	17.577	69.251	1.982	19.816	66.776
3	1.458	14.577	83.828	1.458	14.577	83.828	1.705	17.051	83.828
4	.795	7.952	91.779						
5	.438	4.385	96.164						
6	.327	3.271	99.435						
7	$5.652E-02$	.565	100.000						
8	$1.303E-16$	$1.303E-15$	100.000						
9	$7.808E-17$	$7.808E-16$	100.000						
10	$-2.007E-16$	$-2.007E-15$	100.000						

Extraction Method：Principal Component Analysis.

表 2 是因子分析后因子提取和因子旋转的结果。其中，Component 列和 Initial Eigenvalues 列描述了因子分析初始解对原有变量总体描述情况。第一列是因子分析十个初始解序号。第二列是因子变量的方差贡献，它是衡量因子重要程度的指标。第三列是各因子变量的方差贡献率，表示该因子描述的方差占原有变量总方差的比例。第四列是因子变量的累积方差贡献率，可见前三个因子描述的总方差占原有变量总方差 83.828％的结果。第五列到第七列则是从初始解中按照提取因子的特征值大于 1 的标准提取了三个公共因子后对原变量总体的描述情况。可见提取了三个公共因子后，它们反映了原变量 83.828％的信息。

表3 初始因子载荷阵

Component Matrix[a]

	Component		
	1	**2**	**3**
教学态度	$-5.83E-02$	.316	.868
教学内容	.811	$-.339$	.401
教学方法	.899	$-.268$	0.280
教学素质	.744	.282	.183
教学时间	.701	$-8.54E-02$	.261
教学效果	.961	$8.192E-02$	$-4.64E-02$
课外实践	.835	.275	.243
课后学习	.186	.910	$-.245$
关注学生	.732	.394	$-.460$
便利学生	.679	$-.563$	$-.174$

表3是最终的因子载荷矩阵 A,根据该表格可得如下因子分析模型(F1~F3:因子变量;X1~X10:原变量):

$X1=-0.0583F1+0.316F2+0.868F3$

$X2=0.811F1-0.339F2+0.401F3$

$X3=0.899F1-0.268F2-0.280F3$

$X4=0.744F1+0.282F2+0.183F3$

$X5=0.701F1-0.0854F2+0.261F3$

$X6=0.961F1+0.08192F2-0.0464F3$

$X7=0.835F1+0.275F2+0.243F3$

$X8=0.186F1+0.910F2-0.245F3$

$X9=0.732F1+0.394F2-0.460F3$

$X10=0.679F1-0.563F2-0.174F3$

表4 旋转后因子载荷阵

Rotated Component Matrix[a]

	Component		
	1	**2**	**3**
教学态度	.170	$-2.20E-02$	$-.910$
教学内容	.941	$-.217$	$-3.10E-02$
教学方法	.794	$9.940E-02$	.564
教学素质	.706	.397	$-.104$
教学时间	.752	$2.819E-02$	$-3.44E-02$

(续下表)

（接上表）

	Component		
	1	**2**	**3**
教学效果	.868	.354	.231
课外实践	.811	.396	−.132
课后学习	−5.52E−02	.954	−.105
关注学生	.471	.711	.419
便利学生	.672	−.262	.537

　　表 4 是按照方差极大法对因子载荷矩阵旋转后的结果。表 5 是因子得分矩阵。这是根据回归算法计算出来的因子得分函数的系数，根据这个表格可以得到下面的因子得分函数：

$$F1=0.150X1+0.266X2+0.126X3+0.148X4+0.192X5+0.156X6+0.178X7-0.106X8-0.006X9+0.138X10$$

$$F2=-0.041X1-0.223X2-0.025X3+0.142X4-0.067X5+0.104X6+0.129X7+0.533X8-0.347X9-0.212X10$$

$$F3=-0.603X1-0.130X2+0.272X3-0.143X4-0.108X5+0.053X6-0.173X7-0.051X8+0.222X9+0.265X10$$

表 5　因子得分系数矩阵

Component Score Coefficient Matrix

	Component		
	1	**2**	**3**
教学态度	.150	−.041	−.603
教学内容	.266	−.223	−.130
教学方法	.126	−.025	.272
教学素质	.148	.142	−.143
教学时间	.192	−.067	−.108
教学效果	.156	.104	.053
课外实践	.178	.129	−.173
课后学习	−.106	.533	−.051
关注学生	−.006	.347	.222
便利学生	.138	−.212	.265

　　第一个因子基本上反映了与教学和实践有关的活动，第二个因子基本上反映了对课后学习、关注学生的看法，第三个因子反映了对教学态度的重视程度。经过因子分析，我们可以利用 F1、F2、F3 三个因子来解释原有学生感知教学质量评价十个维度的大部分信息，所以在教学质量评价过程中，我们可以用 F1、F2、F3 三个因子来对原有的十个维度进行简化。

三、研究结论

依据调查问卷分析结果，教学态度是影响学生感知教学质量评价的最主要维度。而在教学态度中，按时上下课，不随意调课、缺课以 33 分的高分居于首位，而这一分数在全部 33 项指标中也是处于第一位的，可见这一指标对于学生感知教学质量的评价是非常的重要。但是，在当今高校的教学工作中，教师们越来越漠视学校所规定的按时上下课，不可随意调课、缺课的规定，而是喜欢随自己意愿安排下课时间，有的老师甚至连上三节课才下课，这样做的结果只能使学生越来越厌烦，教学质量难以提高。老师们因为有事需要调课，学生们是可以理解的，但太过频繁的调课，或只是因为不喜欢在晚上或下午上课就随意调课，学生们就无法理解了，就更不要说学生们都已经在教室等了半个多小时，老师只是打个电话来说课上不了就完事了的随意缺课情况了，这种事情会使学生感知教学质量降到最低。在教学方法中排在第一位的指标是恰当运用传统、现代化的教学手段和讲解的通俗易懂、深入浅出，它们都得到了 27 分。教学效果中排在第一位的指标是作业难度适中、可运用所学知识完成，得到了 31 分。教学内容中排在第一位的指标是重点突出，难度、深度适宜，得到了 29 分。在全部 33 项指标中排在最后一位的是课后实践中的有机会参与实践活动，这一指标只得到了 17 分，说明学生早已接受了大学期间"学多于做"的事实，对于是否有机会参与实践并不太在意，而这一指标也不能对学生感知教学质量造成太大影响。

注释

[1] 郑延福. 高校教学质量评价指标的确定 [J]. 统计与决策，2011（2）.

[2] 李明. 服务质量管理的研究与应用 [J]. 现代经济信息，2010（23）.

[3] 顾佳峰. 六西格玛方法与大学服务质量管理 [J]. 高等工程教育研究，2009（5）.

[4] 李焰，邱江霖. 地方院校实践教学质量监控体系的构建 [J]. 高等工程教育研究，2009（4）.

[5] 何玉海，夏人青. 论教学质量评价的两个根本性转变 [J]. 教育发展研究，2010（2）.

"小团体"合作学习法在健美操教学中的应用

旷志英①

（西华大学体育学院）

摘　要：在健美操教学中实施"小团体"合作学习法有助于学生克服自卑心理，提高其自信心；合作学习法也比传统的教学法更有利于促进师生、同学之间的交流，培养学生的集体意识和竞争精神，不仅活跃课堂气氛，更能激发学生的学习热情，从而提高学习效果。本文以健美操教学为例，阐述了"小团体"合作学习法的应用观点，对高校开展健美操教学活动有一定的指导作用。

关键词：健美操；"小团体"学习法；合作；应用

健美操是一项深受广大学生喜爱的、普及性极强的体育课和项目。它以健美为目标，以身体练习为内容，以艺术创造为手段，将体操、舞蹈、音乐融为一体，使健与美高度结合。它以其强大的生命力和富于艺术性的表现形式，在世界范围内得以广泛开展。健美操作为一种内容丰富、形式多样、易于普及的现代体育运动项目，不仅能锻炼身体，而且具有一定的艺术性和感染力，对于大学生的思想教育、艺术教育和良好个性培养具有重要作用。为了更好地开展高校健美操活动，在教学中对"小团体"合作学习法的应用将会收到良好的效果。

一、"小团体"合作学习法及应用

（一）合作学习是现代教学的重要理念和手段

"小团体"合作学习法属于分组教学的一种方式。除了教师示范、讲解、点评和学生集体做模仿练习外，在分散练习时将全班分成若干个固定学练小组，每组由组长和5－7人组成，它在高校体育教学中发挥着越来越重要的作用。健美操教学中"小团体"合作学习法是指在教学过程中，教师让学生组合成学习小组，在不同的阶段，根据不同的要求而采取不同的方法去进行合作学习和训练，使小组成员之间相互配合、相互帮助，为达到共同的学习目标而展开的学习形式。

（二）"小团体"合作学习的三个阶段

第一阶段为基本功学习阶段。其主要任务与目标是认识节拍，了解健美操的基本概

---

①　旷志英（1964—），女，四川眉山人，副教授。主要从事公共体育教育教学方面的工作。联系方式：13981975306，523631076@qq.com。

念、特点，掌握健美操的基本步伐、手型、动作和简单的动作组合。因此，这一阶段的分组合作练习内容一般有集体听音乐数节拍，轮流喊节拍做动作，互相看动作和纠正动作等。第二阶段为学习掌握成套操阶段。采用小组讨论，回忆动作及要点，轮流口令与领操，相互纠正动作等方式，掌握动作组合，动作与动作的衔接，动作路线与方向的变化，动作与音乐的结合等。第三阶段为创编与考试阶段。通过分组讨论、分工编排或集体创编、课后练习、小组集体配合练习、小组表演练习等方式，巩固已学成套操，学会改编动作，编排队形，创编新动作，掌握对健美操的评价方法，按要求顺利完成考试。

（三）"小团体"的内部练习

在教学活动开始时，教师应挑选那些健美操基础较好、协调性柔韧性好、接受能力比较强的学生，利用课堂中合适的时间以及课余进行重点培养，让其提前掌握好知识和技能，使他们在课堂上有效地做好老师的助手。在集体练习时，让这些骨干站在不同的位置起辅助示范作用。在分组练习过程中，这些小组长就可以带领小组其他成员进行练习。由于分组后，各组学生人数较少，各成员得到训练和与他人交流的机会也就相应比较多。

（四）"小团体"的课外活动平台

课外活动是培养全面发展人才的不可缺少的途径，是课堂教学的必要补充，是丰富学生精神生活的重要组成部分。课外活动是体育课的延伸，是学校体育工作的重要组成部分。健美操"小团体"在课余时间，根据教师的安排和要求，每周由组长负责组织各小组成员集中练习2-3次，以巩固课堂上教师所教的内容，同时也促进小组成员之间的相互交流、学习和沟通。在老师的直接或间接指导下，建设"小团体"的课外活动平台，达到学生的需要和教育教学需要的目的。

（五）"小团体"的表演和比赛

表演是指把情节或技艺表现出来，而比赛的目的是比较技术的高低，找出最好的成绩和水平最高的表演者。在学完整套健美操后，安排各小组将本组节目搬上"舞台"进行表演和比赛，这种方法有着其他教学方法不能替代的优越性。表演和比赛不仅能提高学生学习健美操的兴趣，营造出努力练习的氛围，表达出一种为之满足的欲望，而且随着学生上台经验的逐渐丰富，所取得的成绩也会越来越好。

二、"小团体"合作学习法的效果

（一）"小团体"合作学习有利于学生学习积极性的提高

在高校传统健美操的教学中，分散练习时，一些能力较差的学生感到很为难，常常不好意思练习，久而久之就会对学习失去信心，一些要领掌握得好的学生也会不想精练，致使课堂出现有的练有的不练的现象。"小团体"的学习方式，实现了以学生为主体的教学氛围。在回忆动作、轮流口令、领操、相互纠正动作、编排队形和创编新动作等一系列的合作学习过程中，每个同学都成为"小团体"中不可或缺的一员，既有荣誉和责任，又达到了互相学习、交流、帮助和共同提高的目的，极大地提高了学生的学习积极性。

（二）"小团体"合作学习有利于技术动作的掌握

健美操遵循实践—认识—再实践—再认识这一规律来进行练习，是学生掌握正确的技术动作的前提。在老师的引领下，组长指导学生之间进行讨论、沟通和交流和角色互换，交流学习和体会，小组成员不仅可以获得来自教师对健美操知识、技术、技能的传授，同时还可受到来自同伴的帮助。这样，就会大大地缩短学生间的技术差异，共同提高健美操的技术、技巧能力。

（三）"小团体"合作学习有利于建立学生的自信心

由于健美操是一门学生喜欢，且又有一定难度的课程与活动，自卑的学生往往对自己评价过低，在活动之前，他们常常有"我不行"的消极自我暗示，抑制了其能力的正常发挥，造成活动的失败。

在"小团体"合作学习的过程中，由于有了小组和同学间的协作，这些学生不再是被遗忘的角色。在老师的统一安排下，各组轮流到台上进行表演练习，学生在教师和其他同学的目光下，会集中注意力，极力表现自己，自我表现的欲望、激情和自信心使得课堂气氛活跃，对优美动作的鉴赏能力、欣赏水平和对自我动作的评判能力都会大大提高。他们中有的会主动接受来自"小团体"成员的帮助和指导，共同营造和谐的学习氛围。"小团体"合作学习法使学生在改善自己形体的过程中，身心得到了健康的发展，从而建立或增强了自信心。

（四）"小团体"合作学习有利于营造竞争环境

竞争是为实现自身的既定目标而不断进行的角逐过程。竞争力是参与者双方或多方的一种角逐或比较而体现出来的综合能力。因此，应鼓励学生学会主动参与竞争、培养自身的竞争能力，积极参与实践，将学习与实践结合起来，为将来取得成功打下坚实的基础。在健美操教学中，小组合作学习，在组员之间相互帮助，通力合作的同时，使技术水平稍低的同学在学习提高过程中，有一种赶上或超过技术水平高的同学的欲望，这种潜在的竞争，激励他们加倍地努力，刻苦地学习。另外，组与组之间既是协同关系，又是竞争关系，在相互竞争中，能交流技艺，提高学习水平。

（五）"小团体"合作学习有利于培养团队精神

合作是指两人或多人一起工作以达到共同目的，彼此相互配合的一种团队行动。团队中，参与者和推进者都会彼此增进信任，坦诚相对，愿意探索，能创造出不同寻常的业绩。小组合作学习能够培养学生倾听、理解不同的意见，达到人与人相互尊重、相互依靠、合作共事的协作目的。学生在交往中规范了自己的行为，缩短了心理距离，增强了集体的凝聚力。学生间的互动，师生间的互动，提供了学生处理师生之间、生生之间、学生与团体之间、学生与社会之间关系的机会，从而提高学生的社交能力。调动团队成员的所有资源和才智，能避免所有不和谐和不公正现象。一旦团队合作是出于自觉自愿时，它必将会显示出"小团体"合作学习的强大力量。

（六）"小团体"合作学习在西华大学

近几年来，西华大学在健美操教学上进行了有效的改革，在教师讲解示范、学生模仿练习的基础上实施了"小团体"合作学习法，收到了良好的教学效果。学生在学习的过程中培养了大局意识、协作精神和服务精神，锻炼了较为扎实的基本功，创造和表现了具有美感的健美操，在此基础上所形成的教学特色，其衍生出的各种竞赛和表演获得了广泛的社会好评。

三、结语

在高校健美操教学活动中，充分运用"小团体"合作学习法，可以极大地改变学生被动学习的不良状态，激发出学生的学习热情和积极性，从而提高教学质量。"小团体"合作学习法还在促进大学生之间的人际交流、培养团队精神与竞争意识上有良好的表现，同时，在培养学生的审美能力，校园文化建设和主动服务社会，展示时代风采等诸方面都具有积极的作用和价值。

注释

［1］马晶，等. 体育合作学习模式探析［J］. 体育科学，2001（5）.

［2］李冬莲，等. 健美操"小团体"教学法对大学生自信心的影响［J］. 体育学刊，2007（7）.

［3］周登嵩. 学校体育学［M］. 北京：人民体育出版社，2004.

加强学生健康素质教育的思考与探索

杨文宇①

（西华大学生物工程学院）

摘　要：本文在剖析健康素质内涵的基础上，探讨了学校对于当代学生应当培养什么样的健康素质以及如何培养和提高学生的健康素质等问题，并以西华大学健康素质教育改革为例，提出开展全面的健康素质教育的建议。

关键词：健康素质教育；建议

健康素质是一个人综合素质的重要组成部分，提高健康素质是一个人全面发展的必然要求。在21世纪的今天，健康素质已从个人层面拓展到社会发展与进步的高度，成为建设小康社会的重要目标之一。党的十六大报告明确提出："全民族的思想道德素质、科学文化素质和健康素质明显提高，形成比较完善的现代国民教育体系……"十七大报告进一步指出："健康是人全面发展的基础。"加强健康教育是提高健康素质的重要途径。青少年学生是未来中国发展的主要力量，因此，如何强化健康教育，培养并且不断地提高学生的健康素质，关系着未来社会发展的进程，是非常重要的，值得深入探讨。

一、健康、健康素质和健商

按照世界卫生组织（WHO）给出的定义[1]，健康是一种完整的生理、心理和良好的社会适应性的状态，而不仅仅是指没有疾病或不虚弱。随着时代的发展，近年来健康的内涵已在道德、环境等方面进行了延伸。现在一般认为，健康概念应当包括四个方面：生理（体格）健康、心理（情志）健康、道德修养健康和社会适应健康。在这四个方面与环境协调一致是健康程度的理想状态。以健康的理想状态为目标，个人为靠近该目标所投入的努力程度就表现为健康素质。按照成民铎等[2]的归纳，健康素质是指健康意识、健康观念、健康知识和健康能力（即实现健康目标的实际能力）等内容。广义的健康素质实际上包含了上述生理等四个方面的健康程度。个人的健康程度、健康素质的高低可以用健商（Health Quotient，HQ）来衡量。健商理论是加拿大华裔医学专家谢华真教授创立的，该理论用健商指数反映一个人的健康智慧及其对待健康的态度，具体包括自我保健、健康知识、生活方式、精神状态和生活技能五个要素，可细化为体商（BQ）、心灵商（MQ）、人缘商（RQ）和性商（SQ）[3]。

---

①　杨文宇（1973—），男，博士，副教授；从事药学相关学科的教学和科研工作。Email：young369@126.com。

二、提高学生的健康素质是学校和社会的重要责任

随着社会经济的发展和生活水平的逐步提高,与 20 世纪末相比,当代学生的健康素质总体上有了明显的提高,但是,还远远没有达到理想的健康状态。不仅如此,不少学生反而出现了各种各样的健康问题,他们的健康状况不容乐观,健康素质急需培养。刘艳等[4]报道了 2005 年对成都 2756 名中小学生的健康素质的调查测试结果,发现机能素质、爆发力素质、肺活量、速度素质较 2000 年明显下降,而近视眼检出率则突增,超重和肥胖率增长迅速。复旦大学[5]2004 年对 1200 名大学生心理状况调查结果显示,有近 20％的学生存在个人发展因素和现实生活因素引起的心理困扰。吕健力等[6]测试了河北 2400 名大学生的健商,结果健商水平归属于"值得警惕"范畴的学生占 27.66％。可见,当代学生无论是生理、心理的健康程度还是健商水平,都较为普遍地存在着不同程度的问题。培养学生的健康素质是学校和社会的共同责任,学校是主要力量,应该大力开展全面的健康素质教育,让学生全面成长。

三、学校应当培养学生什么样的健康素质

根据前面对健康、健康素质、健商的含义及相互关系的分析,结合在"养生、保健与美容"课程教学实践过程中对学生健康状况的了解,我们初步认为,学生的健康素质可以分解为两个方面:一是实现健康目标的必要条件,二是健康的具体目标。学校应当从这两个方面去培养学生的健康素质。

实现健康目标的必要条件包括:(1)形成健康意识。健康意识是建立在充分认识到健康重要性的基础上形成的。有了健康意识,学生将随时自觉、自信、有计划地去追求和实现健康目标。(2)形成正确的健康观念。与健康意识一样,健康观念也属于思想认识范畴。学生健康观念的形成,与其所拥有的健康知识及生活经验有关,只有不断积累更多的健康知识并付诸实践才能形成科学的健康观念,并具备甄别相关虚假信息的能力。(3)掌握必要的健康知识。不断丰富自己的健康知识,对于巩固健康意识,深化健康观念以及实现健康具体目标都是很有利的。

健康的具体目标包括:(1)体格健康,主要指身体的机能、功能以及潜能的发展程度和可发挥程度。(2)心理健康,如心理素质、精神状态、承受能力等方面的发展程度。(3)健康的道德,主要指思想道德水平与社会公德、社会舆论导向、社会伦理等符合的程度。(4)健康的生活方式,主要指生活习性是否科学,必要的生活技能是否具备,生活的自主性及可控制性等。(5)健康的社会适应性,这涉及人际交往能力、环境适应能力等。

四、学校如何培养和提高学生的健康素质

长期以来,很多人把健康素质狭隘地理解为身体素质,因而想当然地把体育教育理解为健康教育,从而阻碍了学生形成科学的健康观念。可喜的是近年来心理健康逐渐受到重视,不少学校设立了专门的机构,通过心理咨询等方式开展了心理健康教育。但是,显而易见,健康素质中除生理、心理以外的其他方面至今仍未受到应有的重视。

学校是由管理者(决策者)、教学者(教师)和学生组成的,教学活动是由教师和学生共同完成的,而教学活动的性质和导向是由管理者所决定的。因此,开展完整的、科学

的健康素质教育必须同时从学校、教师和学生三个层面入手。（1）学校层面，应当提出全面开展学生健康素质教育的策略，进行政策性引导，宏观规划相关课程的设置。（2）教师层面，应当建立学生健康素质的指标体系，建立健康素质的测试方法，调查掌握学生健康素质的现状，有针对性开设、讲授相关课程，并系统地探讨课程的指导思想、定位、教学内容、教学方法与手段等等。（3）学生层面，应当积极响应学校的办学方针，配合教师的教学，并自觉加深对健康素质的认识和理解，认真学习健康相关知识，形成健康意识和科学的观念，满怀信心地投入生活实践，不断地提高自己的健康素质水平。

五、西华大学开展全面健康素质教育的实践

近年来，西华大学在培养和提高学生综合素质方面进行了深入的教学改革。在课程设置上，除公共基础课程群、专业基础课程群和专业素养课程群外，还专门设立了人格与素养课程群，为全校公选课，包括公共艺术课程组、人文社科课程组、科学基础课程组、经济管理课程组、生物环境课程组、大众体育课程组和心理健康课程组，各课程组设有一系列具体课程，通过这些课程培养学生专业素质以外的综合素质。对于健康素质的教育，大众体育课程组和心理健康课程组分别满足了体格和心理健康教育的需要，人文社科课程组包含了道德健康和社会适应健康教育的课程，对于健康素质其他方面的教育，如健康意识、健康观念和一些与生活相关的基本健康知识，则主要通过生物环境课程组来实现，该课程组的课程包括："养生、保健与美容"、"营养与安全"、"人与自然"、"优生优育"、"中国饮食文化"等等。在"养生、保健与美容"课程教学中，教师向学生介绍了大量健康知识，如传统医药保健基础知识、中医食疗、美容与护肤、家庭合理用药、营养与健康、生命科学与健康等等，并引导学生逐渐形成健康意识和正确的健康观念，改善生活方式，自主地追求和维护健康，达到身心健康、生活健康的目的。

六、结语

进一步强化健康素质教育、提高健商水平，是社会发展对当代青少年学生的紧迫要求。作为教育的主体，学校应当紧密结合时代的发展，引导、追随现代健康思想，根据现代健康思想与范畴指导健康教育的教学改革，加大健康素质教育的投入，改善教育设施，以培养学生的健康意识和健康观念为着眼点，开展全面的健康素质教育，全面地提高学生的健康素质。

注释

[1] WHO definition of Health [DB/OL]. https://apps.who.int/aboutwho/en/definition.html.

[2] Tze W J. *HQ（Health Quotient）：An Intelligent Approach to Personal Health*. Toronto：Random House of Canada Limited，2001.

[3] 成民铎，李华荣，汪晓阳. 健康内容体系与理念谱系 [J]. 山西大学学报（哲学社会科学版），2005，28（2）：123-126.

[4] 刘艳，苏应雄，彭柄，等. 成都市中小学生健康素质现状研究 [J]. 职业卫生与病伤，2007，22

（2）：111－114.

［5］肖永春，刘明波，高山川. 大学生心理健康素质现状分析［J］. 复旦教育论坛，2005，3（2）：50－55.

［6］吕健力，肖建国，谭建辉. 河北省普通高校大学生健商水平调查研究［J］. 河北师范大学学报（教育科学版），2008，10（6）：52－55.

浅谈建筑学教育中的开放式教学模式

彭元春　段川①
（西华大学建筑与土木工程学院）

摘　要：本文通过将开放式教学模式与建筑学现行教学模式相比较，分析现阶段建筑学核心课程教学模式中存在的不足，进而理论分析在建筑学本科教育中引进开放式教学模式的优缺点，总结适合建筑学教育的开放式教学模式。

关键词：开放式教学模式；建筑学核心课程；建筑学本科教育

"开放式教学"源于美国教育学家科恩（R. C. Cohn）于 1969 年创建的题为"课堂研讨模型"和"开放课堂模型"——人本主义的教学理论模型。核心内容强调学习是学习者主动构建的内部心理表征过程，教师的角色是思想的"催化剂"与"助产士"[1]。在高校专业教育课程中，建筑学是一门综合性较强，需要充分调动学生主观能动性及创造性的学科。因此若能将开放式教学模式有机地运用到建筑学专业教育教学当中，则能更好地激发学生的创造性思维。近年来，随着我国建筑学本科教育模式的不断改革，教学水平已经得到大幅度提升，但依然存在着值得思考和改进的地方，特别是在建筑学本科教育的核心课程——建筑设计的教学部分。因此，营造一个开放式的教学平台，运用多元化的教学方法，能更好地引导学生完成课程内容的学习。

一、开放式教学同当前教学模式的差异

我国的现代建筑教育始于 20 世纪 20 年代，在近一百年的发展和改革历程中，形成了一套独立的、符合中国国情的教学模式。同开放式教学模式相比较，现行的建筑学核心课程教学模式主要存在以下三方面的差异：

（一）指导思想的差异

开放式教学模式着重培养学生对知识的主动构建，即激发学生的学习积极性，强调教学过程中的师生互动交流，学生既是知识的接收者又是知识的创新者和传播者。而我国当前的建筑学本科教育更像是一种技能教育，无论是理论知识的传授还是设计创作的实践，大都以老师课堂讲授、学生被动接收这样的方式为主，教师通过对书本上已有的理论知识

① 彭元春（1982—），女，四川资中人，助教，建筑学硕士。主要从事建筑设计及其理论方向的本科生教育，以及建筑设计方面的研究工作。联系方式：pengyan68789@sina.com；电话：13608182374。
　　段川（1977—），女，河北武安人，西华大学建筑与土木工程学院讲师，西南交通大学在读博士研究生。研究方向为乡村景观设计和乡村规划。

及优秀设计图纸的分析及模仿的方式对知识进行传播，"重书本理论，轻课外实践"的现象很普遍。尽管随着教学模式的不断改进，在课程设计的前期也逐渐加入了如场地现场调研、文字资料收集以及设计过程中草图模型的制作等内容，但在实际过程中资料收集的后续工作（如对资料的整理、分析以及交流展示等）并没有在课堂教学中得到强调，导致的结果就是调研目标同设计内容脱节。

（二）教学方式的差异

开放式教学模式中教师是思想的催产剂和助产士，学习的主体应该是学生本身。而目前的建筑设计课堂教学多以一对一的讲授方式为主，教师对每一位同学的设计图纸进行单独的评阅和修改。这样的教学方式容易使学生的学习惰性和依耐性不断滋长，也增加了教师教学内容的重复性，既不利于激发学生的设计创作积极性，也会降低教师的教学效率。此外，一对一的教学模式让学生之间的交流变得十分有限，没有了交流、比较及相互间的批判，使得学生对于建筑设计本身的鉴赏能力得不到提高，并且交流和协同能力也不能得到有效的培养。

（三）教学成果评定的差异

开放式教学模式强调综合地评定教学成果，不管是课程设计的最终成果还是学生教学过程中各个阶段的具体表现都会被纳入教学成果的评定内容。而当前的建筑设计课程教学成果评定（即学生设计成绩的判定）通常是以最后的设计图纸作为评判对象，图纸的完成量、图面的表达效果会大大左右成绩的好坏，而设计本身在此时却很容易被弱化。这样的成果评定方式不仅或多或少影响到成绩的客观性，并且还会让一部分学生抱着走捷径的侥幸心理，从而影响到平时的教学效果甚至整个学习风气。

综上所述，创建一个积极、公平、开放的教学模式对提高建筑学核心课程的教学质量是具有一定积极意义的。

二、开放式教学的环境建立

要引用开放式的教学模式，就需要创建开放式的教学环境。首先就需要改变传统的教学指导思想，实现教师和学生的角色转换：学生成为课堂的主体，参与教学的每一个步骤（课前的阅读，课堂上的讨论，课后的思考）；而教师则更像整个教学过程的主持人，引导学生构建自我知识体系。此时的教学目标也不再只是对知识的传播，而是转为培养学生的学习兴趣及对知识的主动吸纳与应用。

其次要构建开放式的课堂，加强学生在教学过程中的参与性。在课程设计上需增加教师与学生之间、学生与学生之间的互动，并将教学过程中的表现列入最终成绩评定因素之一。

三、构建建筑学核心课程中的开放式教学体系

建筑设计这门课程从大二到大五贯穿整个本科教育。要在整个教学过程中引入开放式的教学教学模式可从以下几方面入手：

（一）教学目标的开放

建筑创作本身是相对开放的，同一个设计题目，不同的人设计出的方案也大相径庭。

此外随着个人知识体系的侧重有所不同，不同的学生对于建筑设计的掌控能力也有所不同，例如有的学生擅长方案的创新构思，有的则是方案的表达能力较强。因此，在每一次的教学目标设定上，不再是以指导学生完成某一种类型建筑的设计为目的，而是以帮助学生寻求到适合自身特点的设计方法、自我发展方向的定位以及提高学生对设计的兴趣和自信为目标。

（二）教学内容的开放

建筑设计是一门涉及多学科的课程，要创作出一个好的建筑方案，通常要涉及人文、地理、艺术及经济等相关方面知识。对教学内容的开放，要求教师在建筑设计的课堂上不断地拓展教学的知识面，进而提高学生对于知识的综合运用能力。例如在指导低年级学生完成幼儿园、别墅等建筑设计的入门课程时，除了讲解一般的设计手法，还可将课程延伸到课堂以外，加强学生对于课程调研的重要性的理解，掌握设计调研的一般内容及调研方法并能将收集的资料有效地运用到后面的设计当中。而在高年级的教学中，则应补充该类型建筑的相关发展历史，介绍不同时期影响该类建筑风格的政治、经济、社会思潮等的情况，进而引导学生对自身设计方法的思考，形成自己的设计风格。

此外，每次的设计题目在保证类型一致的情况下提供多个任务条件，保证学生在设计难度相同的情况下，可以充分选择自己感兴趣或更易操控的设计任务条件，从而增加学生设计的参与感和主动性，从某种角度上也能避免设计成果的千篇一律。

（三）教学方法的开放

在每一门设计课之初，相关理论知识的构建是必要的。在开放式的课堂中，可将理论知识的阅读、整理工作直接交给学生，再由学生在课堂上分享彼此收集到的资料以及对知识的理解。在这一过程中教师主要是提供知识的获取渠道（如罗列相关参考书籍目录，提供调研的参考对象，当然这部分工作对教师的知识存储量也提出了一定的要求），设计专门的课堂教学让学生对彼此收集的资料进行分享以及对学生的资料整理成果进行公开讲评。

此外在设计教学过程中还可增加学生的参与性。每次的设计课程可采用以小组为单位进行的模式，教师和学生皆为设计小组的成员，学生是设计主体。教学中可以重复采用分组讨论的方式加强学生的参与度，既可以让每一位成员的意见被对方所吸收、反馈，同时团队式的教学模式可以培养学生的协同能力和表达沟通能力。而在整个教学过程中教师可以采取不断提问的方式引导学生的正确思考，而学生的反应也是教师教学新思维的灵感源泉。

（四）成果评价的开放

开放式教学模式强调的是过程，强调教育的渐进，因此在成果的评价上，开放式教学更注重对学习过程的评价。通常一门设计课的教学需要经过半学期甚至一学期才能完成，在这个过程中学生需要进行前期调研、一草、二草、正草及正图等好几个阶段的学习，每一个阶段都是针对一种设计能力进行锻炼，同时也是对最终成果质量的一种控制。因此将每个阶段的成果按一定的标准单独评价，并将评价结果计入最终的成绩中，将有利于提高学生学习过程中的积极性，并且能更加客观地反映每一次的教学效果。

此外公开评图也是成果评价的一种开放方式。其他教师及学生的参与可以提高评图结果的客观公平性，互相评阅图纸可以使学生吸取彼此的优点，了解在设计中常犯的错误，以此来规避错误的重复发生。

四、课程案例分析

2010—2011年下学期，我系组织建筑学本科三年级的学生参加了2011 Autodesk Rvit杯全国大学生可持续建筑设计竞赛，同时将此次竞赛作为该学期教学内容之一。由于竞赛的特殊性，在教学过程中试验性地引入了开放性教学模式，并取得了一定的效果。

作为竞赛题目，扩宽学生的竞赛视野，提高学生的设计协同能力是此次教学的最终目标。因此在教学初期，所有的学生被分为三人一组的设计工作组。教师先简单划分竞赛要求完成的内容，然后每个组的同学经小组内部相互协调后，以文字报告的形式将每个人的设计工作内容、设计进度安排以及最终成果目标呈交给教师，教师则以此作为每一阶段教学成果评判的初步依据。由于此次竞赛的设计内容牵涉面较广，在教学前期教师除了带领同学去重庆勘探实际现场以外，对学生的资料收集也指出了相应的方向，如可再生能源的运用，现有旧建筑改造案例调研（成都工业文明博物馆、宽窄巷子）以及对竞赛要求应用的软件的学习等。同时资料收集整理后以PPT的形式呈现在课堂上进行分析讲解。此阶段的主要教学考核是学生对调研资料的分析整理深度，以及整理后的资料在后期设计中的可利用程度。

到了设计教学中期，每次上课则以小组讨论的形式进行教学，每位老师负责4—5个小组的讨论。在讨论的过程中每位同学负责对自己的工作内容进行阐述和答疑，对于方案需要修改的部分需要小组成员集体商议后达成统一的意见，而教师在整个过程中主要提供关键技术的指导和修改。此阶段的教学考核则是以每次图纸的完成程度、设计深度是否有进步以及三位同学之间的图纸配合度作为评价指标。

由于此次教学内容是全国大学生设计竞赛，因此最后的成果评价是由竞赛专业评审委员进行评价。同其他院校同学的设计作品公开比较，会让此次教学成果的最终评价更加直观、公正，也更能够发现我校本科教学和学生学习所存在的不足。因此作为教学成果的评定，除了参考前两个阶段的平时成绩以外，竞赛评价也成了成绩评定的重要因素之一。另外在竞赛结束以后，教师通过对其他院校竞赛图纸的收集整理，在本次课程教学的末期向学生展示优秀的设计作品和失败的设计作品，通过分析让学生认识到自身的不足和可以改进的方向，最终达到教学的真正目的——学生的自我审视和自我完善。

尽管由于种种原因，我校学生的设计作品最终并未获奖，而且在教学的过程中依然存在这样或那样的问题，但从后期部分学生的反馈来看，经过本次课程的学习，他们学会以更加包容的心态去学习建筑设计，并能直面自身的不足，且愿意通过努力来不断改变。从育人的角度来说，在建筑学专业课程教学中加入开放性教学的模式还是具有一定的积极作用。

五、结语

综上所述，提供一个开放式的教学环境，构建一个开放式的教学体系能更加有效地将各种资源运用到建筑学的教学当中，并且能更好地激发学生的学习积极性，引导学生正确地自我定位及充分发挥个人潜能，这对提高整个建筑学教学质量有着积极的意义。

注释

［1］网络来源：中国教师行动网 http：//zhidao. eact. com. cn/question/8ce9e997ade585b3e99481e59bbd
7a62317a00.

［2］汪正章. 重在过程——考察美国建筑教育的启示［J］. 建筑学报，1999（1）.

［3］茅艳. 建筑学专业教学改革模式的研究与实践［J］. 当代教育论坛（管理研究），2010（4）.

工业设计专业特色构建中
人才培养新模式的探索与实践[*]

张玉萍^①

（西华大学艺术学院）

摘　要：工业设计诸多新特征促进了工业设计产业的快速发展，不同类型的行业对工业设计人才需求有了很大的不同。构建有特色的，以区域经济、地方经济为主导的教育体系是当代工业设计教育所面临的迫切问题。本文以西华大学工业设计专业特色构建中人才培养新模式的探索与实践为例，探讨了围绕地方经济建设构建工业设计特色时的着眼点与具体举措。

关键词：工业设计专业；特色构建；人才培养新模式；探索与实践

在学科交叉与跨界凸显的当下社会，工业设计对国家核心竞争力的提升愈发显现了其强大的推进作用。中国工业设计教育自最初称为造型设计，到21世纪的今天，已从几所学校开办到现今的219个（经教育部批准的本科工业设计专业，不包艺术设计专业中设置的工业设计方向），中国工业设计教育有了快速的发展与跨越。2010年8月，国家工业和信息化部等11部门联合出台《关于促进工业设计发展的若干指导意见》后，工业设计思想也由少数人的认知走向了中国社会、企业和个人普遍意义的认识。但就其具体现状来看，中国工业设计教育的发展还参差不齐，国家部属学校与地方性院校、中国东部与西部学校的教育存在较大差距，大部分工业设计专业高校的特色构建正在形成或尚待形成中。

一、工业设计专业发展的新特征与工业设计教育的新挑战

国家工业和信息化部在《关于促进工业设计发展的若干指导意见》中，明确了工业设计是"以工业产品为主要对象，综合运用科技成果和工学、美学、心理学、经济学等知识，对产品的功能、结构、形态及包装等进行整合优化的创新活动，是生产性服务业的重要组成部分"。伴随工业设计内涵和外延的拓宽，工业设计有了新的特征，其范畴也大大扩展，由产品设计等硬件扩展到公共关系、企业形象、延展服务等软件；由有形产品的设计扩展到"品牌设计"、"非物质设计"、"体验设计"等无形产品的设计；由先前主要为工业企业服务扩大到为娱乐、旅游、商业、保险等第三产业服务。随着经济的全球化，跨国

* （1）四川省2009—2012年高等教育人才培养质量和教学改革立项课题，项目编号：P09240；

　（2）西华大学"设计艺术学"重点学科研究基金资助项目阶段性成果，项目编号：XZD0908-09-1。

① 张玉萍（1972—），女（汉族），四川成都人，副教授，硕士研究生导师，西华大学艺术学院工业设计系主任，从事工业设计教育与研究。联系方式：yping723737@126.com，13678023710。通讯地址：西华大学艺术学院工业设计系（610039）。

公司如诺基亚、通用汽车、西门子、LG等纷纷在中国设立自己的设计部门，并致力于设计师和设计本身的本土化。与此同时，中国区域经济建设加快了步伐，越来越多的中国企业创建了自己的设计研发中心，国内各种各样的工业设计创意产业园、专业设计公司相继成立，为国际国内不同的市场和公司提供了多方位的创意设计服务。

工业设计诸多新特征促就了工业设计产业的快速发展，不同类型的行业对工业设计人才需求有了很大的不同。如何让学生更具有创新能力、研发能力和社会应变能力，充分认识与理解工业设计教育的时代特性，建立以地方经济为主导的工业设计特色教育、教学框架体系，推动工业设计教育在专业建设、课程建设、科学研究等方面有自身特色并健康发展，是当代工业设计高校所面临的新挑战。

从2007年至2010年，国家教育部先后审批通过11所学校的工业设计为国家级特色专业建设点（见表1），各省市也相应设立了自己区域内的省级、市级特色专业建设点（见表2），试图通过建设点高校对人才培养方案的改革、课程教学内容改革及新教材建设、专业教师培养、实践教学强化等体系将工业设计紧密结合国家、地方经济社会发展，同时为同类高校相关专业和本校的专业建设与改革起到示范带动作用。通过几年时间的建设，国家级工业设计特色专业建设学校有了跨越式的发展，尤以湖南大学、江南大学、武汉理工大学等的工业设计最为突出，他们明确了特色构建的方向和目标，调整修改了本科教学培养计划，设立了博士授位点，编写出版了全国范围示范的"十一五"规划教材，建设了国家级或省级精品课程等。部分省级工业设计特色专业建设学校也有了快速的发展和明确的特色构建，如南京林业大学、南京艺术学院等。但对于更多的学校，特别是地方性高校，如何凝练自身学校的专业特色，如何与地方经济建设有机结合并走出自己的特色之路等要点，这些是其在建过程中需要深思和大力实践的核心问题。本文以西华大学工业设计专业特色构建中人才培养新模式的探索与实践为例，试图以地方性院校构建工业设计专业特色的思考和举措与工业设计教育同行携手探讨。

表1

批准时间	个数	批次	学校名称	建设情况	特色
2007	4	第二批	浙江大学	学术带头人为孙守迁教授；围绕浙江省区域经济和块状产业建立了产学研互动模式，有明确的建设目标	研究方向为计算机辅助工业设计、概念产品设计；建立了多元化设计创新团队
			郑州轻工业学院	积极建设中	注重艺术设计与产品设计的交叉融合，突出轻工特色
			湖南大学	学术带头人为何人可教授；设立了"交互设计"、"交通工具设计"和"产品设计"三个专业模块	20世纪80年代创办，是湖南省的重点专业和品牌专业；注重科学技术与文化的交融。
			中南林业科技大学	学校与企业合作建立了"湖南省家具家饰工业设计中心"	秉承"技术与艺术完美结合"的设计理念，以"家居设计"为特色

（续下表）

（接上表）

工业设计国家级特色专业建设点					
批准时间	个数	批次	学校名称	建设情况	特色
2008	5	第三批	沈阳航空工业学院	积极建设中	围绕航空宇航产品
			同济大学	学术带头人为殷正声教授；有明确建设目标	依托建筑和城市规划理论发展工业设计
			江南大学	有明确的建设目标	创建于1960年，立足于设计、艺术、工程相结合，矗立于中国工业设计教育的前沿位置
			武汉理工大学	学术带头人为陈汗青教授；建立了工业设计跨学科人才培养模式创新实验区	湖北省名牌专业，以"六名"工程为载体，构建学科交叉渗透平台
			西安交通大学	学术带头人为李乐山教授；建立PHA（人格人文能力三位一体）培养模式	通过讨论式教学和项目驱动开展课程
2009	1	第五批	广州美术学院	学术带头人为张海文教授；有明确的建设目标	20世纪80年代创办，以产学研相结合的为区域经济、文化和社会发展服务
2010	1	第六批	四川美术学院	积极建设中	拓展具有地域优势，符合地区创新产业特色的新兴专业方向

表2

工业设计四川省级特色专业建设点				
批准时间	个数	学校名称	建设情况	特色
2008	2	西南交通大学	积极建设中	围绕轨道交通产品凝练专业特色
		四川音乐学院	积极建设中	围绕电子信息产品、轻工产品凝练专业特色
2010	3	西华大学	积极建设中	围绕创新理论应用研究凝练专业特色
		西南石油大学	积极建设中	专业特色凝练中
		四川大学	积极建设中	专业特色凝练中

二、西华大学工业设计专业的发展困境与机遇

欧美发达国家对工业设计产业与教育的重视，早已上升到了国家发展战略以及国家形象层面。当前我国对工业设计产业的重视程度也已到了国家层面，从工业设计教育到产业，都是一派喜人的局面。工业设计专业是中国教育领域相对起步较晚的学科，四川工业设计产业及教育相对于中国东部起步更晚。西华大学工业设计专业属四川省首批工业设计本科招生培养院校，已有近二十年的办学历史，但因为地域、生源等因素，西华大学工业

设计专业面临发展困境，其主要表现为：

（1）学生主动学习能力差。西华大学工业设计招生相对大众化，学生进校时，文化和专业相比部属学校、重点学校学生成绩差、起点低，这决定了学生主动学习的能力不强，其研究、创造能力也较弱。

（2）教学方向不明确。部属学校特别是东部高校借助多方资源优势，开设了明确的专业方向。如南京林业大学家具与工业设计学院开设有建筑工业与产品、家具设计与工程、工业产品、产品艺术设计四个方向；南京艺术学院工业设计学院开设有产品设计、展示与会展、信息交流三个方向；中国美术学院设计学院工业设计开设人与居住、人与休闲、人与移动、人与交流四个方向。西华大学工业设计到目前为止，因诸多原因还没有在教学培养计划里设置具体的专业教学方向，显得大而空。

（3）教学实践方式单一化。与各类型企业建立长效合作机制，加强产学研互动形式，这是当前许多工业设计高校的教学实践模式。企业提前定出设计计划，并提供一定的实践经费，这为课程教学提供了规范性和计划性，也使学生在社会实践中能更好更完美地表现自己的设计意识。而西华大学在与企业的合作上，还缺乏连续性与多元化。

四川政府紧跟国家工信部的"指导意见"，出台了符合四川发展的指导意见，并在四川省工业设计协会、四川省工业设计创新联盟的大力跟进下，适时推出了四川地区工业设计进步和产业化的具体措施，这极大地鼓舞了四川工业设计教育，也为西华大学工业设计专业教育带来前所未有的契机。2010 年西华大学工业设计专业成功获批四川省本科高等学校省级特色专业建设点，为工业设计专业教育的发展带来了新起点和新机遇。

三、西华大学工业设计专业特色构建中人才培养新模式的探索与实践

办学理念及办学思想的明确和有特色，是专业发展最重要的砝码。站在新起点，西华大学工业设计专业明确提出：在依托本学校工科背景以及成都高新产业、深圳成熟的实习就业基地基础上，立足四川及成都本土地区发展已初具规模的家具产业+女鞋产业+电子开发+家电产业领域，着力打造以信息研究、交互研究、用户研究为理论支撑点的工业设计专业教育，形成人才培养新模式，以此构建专业特色。其探索与实践的核心内容有：

1. 人才培养方案的改革

2007 年以前，本科四年课时数共达 3200 学时左右，过高的学时数使得学生忙于上课和完成作业，无暇顾及课程外的交流与学习，对发展学生多方面的兴趣和能力不利。改革后的培养方案在不降低教学要求的前提下将课时压缩到 2500 学时左右，共计 160 学分（见图 1），这让学生在上课之余有了更多的时间去消化知识点、完成作业、外出调研、参加社会实践、参观展览等；明确了围绕地方经济建设构建专业课程及发展方向的办学理念，设置了"家具与轻工产品设计"、"电子信息产品设计"、"工业产品设计"三个方向模块。各模块计 13 学分，只能选择其中一个模块学习，学生在共同学习基础课程后于二年级下学期期末根据社会需求和个人喜好选择方向模块课程。

建立以专业先导，逐步深入学科基础、专业能力的课程结构。面对过去学生一进校就学传统的素描色彩，新的培养方案强调了学生的专业认知，也就是通过设置和先讲"工业设计专业导论"课程，让学生在进校之初就通过认知专业引导学习行为与学习方向。然后通过"工业设计表达"、"工业设计造型基础"、"工业设计工程"和"工业设计理论"强化

工业设计学科基础的重要作用。在具体课程设置上，把工业设计的基础课程整合在发展基础和专业与服务课程群中，构成了从基础知识、思维方法、造型能力、设计技能到创新设计研究的训练体系中。

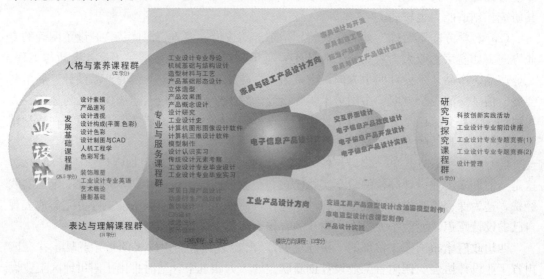

图1　改革后的人才培养方案

2. 基于地方经济建设，积极寻求产学研教学实践新模式

多样性是设计教育发展的方向，设计教育只能因地制宜，因国情设立，因市场需求而发展，并随时都处在一种为应付变化的市场、社会需求而改变的状态中。设计教育必须按照本身的需求而发展，千万不要完全模仿或者参考某一个国家的，或者某一个外国设计学院的体系[1]。

四川有着丰富的旅游资源，地方风情，民族文化及民间艺术，成都是四川的经济、文化、商业、产业中心，有着同样丰富的文化资源。成都及周边县城所汇聚起的几千家家具产业、三千多家制鞋产业、旅游产业、生物技术、汽车产业、高新产业等，已成为四川高校教学实践强大的产业支撑（见图2）。各高校都竞相将自身区域内的产业产品发展作为教师、学生学习的实践基地，这也成为未来专业发展走向的风向标。同时，在西华大学校址周边，也组建和形成了"进出口加工贸易区"、"成都现代工业港"、"成都高新西区"等产业园区及相关产业链（见图3），由此，建立与地方政府、企业的互动对接，围绕地方经济产业建设方向提出新的教学实践模式，建立行之有效的工业设计专业教学实习基地，是西华大学工业设计专业特色构建的核心内容。

经过长期合作，西华大学工业设计初步形成了方向性和阶段式的教学实践模式。

（1）与四川长虹股份有限公司、成都浪尖工业设计公司等共同成立并着手打造四川省工业设计创新联盟。

（2）与成都文旅集团、文化馆等单位联合设计打造成都文化、熊猫文化主题的"非物质设计"，力求将成都文化传扬到世界范围。

（3）与成都制鞋企业（如卡美多等）对接，形成女鞋设计实习基地；与成都博瑞制鞋培训学校等联合完成设计与技术的培训对接。

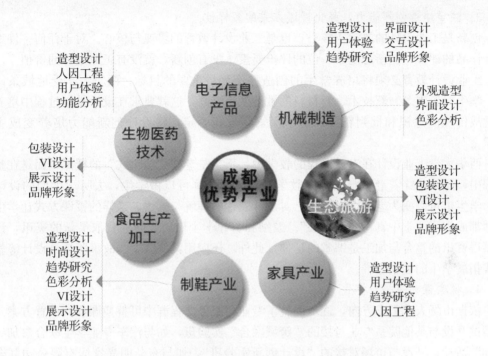

图2 成都优势产业及西华大学工业设计可拓展的设计应用领域

图3 西华大学周边产业环境（部分）

（4）与双虎、全友家私等家具企业进行设计实践与人才输送的对接，形成了家具设计实习基地。

（5）成功申报"成都市红星路35号实习实训示范基地"。

（6）与深圳多家工业设计公司、深圳创意设计园进行电子信息产品设计与实践人才的联合培养与打造，形成了最早的电子产品设计实习基地。

3. 注重培养创新能力，强化授课方式的多样性

创新是工业设计的灵魂与核心，也是工业设计教育的灵魂与核心。对于任何一件工业设计作品的评价，创新总是第一位的评价要素。没有创新，就没有工业设计的价值[2]。因此，工业设计教育必须将培养学生的创造性作为最重要的目标。西华大学受地域条件限制，学生对新观念、新技术、新材料的敏感度不够高，这就要求在设计教学过程中培养学生挑战传统的意识和批判精神，勇于探索和自我否定，将设计创新能力培养变成主动意识。

西华大学工业设计在专业课程的教学中，不再是老师"填鸭式"的授课，而是在整个课程中，始终贯穿着老师与学生的教学互动，即老师可以做学生，去听学生们的设计思路，学生也可以变为老师，讲述自己对设计表达的理解与感悟。这样的授课方式让学生和老师都成为了课堂中真正的"中心"。鼓励和引导学生借用互联网获取最新的资讯，让学生懂得资讯的整合与加工是课堂的延伸。此外，还应用案例教学、故事版情景设计等教学形式拓展学生的创新思维。

4. 探索课外教辅新模式

依据市场人才需求方向，逐步调整了专业与服务课程群中可替换课程的设置方案。课外尝试开设与其他院系专业对接的"跨域融合"实验班，如与汽车专业学生联合参加"挑战杯"活动；开设与市场对接的"设计创新实验班"，如与东莞明尚家居有限公司联合创办了"明尚家居设计工作室"，为订单式培养企业需求人才迈出了第一步。面向二、三年级学生开设专业兴趣小组，增强共同学习的可能性与自觉性，目前已组建了九个专业兴趣工作室（如有注重交互设计等前沿理论研究的工作室，有以四川文化为研究出发点的工作室，有以家居设计研究为出发点的工作室等），学生在此进行了大量课外学习与设计实践；组织学生深入企业进行寒暑假3-4周的生产实习；鼓励和组织学生参与重要设计竞赛、争取各类专利的申请等。

5. 以质量工程建设为契机，加强教师队伍建设

西华大学工业设计专业学术梯队还没有完全形成，但通过深入建设校级、院级精品课程"设计研究"、"产品效果图"等质量工程；通过省级、校级教改项目多层面、立体化的研究与改革；通过围绕三个专业方向模块组建的教学团队，年轻的教师们化解了平台上升的隐忧。同时，聘请国内外知名专家，重视青年教师的对外沟通与科学研究等形式，促进和加强了教师队伍的建设。

经过两年多的探索与实践，西华大学工业设计专业建设在原有的基础上有了长足的发展，形成了较明确的专业特色，已建成较多稳定的实习、就业基地；教师的科研项目由原来以省级为最高点提升到教育部等部级项目，成功申报了多项省级、校级教学改革项目，完成了多部国家级教材的编写；学生的创新能力和自学能力有了很大程度的提高。

四、结语

英国前首相撒切尔夫人有句至理名言："可以没有政府，但不能没有工业设计。"[3]信息社会新的需求给工业设计带来新的挑战，设计教育应该根据社会形态的变化和科技的发展进行适时改革。突出特色是工业设计专业建设的策略、根本所在。特色的建构不是一蹴而就的，需要科学的规划、长期的积淀。西华大学工业设计教育在中国的教育板块上显得

微不足道却又举足轻重，紧紧围绕地方经济建设进行改革与人才培养模式创新，构建有自身特色的专业教育，是其在复杂竞争中健康、快速发展的必由之路，也是所有工业设计专业高校的必由之路。

注释

［1］王受之. 世界现代设计史［M］. 中国青年出版社，2002：38.

［2］何人可. 工业设计专业发展战略研究. http://www.chinadesign.cn/news/spaces/m/2010/0810/190.html.

［3］汤重熹. 设计·企业·国家——英国的设计业与设计状况考察［J］. 设计在线，2002（5）.

文化强国战略下艺术教育
在高素质应用型本科人才培养中的作用*

姜昕①

（西华大学教务处）

摘　要：随着高等教育大众化进程的推进，发展应用型本科教育、培养本科层次的应用型人才成为许多高等学校的办学定位和培养目标。培养高素质应用型人才，以适应社会全面发展的迫切需要，是地方本科院校在推进素质教育、加强内涵发展方面需要解决的重要课题。党的十七届六中全会提出要提高全民族文化素质，增强国家文化软实力，弘扬中华文化，努力建设社会主义文化强国，这对高素质的应用型本科人才的培养提出新的更高的要求。而艺术作为一种重要的文化形式，是文化的有机组成部分和重要载体。国民文化素养是一个国家精神文明发展水平的重要标志，一个民族的艺术素养又是国民文化素养的重要体现，因此，以艺术教育为途径提高应用型本科人才的素质，在文化强国战略实施的背景下显得尤为重要。

关键词：文化强国；艺术教育；高素质；应用型本科人才

一、文化强国战略下艺术教育的重要性

胡锦涛总书记在庆祝清华大学建校 100 周年大会上，把"文化传承创新"作为大学重要的职能之一，提高到与人才培养、科学研究和社会服务同等重要的地位。党的十七届六中全会通过的《深化文化体制改革，推动社会主义文化大发展大繁荣若干重大问题的决定》把文化建设提升到与国家、民族命运息息相关的高度。其中，提高全民创新能力，培养高素质文化人才，已被列为未来十年文化改革发展的奋斗目标。文化强国的宏伟目标对国民的文化素质和思想道德情操提出了更高的要求，提出要发挥国民教育在文化传承创新中的基础性作用。而高等教育作为国民教育的最高层次，是文化传承创新的重要阵地，也是时代赋予大学提高国民文化素质的使命。

我国目前已基本进入中等发达国家的行列，从发达国家现代化进程的经验来看，在这一发展阶段，经济社会发展需要大量具有一定学术背景的应用型人才。随着我国经济发展步伐的不断加快，需要高校培养出在素质、能力、知识等方面满足社会不同层次需求的高

＊ 本文为西华大学教改项目"基于高素质应用型本科人才培养的高校美育特殊作用的探索"（项目编号：11JG301）阶段性成果。

① 姜昕（1979—），女，黑龙江佳木斯人，艺术学专业硕士，助理研究员。研究方向：艺术教育、音乐文化。联系方式：jxin79@163.com。

素质应用型人才。高素质应用型人才不仅要具有优秀的专业素质,还应具有责任心、自信心、道德感、团队精神、心理素质、身体素质等非专业素质。因此,在高素质应用型本科人才培养的过程中,除了专业理论学习外,人文、艺术和科学素养的共同作用也必不可少。高等院校实施全面素质教育,进行审美教育,其最根本的形式或主要的形式就是艺术教育。

艺术作为一种文化现象和满足人们精神需求的意识形态,以其独特方式影响人、作用人、塑造人。而艺术教育以其涵盖内容的深刻性、启迪性以及易于接受等独有的特点,成为大学生素质教育的重要组成部分[1]。艺术教育对于人的成长有特殊的作用,是思想教育和知识教育不能替代的一门学科。

二、艺术教育在提高学生素质方面的重要性

中共中央、国务院《关于进一步加强和改进大学生思想政治教育工作的意见》指出,要"大力加强大学生文化素质教育,开展丰富多彩、积极向上的学术、科技、体育、艺术和娱乐活动,把德育与智育、体育、美育有机结合起来,寓教育于文化活动之中"。大学生接受艺术教育,不仅有助于培养正确的审美观念和基本的审美能力,而且对其个性完善、全面发展、增强发展潜力也具有不容忽视的重要意义。

1. 激发情感、培养学生的审美感知能力

艺术教育是指对非艺术专业的学生实施的艺术素质教育,它以培养学生的审美能力为核心,以提高学生的综合素质为目的。艺术教育能让学生通过视觉、听觉等多种感知的参与,在艺术实践活动中,体验鉴赏美,在此过程中学生可以使身体和心灵同时获得美的享受。而且艺术教育有陶冶性情,净化心灵的作用,从而培养学生良好的沟通、理解能力。

2. 有助于完善健全的人格

"兴于诗,立于理,成于乐"是孔子把音乐看做是培养人达到的最高境界的重要手段。优秀的艺术作品当中往往蕴含着深刻的思想内涵,通过对作品的认识和理解,从而产生心灵情感的共鸣是培养高尚道德品质和思想情感的重要手段,通过优秀的作品引起人们对人生的思考。素质教育"以德育人"是根本,但思想教育形式并非是枯燥的说教,而是需要通过艺术教育这种情感教育的手段来达到对学生思想、道德潜移默化的影响,这种教育的特点就是使其自觉自愿地接受教育,并且这种教育对于学生情感、道德渐进的影响是持久的、稳定的。艺术欣赏可以陶冶人的性情,净化心灵,缓解学习压力,焕发精神,使其以愉悦的心情投入学习。同时可以培养学生的自信心,提高大学生的心理健康水平。

3. 有助于学习效率的提高

艺术教育可以强化学生对知识的理解、记忆和促进智能开发,同时可使学生的感知能力、想象力、创造力得到提高。各种心理功能和思维能力得到发挥和协调的发展。由于艺术教育的大部分内容都是具体的、形象的,更适于大学生思维发展的特点和需要,使学生的形象思维和抽象思维可以相互影响、相互促进,从而有利于优化大学生科学文化素质的构成和智力机能的提高。

三、艺术教育在培养创新能力方面的优势

我国著名的物理学家李政道说过,科学和艺术是不可分割的,就像一个硬币的两面。

它们共同的基础是人类的创造力。世界各国的竞争表面看来是科技竞争，但归根结底是人才素质的竞争，因此，我们培养的高素质的本科应用型人才，人文艺术素养不可或缺。

艺术创作是个性鲜明、创造性品质较强的活动，艺术家的生命就在于他的独创性，而艺术欣赏也需要接受者进行个性化的再创造。审美能力也就是一种创造力，通过艺术教育培养和发展人的审美能力，也就意味着培养和发展人的创造力。这种创造力与一般逻辑思维的创造力不同，是一种顿悟或偏于感性的思维活动。艺术教育作为重要的素质教育手段，能最大限度地开启人脑的形象思维。爱因斯坦说："我的科学成就很多从音乐启发而来。音乐不会影响研究工作……它们给人们带来的慰藉也互为补充。"科学史上有着众多的科学家凭借直觉或灵感做出重大科学发现的生动事例，从中可以看出，这是他们在长期从事理性的科学思维基础上，凭借艺术的创造力获得革命性的科学成果的例证。哈佛大学的研究者认为：科学史发现、解决问题的过程，艺术过程同样要发现、分析、解决问题，对于大脑的工作来讲没有区别，形象思维和逻辑思维可以相互弥补、相互促进[2]。

1957 年 11 月，苏联成功发射了第一颗人造卫星。美国人在震惊之余开始反思自己的教育体系的不完善，当时一些教育人士认为，美国的科学教育不比苏联差，但艺术教育的落后，使两国科技人员的文化素质有了很大的差异，最终这种差异导致了美国空间技术的落后。的确，从 19 世纪中期到 20 世纪初期，俄罗斯文学艺术达到了辉煌灿烂的顶峰，涌现出列夫·托尔斯泰、屠格涅夫、里姆斯基·科萨科夫、穆索尔斯基，格林卡、柴可夫斯基、列宾等享誉世界的艺术家。而反观美国这一时期，几乎没有具有代表性的艺术家。之后，经过了《零点项目》几十年的对艺术教育的重要性的研究后，美国国会于 1994 年 3 月通过了克林顿政府提出的《2000 年目标：美国教育法》，在美国历史上第一次将艺术与数学、语文、历史、自然科学并列为基础教育的核心学科。2006 年 3 月世界艺术教育大会制定了《艺术教育路线图》，作为联合国教科文组织指导 21 世纪艺术教育的参考性文件以及世界各国加强艺术教育的指导性文件，其中，把艺术教育功能定位于构建 21 世纪的创造力和促进文化发展上[3]。由此可见，艺术教育在创新人才、高素质人才培养中重要作用。

四、艺术教育存在的问题及解决的方法

从政策层面看，一系列有关艺术教育的规划和制度相继出台，对学校艺术教育课程在宏观上有了明确的要求；从理论层面看，近年来，关于艺术教育的研究成果不断涌现；从实践层面看，很多高校非常重视艺术教育，通过学生艺术团的建设来丰富校园文化。

但是，当前我国高校的艺术教育仍然存在一些问题，使得艺术教育的功能并未完全显现。一是重视艺术团活动，轻视课程建设。二是重视专业技能和专业知识的学习，轻视课程中的文化传承。原因在于，艺术团所取得的成绩易为显现，对于丰富校园文化和学校对外的活动都有显著的效果，而课程建设需要长期付出，成果难以在短期内体现，存在着功利化思想。从高校从事艺术教育教学的师资队伍来看，教师的专业背景使得他们更重视艺术知识和专业技能的传授，对艺术作品中蕴含的历史、文化与审美的分析则相对缺乏。三是艺术教育教学中对创新思维和艺术素养的培养还很欠缺。尽管对于艺术教育在提高创新能力、艺术素养的重要性已有很多的研究和深刻的认识，然而受到艺术课程学时短，没有系统的课程体系等影响，艺术课程教学改革方面缺少实质性的进展。

因此，在文化强国战略的指引下，为了更好地通过艺术教育的手段，达到培养全面发展的大学生，推动文化的传承和创新的目的，针对当前艺术教育的现状，提出几点建议。

（1）要注重学生的情感体验。由于每个学生的性格、知识面、理解能力存在一定差异，他们各自体验的程度也会因人而异。在高校的艺术教育中，应该利用艺术教育的特点，结合个人的兴趣、情感开展艺术教育活动，使其活动既合理又合情，从而增加它的有效性，吸引学生的广泛参与。

（2）要注重学科交叉和知识内化。艺术具有多元性，艺术教育中包含了丰富的横向学科知识。艺术与其他学科之间存在着一定的联系，艺术的产生发展必然会受到社会与政治思潮的影响，也会受到时代经济的制约，如果将艺术作品放置于广阔的社会历史背景下来研究，将艺术与文学、历史、社会学等其他学科交融来考察，便会得出崭新角度的研究成果。这样不仅可以丰富学生的知识，使知识结构不断优化，促进文化的理解与传承，也会激发学生对其他领域知识的渴求，拓展学生的思维方式。

（3）要注重艺术教育的教学实践和改革。鼓励师生参与艺术实践活动，加强艺术理论研究，关注学生艺术教育需求，努力进行艺术教育的教学探索和改革。建构合理的艺术教育课程体系。拘泥于现有的艺术教育模式就会使艺术教育课程失去活力。

五、结束语

艺术教育有助于培养学生正确的审美观念和基本的审美能力，对于创新能力的培养也有其独特的优势，对于学生的成长、全面发展有着重要作用，因而是我国高等教育不可或缺的重要内容。进一步强化我国高校审美理念教育、设置学科合理的艺术教育课程体系，充分发挥优秀文化的积极作用，在当下有积极的现实意义。

高等院校既是一个教育机构，同时也是文化传播和创新的中心，它不仅担负着培养大学生文化素质的重任，而且还要培养他们的审美素质。从 20 世纪 80 年代到今天，我国高校的艺术教育不断向前发展，艺术教育对培养高素质人才的作用不断得到各级管理者的认同，艺术教育在大学教育中的地位也不断得到提升。

党的十七届六中全会吹响了建设社会主义文化强国的号角，要实现文化大发展大繁荣建设文化强国，实现育人兴"文"的目标是大学应尽之责。如果没有一代又一代有文化高素质的新人，也就无从谈文化的传承和发展。国民艺术素养是国家文明进步的标志和象征；艺术与科学的结合是未来人类思想发展的主流。因此，艺术教育可以作为全面实施大学生素质教育的切入点，会对大学生综合素质提高产生巨大渗透作用和影响力。随着高校对艺术教育的重视和对艺术教育教学改革的推进，艺术教育对大学生全面发展以及构建和谐、文明校园，建设文化强国定会发挥更显著的作用。

注释

[1] 韩继华. 艺术教育在大学生文化素质中作用的探索 [J]. 中国青年研究，2011（3）.

[2] 沈致隆. 哈佛大学《零点项目》的启示——在华中科技大学演讲. http://www.univs.cn/newweb/univs/hust/2005-03-10/286905.html.

[3] 万丽君. 构建 21 世纪的创造力——联合国《艺术教育路线图》解读 [J]. 外国中小学教育，2009（1）.

专业建设

人力资源管理专业
多样化应用型本科人才培养的课程建设探索[*]

赵修文　刘雪梅[①]

（西华大学管理学院）

摘　要：人力资源管理专业本科人才培养方案以课程的形式体现出来。本文从现代大学人才培养理念，人力资源管理专业本科多样化应用型人才培养目标，多样化应用型人才的知识、能力和素质结构以及人力资源管理专业多样化应用型本科人才培养的课程设置等方面探索了人力资源管理专业课程建设的相关问题。

关键词：地方工科院校；人力资源管理专业；课程建设

1992 年，中国人民大学将人事管理专业调整为人力资源管理专业，并于 1993 年开始招生。这是人力资源管理专业在我国高校的首次开办，标志着人力资源管理专业进入初创时期。目前，全国已有上百所高校开设了人力资源管理专业。可以说，该专业在我国已有了一定程度的发展，但在具体的专业建设过程中仍然存在着专业培养思路不清楚、专业定位不准、课程体系设置不科学等方向性问题，严重地制约了该专业的发展。本文以课程建设为切入点，探讨人力资源管理专业建设中的几个相关问题。

一、人力资源管理专业本科课程设置以现代大学的教育理念为指导

教育理念是指学校的高层管理者以学生前途和社会责任为重心，以自己的价值观与道德标准为基础，对办理学校所持的信念和态度。现代大学的教育理念在大学系统内部表现为学术自由的、大学自治、教授治校、教学与科研相统一；在大学系统的外部则表现为育才兴国、可持续发展、面向社会服务。竺可桢认为现代大学要把办学和培养人才的目的与拯救中华、转移国运结合起来。梅贻琦认为教育应"致力学术，造成有用人才，将来为国家服务"。爱因斯坦对过分地强调专业教育，将导致学生知识面狭窄的问题提出过尖锐的

* 省教育厅教改项目——基于差异化战略的地方院校应用型本科人才培养特色探索（财务预算号：700348）、西华大学校级教改项目——工科院校"人力资源管理"课程建设探索与研究（项目编号：09JG301；财务预算号：700107）、四川省重点学科"企业管理"建设项目资助（SZD0801-09-1）研究成果。

① 赵修文（1970-），男，经济学博士，副教授，硕士研究生导师，西华大学教学评估中心主任，研究方向：组织行为与人力资源管理、知识管理。

刘雪梅（1989-），女，西华大学管理学院 2011 级企业管理专业硕士研究生，研究方向：组织行为与人力资源管理。

批评。就美国来看，整体知识观是对其教育理念的最好总结。哈佛大学经过四年的辩论推出新的课改方案，旨在让学生"认识世界"。在这种教育理念的指导下，本科普通教育的性质、目的和评价方法被教育家们重新定义：普通教育的目的是为学生的未来发展做最好准备，不是为某一具体职业而进行的狭窄的训练，而是使学生能够适应变化的世界的高等教育。普通教育要培养"完人"——培养学生自我成长、自我意识、责任和道德、健康的价值观，培养学生关注社会、国家和国际的现实问题与发展；要培养学生的推理、批判性思考、解决问题和继续学习的能力；与专业和人生发展紧密联系，并构成一个整体；使学生真正参与到他们自己的学习之中——使学生能真正规划和把握他们自己的学习；注重考察、论证和解决问题的能力。

基于对这些理念的基本认识，我校在修订本科人才培养方案的时候，以"人生发展为本"为基本理念，以学生的可持续性发展为基本准则，指导本科人才培养方案的修订。整个培养方案从酝酿到定稿的整个过程中，无不凝聚了学校领导、教学管理人员、全体教师的心血和汗水。学校主管教学的副校长带领教务处的相关人员，对各个学院前后进行了六次调研和征求意见，同时把学校修订本科人才培养方案的思想与学院进行充分的沟通，认真听取学院的意见和建议。各个学院在修订本科人才培养方案的过程中，始终贯彻适应地方经济建设和发展需要，培养学生可持续发展能力；适应产业结构调整需要，提升就业竞争力；统一性、灵活性、稳定性相结合的基本原则，整个本科人才培养方案由"人格与素养课程群"、"表达与理解课程群"、"发展基础课程群"、"专业与服务课程群"和"研讨与探究课程群"五个部分组成。人力资源管理专业本科人才培养方案的制订正是在这些理念的指导下完成的，在方案的制订过程中，不仅充分听取学院相关人员的建议，而且听取了制造型企业、营销型企业和研发型企业的意见和建议，同时把这些企业作为学生实验和实习的重要基地，能够让学生感受到企业的真实环境。经过抽样，对 2008 级、2009 级和 2010 级三个年级学生的调研，把新旧本科人才培养进行了比较，学生反映，情况良好；征求相关企业的意见，企业对培养方案的认同度较高。

二、人力资源管理专业多样化应用型本科人才培养目标

探讨人力资源管理专业的课程设置不得不涉及人力资源管理的培养目标，人力资源管理专业的人才培养目标指导其课程设置。高校培养的人才必须回到地方经济建设的主战场，把自己所学的专业与企业的具体实际相结合，在自己岗位上创造价值。即或有一部分人将要从事科学研究，但是脱离实际的科学研究也不可取，科学研究最终要解决现实中的问题。因此，本文认为其培养目标应该是构建适应地方经济发展的多样化应用型本科人才。2005 年教育部《关于进一步加强高等学校本科教学工作的若干意见》（教高（2005）1 号）文件中强调："高等教育要以社会需求为导向，走多样化人才培养之路。"基于这样的界定，我们对多样化人才培养的一般理解是：不同的学校应该有各自的办学特色和办学定位；同一个专业在不同的学校应该有不同的目标定位和培养规格。具体就学校内部而言，不同的专业应该有不同的培养类型定位（如研究型、复合型、应用型、管理型等）；就某个专业而言，不同的学生应有不同的培养目标，不同的学生应有不同的就业趋向。

基于这样的认识，结合企业管理的实践，我校人力资源专业专业的培养要求是，掌握管理学、经济学及人力资源管理的基本理论、基本知识；掌握人力资源管理的定性、定量

分析方法；具有较强的语言与文字表达、人际沟通、组织协调及领导的基本能力；熟悉与人力资源管理有关的方针、政策及法规；了解本学科理论前沿与发展动态；掌握文献检索、资料查询的基本方法，具有一定科学研究和实际工作能力。人力资源管理专业培养目标是：培养具备管理、经济、法律及人力资源管理等方面的知识，接受人力资源管理方法与技巧方面的基本训练，具有较强的语言能力、人际沟通能力、组织协调能力、分析和解决人力资源管理问题能力和较高的职业素养的专门人才，具有基础扎实、知识面广、实践能力强并具有创新精神，能在事业单位及政府部门从事人力资源管理以及教学、科研方面工作的工商管理学科高级专门人才。

三、人力资源管理专业多样化应用型人才的知识、能力和素质结构

本科教育是重视宽口径的专业教育，主要培养的是具有较宽专业理论基础和较强应用能力的应用型人才。学生毕业之后的就业岗位，要求学校对学生在校四年中的知识、能力和素质机构进行合理构建，毕业生知识、能力和素质结构的构建是通过课程设置体现出来的。在课程设置中不仅要提高学生的专业能力，同时要提高学生的组织能力，这两种能力是通过课堂教学和第二课堂进行的，在培养学生能力的过程中，必须贯彻前文提到的产学研用的基本观点，让学生有机会深入企业第一线，熟悉企业的生产流程，采用师徒制隐性知识传播的形式，学习在企业做事。要做好任何事情，一定需要专业知识，缺乏专业知识是不可能在某一专业领域把事情做好。要具备扎实的专业知识，只有在大学四年通过日积月累才能达到。有了知识和能力，不一定能够把事情做好，这需要做好事情的基本素质。不仅包括基本素质，而且包含职业素质。基本素质的形成需要与德艺双馨的教师和长者长期地交流和沟通，同时需要基本工作的锻炼；职业素质的形成需要个人与工作实际长期结合，并且需要隐性知识的传播和管理。

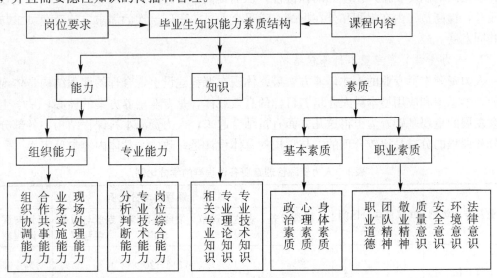

图1 多样化应用型本科人才的知识、能力和素质结构

人力资源管理专业在设计应用型本科人才培养方案时，应不仅仅考虑能力结构，而要把能力要素融入知识与素质之中，将能力和知识、素质组合成一个整体。

四、人力资源管理专业多样化应用型本科人才培养的课程设置

1. 积极探索现代人力资源管理的功能（模型）

人力资源管理专业到底应该设置哪些课程？我们所培养的学生如何适应区域经济发展的需求？怎样才能让我们培养的学生进入企业之后，能够较快地进入角色，形成本专业对人才培养的良性循环？经过我们认真的思考，要完成这些任务，实现这些目标，需要多方面的工作努力，这些工作包括师资队伍的保障、课程结构的合理、课程实施的与时俱进、教学质量的监控等等内容，但是笔者认为，关键是根据经济社会发展的需要，必须弄清楚人力资源管理专业的学生到底要干什么？即弄清楚人力资源管理在经济社会发展中的功能有哪些，弄清楚人力资源管理在价值创造过程中起到什么样的作用。回答这些的问题的关键又是人力资源管理的功能到底有哪些？当然，对这个问题的认识仁者见仁，智者见智。

一般情况下，现代人力资源管理主要由围绕企业战略目标的六个具有逻辑关系的分支业务组成（其功能模型见图2），这里有两个问题需要说明。首先，现代人力资源管理的六项分支业务均围绕企业的总体战略目标展开，服务于战略，受制于战略。其次，分支业务之间具有明显的逻辑联系：战略决定组织结构；组织结构决定组织中职位设置的内容和价值；职位分析的结果决定了招聘与甄选的内容和方法；招聘的结果决定了培训与开发的层次和目标；培训与开发的结果影响着绩效的表现；绩效表现很大程度决定着薪酬与激励的标准；薪酬与激励又强化了组织结构的稳定与发展。

通过现代人力资源管理模型，我们知道，人力资源管理部门是一个重要的职能部门，与企业中的其他部门（包括职能部门和直线部门）在大量的调研研究的基础上，进行认真的分析（宏观环境分析法、中观环境分析法、微观环境分析法），通过制度安排（包括正式和非正式的制度安排）调动人的积极性，从而提高单位时间的投入和产出，增加企业的总收益，提高员工内在报酬和外在报酬，满足企业员工不同层次的需求，让企业员工与企业共同发展。

2. 人力资源管理专业本科课程结构

人力资源本科专业的人才培养方案最终体现在课程建设上，合理的课程结构是体现学校的办学思想和应用型本科人才培养目标的有效载体，是专业培养方案的核心，是学生可持续发展的重要基础。为了将这几方面有机结合起来，人力资源本科课程结构中各部分的学分和课程的分布是比较合理的，与学校的总体设计是一致的。具体内容参见表1。

表1 人力资源管理专业各课程群的学分比例

专业及专业类别	建议总学分区间	各个课程群学分比例				
		人格与素养课程群	表达与理解课程群	发展基础课程群	专业与服务课程群	研讨与探究课程群
文、史、哲、经、管、法、艺	[160 170]	20%	12%	8%—20%	45%—55%	3%—5%
理科	[165 175]	20%	12%	8%—20%	45%—55%	3%—5%
工科	[170 180]	20%	12%	8%—20%	45%—55%	3%—5%
人力资源管理	170	19%	11%	22%	45%	3%

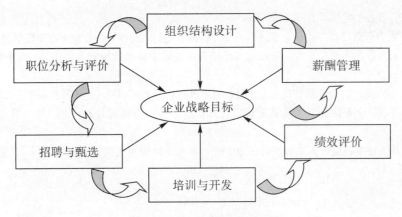

图 2　现代人力资源管理模型

人力资源管理专业课程设计适应区域经济发展的需要，体现在具体的课程安排上。在"发展基础课程群和专业与服务课程群"中，紧密结合我校是以工科为主的特色，特别开设了"工业基础知识"课程，3.5 学分；为了提升学生的就业竞争力和定量分析的能力，开设了"微积分"、"线性代数 A"、"概率论与数理统计"和"社会经济统计学"课程，共计 17.5 学分。为了让学生在真实的企业环境中去试验和实训，本专业增加了试验和实训的课程，分别是"人力资源管理综合能力实训"、"人力资源管理专业毕业实习"、"企业员工招聘与选拔模拟实训"、"ERP 沙盘模拟实验"、"企业员工培训与开发模拟实训"、"人力资源管理专业科技创新实践活动"、"人力资源管理案例分析"、"人力资源管理工作实务设计"等课程，共计 21 学分。为了提升学生可持续发展能力，设计了"研讨与探究课程群"，共计 5 学分。除此之外，专门开设了与人力资源管理相关的法律和法规的相关课程，譬如，"社会保障管理实务"，"劳动法"、"劳动经济学"等课程。为了让学生能够懂得基本的礼节和礼貌，参与社会竞争，本专业特别开设了"商务礼仪"课程，让我校教师和有实战经验的公司人员共同授课。

五、简短结语

学生在离开学校时，是作为一个和谐的人，而不是一个专家。作为大学，应始终把发展学生独立思考和独立判断的一般能力放在首位。如果一个人掌握了所学专业的基础理论，并且学会了独立思考和工作，他必定会找到自己的道路，而且比起那种主要以获得细节知识为其培养内容的人来，他一定会更好地适应变化并取得进步。

注释

[1] 孙卫国，赵修文，何建平，马力，蒋珍菊. 以人生发展为本的本科课程体系探索［J］. 国家教育行政学院学报，2011（7）.

[2] 何建平，赵修文，马力，蒋珍菊. 构建适应地方经济发展的多样化应用型本科人才培养模式研究——以西华大学创新实验区为例［J］. 国家教育行政学院学报，2011（10）.

[3] 陈俊梁，陈瑜. 人力资源管理专业主干课程体系建设的思考［J］. 山西财经大学学报（高等教育

版），2009（9）.

[4] 吕书梅. 人力资源管理专业毕业生跟踪调查分析报告 [J]. 山西经济管理干部学院学报，2005（9）.

[5] 赵红梅. 人力资源管理专业本科应用型人才培养实践教学体系的构建与探索 [J]. 中国大学教学，2007（1）.

[6] 弓秀云，李广义. 人力资源管理专业本科教育发展现状与对策研究 [J]. 科技和产业，2008（12）.

[7] 张正堂，李爽. 企业持续竞争优势来源：人力资源还是人力资源管理 [J]. 科学管理研究，2005（8）.

[8] 刘永安. 地方性本科院校人力资源管理专业产学研人才培养模式研究与实践 [J]. 东莞理工学院学报，2008（12）.

西华大学测控技术与仪器专业的发展与特色构建[*]

谢维成　郑萍①

（西华大学电气信息学院）

摘　要：测控技术与仪器专业是一个集光、机、电、算、控等技术于一体的综合性专业，大部分地方院校由于缺乏行业背景及各种原因，测控技术与仪器专业大多特色不够鲜明。本文从测控技术与仪器专业的发展历史出发，以西华大学测控技术与仪器专业为例，总结了西华大学测控技术与仪器专业的建设及获得的发展，分析了西华大学测控技术与仪器专业建设提升所面临的问题，探讨了测控技术与仪器专业特色构建的思路。

关键词：测控技术与仪器；地方院校；专业建设；专业特色；专业方向

一、引言

测控技术与仪器、仪表广泛用于制造业、能源、环保、航空、航天、国防工业以及科学研究等部门，是观察、测量、计算、记录和控制自然现象与生产过程的工具。1952 年全国高校院系调整后，教育部委托天津大学筹建"精密机械仪器专业"，委托浙江大学筹建"光学仪器专业"。这是新中国成立后在我国高等学校中最先设置的仪器仪表类专业。而后，随着国民经济的大发展和国防事业的需要，各行各业对相关仪器仪表的需求愈来愈大。为适应这种社会需求，国内不少高校如清华大学、哈尔滨工业大学、合肥工业大学、上海交通大学、长春理工大学（原长春光机学院）、北京理工大学、北京航空航天大学、南京航空航天大学等相继成立了仪器仪表专业；并且随着服务行业的不同，电测仪表、热工仪表、航空仪表、导航仪表、自动化仪表、石油地球物理仪器等仪器仪表专业相继诞生。截至 1966 年"文化大革命"前，全国共有三十余所院校设有十几个仪器仪表类专业[1]。

1963 年全国仪器仪表类教材编审委员会在天津大学成立，下设精密仪器、光学仪器和自动化仪表三个专业。"文革"期间教学研究活动基本处于停顿状态。1983 年成立了仪器仪表类专业教材编委会。为了顺应学科发展需求，教育部于 1997 年对测控领域相关的 11 个专业归成一个宽口径专业——测控技术与仪器，它是教育部一级学科——仪器科学与技术学科所属的唯一的本科专业[2]。

由于测控类专业归口成一个宽口径专业，对于地方院校而言，除开设专业较早和有行

---

* 四川省教改项目（No：05-253 87）；西华大学中青年骨干教师教改项目（No：GGJSJ913）。

① 谢维成（1973—），男，副教授，硕士导师，主要从事信号检测与智能信息处理研究。

郑萍（1957—）女，教授，硕士导师。

业背景的院校的测控技术与仪器专业特色明显外，很多地方院校的测控技术与仪器专业特色不够鲜明。因此，地方院校测控技术与仪器专业特色的培育成为专业建设的重点与难点。

二、测控技术与仪器专业建设思路

开设测控技术与仪器专业历史不长的地方院校专业特色一般不够明显，以西华大学测控技术与仪器专业为例，2002年开始招生，是学校在结合已有的电气工程与自动化、信息工程、自动化等专业建设的基础上申报的新专业，以电测电控为主。主要专业方向为智能仪器、工业化信息领域的检测与控制技术，设在电气信息学院，该专业第一届招收一个班学生，经过近十年的建设，办学条件、规模不断扩大，质量不断提高。目前，已毕业学生三百六十多人，在校生三百三十多人。因此，作为西华大学测控技术与仪器专业而言，专业特色的构建尤为迫切。如何建设地方院校的测控技术与仪器专业呢？首先要理清专业建设的思路。

结合我国经济社会发展对该专业人才的需求，坚持紧跟测控技术领域的最新发展趋势，利用我校在电气信息技术方面的特色及优势，强化基础，拓宽专业，追求质量，强调学生实践动手能力和综合素质的培养。

（一）专业建设理念

西华大学测控技术与仪器专业开办以来，坚持"以科研促教学，以实践促创新，服务地方经济"的专业建设思路和"能力培养为基础，综合素质为目标，以质量促就业"的专业建设理念。

（二）建立测控专业立体化教学模式

围绕测控信息的获取、处理、传输和控制各个信息技术分支所必需的知识和技能来确定专业教育内容、课程设置和实践环节。技术型测控及技术与仪器专业知识领域结构如图1[1]所示：

根据西华大学测控专业偏电的特点增加如下课程：

智能仪器、微弱信号检测原理及应用、光电检测技术、自动测试系统、智能化测控应用系统设计、智能仪器设计课程等。

1. 以课程组为核心，坚持"授人以渔"、"学以致用"为各课程的教学指导思想

在教学中，以培养学生运用所学知识，解决实际工程应用中的问题的业务素质为目的。帮助学生从大系统的观点出发，不断完善知识结构，建立学习→理解→应用→掌握→综合应用和创新的学习模式。引导学生以解决实际问题为出发点，在学习过程中发挥主观能动性，提升教学质量。

2. 构建"两平台一贯穿"的课程结构体系

以"微机原理与应用"、"单片机原理及应用"为例，课程的知识点集合为两个知识平台。第一个为基础平台，主要是掌握常用微机、单片机的基本结构，工作原理，基本指令以及程序设计，接口技术及应用，建立起微机、单片机系统的整机概念和接口应用的设计方法，使学生一学就会，一会就能用（能进行简单的设计）；第二个为高级平台，进一步学习和深化各知识点，重点在接口设计、接口的通信功能以及驱动程序设计、系统设计和

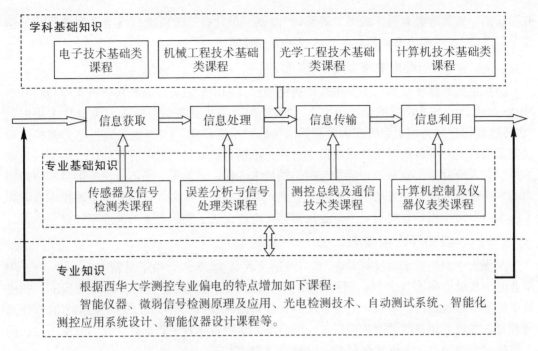

图1 测控技术与仪器专业（技术型）知识结构框架图

综合应用上（面向工程应用）。在两个平台的学习过程中，实践能力的培养作为始终贯穿整个学习过程的主线。将实践内容按其内在联系进行优化组合，注重其层次性、关联性、渐进性和整体性。让学生从操作性、单一性实验向设计性、综合性实验过渡，最后完成从技术基础向工程过渡的过程，形成了"两平台一贯穿"的课程结构体系，将综合设计能力、创新设计能力和工程实践能力的培养贯穿于整个教学过程。

三、西华大学测控技术与仪器专业建设成效

我校测控技术与仪器专业的教学计划经过几次调整，特别是2006年和2010年的调整，基本体现了我校的测控专业的特点。

（一）坚持以质量工程促进专业建设

测控系拥有省级精品课程两门："微机原理与应用"、"可编程控制器原理及应用"；校级精品课程两门："检测与转换"、"微机、单片机原理及应用实验"；校级重点课程三门："嵌入式系统原理及应用"、"光电检测技术"、"电气控制技术与PLC"。测控系一直坚持课程负责人制度，倡导每个老师要有"当家的课程"，进一步划分了课程组。

近年来，测控系主持承担了四川省教育厅高等教育人才培养质量教学改革项目两项、西华大学中青年骨干教师教育教学改革项目、校级教改项目两项。教师编写了为测控专业教学服务的教材近十本，如《微机原理与接口技术》、《单片机原理与应用及C51程序设计》（第1、2版）《四川省教育厅高等教育人才培养质量和教学改革项目研究成果）等。

同时，测控系在各类教育杂志上发表教研论文十余篇。此外，还发表科研论文近五十篇，其中被三大检索收录的近三十篇。2007年该专业教学团队获"四川省测控技术与自动化教研室教学团队"建设，首席教师1人，"新型工程实践与实验教学体系的探索与研

究"获四川省高等教育教学成果二等奖，"微机、单片机、微机接口技术系列课程的教学改革"获 2008 年四川省高等教育教学成果奖三等奖。

（二）以科研促教学培育专业特色

测控系的教师承担四川省应用基础研究项目及四川省教育厅自然科学重点项目"基于NIOS 处理器的 SOPC 应用系统研究"、"基于数字图像处理的目标定位关键技术研究"、"多传感器信息融合的心血管疾病诊断算法与监护系统研究"、"智能化远程电力测控虚拟仪器系统研究"等各级各类科研项目十余项。承担科研项目的老师有意让优秀的测控专业本科生进入研究生实验室，直接参与相关的技术工作，培养了一小部分优秀的具有创新能力的本科生，同时引导有动手意愿的学生进入学院创新实验室，这些学生在测控专业发挥了巨大的引领作用，直接增强了专业认同感，直接促进了测控专业的就业率和就业质量。

（三）以提高学生质量促就业

西华大学测控技术与仪器专业 2002 级招生人数为 38 人，由于是新专业，在 2006 年毕业时一次就业率不到 60%，测控系面临了很大的压力。在测控系教授的带领下，积极着手质量工程的建设，申请并建设了两门省级精品课程，积极申请了两项四川省教育厅高等教育人才培养质量教学改革项目、一项西华大学中青年骨干教师教育教学改革项目、两人项校级教改项目，改善了测控专业的教学课程体系。

在学校和学院得支持下，开设了为期四周的"智能化测控应用系统设计"，要求每个学生实际参与设计、制作及调试成功一个简单的智能化测控应用系统；同时，在学校和学院的支持下，学院建立了本科生创新实验室，测控专业有相当比例的学生进入了创新实验室，由于创新实验室采用自我管理模式，进入实验室的学生不但专业知识和技能得到提高，而且也提高了学生的管理能力。

另外，对于就业困难的学生，由于前期的专业基础学习不够好，学院利用暑假对2006 级和 2007 级就业困难的学生，在创新实验室进行了就业前的实践能力培训。

这些举措明显提高了就业率，经过 2003、2004、2005 三个年级的培养实践，到 2006级（2010 届），就业率明显提高，一次就业达到了 90% 以上，跃居全校前列；2007 级（2011 届）继续维持了 90% 以上的就业率，并且就业质量有所提高。

四、测控技术与仪器专业建设面临的问题

尽管西华大学测控技术与仪器专业经过多年的建设和发展，取得了较为可喜的成绩，培养了一批具有较高水平的测控技术的专业人才。但是，面对全国众多开设测控技术与仪器专业的高校，面对现代社会需求对该领域人才不断提出的高要求，测控系仍然面临如何办出专业特色，如何突出专业发展方向及优势的危机。为此，结合西华大学的办学优势，我们需要培养高质量的复合、创新型工程应用人才，需要进一步凝练学科及专业发展方向，进一步调整和明确专业特色，明晰专业发展战略。

（一）进一步提高人才培养质量

由于专业特色及优势不明显，知名度不高，测控专业第一志愿招生比例还有待提高。在教学思想上，对专才教育与向通识教育的关系认识不够，需要从教学向教育的转变；学生的英语四级过级率还可以继续提高，这可以进一步增强就业的竞争力；对学生心理素

质、竞争意识、团队协作及经济意识等的综合教育培养进一步加强；学生实践实训技能及实践创新能力可以进一步加强；积极探索校企合作，对人才培养起到重要作用；本专业优秀学生报考本校相关专业研究生的人数太少，需要搞好本科教育与研究生教育的接轨，采取措施尽量吸引优秀人才攻读研究生。

（二）专业实验设备需要补充

在学校的投入下，测控技术与仪器专业基础实验设备具有一定的基础，但突出专业特色的实验设备还不够，导致专业课程的学习不能突出专业特色。实践教学条件建设和实验项目水平还应进一步提高。由于办学时间较短，验证型等较简单的实验还占有一定的比重，只能完成教学计划的基本要求，实验处于国内一般水平。

（三）师资队伍建设

提升测控系教师水平在专业建设中的地位和作用进一步突出；缺乏仪器科学与技术学科教学名师；部分教师工程实践能力有待加强，在授课中理论与实践结合能力不够，需进一步提升。

（四）在教学优势指标上突破存在瓶颈

尽管测控系一直坚持教学改革，但教学改革与成果层次需要提升，如国家级精品课程的申报与突破，高等级的教改论文等。测控系教师也编写了一系列教材，也不乏发行量很大的教材，但仍然缺乏高质量的国家级精品教材；精品课程、改改项目、教学奖励等多为省级，需要进一步努力寻求突破。

五、西华大学测控技术与仪器专业特色构建

面对全国众多开设测控技术与仪器专业的高校，西华大学的测控技术与仪器专业面临如何办出专业特色，进一步理清专业方向，突出专业优势的危机。

（一）对测控技术与仪器专业特色的培育

因为鲜明的特色才是是专业的生命力，只有发挥优势，办出特色，才能使教育质量上水平，才能真正实现使学生具有学习、实践、创新能力，才能吸引更好的学生来报考本专业，才能使毕业生在就业时更有竞争力。

因此，我们必须以西华大学及电气信息学院的教学资源和办学优势为依托，在测控专业的大框架下不断发展进取，形成自己的特色。目前，测试仪器具有数字化、智能化、网络化的发展趋势，而传感技术、系统集成技术、智能控制技术属于仪器科学与技术发展的关键技术，是从信息技术向知识经济技术发展的关键。自动化仪器仪表与控制系统是信息技术和工业技术之间的桥梁，是工业生产的"倍增器"，是国家实现"以信息化带动工业化，以工业化促进信息化"重大发展战略的技术工具。在新一代网络化测控系统与智能仪器仪表的核心技术及应用上逐渐培育自己的特色。

（二）对西华大学测控专业方向探索

根据西华大学电气信息学院的学科特点，结合该专业的建设基础与学院测控系目前的科研优势，拟凝练测控专业三个主要方向：智能仪器仪表与虚拟仪器，网络化测控技术，基于图像的检测技术与智能系统。

1. 智能仪器仪表与虚拟仪器

测控系一直从事智能仪器及虚拟仪器的科学研究，并有相关的项目。如本系老师承担的教育厅项目"多传感器信息融合的心血管疾病诊断算法与监护系统研究"是智能医疗仪器研究，"智能化远程电力测控虚拟仪器系统研究"是智能仪器与虚拟仪器在电力系统中应用等。把智能传感与多传感器信息融合技术及虚拟仪器技术等用于传统仪器仪表与装置，涉及多传感器信息融合、人工智能、计算机、光学、网络等学科。

2. 网络化测控技术

网络化测控技术以工业通信技术为基础，涉及通信、计算机、测量、控制等多学科知识交叉网络中的信息获取、处理、传输与控制，以及测控网络的信息安全技术，属于新一代测控技术，在"以信息化带动工业化，以工业化促进信息化"中具有重要地位。

其中智能无线传感网络综合了传感器技术、嵌入式技术、现代网络、无线通信、分布式智能信息处理等技术，在生物医疗、环境监测、抢险救灾等许多领域都有重要实用价值。

3. 基于图像的检测技术与智能系统

测控系承担的省教育厅自然科学重点项目"基于数字图像处理的目标定位关键技术研究"是基于图像的检测技术与智能系统方面的研究，研究基于图像获取、识别处理技术，基于图像的检测技术与智能系统主要从事图像处理、控制及智能系统技术，包括机器视觉传感及多传感器信息融合技术、力觉、触觉，智能测控系统技术等。在这方面可以发挥测控系具有计算机学科背景的老师的优势，培养跨学科且具有创新意识的测控技术与仪器专业学生，可在多种行业具有就业竞争力。

六、结束语

通过对测控技术与仪器的历史和西华大学测控技术与仪器专业的建设分析，本文探讨了西华大学测控技术与仪器的特色培育的所面临的问题，提出了我校测控技术与仪器专业特色构建的未来发展的建设性思路。

注释

[1] 仪器科学与技术教学指导委员会. 高等学校仪器科学与技术学科本科专业教学规范（技术型）（试行），2007.
[2] 重庆邮电大学测控技术与仪器专业提升计划项目组. 测控技术与仪器专业发展战略研究报告，2008.
[3] http://202.115.144.251/C15/Course/Index.htm.
[4] 仪器仪表学科战略发展研究课题研究组. 仪器仪表学科发展战略研究报告，2005.
[5] 王大珩，胡柏顺. 加速发展我国现代仪器事业，迎接 21 世纪挑战 [J]. 现代科学仪器，2003（3）.
[6] 李恒灿，李权才. 测控技术与仪器专业建设的探索与实践 [J]. 中国电力教育，2011（17）.

以专业特色培育为抓手
促进水利水电工程专业课程体系改革[*]

付成华[①]

（西华大学能源与环境学院）

摘　要：课程体系与课程内容的建设是教育教学质量与特色的基石和保证。本文在当前水利建设和水电能源开发利用的有利环境下，结合我校实际情况和水利水电工程专业培养目标，提出专业课程体系改革的具体设想：以"水电能源开发利用"为中心设置专业课程，以精品课程和重点课程建设为主促进专业课程建设和协调发展；采用"系统化，产学研联合、虚实结合"等多渠道相结合的方式改进专业实践课程体系。通过专业课程体系改革促进课程体系及课程内容的建设，为新世纪水电能源类复合型人才的培养和专业的特色培育奠定基础。

关键词：专业特色；课程体系；改革；水利水电工程

一、引　言

在国内开设水利水电工程本科专业的高校很多，其中不乏"211 工程"、"985 工程"重点支持建设的学校，仅在四川省内四川大学、四川农业大学、西昌学院均开设了水利水电工程本科专业。我校水利水电工程专业从 2000 年开始招收本科生，办学历史不长，招生规模逐渐扩大，2009 年水利水电工程学科被列为校级重点学科，2011 年又被列为校级特色专业。在当今激烈的竞争环境中，如何抓住水利建设和水电能源开发的大好机遇，培育我校水利水电工程专业的特色，科学定位，稳步发展，提高教育教学质量，培养高水平的复合型应用人才，是当前的首要任务。

在专业特色建设和提高教育质量这一系统工程中，课程体系与课程内容的建设无疑是一个核心问题。高校课程体系可以分为由专业课程、政治理论、外语、计算机、体育等课程构成的大课程体系，以及由专业课程自身构成的小课程体系[1]。笔者结合专业特色的培育和当前形势，对水利水电工程专业课程体系进行全面深入的思考，提出专业课程体系改革的具体思路，意在建设有一定特色和影响力的水利水电工程专业课程体系，提高教育教学质量。

---

[*] 本文为西华大学 2011 年校级教育教学改革项目"水利水电工程专业实践教学体系创新研究与探索"的阶段性研究成果。

[①] 付成华（1978—），女，湖北襄阳人，副教授，工学博士。主要从事水利水电工程专业的教学和研究工作。联系方式：fuchh_xhu@163.com。

二、专业课程体系改革的总体思路

水利一步一层天，从"农业命脉"提升为"基础设施"，从"基础设施"提升到"战略资源"。2011年中央一号文件指出：在保护生态和农民利益前提下，加快水能资源开发利用，统筹兼顾防洪、灌溉、发电、航运等，科学制定规划，积极发展水电，水电是较稳定优质电源等。而西南地区水力资源十分丰富，分布着多个国家水电能源基地，集中了一大批水电工程、企事业单位和高级工程技术人才，为我校水利水电工程专业的建设和发展提供了"天时、地利、人和"的有利条件。结合我校实际，水利水电工程专业建设的总体目标：立足四川，面向西南，依托行业，联合企业，走"产学研结合"之路，培养基础扎实、综合能力强的高级工程技术和管理人才，力争建设成办学理念先进、产学研结合紧密、特色鲜明、在地方高校中有一定影响力的省级特色专业。

新的课程体系分为人格与素养、表达与理解、发展基础、专业与服务、研讨与探究五大课程群，其中专业课程主要涉及专业与服务课程群和研讨与探求课程群。根据水利水电工程专业人才培养方案以及现代和未来社会发展对该专业人才的需求，结合地方高校自身的特点，本着"系统优化整合、理论与实践结合"的原则，提出"一个中心、三条主线"的专业理论课程体系改革设想和"系统化、产学研联合、虚实结合"多渠道结合的专业实践课程体系改革设想。专业课程体系改革框架如图1所示。

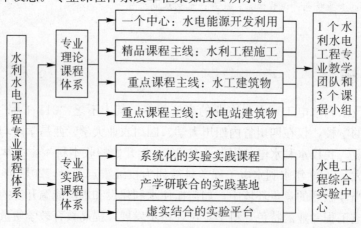

图1　水利水电工程专业课程体系改革框架

三、专业理论课程体系改革设想

1. 以水电能源开发利用为中心的专业课程设置

水电能源开发利用涉及水文、地质、水工、水力机械及金属结构、厂房、施工、监理、监测、运行、管理和利用等专业知识。水利水电工程专业理论课程体系以水电能源开发利用为中心，将传统的课程进行内容优化整合，在水利水电工程专业基本课程，如"工程水文学"、"水利水能规划"、"工程地质"、"水工建筑物"、"水电站建筑物"、"水利工程施工"、"水电工程测量"、"钢结构"、"水电工程概预算"、"建设监理概论"的基础上，增设了"水电站机电设备"、"水利工程运行管理"、"水利工程经济"、"工程招投标及合同管理"等课程，使之能涵盖水电工程的规划、设计、施工、运行、管理的全过程和水电能源开发利用各个方面，形成结合地方经济、科技、社会发展需求的颇具特色的专业方向。采用专业基础课、专业选修课、专题讲座和学术报告四层次阶梯式的结构体系[3]。

同时，以水电能源开发利用为中心优化整合师资队伍，聘请校外企事业单位具有丰富工程实践经验的高级工程技术人员担任本科生指导教师，组建一支具有水电能源开发利用特色和校企联合特色的教学团队。

2. 以精品课程和重点课程为主线的专业课程建设

我校水利水电工程专业现有校级精品课程"水利工程施工"、校级重点课程"水工建筑物"和"水电站建筑物"，这三门课程同时也是本专业的核心课程。专业理论课程的建设以精品课程和重点课程的建设为主，以点带面，带动其他专业课程的建设，推行课程小组负责制，实现专业课程的共同协调发展。

（1）以校级精品课程"水利工程施工"建设为主，带动"水利水电工程概预算"、"水电工程测量"、"工程地质及水文地质"、"建筑材料"、"工程监理"、"工程招投标及合同管理"等课程的建设。

（2）以校级重点课程"水工建筑物"建设为主，带动"水工钢筋混凝土结构"、"钢结构"、"工程水文学"等课程的建设。

（3）以校级重点课程"水电站建筑物"建设为主，带动"水利水能规划"、"水电站机电设备"、"水利工程运行管理"等课程的建设。

3. 以水利水电工程学科为主，结合优势资源适当拓宽知识面

结合专业培养目标和社会对人才的需求，理论课程体系以水利水电工程学科为主，在强化本学科知识系统性、综合性发展的同时，结合我校的优势资源，增设部分专题和交叉学科的课程，拓宽学科知识面。如我校的"水力机械及工程"在西南地区是唯一设置，办学历史长，拥有"热能与动力工程"国家级特色专业、"流体机械及工程"省部共建重点实验室以及四川省水电工程实验教学示范中心等优势资源，新的专业课程体系中开设了"水电站机电设备"、"水利水电工程专业前沿讲座"课程，探索水工、水电站和水力机械之间的交叉融合。另外开设了"科技论文写作"、"节能减排与绿色能源"、"路桥工程"、"地下工程"、"地基处理"、"水利工程经济"等课程，向土木工程和水利工程学科拓宽，主动适应社会对毕业生知识结构的需求，提高专业的办学水平和竞争力。

四、专业实践课程体系改革设想

理论教学离不开实践教学，实践教学是理论教学的延伸和补充，优秀的实践教学过程有助于加深学生对于理论知识的理解和运用，为后续专业的学习建立基础。水利水电工程专业实践课程包括课程设计、毕业设计、课程实验、课程实习、毕业实习等一系列的课程或实践环节。专业实践课程体系改革的目的：合理优化实践环节，开发利用各种资源，探索灵活多样的方式方法，培养学生的综合能力。

1. 系统化的实验实践课程

结合新的专业理论课程体系和实践环节的培养目标，对水利水电工程专业实验实践课程从环节、内容和要求等方面进行系统优化整合。

（1）设计环节分基础课程设计、专业课程设计和毕业设计三个层次，分别处在不同的阶段，体现不同的侧重点。基础课程设计重在基础知识和计算方法的系统化应用，是对基

础知识的回顾总结，为专业知识的学习奠定基础，起到一个承前启后的过渡作用。专业课程设计重在对专业知识和理论的理解和应用，是对专业课程体系的一个巩固和完善。毕业设计是对所学知识的综合系统性的理解和应用，重在培养学生解决工程实际问题的能力，为今后的工作奠定基础。

（2）实验环节包括课内实验和课外实验，分别设置有演示性实验、验证性实验、综合性实验和创新性实验。丰富每类实验的内容，达到各自的教学要求。注重不同类型实验间的联系，整合优化现有资源，并不断地开发利用新资源，进行实验方式方法的改革创新，增强实验环节的吸引力和创新性。

（3）与专业课程结合紧密的实习有工程测量实习、工程地质实习、专业认识实习和毕业实习等。在有限的实习经费条件下，对实习要进行系统规划，合理安排，避免走马观花似的完成任务。在实习之前，专业教师可以通过播放视频资料、讲解和设问的方式，让学生了解实习的目的和流程等，激发学生去发现和解决问题的兴趣。学生带着问题和对实习内容的初步印象到实习现场，就会有针对性地看和问，有利于学生对实习内容的全面把握和对知识的系统掌握。再通过实习现场专业人员的讲解和报告，进一步加深学生对理论知识的理解和对实际工程的认识。最后通过撰写实习报告，锻炼学生归纳总结能力和综合应用所学知识去分析和解决专业问题的能力。

2. 产学研联合的实践基地

西南地区集中了一大批水电企事业单位、水电工程和水电能源工程类高级技术人才，为我校水利水电工程学科专业建设和发展提供了良好的产业背景。我校水利水电工程专业可以通过鼓励教师走出去深入企业进行锻炼培训、校企联合培养本科生和研究生、成立研究室、将企事业单位工程经验丰富的高级工程技术人员请进来作为本科生指导教师等多种方式，广泛加强与企事业单位的联系和合作，建立产学研联合的实践基地。

3. 虚实结合的实验平台

对于地方高校来说，用于实验室建设的经费很有限，单凭现有的实验室和设备远远不能满足学生开展各种实验的需求。虚实结合实验平台的创建不仅可以改善现有的实验条件，缓解实验教学条件不足和学生需求之间的矛盾，还可以增强教师和学生的动手能力和知识面。

（1）结合计算机技术和多媒体技术创建虚拟的数字化实验平台。将水利工程枢纽中的典型建筑物制作成系列化的数字模型，将水利枢纽主体工程的施工过程数字化，并在教学过程中不断补充和完善。数字化实验平台可以开展演示性和验证性实验，带给学生和教师一个全新的视角去认识和感知水利水电工程，同时数字化平台的建设和完善过程可为教师和学生提供一个很好的实践机会，有助于创新能力的培养。

（2）有限的实验室经费用于改造和完善原有的实验设施，提高实验设备的利用率，建设水电工程系统性和综合性实验平台，改善综合性和创新性实验的教学条件。

五、新专业课程体系的特点

1. 模块化、层次化程度高，有利于更好地组织教学，有利于学生学习方法和思维方式的培养

人格与素养、表达与理解、发展基础、专业与服务、研讨与探究五大课程群模块化和

层次化强，适应培养高素质的创新型、复合型人才的时代要求。理论课程与实践课程的大模块和小模块设置，进一步突出对知识的综合运用能力、系统设计能力、创新能力及工程实践能力的培养。专业基础课、专业选修课、专题讲座和学术报告的阶梯式层次设计有利于学生由浅入深、由粗到细、由点到面的学习知识。

2. 中心明确，知识系统

以水电能源开发利用为中心对专业知识进行系统性优化整合和拓宽，加强课程之间、实验之间的内在联系，避免不必要的重复和疏漏，构成相辅相成、承前启后的整体优化体系，既优化了专业知识结构，突出了水利水电工程专业的特长，又避免了因专业口径过窄所带来的就业风险问题。

3. 利用优势加强不同学科专业间的交叉融合和产学研联合

新的课程体系利用了我校水力机械、土木工程等学科的优势资源，实现了水电、水利、水力机械、岩土、土木等不同学科专业的交叉融合，形成了我校水利水电工程专业的特色，有利于不同学科专业教师之间的交流。从校外企事业单位聘请工程实践经验丰富的高级工程技术人员担任本科生指导教师，建立校内外的实践基地和创建数字化实验平台等可以有效地利用资源，加强对外合作交流，促进产学研的进一步联合。

4. 注重学生个性化发展，尊重学生自主选择，实现人才培养模式的多样化

新的课程体系开设了专业特色模块和专业拓展课程，学生可依据自己的兴趣或未来的就业方向有针对性地自主选择，了解学科前沿，拓宽自己的知识面，为今后的工作和学习打下良好的基础。

5. 专业课程体系建设与团队建设紧密结合，相互促进

以水电能源开发利用为中心不仅联系了多方面的专业知识，也联系了不同学科专业的师资，促进了水电能源开发利用教学团队的建设。专业理论课程体系和实践课程体系的建设推行课程小组负责制，即有利于课程体系的建设和发展，又可从不同角度促进师资队伍的建设。

六、结语

水利水电工程专业课程体系改革注重加强课程之间、专业之间、校企之间的联系，系统优化整合课程内容，更新专业知识结构，利用优势资源拓宽专业口径，充分体现了当今社会对人才知识、能力和素质全面发展的要求。新的专业课程体系模块化程度高、特色鲜明，为新世纪水电能源类复合型人才的培养和地方高校水利水电工程专业的特色培育奠定了良好基础。

注释

[1] 柳爱群，杨中，徐永杰. 土木工程本科专业培养模式及课程体系的研究与实践 [J]. 高教论坛，2005（5）.

[2] 刘长久. 特色专业建设与高水平教学团队培育的思考与实践 [J]. 高教论坛，2011（1）.

[3] 张定群 陈海玲. 新建应用型本科高校"层次＋模块"实践课程体系的构建 [J]. 实验室科学，2008（2）.

基于 Word 的通用图文试题库设计

李茜[1①]　　陈永强[2]

（1．西华大学能源与环境工程学院；

2．西华大学电气信息学院）

摘　要：利用 Word 强大编排功能和 VBA 编程功能，提出一种基于 Word 的通用图文试题库软件的设计方法。该软件直接将试题库建在 Word 文档中，将试题库的管理、编辑及抽题等操作都变得十分简单、快捷。实践证明，基于 Word 的试题库软件具有良好的使用效果。

关键词：试题库；Word；VBA

一、引言

随着计算机的广泛应用，建立高效快速的试题库系统越来越受到教学管理者的重视。本文主要针对图文数据混排的问题，提出一种全新的试题库软件设计方法，供大家参考。

二、选择 Word 作为开发平台

对于一款支持图文混排的试题库软件来说，其制作难点和重点就在于如何方便快捷地实现试题的录入和编辑工作，这直接关系到试题库软件的可操作性，以至于影响到软件的可用性。为了提供更好的试题编辑功能，特别是在图文混排方面的操作能力，我们考虑使用 Word 作为试题库软件的开发平台，理由如下：

（1）Word 具有强大的图文编辑功能。

（2）Word 具有强大的 VBA 编程功能。通过编程可以充分利用 MS Office 系列软件中的资源[1,2]。

（3）Word 具有一定的 Web 应用功能，结合相关软件可以将试题库扩展成为网络应用软件。

三、Word 试题库的体系结构

基于 Word 开发试题库软件时，可以采用图 1 所示的体系结构。

---

① 李茜（1975—），女，重庆荣昌人，讲师，工学硕士。主要从事建筑环境与设备工程方向的教育和研究工程。联系方式：lqxtt@mail.xhu.edu.cn，电话：15308186860。

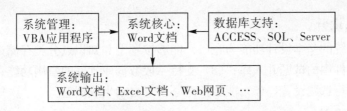

图 1 Word 试题库系统的体系结构

（一）系统核心

Word 文档是试题库的核心，这是因为 Word 的基本工作对象是文件，所以题库中的系统信息、初始化数据、试题数据以及 VBA 程序都需要以 Word 文档为载体进行存储或运行。

一般情况下，一个 Word 文档可用于存储一门课程的试题数据。如果一门课程的试题量过大，可以考虑按照题型将试题分类存储到多个 Word 文档中。

（二）系统管理

对 Word 试题库中数据的管理和维护需要通过 VBA 编程来实现。VBA（Visual Basic for Applications）是一种简化的 Visual Basic 语言，是基于 MS Office 系列软件的应用程序开发工具。设计者可以在 VBA 程序中调用 Office 系列软件中的各种资源和对象。

具体编写控制程序时，一方面要实现一般数据库软件都应具有的添加、删除、查找、统计等功能，另一方面还要实现基于试题属性的自动选题功能。

（三）数据库支持

在 Word 文档中，通过 VBA 程序还可以访问数据库软件，例如 Access、SQL Server 等等。在设计 Word 试题库时，可以将一些重要的信息存储在数据库系统中，以增强系统的安全性。

通常情况下，可以考虑将试题库的用户信息、系统信息、初始设置等数据存放在相关数据软件中。但与试题直接相关的数据（例如试题属性、内容、答案等）应存放在 Word 文档中，以方便浏览和编辑。

（四）系统输出

通过 Word 试题库系统抽选出的试题数据可以按照 Word、Excel 或者 Web 格式输出。Word 格式的试题文件可以直接进行打印输出，而 Web 格式的试题文件可以直接上网发布。

四、Word 试题库设计实例

下面通过一个试题库的设计实例，具体说明基于 Word 创建试题库的制作过程。

（一）确定开发环境

硬件环境：CPU 为 P4 1.9G、内存 256M。

软件环境：操作系统为 Windows XP Professional，Word 为 2003 版。

说明：为突出 Word 在试题库中的作用，同时为了简化编程过程，制作该试题库时只使用了 Word 软件，没有考虑其他数据库软件的支持。

（二）功能设计

该试题库系统的基本设计功能为：（1）能够按题型和知识点分类存储试题；（2）能够自动读取格式文件中的试题并入库；（3）支持一般数据库软件的常用功能；（4）能够以自动或手动方式进行选题设置；（5）能够按选题设置自动生成试卷。

（三）结构设计

该试题库的基本结构如图2所示。其中，试卷文档主要用于从试题库文件中抽选试题；而试题库文档主要用于存储具体的试题数据。两个文件中的不同内容都存放在不同的信息节中，具体说明如下：

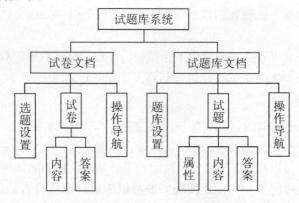

图2　试题库的结构示意图

（1）选题设置，用于设置选题的相关条件。

（2）试卷，用于存放抽选出的试题和参考答案。

（3）题库设置，用于设置题库的初始信息，例如题型、知识点、选题人等等。

（4）试题，试题数据由属性、内容、答案三部分组成。试题属性包括题型、知识点、难度信息。

（5）操作导航，该部分属于快捷工具栏，由下拉列表框组成，用于方便用户操作试卷文档。

（四）界面设计

1. 选题界面

试卷文件中的选题界面如图3所示，主要分成以下三部分：

（1）选择题库，用于设置选题用的试题库文件。用户可以通过单击"选择"按钮选取题库文件。

（2）试题设置，用于详细设置抽选试题的要求。用户可以根据题型、知识点和难度等信息设置选题条件，并设置试题分数。

（3）选题记录，用于记录选题时的相关信息，例如选题时间、选题人、选题说明等等。

图 3　选题界面

2. 选题结果

新抽选出来的试题将按照试题设置中的题型顺序排列，并自动组合成一份完整的试卷，如图 4 所示，与试题对应的答案也将附在试卷之后。

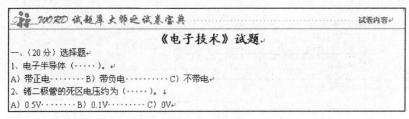

图 4　选题结果

3. 题库初始信息

题库文件中的初始信息主要存放在一个表格中，其界面如图 5 所示。

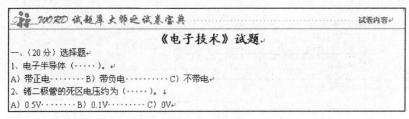

图 5　试题库的初始信息

4. 试题信息

题库文件中的试题信息主要存放在自定义的试题块中，如图 6 所示。其中，最上面为一个表格，用于存放试题的编号和属性信息；中间存放试题内容；最下面存放试题答案。

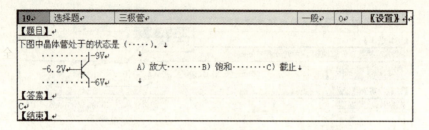

图6 试题信息

5．题库控制窗口

控制窗口可通过双击试题属性表格中的"【设置】"文本打开，界面如图7所示，用户通过该窗口不仅可以设置试题属性，还可以进行试题的添加、查找、统计和清除等常规操作，以及其他诸如批量导入试题等的高级操作。

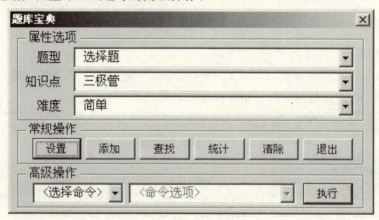

图7 题库控制窗口

6．题库导航条

试卷文件和题库文件中都设计了具有快速定位功能的导航条，分别如图3和图5中所示。导航条仅在相关的文件打开后才进行显示。

（五）VBA程序设计

本例中主要完成了图3和图7所示控制界面中的各功能按钮以及文档导航条的编程工作。由于程序代码较多，这里不进行详细介绍。

（六）系统测试

我们参照正规考试要求创建了《电子技术》试题库。该题库文件大小为1.84M，其中共录入试题223道——选择题82道、作图题29道、分析题52道、计算题39道和设计题21道。

测试用计算机的配置为P4 1.9G、256M内存，操作系统为Windows XP。选题的主要设置为选择题10道（20分）、作图题2道（10分）、分析题2道（20分）、计算题4道（40分）和设计题1道（10）。我们先后共进行了20次测试，每次的选题结果都符合要求，且平均选题速度为14秒/套。

五、结语

基于 Word 的试题库在图文混排数据的录入和编辑方面具有突出的优势，完全可以在各级各类学校的教学和考试中进行应用。

注释

[1] Edward C. Willett Steve Cummings. 中文版 Office XP 宝典 ［M］. 陈晓亚，杨柳，等，译. 北京：电子工业出版社，2002.

[2] 晶辰工作室. Word 2000 中文版 VBA 开发实例指南 ［M］. 北京：电子工业出版社，2000.

旅游文化特色课程设置
与历史学专业复合型人才的培养*

徐宁①

（西华大学人文学院）

摘　要：相较传统历史学专业重理论研究的特点而言，旅游特色课程比较强调实用性、实践性。当下复合型人才培养的教学改革重心之一，就是重实践以增强学生的社会适应力。就此层面而论，旅游特色课程的设置能较好弥补历史学教学环节实践性相对偏弱的缺憾，从而在一定程度上优化历史学复合型人才的培养体系。在条件许可的前提下，应尽可能多地保证考察、实习等各种社会实践活动，以不断丰富学生的实践经验，进而增强学生的社会竞争力。

关键词：历史学；旅游文化；复合型人才；实践能力

近年来，随着本科生扩招所导致的毕业生人数直线上升，大学生就业形势不容乐观。历史学作为基础性的长线学科，就业前景相对所谓的实用专业来说面临着更大的困难。与此同时，随着中国全面建设小康社会的不断推进，旅游业迎来了重大的发展机遇。本课题以历史学专业之旅游文化特色课程设置为切入点，探究培养既可从事历史教学等专业工作，又能胜任旅游管理等工作的历史学专业复合型人才的教学模式，以达优化和扩展历史学专业课程体系之目的。

一、复合型人才培养模式的探究是当下历史学专业教学改革的大趋向

所谓复合型人才就是基础扎实、知识面宽、知识运用能力强、有科学创新精神、具有脚踏实地的工作作风和良好交流能力的人，即一专多能的人[1]。综观近年高等学校历史学专业的教学改革，日益趋向于复合型人才培养模式的探究。

在专业结构上，着力探索相近专业或不同学科之间的交叉和渗透，侧重于拓宽专业基础，淡化专业界限，以增强专业的社会适应面。如一些学校的历史系或改名文博学院、历史文化学院，或与其他文科系联合成立人文学院等。在人才培养目标上，各个不同类型、不同层次高校的历史学专业大都提出了"厚基础、宽口径、高素质"的人才培养方向，并

---

　* 基金项目：本文为2009西华大学校级高等教育人才培养质量和教学改革项目"旅游文化特色课程设置与历史学专业复合型人才的培养"［西华教字2010（21）号文］研究成果。

　① 徐宁（1970—），男，西华大学人文学院历史文化系副教授，主要从事世界近代史、四川地方史的教学与研究工作。电子邮箱：xuziyu313@yahoo.com.cn。

在培养途径和方法上做了一定的改革探索。如有的高校对一年级大学生实行不分科的大文科教育或文理渗透教育，从二年级起才进行分专业教育；有的则在前两年实行文史哲打通，后两年由学生按兴趣选择专业，进入专业学习。在课程体系上，对专业基础课（两大通史）的课时进行了较大幅度的压缩，同时增加了大量有利于提升学生专业素养、创新能力、实践能力的专业通识课、专业方向课和专业选修课的门类，以求优化课程结构。在教学内容和教学方式（包括手段和方法）上，前者着重于历史专业主干课程（专业基础课和专业方向课）尤其是中国通史课程教学内容的更新；后者则在于倡导"启发式"、"引导式"、"探究式"、"研讨式"教学，加强实践性教学环节，重视多媒体教学手段的运用和多媒体教学辅助课件的研制开发。

从上述状况中不难看出，复合型人才培养模式的探究业已成为当下历史学专业教学改革的大趋向。就实际成效而言，虽取得一定的成绩，但总体上此改革和建设仍处于分散、局部改革的阶段，缺乏系统性、综合性和整体性，尤其在有效培养复合型人才的实践方面更是如此。

二、设置旅游文化特色课程是培养历史学专业复合型人才的良好途径

我们不妨先从游客的角度理解"历史"与"旅游"二者结合的必要性。如列入世界文化遗产名录的著名景点都江堰，对于一个略懂文化历史知识的游客来说，参观游览之后感想颇多；而对于一个不懂当时历史背景的游客来说，或许游览之后会觉得不过如此。此简单例子说明，拥有历史知识底蕴可以给人在旅游中增添乐趣，提高旅游审美层次。另外，"历史"底蕴往往是导游讲解的灵魂，历史学专业的毕业生若从事导游工作，在景点讲解中融汇历史背景、营造当时的历史氛围方面，其优势是不言而喻的。虚实结合的讲解方法经常会用到导游词的讲解过程中，即适当融入历史典故、神话传说，以增添导游讲解的吸引力。这种方法亦可用在历史学专业的教学过程中，弥补历史知识的枯燥。当然，历史学的专业教学和旅游特色的历史教学还是有差别的，前者注重规范性，后者注重趣味性、实用性。"虚"的成分不宜过多，否则就掩盖掉了历史的真实性[2]。

相较传统历史学专业重理论研究的特点而言，旅游特色课程比较强调实用性、实践性。当下复合型人才培养的教学改革重心之一，就是重实践以增强学生的社会适应力。就此层面而论，旅游特色课程的设置能较好弥补历史学教学环节实践性相对偏弱的缺憾，从而在一定程度上优化历史学复合型人才的培养体系。在条件许可的前提下，尽可能多地保证考察、实习等各种社会实践活动，有利于不断丰富学生的实践经验，进而增强学生的社会竞争力。

旅游文化特色课程设置与历史学专业复合型人才培养的有机结合，从本质上来讲主要是相对于以往较狭窄的专业方向和专业知识而言的。基本上是立足专业，把人才培养方案扩展到相关或相近学科，以更有利于满足社会需求[3]。按照系统论之整体优化功能大于部分功能之和的观点，课程发挥功能的大小，也取决于它的整体优化程度[4]。因此，在理性认知历史与旅游学科关联度的前提下，有必要认真探究和切实改变相对封闭和滞后的专业和课程设置模式，让历史学专业的学生多学些能够融会贯通的知识，以提高学生社会适应力，契合其就业之现实需求。

三、优化历史学专业复合型人才培养方案，凸显旅游文化特色课程实践性

本课题组借助本校 2010 年历史学专业新课程体系教学计划改革的平台，立足原有历史学专业的人才培养方案，提出了把旅游文化特色课程有机融入历史学专业复合型人才培养模式的探究方案。

（一）构建层次化、专题型、模块式的历史学专业特色课程体系

鉴于过去对单个课程的局部优化比较关注，而对宏观课程的整体优化不太在意，致使很难达到有效培养复合型人才之初衷的实际状况，本课题组对课程体系建设和实践教学环节进行了全方位、立体化的改造与创新。

第一层次为基本教学内容，包括中国通史、世界通史、旅游学、考古学、文物鉴赏等五个主题。第一层次为学生必修内容。第二层次为实践教学，包括两个模块：（1）教学考察参观，写出考察报告；（2）举行不定期的报告会，邀请考古、文物保护修复、博物馆、旅游等各个领域专家学者进课堂，把最新的考古发掘成果、旅游文化动态适时介绍给学生。第三层次为创新环节，设置三个动态模块：（1）对旅游资源开发与利用现状进行调查，写出调查报告；（2）走进社会，宣传历史文化与文物保护知识；（3）进行导游考试的辅导。第三层次为学生选修，目的使其能及时跟随旅游的发展与学生就业动向调整。

对于这三个层次，我们的教学原则是"第一层次重基础，第二层次重实践，第三层次重创新"。通过理论教学、实践活动以及创新训练，达到锻炼学生能力，提升学生素质，弘扬地方文化，提高教学效果的作用。

（二）凸显旅游文化特色课程实践性，增强学生的社会竞争力

依托专业特色和自身办学条件，本课题组关于凸显旅游文化特色课程实践性大抵从以下三个方面予以了探究：

第一，完善教学实践环节，建立训练学生基本实践能力的保障机制。（1）教学实践考察。与当地博物馆等建立有效的教学关系的同时，以真实的参观跳出课堂的小圈子。一方面，依托课题资助，组织老师亲自去景观及文化遗迹拍照、摄像，分工制作教学课件，以直观的方式，融知识性、趣味性为一体，把历史文化中所包容的幽默风趣、生动鲜活的场景展示给学生。另一方面，组织学生参观并讲解具有历史文化价值的景点，使学生深刻体会历史与旅游融汇的重要性，身临其境地体会历史的真实性，激发专业学习兴趣，愉悦学生的精神生活。（2）调查研究。利用课余与寒暑假，组织和鼓励学生历史文化资源进行调查，指导学生对调查结果进行分析研究，在报告中提出意见或建议。（3）导游考试指导。

第二，改进教学方法，强化教学内容的动态性、融汇性。重视历史线索的贯穿和文化范围的拓宽；对同一时期或同一人物的相关联景点，采用辐射之法串联，启发学生多向思维；重视专题和通史交叉，注重文物景观与文化制度的渗透，注重学术观点和考古成果的引入；举行不定期的报告会，邀请考古、文保、博物馆、旅游等领域专家进课堂，介绍最新的成果动态。指导学生从不同视角，运用不同的方法审视历史文化，拓展知识面，培养人文修养。

第三，校企共建。传统历史学专业教育注重一般的学术性训练，而旅游学科教育则更倾向于职业性训练，教学改革应立足专业特色，有机融汇学生及社会的复合型需求。理论

与实践相结合是复合型人才培养的理想路径，走双赢的"校企共建"模式应是明智之举。一是可使教师积极参与旅游公司的运作，从而不断地用实践来充实教学；二是可使学生有更多的实践机会和更多的实践条件；三是可使实践专家和企业家教学相结合，课堂教学与企业实践相结合，充分发挥专家的理论优势和企业家的实践优势[5]。

四、结束语

构建复合型人才培养模式是目前高校深化教育教学改革的关键，也是高等教育实现"三个面向"和可持续发展的必由之路。培养复合型人才是加强人才资源能力建设，优化人才资源配置，促进人才合理分布的必然要求。谁拥有更多更好的复合型人才，谁就能在竞争中取得主动，赢得未来。此变革潮流，对历史学专业来说，既是一次考验和挑战，同时也是一次优化和扩展的机遇。历史学科是覆盖广、包容性强的学科，在跨学科融会贯通及复合型人才培养方面具有独特优势。我们必须转变固有观念，立足专业，突出课程特色，优化复合型人才培养方案，知难而进，积极求变，力图让我们的学生所学到的知识尤其所具备的实践能力对他们的未来产生积极的影响。

注释

[1] 孟庆研. 高校复合型人才培养的思考［J］. 长春理工大学学报（高教版），2010（1）.

[2] 蔡宝娟. 针对高职学生中国历史旅游文化课程的教学思考［J］. 消费导刊，2009（7）.

[3] 林致诚，刘少雪. 高等学校课程综合化的三种模式［J］. 西南师范大学学报（人文社科版），2002（3）.

[4] 刘和忠. 高师课程综合化改革的构想与初步实践［J］. 教育研究，2002（7）.

[5] 陈国生. 校企高校旅游课程综合化改革与复合型人才的培养［J］. 旅游学刊，2004（1）.

提高高校学生网上评教有效性的策略[*]

曾海田　罗策嫦　谢利①

（西华大学人文学院）

摘　要：高校学生网上评教已是一种运用最广泛的评教方式。通过学生评教，可以促进教师课堂教学质量的提高和教师个人的专业性发展。可以从评教标准的制订，评教的宣传组织，不同评教方式的互相印证补充，评教结果的合理运用、解释和反馈等方面入手，提高高校学生网上评教的有效性。

关键词：高校学生；网上评教；有效性

高校学生网上评教是指高校学生利用网络平台（主要是在高校中广泛使用的教务管理系统），根据一定的评价标准、自己课程学习的收获和直观感受对任课教师的课堂教育教学进行的评价。

高校教师的教学评价在西方已有上百年的历史。在美国，学生对教师的教学使用一定的评价表进行正式评价始于 20 世纪初，到 20 世纪六七十年代，学生评教在美国大学和学院开始广泛应用。我国大规模的教师教学评价始于 20 世纪 80 年代中期《中共中央关于教育体制改革的决定》（1985）公布之后[1,2]。学生网上评教则是在新世纪以来随着互联网在高校管理中的普遍使用而逐步展开的。

与传统的纸笔评教形式相比，网上评教具有突出的优点，比如操作便捷，不受时空限制；无需专门组织，成本低廉；学生参评人数多；数据处理迅速准确等。高校学生评教的直接目的是加强教学管理，促进教师提高课堂教学质量以及用于教学管理决策和教师人事决策等。

从方法学的角度看，学生网上评教实质上就是对教师课堂教学质量的一种基于网络的问卷调查，网上评教的前述优点也是问卷研究方法的优点。但是，如问卷法一样，网上评教在教师教学评价和教学质量管理中要发挥较好的作用，必定有赖于评价的有效性与可信性的保障。从教育测量学的观点来看，学生网上评教的有效性就是该评价结果真正反映教师课堂教学质量的程度，评教的可信性则是评价的一致性和稳定性。目前，网上评教在我国高校中已普遍使用，很多时候还和教师的评优奖励，甚至职称评定挂钩。而在实践中，一些教师对学生的网上评教结果并不认可，认为学生的评教分数不能有效地反映教师的课

---

　* 本文为 2009 年西华大学人文学院院级教改项目"高校学生网上评教的信效度分析"研究成果（项目编号：RWJ09008）。

　① 曾海田（1964—），男，讲师，西华大学人文学院教学办。主要研究方向：教学管理及评价。

堂教学质量，那么据此进行的评奖评优显然就缺乏公平。故怎样提高学生网上评教的有效性和可信性，是高校教学管理实践中的一个重要问题。本文拟结合影响学生网上评教的因素，就如何提高高校学生网上评教的有效性作初步探讨。

一、制订科学全面的评价标准

任何评价都是依据一定的标准进行的。国内较有代表性的学生评教指标是北师大的 5 维度评价指标：教师教学态度，教学组织，教学内容，师生交流，教学效果。各高校的二级指标数量不一，一般为十几个。表述形式一般为一个描述句，如"老师的表达很清楚"、"这门课教学组织好"等。评教时让学生在一个 5 点量表上就自己所学课程发表意见。评价从"完全不是"到"完全是"分别对应 1 至 5 分，所有评教学生在所有项目上所给分数的平均值表示教师这门课程的教学效果。因此，学生评价的有效性就首先要求评价标准的全面和科学。

评价标准的科学性，首先要解决什么是好的课堂教学，好的课堂教学有哪些特征，怎样衡量好的课堂教学等问题。比如，中小学的课堂教学，一直都在提倡素质教育，但是什么样的课堂教学是素质教育的问题并没解决，对教师的教学评价就只能使用学生的考试分数，那么教师的课堂教学仍是围绕着怎样提高学生的考分来组织。什么样的高校课堂教学是好的课堂教学，至今仍还是一个复杂的充满矛盾和争议的问题，这有赖于教育理论的研究，有赖于高校管理者、老师、学生达成某种共识。在此基础上制定的评教标准的科学性及评教结果，才会得到教学管理者、学生和老师的认可。

其次，学生用来评教的这些陈述，是否和课堂教学质量直接相关，是否涉及课堂教学的所有重要方面。教育理论一般将课堂教学过程视为由教师的教和学生的学组成的一个统一过程。在高校学生网上评教的指标中，多是评价教师教的项目，而涵盖课堂教学中学生学习活动和教师通过课堂教学促进学生学习的项目还较少（比如各教学环节中学生学习行为变化的情况、学生学习兴趣的情况、学生对相关学科学习研究方法的掌握等则较少涉及）。

第三，评教项目的表述明白具体，使学生在理解上不会发生歧义，更多使用可观测的学生行为变化的情况作为指标。如以通过课程的学习，学生预习情况、延伸阅读情况、作业情况的变化作为评价指标，而应避免"教学组织"这类内涵丰富而较模糊的表述。

第四，处理好不同专业、不同性质学科的评价标准的差异性。不同专业、学科在培养目标、教学内容、教学方法和学生实践环节，都有不同的特点，在制定学生评教指标时，应适应不同专业和学科各自的特点，不搞一刀切。但在实践中，大多数学校的评教指标是全校一套指标[3]，这样虽然增加了评教操作上的便捷性，便于各院系学科评教结果的比较，但忽视学科差异的后果则是降低了评教的有效性，使学生评教结果的解释力和对教师的说服力受到影响。

第五，处理好评价标准的统一、固化和教师教学个性及教学活动创造性的关系。众所周知，高校教师教学应提倡教师形成和发挥独特的教学风格和个性，发挥教师教学的创造性。个性的东西如何在统一的评价指标中体现，或者说，统一的评价指标如何包容、涵盖个性化和创造性的内容，是在评教指标体系设计时应特别考虑的。

第六，评教指标体系设计主体的多元化。在现实中，设计评教指标体系和评教程序，主要是学校的教学管理人员，缺少教师和学生的参与，从而降低了教师对学生评教结果的认同，也不能有效地调动学生评教的积极性，增进学生评教的认真程度。为此，在设计学生评教指标体系时，应注意设计主体的多元化，应由教学管理人员、教师、学生、教育测量专业人员、数理统计人员、学科教学法专家共同参与设计评教的指标体系，这样一方面可以增强评教指标的科学性，而教师和学生的参与本身，就会提高教师对学生评教结果的认可程度和学生评教的认真程度，从而提高评教的有效性。

二、加强组织宣传以提高学生对评教意义的认识和评教的认真程度

由于学生网上评教实质上是对教师课堂教学效果的问卷调查，在问卷调查中影响问卷结果有效性的首要因素是被调查者填写问卷的认真程度[4]。在纸笔评教时，学校和各院系的教学管理人员通常通过各班级辅导员组织学生填写评教问卷。那时，由于是和学生面对面，评教组织者对评教的意义、如何评教等，都要对学生作详尽的说明。而当评教网络化以后，学生评教不受时空限制，也无需专门组织，虽然评教更便捷了，但由于缺少对学生评教的宣传，学生对评教的意义、价值缺少认识，对评教的指标缺少了解，对评教的方法缺少认识，导致学生对评教不重视，加之大多数学校将学生网上评教和学生的选课、考试成绩的查询挂钩——不进行网上评教就不能选课、不能查询考试成绩，使不少学生反感，产生逆反心理，进而出现学生在评教中大量的趋中趋势，请人代评，打关系分等，都大大地降低了学生网上评教的有效性。

在我们于 2011 年 9 月对我校某学院三个专业共 118 个随机抽取的学生的调查中，学生一学期的评教课程数约在 9 门左右，每次网上评教平均用时约 13 分钟。一次评教（约 9 门课程）用时最多的为 30 分钟，而有近 10% 的学生用时在 2—3 分钟，即回答一个评教问题用时仅约 1—2 秒钟。在回答"网上评教的作用"的问题时，学生对从"就是个形式，没什么作用"到"有很大的作用，能促进老师认真负责，提高课堂教学效果"的 5 点量表评分，结果为 2.13 分，即认为网上评教仅仅"有点作用，但作用不大"。有 1/3 的学生认为网上评教"就是个形式，没什么作用"。

而学生的评教认真程度和对评教的作用的认识密切相关。在 1/3 认为网上评教"就是个形式，没什么作用"的学生中，在回答"以你的观察和了解来看，你觉得你周围的同学进行网上评教时认真吗"的问题时，这些学生都选择了"不认真，应付了事"的评价。这也可以视为学生感知到周围同学评教的认真程度与他对评教意义的认识是互相影响的。

所以，在每学期评教前，应通过辅导员和教学系专门对学生进行评教意义、价值的教育；在教务管理系统上，应发布专门的评教意义、评教方法的宣传材料；在评教的问题前，应添加专业的问卷指导语，介绍评教组织者的身份，详细说明评教的意义和方法，承诺对学生的评价信息保密等，激起学生对评教价值的认同感，对评教目的的信任感，从而提高学生评教的认真程度，以提高学生网上评教的有效性。

三、进行专门培训使学生清晰准确地理解评教指标体系和评教方法

国际教育评价中心（IEEA）的研究表明，学生在评价"自己的学习"、"教师的教学技能"等方面有较高的信度，但是评价诸如"教师的教学目标"、"教师授课内容的适合性和先进性"、"评分的宽严程度"等则明显能力不足[5]。这也是部分教师不认同学生评教结

果的原因之一。所以，我们一方面应认识到学生网上评教的结果有其固有的局限，在评教结果的使用上保持足够的谨慎；另一方面，应通过专门的培训和宣传教育，使学生清晰准确地掌握评教指标的含义、评教的方法等，以提高学生的评教能力，从而提高学生网上评教的有效性和可信性，这样也才能逐渐使学生网上评教的结果得到广大教师的认可。

四、采用多样化的评价方式，彼此印证补充

学生的网上评教，仅是教学管理中获取教师教学质量信息的渠道之一。实践中，各高校常用的方法还有学生座谈会、同行听课、领导听课、学校学院教学督导听课等。尤其是教学目标、教学重点、教学内容的适合性和先进性等学生网上评教能力薄弱的方面，更需要其他渠道信息的补充。在美国高校教师绩效评价中，也包括了学生评价、系主任评价、同行评价、自我评价、听课和教学档案袋等。在 1990 年代以前，系主任评价一直是教师绩效评价的最主要信息来源，其他的重要来源还包括院长听课、同事意见、系统的学生评价等。1980 年代以后，学生评价成为评价教师教学效果的主要信息来源，特别是在以教学为主的大学中更是如此[6]。

所以，采取多样化的评教方式，不同的评价方式的互相印证补充，也是提高学生网上评教有效性的重要策略。

五、合理利用评教结果促进教师改进课堂教学以提高学生网上评教的积极性

一般来讲，学生评教的目的在于了解学生对教师课堂教学的反映，促进教师改进课堂教学中的薄弱环节，提高课堂教学效果。所以，教师有权看到学生对自己的评教结果，了解学生眼中自己的课堂教学是什么样子，这也有利于教师教学的改进以及教师的专业性发展。在美国，教师也有权看到学生对自己的评教结果。同时，一些学校还会组织管理者或指定的教师评价委员会和被评教师一起讨论评价结果，指出需要改进的地方并为教师提供专业发展机会。但评价结果在学生报纸或学生出版的书籍上发布，一般只列举受到高度评价的教师或课程[7]。在我国，目前学生的网上评教结果，教师本人可以通过教务管理系统查询，但仅是一个评价的分数，尚无专门的机构与程序来和被评价的教师一起讨论学生网上评教的结果，也没有针对评教结果的教师专业发展计划。而学生则不知道自己的评价结果。在一项针对重庆市高校学生的关于教师教学评价现状的调查中，在对高校的教学检查是否听取学生的意见的问题上，81.2%的同学回答"有时听"或"很少听"[8]。在我们的调查中，被调查学生（n=118）都表示参加网上评教后，不知道评教的结果。而在回答不知道结果给自己的心理感受的问题时，有代表性的是学生感到评教"结果不公开，没什么用"，从而降低学生以后参加网上评教的积极性。

所以，学生网上评教的目的，除了加强教学管理，提高课堂教学效果外，另一个重要的作用是帮助教师的专业性发展。不应该将评教结果仅仅用于教师的管理和奖惩，而应确立发展性的评教观，设立专门的机构与程序，安排专业的人员来和被评价的教师一起讨论学生网上评教结果，针对评教结果和被评价教师一起制定合适的教师个人的专业发展计划，并为教师提供专业发展机会。同时，将学生网上评教的结果，以适当的方式反馈给学生，让学生知晓自己评教的最终结果，也看到评教结果最终是如何运用的，如借鉴美国一

些高校的做法，以一定的方式公开评教中受到好评的老师或课程，这样也能激励老师，同时也可作为学生选课的参考，并促使学生今后更积极认真地参与评教。

总之，学生网上评教已是一种运用最广泛的学生评教方式，而学生评教也是高校质量管理的一个重要环节。所以，高校教学管理应从评教标准的制定、评教的宣传组织、评教程序的规范、不同评教方式的互相印证补充、评教结果的合理运用、解释和反馈等方面入手，努力提高高校学生网上评教的有效性。

注释

[1][6][7] 李长华. 美国高校教师绩效评价的方法综述 [J]. 国家教育行政学院学报，2005 (1).

[2] 孔羽，等. 中美高校教师本科教学评价体系的比较研究 [J]. 辽宁教育研究，2006 (11).

[3] 陈剑启，江晓帆. 国内外关于学生评教的相关研究综述 [J]. 技术监督教育学刊，2006 (2).

[4] 孟庆茂. 教育科学研究方法 [M]. 北京：中央广播电视大学出版社，2011：130−150.

[5] 黄萍. 高校学生评教有效性的思考 [J]. 哈尔滨学院学报，2005 (10).

[8] 李传瑛. 高等学校学生评教：问题、原因和对策 [J]. 高等农业教育，2005 (9).

构建与执业资格一体化的工程造价专业人才培养体系探讨

陶学明①

（西华大学建筑与土木工程学院）

摘　要：工程造价专业人才培养与执业资格一体化，是该专业建设和发展的要求。本文分析了国外工程造价专业学科教育体系，提出了确立与执业资格一体化的工程造价专业人才的培养目标，认识社会和行业的需求，提升工程造价专业特色，建立与执业资格一体化的课程体系，确定工程造价专业人才的培养层次，通过分析和探讨，介绍了构建与执业资格一体化的工程造价专业人才培养体系的具体做法。

关键词：工程造价；执业资格；一体化；培养体系

一、引言

工程造价专业是我国高等教育本科学科建设的一个全新专业。随着我国建设工程的工程招投标制度、工程合同管理制度、建设监理制度、项目法人制度等基本建设制度的完善和运行，建设项目投资与融资、项目可行性研究、建设项目工程造价全过程管理、工程索赔、司法鉴定等新业务的出现，以及我国建筑市场全面开放所面临国外建筑业的竞争压力，我国需要一大批精通建设工程项目经济评价和分析、工程造价合理确定与有效控制，既掌握工程技术，又懂建设经济、工程管理和法律知识的工程造价高层次复合型人才。社会发展的需要和市场竞争对人才的需求，提出了在我国高校建立与国际工程造价专业学科教育相一致的工程造价专业人才培养体系的迫切要求。

改革开放以前，我国长期实行的计划经济，在工程建设领域中是技术为主导，工程概预算人员只能消极、被动地反映设计成果的经济价值，属于政府定价的模式。所以当时的工程概预算人员专业地位不高，可有可无，更谈不上专门的培养体系，在我国的高等教育中也没有设立相应的专业学科，对工程造价专业人才的培养方法更是研究甚少。

我国社会主义市场经济的迅速发展实现了建设项目的投资主体多元化，国家已不再是唯一的投资主体。投资者与承包商利益对立的局面已经形成，在建筑产品的价格上更体现市场性、竞争性。因而，产生了对建设工程项目的投资分析、可行性研究及经济评价、工程量清单计价、工程造价司法鉴定以及工程造价全过程管理等一系列的工程造价的专业活动。这些专业的技术工作，已不是原有的工程概预算人员所能胜任的，其文化程度、知识

---

① 陶学明（1955—），男，教授，硕士生导师。主要从事工程造价管理、工程项目管理领域的教学和科研工作。

结构、专业水平已相差甚远。为保证建设领域发展的需要，规范我国的工程造价人员的管理，1996年开始了我国的造价工程师执业制度。按国际惯例，实行工程造价行业准入制，工程造价也初步形成了独立的专门学科。

通过造价工程师为建设项目提供全生命周期工程造价的确定、控制和管理，使建设工程技术与经济管理密切结合，达到人力、物力和建设资金最有效地利用，使批准的工程造价限额得到控制，并取得投资效益的最大化。造价工程师对于合理地确定和有效控制工程造价起着关键性的作用，并直接影响到投资者、承包商等的经济利益。由此，社会对高水平、高素质的工程造价人才的需求与日俱增，工程造价人才的地位也随市场经济的发展越来越高。

工程造价专业人才的培养在国外都有较早的历史和较为成功的模式，并形成了以英国和美国为代表的工程造价高等教育体系。随着我国对工程造价人才需求的不断攀升以及国际经济一体化的不断加强，培养与国际工程造价体系高度一致的中国工程造价师成为我国高等教育的迫切任务和历史使命。我校于1993年创办了工程造价管理专科专业，1997年开办了工程造价本科专业方向，2004年经教育部批准独立招收工程造价本科专业。经过十余年的探索、开拓、调整、发展和巩固提高，我校的工程造价专业已走过了从专科专业→本科专业→研究生培养方向的学科建设发展之路。对专业人才的培养模式、知识结构体系及相应专业教学的课程设置、教学实践环节等方面都积累了丰富的经验并取得了一定的教学成果。我校已基本形成了以本科教育为主，涵盖专科、本科及研究生培养方向在内的多层次办学的专业发展模式。

二、确立与执业资格一体化的工程造价专业人才的培养目标

在国际上，工程造价的学科教育可以分为两大体系：一是以英国为代表的工料测量（QS）体系，强调成为工料测量师的条件之一是必须获得相应的工料测量学历，很多大学都设有工料测量专业，或是在相关专业中设有工料测量系列相关课程；二是以美国为代表的工程造价（CE）体系，强调专业人士执业资格的获得是基于工程技术的继续教育，要取得造价工程师的资格，必须先取得工程师的资格，然后才能参加造价师的资格考试，两大体系都与专业人士的执业资格制度紧密联系在一起。我国的工程造价学科发展也必须推行和不断完善高等教育与执业资格一体化，既重视学历教育，也重视专业水平和实践能力的培养，紧扣国家和行业对造价工程师的知识结构要求，确立具有自身特色的工程造价专业人才的培养目标。

工程造价是一门技术性很强的应用学科，高等教育与执业资格一体化，就是培养的学生必须面向市场、面向行业，满足市场和行业发展的需求。高等院校是人才培养的基地，毕业的学生能否被社会接受和被行业认可，关系到毕业生的发展前途和职业生涯。确立工程造价学科发展与执业资格一体化的培养目标，是我们办好工程造价专业的必然选择。

（一）认识社会和行业的需求，提升工程造价专业特色

我国建设行业的快速发展，也带来对专业人才需求的变化，体现在社会和行业对专业知识和人才的需求，已经从被动转向了主动，就是知识的采用要与其对企业所能产生的效用联系起来；对人才的要求从注重文凭向注重实际能力与素质方向转化，更重视人才的全面性及接受新知识并付诸应用的能力；对工程技术的单一应用向技术与经济管理相结合的

综合性发展。工程造价专业，是以建设工程为研究对象，以建设工程技术、建设经济、工程管理、法律法规为知识结构的新兴学科，是一门理论性、实践性、政策性很强的复合性学科专业。经过行业主管部门的大力支持和高等院校的研究探索，并结合国外工程造价专业的办学模式，工程造价专业已经形成自己鲜明的专业特色，并得到社会的认同。要特别强调该专业技术、经济和管理复合性的专业特色，强调工程造价专业人才的综合能力要求，才能加速培养能面对众多建设规模大、技术复杂的国内、国外工程项目的工程造价及管理的高层次人才。

（二）建立与执业资格一体化的课程体系

目前，我国现代科学技术发展迅速，对高等教育而言，学科的交叉性不断扩大、专业的相互渗透逐渐深入，对工程造价专业的发展，要按照"拓宽专业知识、加强理论基础、结合实践应用、注重能力、研究市场经济需求、通晓国内、外建设管理规则，了解相关法律、法规，又懂一两门外语"的原则设置课程体系。其中，要特别注重建立学历教育与行业专业人士执业资格获得的联系。第一，课程设置要以造价工程师执业能力为基础，满足国家对工程造价专业人士提出的专业能力标准，学生毕业后经过工作实践，能顺利通过我国的造价工程师资格考试；第二，课程设置要体现工程技术、建设经济和工程管理相结合的专业特色，避免单一的工程技术知识或单一的工程造价计量计价知识传授，使学生受到造价工程师知识结构的全面综合培养；第三，课程设置要达到开阔学生国际视野，了解该专业的国外发展动向的目的，既奠定学生毕业后参加国际工程造价管理的能力，也培养毕业生今后获得国际对等互认的学历基础。

（三）确定工程造价专业人才的培养层次

工程造价管理学科的发展，也带来对建设项目全过程工程管理和造价管理的不同需求。针对建设项目的不同特点、不同岗位、不同性质和不同业务范围，对工程造价专业人才也产生不同的要求。我校工程造价专业的多层次教育（专科教育、本科教育、研究生方向教育）的发展，就是对工程造价专业人才不同层次培养的探索。按照国内外经验，可以将实际工作中需要的工程造价专业人员分为三个层次。

1. 基层人才

基层人才指为基层工程造价管理服务的专业人员。他们应具有工程技术、建设经济和工程管理的基本知识，主要从事工程造价的计量计价与编制工作，能熟练准确地编制和审核工程的概算、预算、结算和决算，处理工程变更、工程索赔和合同价款变更的日常管理工作，具有控制一般建设项目工程价款支付的能力，并且能对各种工程造价进行技术和经济方面的基本分析，提出合理化建议。

2. 中层人员

此层次人才的最低要求应为注册造价工程师。他们在熟练掌握基本造价业务的基础上，能准确地对各种工程造价进行分析，能提出切实可行的解决办法，有效地控制工程造价，对工程变更、工程索赔、合同价款变更和工程价款支付具有判断和审批能力，解决一般工程造价管理中发生的争议。他们还能胜任项目管理和合同管理，一般工程项目的可行性研究等工作，并具有一定的国际工程管理知识和技能，能参与国际工程造价的管理，是政府管理部门、企业、咨询公司等单位进行工程造价管理的主要技术骨干。

3. 高层人才

高层人才指工程造价高级管理人员。这个层次的工程造价管理人才相当于国外的资深注册造价工程师，主要从事主持大中型建设项目工程造价全过程管理工作，包括项目决策、工程造价的确定和控制、造价争议的调解和鉴定、工程造价指数的编制、项目管理与合同管理等。他们在本专业有丰富的知识和实践经验，能积极为政府的决策当好参谋，对研究建立和完善行业制度和行业管理、促进行业改革与发展起主要作用。他们还应具有丰富的国际工程管理的知识和经验，可以参与国内外重大项目的竞争，能胜任其工作，属于工程造价管理专家型人才。

三、建立与执业资格一体化的工程造价专业人才培养体系

对高等院校而言，实现培养目标的主要手段是建立一套完整的、科学的人才培养体系。我校在开办工程造价专业的过程中认识到，要做到高等教育与执业资格一体化，必须紧密结合国家对造价工程师的知识结构要求，吸取国内外工程造价专业办学经验，利用我校土木工程专业的优势，以工程技术为平台，建立具有自身特色的工程造价本科专业人才培养体系。这个体系主要包括理论教学环节和实践教学环节两个组成部分。

我校的工程造价本科专业人才培养体系在理论教学环节，主要由五个板块构成，包括：（1）建设工程技术课程；（2）建设经济知识课程；（3）工程管理知识课程；（4）法律法规知识课程；（5）专业方向知识课程。在实践教学环节，主要由教学实习（包括测量实习、认识实习、生产实习等）、课程设计（包括建筑工程造价、安装工程造价、装饰装修工程造价、市政工程造价等）和毕业设计与答辩三个板块组成。体系构成如图1所示。

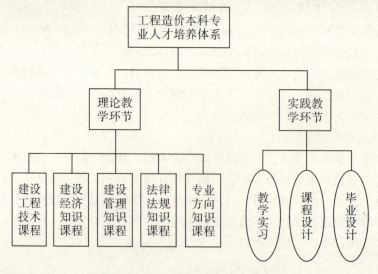

图1　工程造价专业人才培养体系结构图

在实践教学环节方面，坚持实践环节不断线，把实践环节贯穿整个大学阶段。在理论教学环节，把握跨学科与专门化的统一，学术性与实践性的统一，技术与经济的统一，工程与管理的统一。

（一）建设工程技术课程

该类课程主要指建设工程基础课程、房屋建筑学、建筑结构、建筑施工技术等基本概念和原理。它包括工程制图的基本知识、工程测量的原理与方法、工程力学、建筑和装饰材料、房屋建筑学、建筑结构、工程地质、建筑设备、建筑施工技术、建筑安装技术、施工组织等知识构成。

工程造价专业应定位于工程技术与经济管理紧密结合的应用型专业，服务于工程建设项目全过程管理的各个阶段。因此，必须建立厚实的工程技术平台，掌握较广阔的建设工程技术知识，这既是工程造价学科研究的基本领域，也是该专业学生就业的基本去向。

（二）建设经济知识课程

该类课程主要指建设经济学和金融财务知识及应用。它包括工程经济学、房地产经济学、工程财务的基本理论、工程成本控制的理论与方法、经济学原理、工程项目投资与融资、国际金融等。

掌握较为扎实的建设经济理论知识，这是工程造价专业特点所决定的。工程造价研究的是建筑产品（或其他固定资产）的建造价格，这个价格既包括建筑产品本身，也包括为建造该建筑产品所花费的其他一切费用，价格本身就涉及价值及其构成要素。这也是工程造价专业与其他专业如工程管理专业的区别所在。

（三）建设管理知识课程

该类课程主要指建设工程项目管理的原理及应用。它包括管理学基础、工程项目管理的基本理论知识、投资管理学、工程统计原理、工程信息管理、人力资源管理等。

工程造价人员不仅仅是工程价格的确定者，他们处于不同的工作岗位时，往往要参与工程项目的管理工作，特别是参与工程项目全过程的管理，必须了解建设管理的基本理论和方法，只有这样，才能反过来更好的从事工程造价的管理工作。

（四）法律法规知识课程

该类课程主要包括经济法、建筑法规、合同法、招标投标法以及合同的谈判、签约、履约的知识、涉外工程相关的国际法律法规等。

工程造价既是一项技术工作，又在很大程度上是国家法律、建设法规在工程价格上的具体体现。因此工程造价的计价和管理，具有很强的政策性和规范性，该专业的学生必须掌握较宽广的法律法规知识。

（五）专业方向知识课程

该类课程主要指本专业所特有的、体现专业特点的知识结构。包括决策阶段的投资估算和项目经济评价、工程造价管理概论、建筑、安装、市政工程造价的计量规则、工程造价的计价原理、工程造价的确定与控制的理论、工程招标与投标报价、建设工程合同管理与索赔、工程造价的计算机辅助管理等。

工程造价的专业方向知识是培养一个合格的工程造价专业人才所必须掌握的专业知识结构，也是该专业学生走向社会从事工程造价及管理工作的知识和技能的基本要求。

我校的工程造价本科专业人才培养体系，就是在上述知识结构框架下制定的。经过几年的教学实践证明，按照这种培养体系培养的工程造价人才，可以满足我国建设领域对工程造价专业人才的需求，再通过工作实践，获得一定工作经验积累，已能达到造价工程师的水平和要求。同时，一部分学生可以进入更专项、更深入的研究，进入更高的学习研究阶段，使我国的工程造价人才结构更倾向合理性、科学性和实用性。这也为架构更完善的系统的本科、硕士、博士高层次的工程造价专业人才培养体系打下牢固基础。

注释

[1] 崔蔚菁. 造价工程师与一体化项目控制. 亚太区工料测量师协会第九届年会论文集，2005.

[2] 尹贻林. 世界工程造价学科教育发展报告［M］. 天津：天津大学出版社，2005.

以文化承继形成设计创新的有力支撑

——环艺专业教学中传统文化的融入方略初探

冯振平①

（西华大学艺术学院）

摘　要：环境设计专业学生传统文化素养的不足，导致有些设计创作的表面化、模式化现象。环境设计教学作为设计的方向性引导，对传统文化的继承与发展是其肩负的历史和文化责任，也是开阔学生文化视野，提高创新能力的需要。本文以环艺专业教学如何提升学生的文化承继意识为出发点，通过对课程体系建设、教学课题设置、认识观念培养以及应用方法认知等几个方面的探讨，冀望环境设计教学能够走上更为扎实、宽广的设计创新之路。

关键词：环境艺术设计教学；传统文化；文化承继

环境艺术设计作为一种文化创作活动，是设计师对前人优秀文化遗产承继与再造的一个过程，这就要求设计师对传统文化具有深层次地了解和认知，形成较为宽泛的人文视野。在立足时代特点的基础上继承前人的优秀文化成果，创作出具有时代感的优秀设计作品。

环艺设计教学作为设计人才培养的系统方式，对学生人文素养的系统提升同样不可或缺。遍览当今环艺设计教育的现状，我们不得不承认学生人文视野的局促与缺失，显得尤为显著。这一方面导致很多学生因文化积淀的单薄，把"创新"等同于"造奇"。另一方面，对环境设计的表达出现表面化、模式化的现象。设计中不顾文脉对环境本身的历史特征误解、误读，甚至臆造。同时，由于文化视野的局限，也导致设计素材的单一与匮乏，难以做出真正有文化内涵和文化底蕴的设计作品。

环境艺术设计教学该如何使学生立足于文化承继，站在较高的人文起点上，去吸纳、综合传统文化的精粹，从而创作出具有民族性、时代感的环境设计作品，就成为当今设计教学应加以深思和急待解决的问题。

一、发挥相关综合课程的辅助作用

以传授传统文化知识为主的综合课程，能使学生在自身的知识系统中构筑较为合理全面的传统文化框架，对从文化的纵深脉络到诸多相关的文化知识点形成较为完备的了解和

---

①　冯振平（1966—），男，山东济宁人，副教授，学士。主要从事环境艺术设计方向的教学和设计研究及实践工作。联系方式：zhenp_06@163.com；电话：13258149606。

把握。

1. 史论课程的学习

史论课程的学习，是学生了解人类历史上各个时期文化发展和设计成果创造的良好辅助，并能建立对传统文化历史发展脉络的清晰认识，掌握传统文化在历史长河中形成发展的状况和特点。学生从设计与政治、经济、观念、审美的关联性中，了解设计与传统社会生活的关系，理解设计生成、发展、演化的必然性与特殊性，形成纵向的传统文化视野。

2. 中国民族民间艺术研究课程的学习

设计的民族化是当今设计的大趋势，也是设计师设计作品创作的根基与依托。我国作为多民族的国家，丰富的民族文化资源，成为设计创作取之不尽用之不竭的源泉，系统的认识、研究民族文化成果，能够帮助学生形成良好的文化认同感和自豪感，提升立足民族文化创作的自觉性，并能获得丰富的民族文化素材。

3. 民间艺术考察课程的实践

对特定民族地区文化的实地考察，则有助于学生更直观、全方位的认识不同民族文化的特殊性，了解各民族的生存环境与生存方式，也有助于学生从文化与地域的整体关系出发，体悟传统生活方式中先人的生存智慧。考察和调研能使学生在特定地域环境和生活方式中全方位的感触设计与之形成的关系，培养学生对特定民族文化形态深入的研究与思考。

传统文化相关综合课程的设置，能够丰富学生的历史文化积淀，开阔学生的文化视野，促使学生的文化认知更系统、更全面，从而建立合理完善的传统文化框架，形成扎实的传统文化基础。现今所开设的史论课程，民艺研究与考察课程，基本上是关照到了传统文化学习的这几大面。但目前这些课程却面临学生不加重视的尴尬，这也值得我们今后从教学方法和教学效果上进一步改进和完善。

二、以文化的纵深关照当代设计课题

文化的发展是一个承前启后的过程，当代设计都是在传统基础上的发展和延续。所以，学生只有学会从纵深的文化视角看待当代设计，才能更好地把握当代设计与传统的连接关系，具备看问题良好的甄别和判断能力。

1. 注重从传统文化中汲取营养

从目前学生设计的状况看，设计创作中出现的设计内涵表面化、设计表达模式化的倾向，恰恰是因为对设计对象的关照缺少纵深文化负载所造成的结果。他们或者因为文化视野的局促，过于依赖从横向的借鉴当中寻找设计的灵感，无法跳出固定设计模式的圈子；或者因为对设计创新的浅薄理解，单纯追求"奇异"，却忽略了设计应具有的文化根基。文化的发展作为一个连续的过程，纳旧图新是其必然采取的方式，任何时代存留下的优秀设计无不昭示着这种结果。这样的设计延续着民族文化的文脉气韵和精神气质，也更为健康和富于生机。如我国改革开放初期城市建设的盲目崇洋，到如今传统建筑文化的重新认识与复归，即是最好的例证。注重传统并从中汲取营养，是文化自信的表现，也是自身民族文化发展强盛的基础。

2. 设计应关注环境和受众的文化连接关系

设计的任务是依附于服务对象产生的，是适用于服务对象的良好方式。环境设计作为一种文化创作，应考虑地域文化的差异、受众群体的文化背景，并与之形成较好的贴合感，使环境设计符合地域和城市文脉，适于特定的国家或民族文化特点。从服务对象的文化传承关系关照当代设计，就找到了设计依附的根脉，也形成了坚实的存在基础。

文化的发展是承前启后的结果，只有用纵深的文化眼光去看待设计对象的时候，才能让设计变得内在，并具有文化内涵。设计教育应当肩负一定的文化责任与文化振兴意识，使学生创作出有一定文化深度的设计作品。

三、营造具有针对性的课题情境

教学课题与恰当的教学情境的设置，是引导学生从文化继承性角度研究设计问题的良好方式。在环境设计专业开设的专题性设计课程中，教师可以以专题设计为媒介，有针对性地让学生从设计的文化继承角度，去看待和思考设计课题，挖掘设计对象具有的内在的文化关联性。

1. 优秀设计案例的研究性学习

优秀的设计案例作为设计的典范，是学生掌握设计方法的有力辅助。教师可以针对文化承续与创新提出不同研究课题，让学生选择不同类型设计案例，对其进行较为深入细致的场所环境分析、文化关联分析、设计要素分析、转换方法分析、设计原则分析、风格特点分析等，充分研究其设计创作采取的角度、原则与方法，并形成系统的研究报告，然后根据每个同学各自不同的研究案例报告展开充分研讨，从而达到对诸多类型和设计方法的理解和感悟。

2. 特定专题的转换型学习

可以依据特定的历史阶段、特定地域、特定民族的文化样貌为基础，尝试在专题设计的对象中加以应用。如以特定地域、特定民族文化为蓝本，结合系统的调研、资料收集、分析整理等方式，对本课题相关的历史文化点形成较为系统、深入的挖掘。结合前期的优秀案例总结经验，根据课题给定的设计类型，转换成为新的设计形象。

特定课题情境的设置，能够帮助学生在限定的范围内，更为明确地寻找传统与现代在设计对象中结合的可能性。这种有针对性的研究性设计，一方面杜绝了设计中课题面过于宽泛带来的盲目性，另一方面也使学生能学会较为系统地研究传统文化在当代转换的途径与方法。

四、找寻传统文化与当代设计的恰当结合点

人类漫长的历史形成了丰富多彩的传统文化，其文化形态、文化观念、文化元素依然是当代设计的营养宝库。只有在当代与传统文化之间找到恰当的结合点，才能实现两者的有机结合。

1. 传统观念的借鉴

传统的社会观念、伦理观念、自然观念作为前人社会实践的成果，在当代依然有其合理性与适用性，至今仍指导着我们的设计实践活动。中国人传统的"天人合一"的自然观，形成了我们同自然的亲和关系。都江堰水利工程正是在这一自然观指导下，利用和改造自然的成功案例，虽经两千年之久，依然为当代的环境设计实践带来深远的启迪，"让自然做工"也成为指导当今景观设计中的一项重要原则。

2. 传统文化精神的吸纳

文化精神是一个文化的内核，随着时代的变迁与发展，其既具有一定的渐进性，又具有一定的稳定性，中国人文化精神中蕴含的内在、含蓄的东方神韵与气质，造就了中国人独特的文化样貌，也是中国文化的特点所在，当代设计的民族化道路就必须建立在中华文化独特的精神气质之上，才能找到自身的独特魅力。

3. 传统文化元素的融会

传统文化丰富多彩的样貌，产生了繁复多样的文化元素，如色彩、造型、构筑方式等，这些都是当代设计采撷、应用的重要元素。当今文化寻根思潮下形成的"新古典主义设计"，即是以当代的设计理念，把传统元素加以融合、重构的经典例证。

因此，环艺设计教学中，教师应从文化承继的必然性与可行性入手，让学生掌握文化结合、转化的诸多原则与方法，并很好的应用于设计实践。

五、结语

人类设计的发展历史告诉我们，优秀的设计作品都是文化承续的必然结果，承续不意味着僵化、复古与排他，它是当代环境设计教育肩负的历史与文化责任，也是建立自身民族设计风格与设计形式的合理探索。只有把设计教育深深的植根于传统文化这块丰厚的土壤，才能使设计教学变得更加扎实，并培养出真正有文化视野的设计师。

注释

[1] 于丹. 发展艺术设计教学中的传统文化元素 [J]. 美术大观，2006（6）.

[2] 冯振平. 当代环境设计中乡土文化符号的介入 [J]. 艺术探索，2007（3）.

[3] 马龙潜，高迎刚. 往来不穷，道通为一——中国当代艺术教育观念的形成和发展 [J]. 天津社会科学，2007（2）.

[4] 陈岩，唐建. 论艺术设计的全球化与中国文化 [J]. 建筑与文化，2010（10）.

[5] 万莉. 中国当代艺术发展的文化传承精神——中国传统文化的内在精神 [J]. 美术界，2011（5）.

浅析高校声乐教学改革的基本思路

林红①

（西华大学艺术学院）

摘　要：本文通过分析高校声乐教学的现状，结合声乐教学本身发展的需要，对如何进一步推动高校声乐教学改革从课程体系的设置，教育理念的更新，以及教学设施、教学手段的完善等方面提出了基本的思路。

关键词：高校；声乐教学；改革

声乐是艺术化的语言与科学化的歌喉的结合，通过对歌唱语言及艺术嗓音的运用，它能够塑造出鲜明生动、悦耳动听的听觉形象，从而对语意高度凝练的歌词以及典型化、情感化的旋律音调进行艺术表达，以抒发个中的思想情感。而声乐教学的目的，就在于借由专业知识的学习，培养学生通过其嗓音表达思想感情的艺术表现能力，发展学生控制歌唱的心理手段，使发声器官具有适应歌唱时所要求的协调与耐力，并改善其嗓音。应该说，声乐教学和普通的音乐学科相比较而言，具有其特殊性和复杂性，它无法具备钢琴、舞蹈等艺术的直观外在表现，更多的只能依赖于抽象的嗓音，欣赏者能看到钢琴家如何弹奏，舞蹈家如何起舞，却难以对歌唱家如何用嗓产生直观印象。

而作为高等音乐教育的一门必修课程，在适应高等音乐教学改革发展需要的同时，我们也必须要思考如何对这一贯穿本科四年始终的课程进行创新性的改革，以增强学生学习的积极性，提高整体音乐教学质量。对此，笔者拟在反思的基础上进行一些尝试性的探索。

一、高校声乐教学的现状

（一）教学模式陈旧，学生主体积极性缺失

声乐教学一对三或一对一的基本模式，直至今日仍然是我校乃至全国高校声乐教学的主流模式。客观上说，由于声乐课程自身的特性，导致教学的个体差异和声乐学习的结果只能依赖于耳朵对声音的判断，这就不免会对教学模式的改革产生限制。这种限制主要表现在：一对三或一对一的固定化的教学模式容易导致一种传承性、沿袭性的作坊式师徒关系，比如，笔者的学生所学习的声乐技巧往往来自笔者个人的经验与知识，而笔者的经验

---

① 林红（1964—），女，四川资中人，讲师，文学学士。主要从事音乐学专业的本科生教育与声乐教学方面的研究工作。联系方式：1559364407@99.com；电话：13608228408。

与知识则多是从自己大学的老师那里继承而来的。这种作坊式教学关系就很容易使创新性的教学内容减少，知识单一，教学内容单薄。同时，由于这种僵化的教学模式一味地强调对已有方法的模仿与重复，缺少必要的变化与创新，也往往会对学生的创新性能力的培养造成制约。

（二）课程资源单一，教学设施落后

应当承认，声乐教学对课程资源和教学设施有自己专门的要求。但是，由于条件的限制，我校并未能为该门课程配套必要的资源与设备，教学设施显得陈旧而落后。如我们的声乐教学就安排在琴房里，而我校教师琴房里的教学设备只有钢琴，连电脑、DVD 和音响设备都没有。课程资源单一而匮乏，课程本身孤立存在，无法与其他课程进行有效整合等现象已逐步发展成为我校声乐教学所面临的实际性难题。

（三）教师综合素质不高，教学观念陈旧滞后

声乐教师的教学理念在声乐教学中起着方向性作用，为学生今后的声乐发展奠定了基础[1]。我校的声乐教师归口在音乐系，目前音乐教师有 28 名，副高及以上职称的只有 6 人，所占比例不到 22%。在这 28 名教师中，绝大多数是本科学历，拥有研究生学历的只有寥寥几人。受我校教学条件所限，声乐教师在教学中常常以"全能型"的伴奏为主，歌剧、艺术歌曲不分，采用演奏、教学兼顾的教学模式，这种教学容易对学生的专业素质和技能的培养造成不利影响①。此外，在艺术指导能力方面，我们的声乐教师也在一定程度上存在着对作品的理解、分析能力不足或表达能力不够生动等问题。多数声乐教师在外语能力方面可谓是左支右绌，连英语都说不好，更别说是德语、法语，若是想要为学生进行范唱并纠正学生的语音，常常是心有余而力不足。可见，我校声乐教师的综合素质还有待提高。

二、声乐教学改革的基本思路

（一）构建科学的声乐教学课程体系

1. 加大声乐理论课比重

声乐教学是技术性、艺术性、学术性的有机统一体[2]，声乐理论是声乐技能训练的前提与保障，没有明晰的声乐理论为指导，仅凭一种感性认识，不仅会对声乐学习本身带来困难，也会对学科的发展形成制约。从现状来看，目前我校的声乐教学一般均以小课为主，依赖于基于教师主观经验的呼吸发声训练，声乐教师对教学内容各行其是、自行讲解，带有很大的随意性，既没有系统的理论支撑，也缺乏规范性的教学语言和教学内容。事实上，与声乐相关的科学研究已较为成熟，我们在追求声乐训练方法的多样性的同时，也需要针对相对统一的原理和科学原则进行系统的解读。也正因为如此，笔者认为，在我校的声乐教学改革过程中，有必要开设一门声乐基础理论课程，用以系统地教授与歌唱有关的如歌唱的姿势、发声器官的构成、发声的基本原理、声乐与艺术语音以及声乐发展史等生理、心理甚至物理等学科知识，使声乐教学置于科学的基础之上，以提高教学效果，增加学生对本学科知识的认知与了解，从而促使其音乐素养的提升。

---

① 音乐系自 1984 年建系至今，已有 27 年的历史，至今仍没有一个专职的声乐钢琴伴奏老师。

2. 开设跨学科课程，让声乐回归文化母体

人类社会科学的发展进步不仅带来了全球性的经济发展，也对未来社会的人才培养模式及内容提出了更多、更新、更高的要求，声乐课程不是孤立的，它和其他课程构成了一个相互关联、生生相息的课程生态圈，各课程之间应相互协调、融洽、和谐，才能实现一种共生性的发展。在高等教育环境中，音乐教学观也就必然需要作出相应的反应，过去那种过分注重实际的、功利的、专业型的教育模式也应当向注重综合素质的模式转变。应该说，贯彻于文化系统内的各文化要素与声乐艺术本身存在着相互制约又相互渗透的张力关系。声乐艺术符号中始终蕴含着丰富的文化内涵，声乐的最高境界应该是"发于内而形于外"，做到内外的和谐统一，"内"即歌唱者的内在修养，"外"即歌唱者对各种技巧的运用。所以，每位学生在学习声乐"硬实力"的同时，也应注意"软实力"的培养，这个软实力就是个人的艺术修养，对生活没有细腻体会的人肯定创作不出能和别人产生共鸣的艺术作品。那么，在我校声乐教学改革过程中，也就需要使声乐教育能与文化系统本身进行一种对接，并最终回归文化母体。具体说来，笔者认为应当构建一种新型的声乐教学模式，在教学观念、教学内容、教学形式等方面全面实现与人文学科、自然学科等相关学科的对接和整合，引导学生从多角度、立体地领悟声乐艺术，培养学生的综合音乐素质。在课程改革过程中，可以思考如开设跨学科教育类课程、拓宽基础课程范围、增加选修课、整合专业课程等方式，以加强专业学科之间的联系。

3. 强化声乐课程中的语言与实践性内容

正如前文所述，在我校目前的高校声乐教学过程中，存在着学生语言能力不足，实践性技能薄弱等问题。这一问题的凸显，提醒着我校声乐课程教育者需要在语言课程、艺术实践活动等方面进行强化，如将德语、意大利语、法语的语音课增设为声乐专业的必修课程，就不仅能够增强学生的个人素质，也能强化其在不同文化背景下的艺术表现能力。至于实践环节方面，则可以思考将参加艺术实践活动、大型演出或重大比赛，折算为一定的学分，为学生搭建起一个更能有利于展现其个人能力的平台，为其个人的发展创造更多的机会。应当承认，声乐艺术实践是声乐教学的重要组成部分，是声乐课堂教学的延伸，是提高学生声乐技能和培养学生综合艺术素质的关键[3]。

(二) 塑造以学生为主体的教育理念

1. 引导学生进行主体参与，引入体验式学习

体验式学习是一种以"学"为主的教学设计方法，它以建构主义学习理论为基础。作为体验式学习的代表人物杜威（John Dewey）便提出学习者应从自身的活动中去学，并特别强调"经验学习"，在他著名的"做中学"（Learning by doing）的思想中，就提出经验是由现在伸向未来的过程。经验的能动性和发展性，是对现有事物的一种改造。学习是基于行动的，要在不确定性情境中探索学习的过程和结果。要保障人类经验的传承和改造，学校教育就必须为学生学习知识提供一定的材料；要真正获得真知，就必须通过运用、尝试、改造等实践活动来获取。

众所皆知，声乐艺术天然重视实践性与个性。因此，声乐教学主体的参与性也就成为了现代声乐课程的重要教学策略，在教学过程中能否成功引导学生进行主体参与是教学策略与实施合作的前提，是师生双方在教学活动中主动创造性地完成教学任务的倾向性表现。充分发挥学生的思维自由，不仅会调动学生的主体能动性，更有利于其摆脱对传统教

学和陌生知识的恐惧。从笔者的教学经验及感受来看，学生的学习兴趣往往并不取决于教师"一言堂"下的权威，而更倾向于教师根据学生的嗓音条件、理解能力和音乐感觉而进行的个性化教学。因此，笔者往往会根据学生的音域、音色的不同，区分不同的声部，因材施教、因地制宜，尽力挖掘每位学生的声音潜力，尽可能地为学生打造差异性和个性化的教学方案，着力于把美声、民族、通俗的各种演唱形式的优点跨界运用、融会贯通，让学生尝试性地演唱美声、民族、美民、民美、美通、民通等不同风格的声乐作品，并甄选出最适合学生自己演唱特点的声乐作品，而不是主观地要求学生去唱教师所熟悉或喜欢的声乐作品，从而进一步增强了学生声乐学习的积极性与主动性。

此外，声乐教学中以学生主体发展为方向的原则是如何突出实践环节，如何为声乐教学的主体参与构建实践导向的教学内容和平台。故而，通过对实践平台的打造，也能进一步改善学生在歌唱学习中身心肌能紧张和其他强制性的影响。在笔者的教学经历中便形成了这样的感受，参与过各类现场表演（如院级、校级汇报表演，校外竞赛等）的学生，其演唱姿势、吐字、咬字，对作品的把握，乃至于舞台形象往往都较通过纯粹的理论教学获得间接经验的学生好很多。

2. 重视声乐教学过程中学生的情绪与心理

传统的声乐教学模式下，声乐教学较多地侧重于演唱实践能力，即对歌唱技能、技巧的训练和培养，声乐理论研究也多注重应用性成果的研究与转化，而歌唱的心理问题却往往为人所忽视，这当中又尤其以声乐教学过程中的情绪问题为最。关于该问题的理论研究目前尚处起步阶段，学生的情绪在声乐教学过程中的状态表现、功能特点、交流回路状况等问题并未得到系统分析和研究，因而，也就在一定程度上导致切实可行的情绪调控策略的缺乏。在西华大学从事声乐教学多年，笔者发现，一些初次登台的大学生，在台下唱得不错，一上台就紧张得不能自制，出现诸如心跳加速、身体僵硬、两腿打战、气息上浮、忘词、跑调等现象。究其原因，显然是因不良的心理素质所致。故而，声乐演唱技巧的训练与良好心理素质的培养应成为高校声乐教学改革中的同等重要的两个步骤。

心理素质培养之外，基于声乐学习和训练的过程的复杂、枯燥特征，在经历一段时间的学习过后，学生也往往容易出现不稳定或浮躁情绪，这些情绪问题必然会对教学过程的正常进行产生不利的影响。因此，在笔者看来，在我校的声乐教学改革过程中，每个教师都应该洞察到学生可能出现的情绪问题，并及时进行有效的疏导。当学生在声乐教学训练的某一方面进展速度缓慢时，教师首先应戒除自身可能形成的焦虑、急躁情绪，避免在教学过程中将负面信息过多地传递给学生，更不应当以责难学生作为主要的教育方式。在此基础上，师生之间应形成有效的沟通与互动，通过分析观察学生的学习、生活、精神状态等内容，了解学生在声乐学习中产生的不良情绪乃至于心理障碍形成的症结所在，对症下药。此外，教师也应在教学过程中经常性地反思自己的教学行为，思考自己的教学方法是否得当，多与学生交流沟通，而不能一味地将问题抛给学生。

（三）充分运用现代化教学手段，改良教学设施

在 21 世纪，声乐课程对教学手段和教学设施的要求随着时代的变化也必然形成一些新的要求，应该说，现代化的教学设施是实现和谐声乐教学生态环境的基本保障。在众多能够彰显现代化科学技术的教学手段中，值得一提的便是多媒体技术。众所周知，多媒体技术的综合性较强，将图像处理技术、声音处理技术、视频处理以及三维动画技术等统一

集成到计算机中，是一种集声音、图像、文字、动画等现代媒体于一身的综合化技术手段。在高校声乐教学的现代化过程中，现代化的教学设施是实现和谐声乐教学生态环境的基本保障，因此，也就需要进一步实现多媒体技术在声乐教学领域的应用。就笔者看来，在我校声乐教学中运用多媒体技术，不仅能将最为直观、生动的教学内容呈现给学生，为声乐教学本身提供极大的便利，增强学生的理解力和学习兴趣，而且能克服传统教学中存在的间接性、抽象性等缺陷，提高教学效率。同时，它也有利于对学生的歌唱状态、咬字、吐字、音准进行改进和修正，对学生的音乐感觉和舞台表演能力也能形成良好的培养效果，从而以多媒体所特有的形象直观性和应用交互性为学生提供一种全新的声乐学习方式。比如利用多媒体技术可以提取测试声乐和相应原声的音强、音高、气息等特征参数，采用特征匹配方法对各参数进行比较，由评分机制根据其相似程度给出客观评分。这样建立的多媒体声乐客观评价系统，提高了声乐教学的直观性和互动性[4]。此外，我们教师也应从教学的实际情况需要出发，根据声乐集体课、小组课或个别课等各种教学组织形式的不同要求，根据自己学生课堂教学和课外实践的具体情况，加强相关教学设施建设，充分发挥专用教室、专用器材、设备的作用，巩固教学质量。

注释

[1] 黄学军. 高师声乐教学改革中教师应具备的素质和能力 [J]. 艺术教育，2008（5）：74.

[2] 李凌燕. 关于建设和谐声乐教学生态环境的构想 [J]. 艺术教育，2008（8）：37.

[3] 周黎藜. 论高师声乐教学实践能力的培养与塑造 [J]. 中国电力教育，2009（10）：139－141.

[4] 李文娟，张文俊，张莹，潘晋. 基于特征比较的声乐评价方法 [J]. 计算机工程，2009（17）：229－231.

艺术设计专业的专业课多元化考核方式探索*

王丽梅①

（西华大学艺术学院）

摘 要：本文针对艺术设计专业课传统考核方式的不足，根据教学实践，在建构艺术设计专业学生学业考核评价体系上总结出了四点可供推广的经验：（1）在考核程序中，注重过程考核，将过程与结果相结合，实现多元考核；（2）具体考核形式多样化；（3）考核时间灵活多样，平时和即时相结合；（4）评价主体多元化，拓展评价活动的参与度。

关键词：艺术专业课；多元化；考核方式

在教育过程中对学生进行考核和评价，已成为老师掌握学生学习情况，检测教学效果与质量，改进教学方法的重要手段。教育过程中对学生的考核和评价是根据一定的教育价值观或教育目标，运用一系列方法对学生的品德、学业成绩及其身心素质进行价值判断，从而为促进学生发展提供依据[1]。对于具有强烈实践性质的艺术设计专业的专业课来讲，对学生进行课程考核仍是教育评价的唯一方式，尽管考核的方式与理工类课程大相径庭。

传统的艺术设计专业课程考核模式为：在理论讲授完成后，让学生在既定的时间内做一些主题设计，如标志设计课的期末考核题为某某公司的标志设计，广告设计课的期末考核题为某产品设计系列广告等。这些课题多具有虚拟性质，即使有与市场结合紧密的课题，但限于时间、场所、教学管理等原因，学生无法与一线人员进行面对面沟通，不能很好地了解企业和管理人员的要求，因而交回的作品多是学生个人喜好的凝结和设计技巧的展现，难以全面检测学生解决问题的素质与能力。并且，由于学生的课程成绩与学生的奖学金申请、三好学生评定等切身利益紧密相关，对高分的追求，使得学生大量地模仿、借鉴，甚至抄袭来完成课题的设计，缺乏个人的设计创新和思维表达。在评判成绩时，老师多以画面的视觉效果为依据，得出比较主观的结论。老师对大多数学生的设计过程不甚了解，虽然有评价设计作品的过程，基本上限于教师针对作品给予的适当评价，而学生本身的想法和设计理念，作为教师却没有机会去倾听。这样的考核方式是不客观的，难以达到理想的培养目标。显然，传统的考核模式存在理论考试不多，终结性考核多，过程性、诊断性考核少等不足。

* 本文为西华大学教学改革项目"艺术设计专业专业课考核体系改革"阶段性成果，西华大学"设计艺术学"重点学科研究阶段性成果，项目编号：XZD0908—09—1。

① 王丽梅（1977—），女，四川雅安人，讲师，博士。主要从事视觉传达设计教学与理论研究工作。联系方式：wya1977@163.com。

我校艺术设计专业的专业课程成长期以来是由 30％的平时成绩加上 70％的期末成绩构成。由于期末成绩所占比重大，从某种意义上讲，期末考试就成为衡量学生学业水平的唯一标准。在这一模式中终结性的评价占主导，忽略了学生在整个学习过程中的表现，难以激发学生在学习中积极主动地参与教学的热情，不能较好地显现学生在各个层面的素质发展状况和个性的"闪光点"，容易挫伤学生发展综合能力的积极性。这种单一的模式，无法准确考核出学生真实的知识结构、能力和素质，影响了学生积极主动的学习精神和创造能力的培养，既不能全面反映教学效果和教学质量，又背离了高校教育的初衷，不利于打造和培养特色人才。其显著的问题在于：忽视学生学习过程的评价，缺乏具有针对性和诊断性的评价，注重终结性评价的单一评价机制，助长了人情分、印象分和弄虚作假等行为的发生，导致了人为的不公平现象，影响了学风、教风建设，限制了教学质量的提高和学生创新精神的培养[3]。这种方式难以对学生的学习作出客观全面的评价，尤其是对一些专业基础薄弱，仅靠短暂的高考培训即进入大学的学生来讲，专业技巧和作品画面的掌控能力在短时间内难以得到突飞猛进的提高，但他们并不缺乏发现问题、提出问题、分析问题、解决问题能力。而传统的考核模式相对单一片面，很难对学生作出较客观全面的评价。这种缺乏全面考量的僵化考核，加大了学生的心理压力，限制了学生自主学习和创新能力的提高，不利于学生的身心健康。

学生课程考核评价作为教育活动中一种有效的价值判断行为，其是建立在事实判断基础之上的价值判断，它的目标指向应是反映目标本质特征的具体的、可测的、综合性的可操作化的目标体系[3]。因此，建立一个客观、公正、全面、多元的艺术设计专业的专业课考核评价体系是科学评价艺术设计专业课程学习成果的主要途径和保障。针对传统考核模式存在的问题，课题组成员在实际的教学工作中改进艺术设计专业的专业课考核体系，引入过程评分机制。在教学中，从设计方案、设计发展、设计讲评到作品展示等教学环节，所有环节都作为考核的因素，这样就能较全面地对学生的学习进行评判，而不是全靠期末作业的最终画面效果作出评价，避免学生投机取巧，促使其认真对待课程的每个环节的学习。在深入研究与实践基础上，我们对建立艺术设计专业学生学业考核评价体系进行了尝试性探索，总结了一系列可行性措施，具体如下。

一、在考核程序中，注重过程考核，将过程与结果相结合，实现多元考核

在艺术设计专业课的学习中，学习过程既是对设计的基础知识、基本理论和基本原理的吸收消化过程，也是发现问题、提出问题、分析问题、解决问题能力的培养过程。在这一过程里，学生的学习能力、沟通能力、审美等各项能力均得到体现。因此，对学习过程的考核，从中可以反映出学生对专业课程的学习态度、综合能力以及思维品质和特点。重视与强化过程性评价，加大对学生上课出勤、课堂表现、作业、作业讲评、实践教学及其他课外教学活动的考核，加强过程测试，才能清晰地考查学生知识、技能等综合素质情况。学生在每个环节的表现情况在学业成绩中均有体现。这样就能做到较为客观全面地对学生的整体学习状况作出评价。当然，在这一过程中，要求教师要有持之以恒的教学热情，不能怕繁琐的数据统计，要把握好过程性评价与终结性评价的结合比例，要做好日常检查、考查、考试或测验等评价环节的统一，避免顾此失彼。

二、具体考核形式多样化

为了全面地检测学生的学习状况，激发他们的学习热情，培养他们的综合能力，我们在艺术设计专业课教学中采用了多样的考核方式。以广告设计课为例，在对广告概述理论讲授完成后，安排学生利用课余时间收集一定数量的广告，以自己现在的知识体系对所收集的资料作出分析，这一方式可以看出学生的理论修养和知识归纳能力；根据课程进度会即时安排一些随堂作业，如案例分析、作品点评，从中可以看出学生的策划能力和审美水平；理论讲授完毕后安排学生进行4－8课时的市场调研，撰写调研报告，分组在课堂上讲述，并进行互评，这一过程中可以看出学生的沟通、表现、合作等综合能力；在学习过程，让学生写学习日志，随时记录学习心得和感悟，从中老师可以了解学生的学习轨迹、心得感悟和创作背景；考核学生的设计程序，了解学生的设计背景。在学生的平时作业和期末测试中，均要安排设计程序的考核。其主要内容有：（1）市场调研情况，主要是桌面调研。（2）广告主题的确定，看其立意、定位，考核其发现问题和解决问题的能力。（3）作品草图设计，看其由主题向设计载体转化的思路。（4）作品效果图设计，看其平面设计和立体设计的平面展开图的图形、色彩、文字与版式，或者空间分割、平面造型，这一环节是对专业技能进行考核。（5）媒体选择，根据不同的媒体，设计方式和表现不同，还要看其选择材料、造型制作的工艺水平。对学生进行设计程序的考核，可以有两种方式，一是学生将设计说明做成PPT在课堂上讲述，二是提交作品时以设计说明的形式呈现。从设计说明中，教师可以看到学生对设计缘由的交代，对设计思想的表述，对设计程序的编排，对设计方案的写作，可以充分考核学生对作品的主题、内容、形式、作用、定义的文字概括能力[2]；最后一个环节就是作品展示。这种多样化的考核方式，可以对学生的知识与技能、过程与方法、情感与价值作出静态与动态结合的综合评定。

三、考核时间灵活多样，平时和即时相结合

在艺术设计专业的专业课程考评中，一个学生对专业课程知识掌握的程度，既不能单纯看学习态度和平时课堂上表现，也不能仅凭一个或多个作品就下定论。由于，课程时数有限，学生的平时作业大多放到课余来做，相对来讲不限时，学生投入的学习热情、时间精力不同，参照系数亦应不同；课堂上的即时考试，可以考出学生某个方面能力，而不能整个呈现学生的设计能力和水平。因而，在我们的课程考核改革中，平时考核与即时考核有机地结合起来，对学生知识、能力进行更全面测试和评定。

四、评价主体多元化，拓展评价活动的参与度

评价是一种双向的活动，评价活动应越来越多地吸收被评价者参与，由于学生在评价中常常处于被忽略地位，使考核评价成了以教师为主要代表的管理者的活动，这很难避免因教师判断的主观而可能带来的主观化和不公正。再者，从评价本身这一教育行为上看，评价必须发挥其应有的教育功能，通过评价激发学生学习积极性，提高教学质量和效果，促进学生个性的全面发展，这样评价才有意义[3]。因此，我们在实际的教学中，积极探索评价主体多元化路径。结合目前艺术设计专业的专业课考核实际，将学生自评纳入评价体系，形成教师评价、课程组集体评价、学生自评、学生小组评价等评价主体多元化机制。

具体方式为：学生的方案讲解、案例分析、作品展示等阶段将学生评价作为考核成绩组成的重要部分；在期末考试中，采用课程组集体评价方式；其余阶段采用任课教师评价。这样可以更真实地反映学生平时的学习状况、应用能力和综合素质水平，有利于弥补因评价主体单一带来的评价主观，保证评价的客观、公正性。

艺术设计专业课程考核工作是一个系统工程，考核方法体现在考核过程的每一个环节中。我们所做的这种多元的考核方式改革将学习过程纳入考核，让学生直接受益。他们可以在这些课程中把期末大量集中的准备时间转移到平时的兴趣学习中，化被动为主动，既增加了他们在教学过程中的参与度，又进一步提高教学的效果。当然，对艺术设计专业的专业课程考核体系探讨还处于初始阶段，如何将这种体系以科学的方式建立制度化、规范化、可操作性的评价标准，还将是艺术设计专业的专业课任课老师长期的目标和任务。

注释

[1] 许广元，徐洪祥. 高职学生考核评价体系的思考 [J]. 中国成人教育，2009（9）.

[2] 孙丽娟. 艺术设计专业课程考核方法探索与实践 [J]. 美术大观，2010（7）.

[3] 曲滨. 高职院校学生学业考核与评价体系研究 [J]. 职业时空，2009（5）.

课程建设

师生参与式互动教学模式
在复合材料学教学中的应用

卞军[①]

（西华大学材料科学与工程学院）

摘　要：本文根据"复合材料学"课程的特点，力求突破传统"填鸭式"教学方法，提倡"教师为主导，学生为主体"的教学原则，强调学生的主动学习和灵活创新等综合能力的培养。采用教师精讲、教师引导、学生自学、小组讨论、学生主讲等互动式教学方式，充分调动学生在学习过程中的主动性和积极性，使学生变被动听讲为主动参与，成为整个教学过程的主体，从而把所学理论知识灵活运用到实践中去，提高了教学质量，取得了满意的教学效果。

关键词：师生参与式互动教学模式；教材；教学内容；教学实践

现代高等学校的办学目标是培养实用型、创新型、学术型和技能型的人才。要实现这一目标，学生素质培养必须落实在整个教学过程中，教学应在传授知识的同时注重学生综合能力的培养。然而，受传统教学观念的影响，目前大多高等学校的大学生接受知识主要还是采用"填鸭式"教学方法，教师把大量的书本知识强硬地灌输给学生。因此，教学效果差，还导致学生学习的被动性与依赖性，一旦离开教师，很难实现创新提高，培养出的学生往往是低能型。这种传统的教学模式因不能适应当代大学的教学目标和要求而面临淘汰的趋势。目前，大量学者已经对新型的教学模式进行了许多有意义的探究，这些教学模式已经在诸如"高分子化学"[1,2]和"高分子材料"[3]等课程获得应用并取得了较好的效果。本文为了扭转过去在材料科学与工程专业的"复合材料学"课程学习中学生被动学习的局面，笔者对"复合材料学"课程的教学从教材选定、教学内容和课程安排，到搞活课堂教学进行了多方面教学改革探索。

一、选定教材，精选教学内容，做好教学安排

"复合材料学"是为材料专业的本科开设的一门专业基础课程，通过该课程的学习让学生了解材料的结构、性能与用途，掌握材料的性能检测方法和手段，达到能正确设计材料和正确应用材料的目的。在教材选择上，笔者根据材料专业学生的培养目标和课程安

---

① 卞军（1979—），男，云南楚雄人，副教授，工学博士。主要从事材料科学与工程方向的本科生和研究生教育与纳米复合材料方面的研究工作。联系方式：bianjun2003@163.com，电话：13880538676。

排，最终选定了周祖福编写的《复合材料学》作为学生的统一用教材。该书的特点是力图纵览全局，简练又不失深度，全面又不失重点，点面结合，深浅相得，既有科学又有工程，既可依此深钻下去，细细"浏览"，也不妨看一看略知一二，作为知识储备。作为材料类科普读物，该书好似"材料公园"的导游图，便于学生自学[4]。这也为开展互动式教学做好铺垫。教材选定后，并非要将其内容全部灌输给学生，其原因一是这种"填鸭式"的教学方法不符合素质教育的精神；二是全部讲授学生会感到无重点，教学效果受到影响；三是教学时间不允许，因此在教学计划编写时结合专业培养目标对该书内容进行了取舍和补充。教学计划制订好后，在教学的第一周内向学生公布整个学期的教学计划，让学生提早做好思想准备，达到学生明确学习任务，以便配合教师开展互动教学的目的；其次让学生自由组合选定调研一种材料，报给教师备案，以便日后有序地实施互动式教学。

二、精讲教学内容，描绘学科框架，为实施互动式教学做好基础知识预备

学生在初识一门新课时总会怀有新奇和是否好学的感觉，抓住学生的这种心理，上好第一次课是至关重要的。而且多年的教学使笔者体会最深的是除了正常讲好每次课外，"第一次课"最为重要，这"第一次课"就像演戏一样，要赢得开门红、打响第一炮。"第一次课"就是上"绪论"，说白了，就是每门课的开场白，俗话说："王婆卖瓜，自卖自夸。"这种"吹嘘"是必要的，关键在于怎样在"第一次课"中把它吹响、吹好，以便把学生的注意力、学习精力抓过来。如果能调动起学生的学习兴趣，后边的课就容易多了。因此在第一次课上，笔者结合学生在日常生活中经常接触到的一些材料，例如，工业上主要用的结构材料，如金属材料、无机非金属材料等，生活中用的容器杯是聚乙烯或聚丙烯塑料制品，汽车飞机必不可少的轮胎部件是橡胶制品，穿的聚酯棉料的衣物是人工合成的和天然的纤维材料以及飞机上大量使用的复合材料等，从各个方面来介绍材料的类型、性质和应用，消除学生对材料的陌生感，拉近学生对新学科的距离，增进学生探究新奇的兴趣，消除学生的畏惧感[5,6]。

在实施互动式教学之前，教师要为学生设计好学科的框架，打好新学科基础知识根基，为学生留下宽阔的空间和充足的时间准备，就必须要在整个教学计划的前三分之一的时间内，精讲学科基础知识。这需要教师具备扎实的本学科专业基础知识，高度的浓缩概括能力，精良的语言表达能力。

首先，以教科书为教材，向学生传授材料的基本知识，包括认识各种材料的分类，组成、结构与性能、制备工艺、制品及模具设计技术，以及在国防、航空航天、电子、建筑、农业、日常生活等领域的应用情况。特别强调每一类型材料的性能优缺点及复合的主要目的和手段。我在讲课的过程中深深地体会到，如果把这基本内容讲好，就可以给学生勾画出本课程的轮廓，让学生顺利地跨进材料学科的大门，为其余各章的学习打下坚实的基础，并具有较好的自学能力。为此，我们在讲授这些内容时尽可能讲深、讲透，使学生尽可能深入理解、掌握这些基础的内容。

其次，在前期教师精讲阶段，还要有意识地向学生推荐相关书籍及网站，引导学生查询与学科相关的资料。引导学生充分利用图书情报和电子网络资源，让学生自主调研与综述一种材料的研究进展与发展趋势，特别是国防、航空航天、电子等高新技术领域对材料的需求情况；使学生掌握材料的制备和成型加工中制品及模具设计的关键问题，激发学生

的学习热情，培养学生热爱专业、热心研究和热爱祖国的精神，从而达到统一教材与图书电子网络情报协同教学的目的。

三、采用"研、授、辩、创、比"五位一体法实施师生互动教学[7]

教师在教授基本理论内容之后，从台上退到台下成为课堂教学的策划者、听课者、指导者、审查者；学生从台下的听课者来到台上，成为某一专题的施教者，报告自行调研的专题。具体采用"研、授、辩、创、比"五位一体法实施师生互动教学。

所谓"研"就是在学生自由组合选定专题的基础上，教师指导并监督学生自主调研，通过学生对教材及图书电子信息的自主钻研与小组讨论相结合，优化教学要素。这些工作必须在上课之前完成才能确保师生互动教学的开展。

互动式教学法是教师、专题小组和全班同学一起相互交流，相互学习，相互启发。先由专题小组选派代表发言，对自选专题的调研进行汇报、讲解。时间控制在十几分钟至半小时之间，这便是"授"；然后其他学生进行质疑和评价，专题小组进行答辩并提出自己的创新思想，此乃"辩"与"创"，同时教师还要根据既定的教育目标。补充被学生忽略的重要的知识，并从整体上进行升华。最后教师还需进行点评、归纳和总结。

所谓"比"可以是专题小组内同学之间评比，也可以是专题小组之间评比，也包括教师的点评。人们都喜欢得到肯定和鼓励。从心理学角度看，这样做可挖掘人的潜在能力。要使学生保持乐观的学习状态，就需要教师不断地强化揭示，使用积极的语言进行肯定和提供支持性的反馈，使学生积极地发言并将消极想法换成积极的想法，可极大地提高学习效果，激励学生参与师生互动式的教学活动。事实证明，许多上台发言的同学在受到适当的鼓励后，上课时的兴趣有较大的提高，尤其是那些平时很少有机会展示自己才能的学生。

由"研（自主调研）"、"授（当教师）"、"辩（上讲台报告与答辩）"、"创（提出自己的创新思想）"、"比（同学之间比）"构成五位一体的互动教学，使学生在掌握基本内容的基础上，发展了个性，如：调研能力和态度、创新思想、文献综述能力、口述和答辩能力等，激发学生的学习热情与创造力，提高自信心，拓宽学习视野。

四、实施互动式教学的问题及对策

任何新生事物都不可能一帆风顺地被接纳，第一，由于大部分学生已习惯于带着两耳朵进教室听教师讲课。因此，一开始实施互动式教学，积极参与的学生不多，为此教师采用了课堂专题综述与考核挂钩和初食螃蟹加分方法激励学生积极参与互动教学。

第二，由于大学生认知水平、行为能力是不完善的，正处于不断成长、发展过程中，因而，在学生走上讲台之前，教师要做好学生的指导工作，作好学生的引路人，消除学生的胆怯心理。在开始新课之前，教师要明确授课方式，授课内容，时间安排。课前教师必须指导和监督学生做好自选专题的调研工作，征求学生的意见和建议，将专题调研作为作业任务交给学生完成，以确保无冷场、跑题等现象。

第三，学生根据老师布置的任务和要求完成作业后，可以采取现场演讲和答辩的方式与学生互动。此时老师从台上走向台下，上课的主角是学生。学生在讲台上把自己对某个问题的调研结果和想法通过演讲的形式和所有的同学分享，这样充分发挥了学生的学习自主性，锻炼了学生的思维能力和口头表达能力，要知道，在一个人的综合能力中，最难最重要的就是口头表达能力。因为它包含了一个人的思想和见解。这是需要一定知识储备的。在交流的过程中，台下的学生可以和研究的学生面对面地提问和交流，这对搞活课程气氛、提高学生的参与度上很有积极意义的。

第四，由于学生的认知水平有限，难免在课堂报告时出错，这时教师应时时更正错误，但要注意避免打击学生的参与积极性，注意保护和扶持学生的创新想法。

第五，及时进行反思、评价和总结。课后的反思、评价既是双向的，也是互动的。教师总结教学效果，学生总结学习效果，并通过个别交谈、座谈、问卷等形式进行师生交流，共同探讨，共同改进，共同提高。反思与评价可在一节课后进行，也可在一个单元、一个章节教学后进行。互动式教学课后的反思、评价最终目的是为了提高今后的教学质量，使整个教学形成一种良性循环[8]。

五、对互动式教学的实践总结和评估

作为强调"教师为引导，学生为主体"的教学理念的教学法，互动式教学法的优点非常突出。首先，它激发了学生学习的兴趣和积极性。实行互动式教学法后，学生的上课出勤率明显比过去要高，上课的专注程度和投入程度也明显提高。其次，它提高了学生思维能力，由于在互动式教学法中，学生在老师的引导下需要不断进行思考和探索，并与其他同学进行交流和思辨，无形中使其思维能力得以提高。第三，它拓展了学生的视野，紧跟学科发展最新潮流。通过课外查阅资料和教师介绍，学生对所学内容的认识不局限于课本，对该学科最新的发展方向都较了解，为其将来从事深入研究打下了坚实的基础。笔者在"复合材料学"课程教学过程中实施了互动式教学模式后，同学认可了此教学模式，并对其给予了较高的评价。普遍学生认为在互动式教学模式下，他们真正成为了学习的主人，自己去探索、去学习的欲望更加强烈了。

当然，我们也要看到，作为一种新形式的教学法，互动式教学法对教师和教学条件都提出了较高的要求。首先，在教学的过程中，教师要起到"导演"的作用，其备课的内容加大，不仅要考虑教授的内容，还要考虑实施的细节。而且在操作的过程中，时间的掌控、课堂的组织也颇具挑战性。其次，学生主动性的发挥程度也不好把握，作为强调调动学生能动性的一种教学方法，给学生多大的自由度，既最大程度调动了学生能动性，又能不偏离教学目标和大纲要求，对教师来说是一门高超的艺术。第三，现行大学"复合材料学"的教学大纲与互动式教学法尚有一些不适应的地方，例如现行大学教材和大纲比较重视基础理论的讲解，而互动式教学法较注重探索，对教材和教学大纲的重新编排以及教学条件都提出了更高的要求。总的来说，互动式教学法将教师的引导作用与学生的能动性有机地结合起来，将教科书的示范作用与学生探索过程有机地联系起来，在知识的传授过程中重视学生能力的培养。因此，互动式教学法的应用，可以有效地调动学生的学习积极性，在学生主动探索的过程中培养创新学习的精神，培养知识与能力兼备的创新性人才，适应新时代的需要。

六、结论

实践证明，互动式教学模式有利于培养学生的独立思考，自主获得知识和信息的能力；有利于培养学生的创新意识；有利于培养学生的竞争意识和团队协作观念；通过课堂上的讨论辩解，有利于培养学生的应变能力。因此教师与学生之间，必须从"经验型"转变成为"教研型、创造型"，而且还要具有较强的角色转换意识，在面对具体的教学内容时，教师不能遵循固定不变的教学模式，而是必须在具体的教学情境中，根据实际情况去合理地组织教学，灵活地采用各种新的课堂组织管理方法，优化教学要素，从而获得好的教学效果。现代教学的最终目的是使学生具有终身学习的基础和可持续发展的潜能。互动式教学主要是通过诱发主体意识、参与意识。从而发挥主体作用，体现主体价值。实践证明，互动式教学是一种有助于教学主体"认识自我，发展自我，自我发展"的教学模式。

注释

[1] 张镭. 高分子化学教学的改革与探索 [J]. 高分子材料科学与工程，2002，18（3）：202-203.

[2] 王国建. 在《高分子化学》课程中开展互动式教学的实践与探索 [J]. 高分子通报，2007，1：62-65.

[3] 段久芳. 浅论探索式教学法在高分子材料教学中的应用 [J]. 科技创新导报，2009，35：252-233.

[4] 周祖福. 复合材料学 [M]. 武汉：武汉理工大学出版社，2008 年.

[5] 张镭. 高分子化学教学的改革与探索 [J]. 高分子材料科学与工程，2002，18（3）：202-203.

[6] 詹茂盛，何利军. 高分子材料课程信息化师生互动教学方法研究与实践 [J]. 化工高等教育，2004（3）：69-72.

[7] 段久芳. 浅论探索式教学法在高分子材料教学中的应用 [J]. 科技创新导报，2009（35）：252-253.

[8] 周济. 大力加强教学工作切实提高教学质量 [J]. 中国高等教育，2005（1）：3-7.

多媒体在电子类课程教学中的应用研究[*]

陈永强[①]

（西华大学电气信息学院）

　　摘　要：本文主要阐述了多媒体在电子类课程教学活动中的定位、特点和应用等问题，并提出了 1+2（即多媒体与传统板书相结合、多媒体与 EDA 软件相结合）的多媒体教学模式。实践证明这种教学模式能够有效提高教学的效果，并充分激发学生的学习积极性。

　　关键词：多媒体；EDA；教学

一、引言

　　随着高等院校在多媒体教室上的大力投入，多媒体教学逐渐被大多数教师所采用而成为课堂教学的主流方式。但对于多媒体教学目前还存在诸多误区，这导致多媒体教学虽然被广大教师认可，但在学生中并不一定叫好——部分同学们甚至觉得老师是采用传统板书上课还是用多媒体教学已不重要，因为它们好像区别不大，即多媒体在教学活动中的真正价值没有能够得到充分体现，相较于学校的大力投入，其产出的效益并不高。本文结合笔者多年的教学经验，针对电子类课程教学谈谈多媒体在其中的应用问题。

二、多媒体在教学中的反思与定位

（一）反思

1. 过度应用

　　多媒体由于表现形式丰富而被引入教学活动中，成为了一种优秀的现代化教学手段。但是，如果多媒体在教学活动中的定位不准确，很容易造成对多媒体的过度依赖和应用，而达不到预期的教学效果。例如下面介绍的集成化教学模式。

　　这里所谓集成化的教学模式是指教师在备课时将所有要讲的内容全部集成到多媒体课件中，上课时只需要按照一定顺序将教学内容罗列在学生面前。感觉上，教师上课会很轻松，照着课件讲就行了，甚至是照着念就可以了，准备的内容都会被讲到，不会漏讲，而且所讲内容也写得很清晰、很直观，信息量大，进度快。但实际上大多数学生都会有一个感觉"快"，太快了——前一个内容还没有把握住，后一个内容都又快完了，上课就关注

---

　　* 精品课程建设：项目编号 10jpkc314。

　　① 陈永强（1972—），男，四川成都人，副教授，工学硕士，主研方向：计算机应用。Email：cyqlq@mail. xhu. edu. cn；电话：15348191905。

老师翻页了，很难跟上老师的节奏。

2. 不恰当应用

多媒体教学方式不是万能的，其自身还存在着这样或者那样的问题，不是任何内容都适合使用多媒体讲解。例如，在讲解元器件的外形结构时配合多媒体能够直观明了地向学生展示出元器件的结构特点；但如果要讲解逻辑函数的化简，多媒体就会显得力不从心——不能够很好地展示化简过程。缺乏过程的讲解，学生是很难找到问题的切入点和着力点的。

（二）定位

多媒体是一种优秀的、先进的现代化教学手段，但它只能作为一种辅助工具在教学活动中进行恰当地应用，而不能作为课堂教学的全部。对每堂课来说，教师必须结合实际教学内容的特点去选用合适的教学手段，而不一定都是多媒体。这样一来，如何界定哪些内容应该或者可以使用多媒体教学就显得非常重要。

三、界定多媒体的教学内容

（一）基本原则

界定的基本原则应该是：使用多媒体是否能够让所讲内容"活"起来。所谓活，有如下几点表征：

1. 形式上是否更加形象直观

例如，使用多媒体向学生展示二极管、三极管、场效应管等电子器件，乃至各种集成器件的外观特点是非常好的选择，可以直接激发学生的学习积极性和深入了解他们的愿望。

2. 过程上是否具有足够的表现力

例如，使用多媒体讲解公式的推导过程虽然不方便，但借助 EDA 软件（可以是 Spice、Multisim 或者 Tina 等）配合多媒体能够实时且直观地绘制各种组合逻辑电路或简单集成器件的应用电路。

3. 效率上是否有显著提高

例如，讲解集成运放 741 的内部电路，由于时间的限制，教师不可能利用上课时间去手工绘图，而使用多媒体能够将事先准备好的电路快速展示出来，有助于提高讲课的效率。

（二）分类说明

具体来说，如下一些内容不适合使用多媒体教学：

（1）书上有的概念、定义、公式或一些文字表述内容。这些内容，尽量请同学们看书和勾书，以体现教材的作用，而老师只需适当地进行补充说明。

（2）需要讲解过程，但多媒体又不便表达的内容。例如，公式的推导，逻辑函数的化简，组合逻辑电路的真值表推导，时序逻辑电路的状态表推导等等。

而如下一些内容则较适合使用多媒体教学：

（1）电子元器件的外形结构。

（2）简单电子电路的工作原理。借助 EDA 软件的实时仿真功能来讲解简单电子电路

（诸如二极管电路、三极管放大电路、运算电路、功放电路等等）的工作原理和工作波形非常方便，且直观明了，学生也比较感兴趣。

（3）复杂器件的内部电路。

（三）效果对比

下面以组合逻辑电路的绘图为例，分别对传统板书教学模式、普通 PPT（MS PowerPoint 演示文稿）教学模式和 EDA 软件教学模式做对比。注意，PPT 教学模式和 EDA 软件教学模式都属于多媒体教学。

1. 传统板书教学

优点：能够充分展示绘图的过程和表达绘图的细节。

缺点：① 因绘图用时较长，所讲示例的数量有限；② 绘图效果因人而异，不能确保绘图的规范性。

2. 普通 PPT 教学

优点：① 展示速度快，示例多；② 绘图效果较好，容易做到规范统一。

缺点：缺乏绘图的过程展示，不便于学生把握绘图的细节和要点。

3. 借助 EDA 软件教学

优点：① 能够展示绘图的全部过程；② 绘图规范；③ 能够进行仿真测试。

缺点：无明显缺点。

很明显，讲解画组合逻辑电路最好选用 EDA 软件和多媒体相结合的教学方式。

四、关于 EDA 软件

（一）EDA 的概念[1]

EDA 是电子设计自动化（Electronic Design Automation）的缩写，在 20 世纪 90 年代初从计算机辅助设计（CAD）、计算机辅助制造（CAM）、计算机辅助测试（CAT）和计算机辅助工程（CAE）的概念发展而来的。EDA 技术就是以计算机为工具，设计者在 EDA 软件平台上，用硬件描述语言 HDL 完成设计文件，然后由计算机自动地完成逻辑编译、化简、分割、综合、优化、布局、布线和仿真，直至对于特定目标芯片的适配编译、逻辑映射和编程下载等工作。EDA 技术的出现，极大地提高了电路设计的效率和可靠性，减轻了设计者的劳动强度。

目前主流的电子电路设计软件，诸如 Altium（Protel 的升级版）、PSpice、OrCAD、Multisim 和 Tina 等等，都支持 EDA 技术[2]，我们暂且将这些软件统一称为 EDA 软件。

（二）EDA 软件在教学中的应用

EDA 软件基本上都具备实时仿真运行功能，非常适合用来演示和讲解简单电子电路的工作原理和工作波形。图 1 所示为在 Tina 中创建的二极管限幅电路及其仿真运行结果。目前主流的电工电子教材中都已经引入了与 EDA 软件相关的内容，广大教师也在将 EDA 软件引入课堂教学方面做了大量的研究和实践工作。

实践证明，将 EDA 软件引入多媒体教学，效果非常理想。如果条件允许，老师完全可以鼓励学生使用 EDA 软件来完成课程作业。这样不仅能将课堂教学内容有效地延伸到课堂外，还能促使学生学习和掌握至少一种 EDA 软件，提高学生学习兴趣的同时，也培

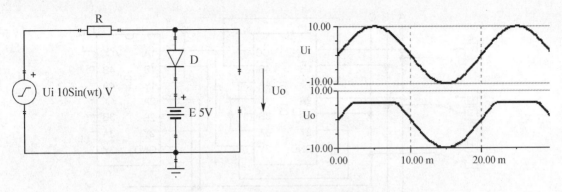

图1 二极管限幅电路及其仿真波形

养了学生的实际动手能力。

五、1+2多媒体教学模式

综上所述，我们在这里提出一种1+2的多媒体教学模式。所谓1是指多媒体；所谓2是指传统板书教学方式和EDA软件辅助教学方式；所谓1+2就是指将传统板书与多媒体相结合，将EDA软件与多媒体相结合的一种教学模式。即强调课堂教学方式要随教学内容的特点而变，不要局限于某种单一方式，这样才能将各种教学手段有效地集合起来，从而实现优势互补。

（一）教学示例

下面以讲解《组合逻辑电路的设计》[3]为例，按照1+2的教学模式进行教学规划。

（1）组合逻辑电路的基本设计步骤（见书）。

（2）设计举例1：三人表决电路的设计。

步骤① 明确逻辑关系（板书）；

步骤② 列写真值表（板书）；

步骤③ 写逻辑函数式及其化简和变换（板书）；

步骤④ 画分立器件逻辑电路图，如图2所示，并测试（EDA+多媒体）；

步骤⑤ 画集成器件逻辑电路图，如图3所示，并测试（EDA+多媒体）；

步骤⑥ 展示逻辑电路的3D效果图，如图4所示（EDA+多媒体）。

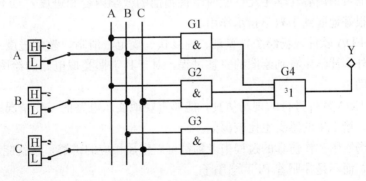

图2 分立器件逻辑电路

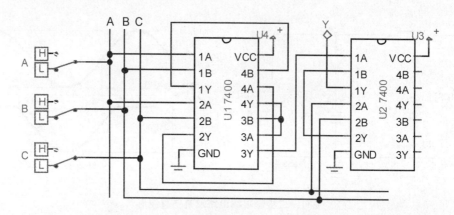

图3 集成器件逻辑电路

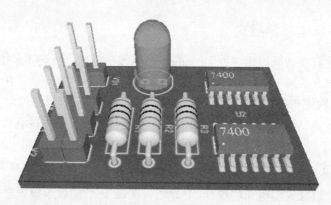

图4 3D效果图

设计举例2：……；

设计举例3：……；

（3）课堂小结（口述或者配合多媒体显示）；

（4）作业（使用作业本或者使用EDA软件完成）。

（二）优点总结

很显然，上述教学示例具有如下优点：

（1）简洁的板书内容让学生能够随时掌握当前的教学内容和进度，且不会随PPT的翻页而消失，很好地起到了教学指示作用。

（2）借助EDA软件现场绘图，直观、速度快、规范、清晰，教学进度不会因为绘图而被耽误。另外，让学生看到绘图的完整过程，对于其掌握类似电路的绘图规则、方法、技巧非常有帮助。

（3）借助EDA软件进行的现场仿真，能够直观地展示电路的工作情况；这非常吸引同学的注意力，给学生的感受也比较深刻。

（4）在现场绘图和作仿真的过程中老师都可以穿插相应的讲解，这就能让学生感受到老师是在讲课，而不是在照着PPT念稿子。

（5）借助EDA软件还可以很方便地进行教学互动，例如让学生现场绘制电路，并通过EDA软件的仿真功能快速、直观地显示出学生操作的正确性。这能极大地调动学生的学习积极性，并促使其课后进行相关练习。

六、结论

对于电工电子课程，多媒体是一种先进而且高效的教学手段，但必须注意方式方法，才能真正发挥其优势。总的来说，采用传统板书与多媒体相结合、EDA 软件与多媒体相结合的 1+2 教学模式，与单一的多媒体教学模式相比更加符合实际教学的需要。这不仅能更好地展示教学内容、控制教学节奏，还能充分调动学生的学习积极性，更有利于教学水平和教学质量的全面提高。

注释

[1] 张定祥. EDA 技术 [M]. 成都：西南交通大学出版社，2009 (7).

[2] 王惟言. Tina Pro 实用技术 [M]. 北京：人民邮电出版社，2005 (6).

[3] 康华光. 电子技术基础. 数字部分（第五版）[M]. 北京：高等教育出版社，2006 (12).

生物化学精品课程建设与实践*

陈祥贵①　蒋珍菊　车振明　张大凤

（西华大学生物工程学院）

　　摘　要：精品课程建设是实现人才培养目标与根本任务、促进教学改革与发展的关键。生物化学精品课程建设的实践使我们体会到既要有相当好的物质基础，又要注重围绕精品课程开展教学研究与教学改革，将科技成果转化为精品课程建设服务；课程教学网站和课程资源网站是精品课程最具特色的环节，鼓励学生开展创新活动，提高实践能力，精品课程建设中师资队伍建设和团队协作精神是精品课程人力保障和课程建设的重要措施。

　　关键词：生物化学；精品课程；建设；实践

　　课程建设是高等学校教学建设的中心工作之一，也是保证人才培养目标实现的重要举措，其水平直接影响着高等学校的教学水平和人才培养质量。教学内容建设是精品课程建设的核心，也是精品课程示范性的具体体现。我校生物化学课程 2005 年评为四川省精品课程，从生物化学精品课程的申报成功，课程组团队所有老师深刻体会到能够获得省级精品课程，并非一件容易的事情，绝不是单靠凭空编造材料可以得到的，它既要有相当好的物质基础，又要有雄厚的师资力量。同样体会到精品课程建设的过程又是培养师资力量，构建学科教学团队的过程。本文浅谈在精品课程建设实践过程中的一些体会。

一、生物化学课程的性质及其与相关学科的关系

　　生物化学是生物工程、食品科学与工程、制药工程、食品质量与安全和产品质量工程等专业的重要专业基础必修课程，同时也是化学专业选修课程。本课程的任务主要是研究糖类、脂类、核酸及核苷酸、蛋白质及氨基酸、维生素及辅酶的结构、性质和重要功能，介绍生物催化剂酶的结构、催化机理、酶促动力学及重要工业用酶，讲述基本生物技术——生物大分子的分离、制备技术。研究上述生物物质在酶催化下的代谢途经及伴随的生物能量变化，介绍重要发酵产品的生化生成机理及提高产品产量和质量的技术措施。在分子水平讲述核酸和蛋白质的生物合成，介绍基因工程基本技术。并在此基础上行研究代谢调控理论即为抗菌素、氨基酸、酶制剂等新型发酵领域的重要理论依据。生物化学是生物技术基础、酶工程、细胞生物学、生物参数检测、微生物遗传学、食品化学与营养学、功

---

　　* 基金项目：四川省重点实验室、四川省精品课程、四川省重点学科、四川省特色专业和四川教育厅教育教学改革项目资助。

　　① 陈祥贵（1967—），男，汉族，四川资阳人，教授，主要从事高等教育管理等工作。

能性食品等课程的先修课程，是上述课程的基础。

二、生物化学精品课程建设所做的工作与体会

（一）生物技术重点实验室是生物化学精品课程建设的重要平台

西华大学生物技术四川省高等学校重点实验室，是 2006 年经四川省教育厅批准建设的省级高校重点实验室。在实验室建设中，学院结合学校的定位和本学科、专业发展的实际情况，本着以社会需求为导向，立足四川，辐射西部，面向全国的原则，经过长期的建设和发展，凝练和形成了现代食品加工技术、生物技术、农产品精深加工、天然活性物质研究与利用和食品质量与安全等五个研究方向，形成了一定的优势和特色领域。在学科发展的过程中，确立了以学科交叉为优势，以生物技术为主线的发展思路，不断加强基因工程技术、酶技术、原生质融合技术、生物分离技术等现代生物技术向食品科学的渗透，深化和拓展相关交叉学科研究领域，提升了各研究方向的研究水平，形成了一定的特色和优势。为了充分体现生物技术重点实验室为教学和社会服务的功能，生物化学课程组教师优化实验内容，让学生由简到繁，循序渐进掌握本课程的基本技能和基础知识，转变从中学观摩实验居多到自己动手、独立思考做实验、设计实验，甚至进入创新实验阶段，动手能力得到极大提高。该实验内容体系运行后，使实验室实现了高效管理，教师和学生可以通过实验内容掌握本课程的重要基础和学科前沿信息，这对学生的主动学习极为方便。现在，生物技术重点实验室全天候对老师和学生开放，为老师开展教学与科学研究、为各专业学生实验实习和学生创新学分研究训练提供了丰富的实验材料，为生物化学精品课程建设建立了优厚的平台。

（二）开展科研与科技成果转化是精品课程建设的重要内容

近年来，生物化学课程组教师都注重围绕生物化学课程建设，利用生物化学所研究的内容开展科学研究与教学改革项目研究，主要成果如下。

1. 教学成果奖

2008 年申报"地方高校食品科学与工程本科专业专业课程体系改革的研究与实践"课题，获得四川省教学成果一等奖，其中主要展开了以"生物化学"、"微生物学"和"化工原理"三大平台课程群建设的专业课程体系，通过精品课程的建设，建设本专业课程中的精品而与国内外其他高校相区别。

2. 开展相关研究

利用重点实验室和生物化学为基础的研究平台，成功申报了"基于生物转化技术进行附子减毒增效研究"、"重组人白介素 1 受体拮抗剂注射液"、"青稞 β-葡聚糖的结构修饰与功能研究"、"植物抗冻蛋白的分离和应用"、"竹叶中天然抗菌防腐和抗氧化活性多肽的研究与开发"等十余项国家级和省级立项科研项目。

3. 编著出版教材和教学参考书

2007 年参编由华中科技大学出版社出版的《生物化学实验》，2008 年课程组编著由轻工业出版社出版的《生物化学实验》，2008 年参编由华中科技大学出版社出版的《生物化学》，2010 年出版由化学工业出版社出版的《生物化学》和 2007 年编著由化学工业出版社出版的《天然活性乘务生物技术制备方法》，这些著作、教材和参考书在近几届本专科

学生教学实践中使用，收到很好的效果，也是申报生物化学精品课程的重要材料。

4. 发表学术论文

利用生物化学精品课程研究平台先后发表学术论文一百多篇，专题研究报告三十多部。其中，被 SCI 收录 4 篇，EI 收录 1 篇，中文核心刊物发表六十多篇等。

5. 鼓励与指导本科学生开展创新学分科研训练实践

生物化学课程组十分重视大学生创新学分科研训练实践活动，近五年来，学校进行了五批大学生创新学分科研训练实践立项项目，由生物化学课程组教师立项或由学生立项老师指导的项目共 15 项，平均每位教师指导了 3 项。参加创新学分科研训练实践的本科生，不仅得到科研训练而且取得了科技成果，真正尝到创新科研训练的甜头，在本课题组的本科生发表科研论文近十篇。

（三）教学资源网站是精品课程最显特色的环节

课程网站建设是精品课程建设的一项重要内容，是为精品课程提供亮点的重要环节，它的好坏直接影响精品课程申报的成败。生物化学精品课程网站建设过程，花了很大的人力、物力和精力，调动了本专业特长网页制作和网站建设的教师，一起参与生物化学精品课程网站的设计与制作，本网站的特色与亮点主要如下。

1. 生物化学教学网站

教学网站是按常规的方法，介绍生物化学的课程简介、教学大纲、使用教材、授课教案、教学课件、教学录像、实验教学、习题练习、课程答疑、参考文献、考试试卷、课程录像、教学环境、评教材料等，这些内容是申报精品课程所必备的内容。生物化学教学网站与众不同的在于设计了教学环境栏目，充分展示了生物化学课程的实验场馆、实验设备、学生实验实习、学术交流和教学成果等。

2. 生物化学科学资源网站

生物化学科学资源网站是生物化学精品课程网站的一大亮点，以课程库的形式链接了国内外重点大学生物化学精品课程及其教学资源，例如链接了麻省理工学院、加州大学（伯克利分校）、密歇根州立大学、南昆士兰大学、早稻田大学、东京理工大学、东京大学、犹他州立大学和耶鲁大学等名校的相关课程。这样学生不但可以阅览国内外先进大学的生物化学图库、教学录像库、教学大纲库、教案库、教学课件库、习题库、参考资料库等，还可以增加专业词汇的学习，以促进学生科技创新活动，进一步了解生物化学学科前缘动态，充分发挥生物化学精品课程在创新性应用型人才培养中的作用。

（四）精品课程建设是构建与培育学科教学团队重要措施

从生物化学精品课程申报及建设的过程使我们认识到，建设好一门精品课程不仅要有丰厚的物质基础，还需要雄厚的师资力量和一支团结协作的师资队伍。生物化学课程组十分注意师资引进与素质培养工作，2004 年引进陈祥贵、李玉锋和蒋珍菊三位博士，推荐王周玉老师到中国科学院成都分院生物所攻读博士学位，并于 2007 年学成归来；2007 年推荐课程组车振明教授为全国优秀教师，2008 年车振明教授被评为四川省教学名师；2008 年课程组年轻教师唐洁老师到四川大学攻读博士学位；同年，实践经验丰富实验人员芮光伟和张大凤老师攻读硕士研究生学位。经过多年的师资队伍建设，生物化学课程组现有 10 名教师。其中，教授 4 人，副教授 3 人，讲师及实验师 3 人；获得博士学位 5 人，硕士学位 3 人；50 至 59 岁 1 人，40 至 49 岁 3 人，40 岁以下 6 人；已经形成一支职称结构、学历结构、学缘结构和年龄结构比较合理的、团结协作的教学团队。生物化学教学团队骨干教师的研究方向各有侧重，基本上覆盖生物化学的教学内容。动态方向，两位主要研究生物化学保护与生物化学改性，两位主要研究生物化学及生物质能源开发利用，另外两位则主要研究生物化学实验技术。三位教师专攻结构生物、分子遗传、细胞和发展生物方向，两位专攻分子药学、化学生物方向，还有两位则专攻微生物、酶学、计算生物研究方向等。

生物化学课程组教师所承担的科研项目和教学改革项目，无论是项目数量或研究经费、研究成果与论著数量，在各课程组中都占有绝对优势地位。全面考虑生物化学精品课程在各相关学科中基础作用，优化教学内容，加强生物化学课程与其他课程的渗透，强化学生的创新意识、提高动手能力、拓宽知识结构，为培养具有较强的职业竞争力和适应市场需求的高素质应用型人才奠定坚实基础是生物化学精品课程组全体教师的使命。

注释

[1] 付婷，李化树. 论大学精品课程建设 [J].　（西南科技大学）高教研究，2010，95（2）：25 - 26，73.

[2] 潘留仙. 启动精品课程，提升教学质量 [J]. 湖南涉外经济学院学报，2006，6（1）：1-5.

[3] 朱晓慧. 谈谈精品课程 [J]. 黑龙江农业工程职业技术学院学报，2005，1：105-107.

普通高校基础有机化学双语教学的实践与探索[*]

马梦林[①]　刘治国　张园园　陈绍林　蒋珍菊　王周玉　冯灏

（西华大学物理与化学学院）

摘　要：通过对六届学生有机化学专业课的双语教学试点，一些创新性的教学方法得以实践，并在此基础上形成了"一中心、两联系、三突破、四推进"的双语教学新模式。本文对双语教学实施过程中的案例、优势、教学过程中得到的启示、存在的问题和相应的对策进行了探讨。

关键词：双语教学；有机化学；专业课程；教学方法

经济全球化促进人才和教育的国际化，越来越多的高校认识到开展双语教学的迫切性和重要性[1-4]，对于西华大学这类省属高校，面对有限的师资条件、学生基础和教学环境，如何以正确思路开展双语教学更具挑战性和实践意义，为此学院从 2004 级起开展了双语教学的实践与探索。

双语教学并不是简单地用外语讲课或使用外文教材，而是要形成一门目标、理念、模式和方法都有所创新的课程，其根本目的与实质意义是使学生能运用两种语言掌握科学概念、理论和方法[5]。在长期的实践中逐步形成了"一中心、两联系、三突破、四推进"的双语教学新模式，即以提高学生综合素质为中心；以联系学生学习实际和联系新知识发展为着力点；以突破传统灌输式教育模式，突破单一课堂内大班教学模式，突破传统考试考核方法为手段；以全面推进学生基础知识，实践动手能力，专业外语水平和分析解决问题的能力提升为目的。

一、有机化学专业课程双语教学的实施与课程选择

课程的选择是开展双语教学首要考虑的问题。"有机化学（上）"和"有机化学（下）"作为理学化学专业的重点基础课有试点的必要，尝试在 2007 和 2008 级的"有机化学（下）"教学中选取了"糖化学"这章作为试点，但两届学生的信息反馈表显示，超过 65％的学生认为效果不理想，不但专业外语水平没能提高，基础知识的理解也非常困难。分析认为此时学生英语功底和专业基础知识均不足以支撑双语教学的开展，不能很好做到联系

---

[*]　论文受四川省精品课程"有机化学"（JPKC070104）和西华大学有机化学重点学科建设（XZD0912-09）资助，在此表示感谢！

[①]　马梦林（1975—），男，副教授，博士，理化学院副院长，硕士生导师，四川省化学化工学会常务理事，中国化工网特聘专家。Email：mmlchem@163.com；联系电话：028-87721078。

学生实际这个基本要求。

"有机合成"与"波谱分析"作为化学专业必修课程开设在本科三年级，此时学生已经具备了一定的英语功底和理论基础，为顺利开设双语教学创造了有利条件，因此选择这两门理论课程进行双语教学实践。同时，为全面推进学生实践动手能力的提升，在实践教学中开展双语教学的探索也存在必要性，选择"专业综合实验"中部分有机实验开展了双语教学的实践。

二、有机化学专业课程双语教学的授课方式与实践案例

充分利用现代教育技术和网络平台创建的课堂内外的学习环境，凭借丰富的外语教学资源优势，支持学生理解和掌握更多、更新的内容，培养学习兴趣，激发学习动能是我们的思路和工作重心，也从这几点给予介绍。

（一）充分利用双语教学的资源优势

双语教学对教师有着很高的要求，这虽然要求教师阅读大量的英文原版教材、讲义和文献，但供双语教学参考的英语教学资源量大、质优、更新快，是单一中文教学不可比拟的[6]。世界知名大学的开放课程提供了大量先进的资料，为相关课程的开设提供了一个世界级的平台，如哈佛大学有机化学网络课程[7]、耶鲁大学的有机化学网[8]、麻省理工学院开放式化学课程网[9]和牛津大学圣休学院的有机化学网[10]等均提供了大量的素材，同时海量的外文文献资料为研究型教学提供了基础。

（二）慎重严谨的教材选择

教材的选择是双语教学的重要环节，有机化学的原版教科书非常多，如何选择是成功开展双语教学的基础。"有机合成"课选用了 Raymond K. M. 编写的《有机合成指南》（*Organic Synthesis*）第 3 版，其再版次数多，内容更新快，融入最新发展学科成果，如将诺贝尔奖获得者 E. J. Corey 提出的"合成子-切断"的概念引入讲解的内容，同时还新增了近十来年有机化学的研究热点不对称合成方面的内容。作者提供了八个代表性的合成实例进行综合分析，这对于我们在课堂中开展案例讨论和推进研究型课堂教学模式的探索提供了基础。

"波谱分析"课我们选用了 Williams D. H. 编著的《有机化学中的光谱方法》（*Spectroscopic Methods in Organic Chemistry*），该教材第 1 版自 1966 年面世以来，先后连续修订，目前已出至第 6 版，足见其生命力的旺盛及受读者欢迎的程度，注重于应用光谱方法解决结构问题的实用性是该教材最大的特点。作者给出了相当数量的例子，旨在帮助读者提高用谱学方法解决实际问题的能力，其中还涉及了新兴的各种谱学方法，均适合我们提出的"两个联系、三个突破"教学新模式要求。

专业综合实验方面，多样化的实验项目决定了其指导书来源的多样性，大量的外文资料为开展双语教学提供了支撑。如实验项目"Synthesis of 8-hydroxyquinolin"中教师只指定合成的目标物，由学生查找外文文献，经指导教师审阅后作为实验的指导手册；如实验项目"Chemoffice 和 Origin 等化学专业软件的使用"软件配用的英文指导书即是一本良好的实验指导手册。

（三）创新教学方式的实践与探索

"以突破传统灌输式教育模式"为指导思想，在实践双语教学过程中形成了四种创新

性的教学模式。第一，强化双语课程学术沙龙建设与多维交流案例分析教学模式。双语课程学术沙龙建设是双语教学的重点，如在"有机合成"课的教学中我们以2000年《德国应化国际版》（*Angew. Chem. Int. E.*）上的一篇文章"The Art and Science of Total Synthesis at the Dawn of the Twenty-First Century"为开端[11]。文章以 E. J. Corey，R. B. Woodward 和 R. Hoffmann 等为有机合成作出突出贡献的诺贝尔奖获得者的杰出成果为主线，介绍了20世纪有机合成的发展与成就，通过阅读与讨论让学生感受到有机合成的魅力和吸引力，让学生带着深厚的兴趣和探索精神学习这门课，从而取得良好的效果。

第二，学生课前自学理论—学生课前分析研究案例—案例讨论—教师总结归纳理论教学模式。例如"有机合成"课不对称合成一章为化学前沿性内容，很多均是近十年来的研究成果，双语教学能将更多更新的知识展示给学生。首先，学生课前以"有机化学（上）"立体化学章为基础进行理论知识的自学，然后以为不对称合成作出突出贡献的 R. Noyori[12]和 X. M. Zhang[13]教授在《德国应化国际版》（*Angew. Chem., Int. Ed.*）和《化学评论》（*Chem. Rev.*）上的两篇文章为主线，进行案例分析与讨论，让学生触摸到有机合成发展的最前沿，最后以南开大学元素有机化学国家重点实室周其林教授2005年在北京大学所做的关于不对称合成学术报告作为归纳总结，效果非常理想。

第三，研究型课堂教学模式，即"大班授课、小班研讨"的教学模式。"波谱分析"课中实践了研究型课堂，首先，大班授课讲授氢核磁共振谱（^{1}H NMR）的基础知识，然后小班甚至小组讨论解析教材后列出的25个复杂图谱，进而组成研究小组分析更为复杂的图谱案例，如密歇根州立大学波谱分析课网上案例[14]等，让学生形成研究的氛围和研讨的习惯，在一国际性的平台上去探索，凸显了双语教学的优势，这种优势也是单一中文教学不具备的。

最后，创设基于网络环境的教学模式，在西华大学精品课程网和国家精品课程资源网建立课程网站，部分课程全程录播，让学生随时能听到教师的讲解。同时建立了学生互动交流平台，平台提供了一个探讨和交流的空间，更贴近现在学生学习生活方式。

（四）完善的学生激励机制与其他教学环节

"第一课堂"活动和"第二课堂"活动相结合的教育方式，课堂的学时是有限的，而第二课堂的时间和空间却是无穷的。课后的科技活动和小论文是"第二课堂"的主要形式，强调学生共同参与的重要性，让学生通过自己的努力、自觉的投入教学中来。

突破传统考试考核方法是双语教学顺利开展的必要条件，但如何改革突破是一难题，目前我们的试点仅停留在考试命题的创新和改革上，全面的突破仍有待探索。如在2006到2009级的"有机合成"考试中我们尝试提供一篇新的短小的会议论文供学生阅读，要求学生从中提炼出作者的逆合成思想，并将其用于一指定的目标产物的合成工艺设计上，旨在借此类试题帮助学生掌握基础知识，提高学生专业外语水平和分析解决问题的能力。

三、对有机化学专业课程双语教学的思考

双语教学的目的是使用外语作为教学形式去讲授专业知识，而不是教授外语，在进行双语教学中必须明确双语教学不是为了学习外语而是应用外语工具来教学，使学生在掌握学科知识的同时，能够尽量多地使用第二语言。因此，教师必须把握双语教学中的主次关系，明确"英语"是工具，其能为我们的教学提供更多、更新和更前沿的教学资源和一流

的教育平台，让学生更好地掌握专业知识、熟练运用专业技能，利用英语的资源获得学科知识是根本。

总之，双语教学对教学工作有着多方面的促进作用，这种促进不仅仅表现在学生专业英语能力的培养上，更对我们现有的培养方案、课程设置、考核形式等各个环节都提出了新的挑战，为教师学习国际先进教育理念和方法、革新现有课程体系和教学内容提供了新的机遇。

注释

[1] 张剑波，陈旋，陈莉，等. 理论有机化学的双语教学实践与探索 [J]. 高等理科教育，2008，6：159－162.

[2] 于岚岚，郑惠军. 论双语教学的几个问题 [J]. 科技信息，2009 (3)：119.

[3] 涂海洋，杨光富，张爱东. 双语有机化学研究型教学的探索 [J]. 高等函授学报（自然科学版），2008 (21)：22－24.

[4] 刘晓光. 双语教学评价的理性之思 [J]. 黑龙江高教研究，2009 (10)：75－76.

[5] 张建伟，张军征. 以"双语教学"为切入点的《有机化学》课程建设实践 [J]. 山西大同大学学报（自然科学版），2009 (25)：94－96.

[6] 陈博，龙琪，宋怡. 有机化学双语教学网络资源分类介绍 [J]. 化学教育，2009 (2)：47－48.

[7] http://www. haverford. edu/wintnerorganicchem/.

[8] http://www. chem. yale. edu/courses/organic. html.

[9] http://www. myoops. org/cocw/mit/Chemistry/index. htm.

[10] http://www. oucs. ox. ac. uk/web/userpages/.

[11] Nicolaou K. C., Vourloumis D., Winssinger N., and Baran P. S. "The Art and Science of Total Synthesis at the Dawn of the Twenty-First Century". *Angew. Chem*. Int. Ed., 2000 (39)：44－122.

[12] Noyori R. "A New Concept in Organometallic Catalysis". *Angew. Chem*., *Int*. *Ed*., 2002 (41)：2008－2042.

[13] Tang, W. J., Zhang, X. M. "New Chiral Phosphorus Ligands for Enantioselective Hydrogenation". *Chem*. *Rev*., 2003 (103)：3209－3069.

[14] http://www2. chemistry. msu. edu/faculty/reusch/VirtTxtJml/Spectrpy/spectro. htm#contnt.

现代测试技术及应用课程教学的深化与拓展

贺德全①

（西华大学电气信息学院）

摘　要：本文从现代测试技术及应用课程体系构建的完整性和先进性出发，探索了深化教学内容、拓展课程知识面及多元化考试创新方面的相应对策，研究了精品课程的建设实践及辐射作用。在传授经典测试理论与现代测试方法相结合的同时，强调了各领域中的实际应用是本课程的归宿。

关键词：内容深化；工程实例；知识拓展；精品课程

现代测试技术及应用是通信、电子信息、测控工程专业的一门主干专业基础课，笔者多年来从加强基础、深化内容、拓展知识等方面进行了探讨。即以测量原理为基础，体系结构以测量方法为线索，以误差分析来提升，以实际应用为归宿，如图 1 所示。全课程的教学内容分成五大模块，增加了综合设计性实验，注重培养学生的自主学习和创新能力。通过上述纵向与横向整合，都归结到它们在各领域的实际应用。

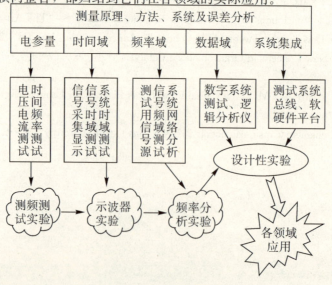

图 1　课程体系结构

---

①　贺德全（1957－），男，硕士，副教授，研究方向为现代测试技术与信息处理。E-mail：hedequan12@126.com；联系电话：13540634451。

一、深化教学内容，提高工程应用的技术起点

在新的课程体系中，注重深化经典测试理论使其脉络清晰，并与迅猛发展的现代测试新技术融会贯通成一个有机的整体。虽然各单元的具体内容很多，但各自都有一条主线，只要抓住这条主线，即可使重点难点分散处理，化难为易。凡是学生"跳一跳，摘得到"的高度，尽量让学生们去跳去摘，以激发他们的求知欲和创新精神。

（一）经典测试理论的优化与新技术融合

本课程在教学内容的设计本着经典理论够用的宗旨，重点介绍了测试系统的共性问题（如误差理论），基本电参量的数字化测试，时域中信号与系统的波形测试，频域中的信号频谱分析，数域中数字系统的逻辑测试基础，从而突出了测试科学丰富的内涵。与此同时注意课程模块或单元之间内在的联系与层次关系，在有限的学时内突出其重点。例如，"电压测量"单元[1]教材篇幅较多，而又是集中电路表征的基本参量之一，许多派生量都可通过电压测量获得。首先要确定是对任意波形的测试及表述，峰值、均值、有效值之间既有区别也存在一定联系，从而引入波峰和波形因素。本单元以电压的数字测量原理及误差分析来提升。逻辑分析仪与数字存储示波器模块之间内在的特点都可显示时间为函数的信号，但前者各通道同时采样数据，得到的是伪波形，后者是非实时采样，显示实际信号的幅度与相位关系，由此突出了它们在实际应用中的辩证关系。

"矢之毫米，谬之千里"这句话可作为差分析与处理单元的引入语，告诉学生学习的必要性。针这一知识点及层次关系，笔者先给出图 2 所示的 N 次等精度测量数据及误差处理"流程框图"。其中，M 为算数平均值，σ 为标偏差，s 为标偏差的估计值，k 为置信因子。再结合教材来引导，突出了本单元的这条主线，给学生一个鲜明的亮点。例如，要求直信度 $P=0.9973$ 的精密测试，样本数 $N \geqslant 370$，工作量很大，而计算机可快速而准确完成。因此，

作为创新学分让学生对自己感兴趣较精密的测量数据进行处理。一些基础好的同学用 C、Vb、Vc^{+++} 编程实现了包括线性回归分析。让学生这一跳，让他们得到了自己动手和工程应用能力的锻炼（高度）。为适用现代测试技术高速发展，对教材中"测试系统集成"模块作了较大充实和完善，使之与经典理论部分有机结合。删除了已并行开设的知识点，如"虚拟仪器"，"串、并行总线"等，综述性地融入了最新发展的测试总线[2]，分布式自动化测试以及基于因特网和移动通信网的网络化测试技术。让学生了解到现代测试新理论、新方法所带来的前所未有的发展空间，提高了课程的"技术起点"。

（二）项目式引导教学过程，实现工程实践的零距离接触

所谓项目指教师承担的科研项目以及积累的应用资源，整理为具有工程应用背景的实例。实例与理论紧密结合，增强学生对基本原理价值的认识。在讲授"时间与频率测量"单元时，教材中往往给出的是原理框图，而具体实现的方法有多种，学生难以理解。因此，安排了"多通道数字频率测试仪"（项目）的实例，先向学生演示，再结合框图重点介绍其核心的门控与计数器部分。分析 Verlog（FPGA 设计）编程的实现原理及方法。又如"频域测试"模块，安排了数字合成信号源（DDS、虚拟数字合成）案例讨论课，学生在轻松愉快的氛围中掌握了信号产生的课程前沿知识。这样，学生在校就能实现工程实

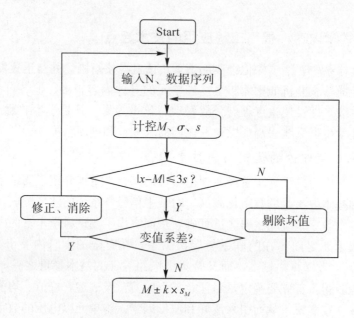

图2　测量数据及误差处理流程图

践零距离接触。

二、从课程体系构建中拓展知识的覆盖面

为使本课程更适应选课学生的专业特点，在淡化专业的基础上有针对性地剖析"体系构建"中的难点，扩充教学素材，拓展学生的视野和知识点。因此，在基于现代测试理论的相应模块设计了表1所示的专题课。既实现了交叉科学的相互渗透，又与同步开设的EDA技术、虚拟仪器、图形化仿真和计算机网络互相衔接，对培养复合型工程应用人才具有重要意义。

表1 学生知识点拓展

模块	新知识点	原理方法	特　点
频域测试	周期信号的分解与叠加	信号的傅立叶分析，图形化仿真	动化演示，生动形象地观察周期信号的分解与叠加过程
数域测试	高速误码测试	基于FPGA的误码检测模块	高速数字传输、复接、交换都可产生误码，误码检测具很强实用性
现代测试系统集成	网络化PXI总线测试系统	LabVIEW \ Functions >>DataSocket	PXI总线端模拟输入，采集数据发送到DataSocket服务器，LAN主机接收数据

可扩充和开放性的实验教学环节，可达到课程知识结构从点到面拓展，基于虚拟仪器技术改革现代测试技术及应用课程实验[3,4]，使实验教学独具特色。2007年从电子科技大学引进了"SJ－8002B型电子测量实验平台"，该平台构成了原理与方法的验证性，设计性实验（两者在实验课时内完成），创新学分三个层次的实践过程。创新学分具有可互动性和极大挑战性，学生可通过连接到实验室服务器上的"SJ－8002B实验平台"（或学院创新实验室），随时在远程（如宿舍）校园网上申报创新实验、网上答疑、完成实验、提

交报告（小论文）。教师仅给出一定的要求，如不同参数测试用实验接口电路板，调用实验平台底层驱动，LabWindons/CVI 应用程序编写及实验结果。学生以个人或小组的形式完成了"数据采集与处理"，"人机对话接口"，"滤波器频率特性测试"等创新实验设计。这也是培养创新性人才的一种很好选择。

三、建立多元化考试与评价体系[5]

传统的课程考试大都采用期末一次性闭卷考试的方式进行，"一考定成败"。其偶然性较大，也容易造成学生突击复习，临时抱佛脚的现象。因此，对"现代测试技术及应用"课程从考试内容、考核方式及成绩评定方面进行了创新尝试。考试内容应体现对学生创新能力的考核，既要考基础理论，更要考理解和应用知识的综合能力。试卷中概念性思考（填空、选择）题、应用题、分析计算题所占比例达到 60％左右，给学生留有充分选择或创新思维的空间。在考试形式上注重教考分离原则，可选用一种或多种考试方式的尝试，虽然各自都有利有弊。实践表明，动态多元化的考试形式能有效地检查教学效果，提高考试的有效度和信度。

在考试中引进形成性评价因素，使使形成性评价得到强化并与终结性考考试相结合，可从客观上消除学分制制目标管理的不利因素。学生的成绩评定主要由三大块组成，如表 2 所示。这是对学生的一种综合训练和考查，能确保考试的公平性和客观观性，学生普遍反映良好。

表 2 学生成绩评定

模块	考核内容	考核形式	权值	总成绩％
1	课堂表现 作业	抽查网上 提交	5 10	15
2	中期考试 期末考试	网络考试 闭卷	20 40	60
3	实验 创新学分	操作、报告小论文	15 10	25

四、深化教学改革的示范作用——精品课程

为适应现代测试技术及应用课程的发展，适应社会的变迁和学生的变化，多年来一直坚持对课程体系内容的研究与建设。2005 年将"电子测量"课程改名为"现代测试技术及应用"，首先注重教材的建设和选用，由于原"电子测量"教材已显陈旧，选用由机械工业出版社出版的"十五"国家级规划教材《电子测量原理》作为教材。该教材特色鲜明，内容充实，从信息、信号与系统的角度，将测量的基本理论和方法推向实用性与创新性。在此基础上自编了实验教材，设计了一些以实用新兴技术为背景的实验内容，从而强化了对学生工程能力的培养。为提高教学水平和质量，成立了有博士、硕士学位及高级职称四人组成的高素质教师队伍，参与到授课、试题库、作业批改、创新实验设计等环节中。经过在教材、实验、教师队伍等方面立体化的、全方位的建设，使之收到了良好的示范效果，"现代测试技术及应用"评为了校级精品课程。

精品课程的实践建立在"学校网络教学平台"（$G_z$shool）上，其内容是本课程丰富

立体化教学资源的集成。重点包括教学大纲、PPT 讲稿、习题与答案、实验指导、参考书籍、论文及视频资料、相关链接等，极大地拓宽了学生的信息量。该平台的另一特点是通过网络在线作业提交批改，发现抄袭、难题解决，在线讨论与在线网络考试。通过体验对本学科相关课程教学具有一定参考价值和辐射作用。

注释

[1] 古天祥，王厚军，习友室. 电子测量原理 ［M］. 北京：机械工业出版社，2004：181－222.

[2] 王勇，王昌龙，戴尔晗. 现代测试技术 ［M］. 西安：西安电子科技大学，2007：165－179.

[3] 徐江，刘羽，王林. 网络虚拟实验室建设的研究 ［J］. 实验科学与技术，2007（4）：132－134.

[4] Gu Jun, Xi Youbao, Yuan Yuan and Gu Tianxiang. "On the Development of a Instrument Experiment Platfrom and Its Applications in the Experiment Curriculums and Education". Macro：International Conference on E-Education 2004，2004：109－112.

[5] 谢发忠，扬彩霞，马修水. 创新人才培养与高校课程考试改革 ［J］. 合肥工业大学学报（社会科学版），2010，24（2）：21－24.

公选课"环境与健康"教学探索

何锡辉[1]①　　王睿[2]

（1. 西华大学教务处　　2. 物理与化学学院）

摘　要：环境问题已成为全球共同面临的重大问题，保护环境，关爱健康，改善环境质量工作被社会广泛重视，进行环境与健康教育，培养学生正确的价值观、环境伦理道德观，树立环境保护意识，开阔视野，提高学生综合素质能力显得尤为必要，本文就公选课"环境与健康"教学中的体会与面临的问题及对策作初步探索。

关键词：环境；健康；教学；探索

公选课是指面向全校学生开设的以人文素质与科学素质教育为核心的综合素质类教育课程，打通原有专业和学科的分界，学生自主选择由学校提供的跨学科、跨专业综合类课程。公共选修课是学校课程体系的重要组成部分，旨在满足学生的不同兴趣、爱好、需求，促进学生个性发展，全面、协调、可持续发展，开阔学生视野，拓宽学生知识面，丰富学生思想，活性、激发学生热情，增强学生的文化底蕴，培养学生的多种技能，提高学生的综合素质，培养学生的创新精神。开设公选课也是高校深化教育教学改革，全面推进素质教育以适应现代经济、社会发展要求的产物，是宽口径、厚基础、综合化、素质化的本科专业教育理念及在教学计划下的自由选课学分制而开设的跨学科课程[1]。

本文就四年来讲授公选课"环境与健康"的点滴教学经验作初步探索，并对存在的问题提出建议，达到提高公共选课"环境与健康"教学效果的目的。

一、"环境与健康"公选课的课程背景、特点、目标与生源

中国面临严峻的环境与健康问题[2]，随着我国改革开放、经济持续快速发展，在创造巨额财富的同时，也付出了巨大的环境代价，发达国家上百年工业化过程中分阶段出现的环境问题在中国集中出现，环境问题已经成为中国 21 世纪面临的最严重的挑战之一，环境污染对人体健康的危害受到人们越来越多的关注；而全民医疗改革举步艰难，进展缓慢。环境与健康形势严峻，需要全社会提高意识，以及共同参与和行动[3]。

环境与健康是一门跨环境科学、医学、生物学科的交叉学科。应用环境科学、生物科学化学、健康卫生学等基础理论和技术系统地研究自然环境、生活环境和人体健康的关系；揭示环境因素对人群健康影响的发生、发展规律；达到环境教育的目的，树立环境保

---

① 何锡辉（1972—），男，四川武胜人，副教授，理学硕士，主要从事水处理方面的研究。Email：xihuihe _ 1@ 163. com。

护意识，进行可持续发展观，科学发展观的教育，培养学生正确的价值观、环境伦理道德观，拓宽学生的知识面，最终达到提高学生综合素质能力的目标。

学校对全校性公选修课程有一个基本选课要求，根据拓宽基础、沟通文理、强化素质、体现通识教育的理念，学生一般从一年级下学期或二年级开始选修公共选修课程，学生可跨学院、跨专业选修。根据几年选修"环境与健康"的学生所在专业部分数据来看，人文学院、艺术学院、管理学院、外国语学院、经贸学院和机械设计与制动化学院所占比例较高。

二、提高"环境与健康"公选课的教学效果[4-6]

高校公选课普遍存在诸如课时少，学生差异大；教材选择较困难；教学管理相对松散等问题。根据选修"环境与健康"的生源与课程特点，我们制订了科学、合理的教学计划，实施以案例为主的互动式教学，讨论式教学，激发学生的学习兴趣，提高教学质量。围绕着环境—健康这个主题，我们进行了以下的尝试。

（一）教学大纲的确定与教材的选用

根据课程特点与教学目标，集体讨论确定了环境与健康的教学大纲和相应的课程内容，选用了由程胜高、但德忠编写的《环境与健康》教材，以及参考书与学习网站。

（二）采用课件教学

为更加直观、生动、有效地教学，充分利用学校的多媒体硬件，笔者加强了多媒体课件制作，改变传统"黑板＋粉笔"的教学方式。课件可以集文字、图形、声音等各种形式于一体，这样更加形象和直观，大大提高学生的学习兴趣。比如，在介绍大气、水污染与健康时，将大气、水污染源及污染物进入人体途径的相关图片加入课件中，给学生更加直观的感受，让学生能够充分认识到什么是大气、水污染源，污染物是如何进入人体的，污染物对人体的危害如何；在讲解居室污染的危害时，将室内主要污染物进入人体的途径以动画的形式表现出来，更加直观、形象，让学生更容易理解。

（三）结合实例教学

环境与健康的实例、案例材料多，在讲课过程中，结合实际案例，不仅能充实教学的内容，而且使得学生对这些内容从感性认识上升到理性认识，对所学的知识有更深刻的理解，从而增强了教学效果。例如在讲到水污染与健康时，结合大家所熟悉的中石油吉林化学工业公司双苯厂发生爆炸所引发的松花江流域重大水污染事件，美国墨西哥湾原油泄漏事件，大连输油管爆炸事件，紫金矿污染事件；在讲到大气污染与健康时，结合实例大气污染环境事故——安化"5·8"中毒事件，重庆开县"12·13"井喷事故，天津大港"10·31"油田井喷事故，石家庄华北"9·28"油田井喷事故，在鲜活的案例中加深学生对大气污染与健康的理解。在讲到食品与安全时，结合三鹿奶粉事件、地沟油事件、火锅老油事件讲解。并且，在案例讲解的最后，提出一些问题给学生，引导学生去思考，启示学生关注环境与健康，提高学生综合素质能力。

（四）讨论式教学

讨论式教学法就是老师在提示、指引下，激发学生积极去思考并且在师生之间进行交流、探讨，从而使学生掌握知识点，提高认识的一种教学方法，这样使每个学生都有兴趣积极参与，活跃课堂气氛，培养了自学的能力。当下，环境与健康是大家十分关注的话题，就环境污染与健康的危害时刻在世界各地上演，同学们有这方面的共同话题和感性认识，只要我们精心设计好讨论点，引导学生对问题展开讨论，各个专业的学生在讨论碰撞中升华认识。当然确定讨论点是讨论式教学的难点，因为讨论点的确立直接关系到课堂讨论的质量。经过实践，笔者认为讨论式教学共性主要有：第一，教学的重点、难点内容往往是值得讨论的，在讨论中理解了重点、难点问题，其他问题是也就迎刃而解了。第二，问题的关键就是讨论点，这个突破口就是解决问题的关键，笔者常联系环境污染的热点问题，健康危害常识问题进行立论。第三，讨论点还可以设在解决问题的方法上，如环境污染的预防与处理问题，不同专业的学生思考问题的方法不同，学生则会在讨论中相互启发；第四，教师必须对讨论过程进行指导与调控，进行必要的提示、点拨、设疑、答疑等。一是调控学生的情绪。在讨论中，学生极易出现强烈的情绪，有时甚至影响纪律，降低讨论质量，所以，既要激发学生的情绪，让他们发自内心的参与，又要寻求有效的方法，使学生的情绪保持良好的状态。二是调控进程，讨论过程中学生活动相对分散，干扰因素相对增多，教师要通过提要求、分组检查等形式，确保讨论活动的课堂效益。

（五）影片教学

影片教学的特点是视听并用，能充分地发挥学生感官的作用。它是一种综合性的教学媒体，也是一种形象化的教学媒体，能真实地再现客观事物，并能以形象的方式展示客观事物，有助于把复杂的难以理解的事物变成简单易懂的事物。影片教学生动形象，富有感染力，容易引起学生对所学知识的兴趣和注意力，对学生掌握知识的感知、理解、巩固、记忆、应用五个环节都起着重要的作用。

我们在课前或课末或课间休息安排了播放高等教育出版社出版的 29 集大型系列片《环境与可持续发展》，播放与本次授课内容相关的影片，使学生能够对当堂课所学的内容有更形象、更深刻的认识。这一教学方法极大地激发起了学生的学习兴趣，加深了学生对知识的理解、记忆，得到了学生们的认可和支持，增强了教学效果，提高了教学质量，是一种"双赢"的教学手段。

（六）课外辅导与交流

笔者将电子邮箱、电话与 QQ 号告诉学生，供学生联系交流。学生若有问题可及时地反馈给笔者，我再根据学生反馈的问题，到课堂上做补充和总结。其次是不定期布置一些热点问题，让学生自己通过网络或查阅图书馆资料，关心、了解与认识环境热点问题，培养学生发现问题、分析问题和解决问题的能力。另外，笔者还为学生推荐相关的网站，如网易公开课、新浪公开课，让学生视频观看国外名校大师讲解的公开课程，扩大知识视野，增强学习兴趣，使大家能有兴趣爱好进一步深入地学习。当然学生们在学习过程中遇到疑问或者有新想法，都可以在同学之间或与我进行交流讨论。

三、课程教学过程中存在的问题及对策[7,8]

在教学中我也遇到一些困惑与问题，时常也思考解决的方法，这些消极因素制约了环境与健康课程教学效果的进一步提高，有待改进与完善。

（一）学生选课盲目性的问题及对策

目前，学生对公选课的选修比较盲目。主要原因是对公选课不重视，大多数学生认为公选课程的重要性远不如基础课程和专业课程，学习公选课的目的是为了拿学分，而不是真正学到东西，混学分现象较为严重。在选课中，部分学生在选课前根本没有看相关课程内容简介，全然不顾自己是否感兴趣，盲目选课；还有的学生委托他人代选，选什么课完全由代选人说了算，因此与正常上课的时间相冲突也时有发生。还有的学生交的作业完全就是从网上或从其他书上抄袭来的，完全没有经过自己思考。这些现象说明学生选课重视程度不够，选修比较盲目，完全没有意识到公选课的选修，是完善自己的知识结构，培养自己综合素质与能力；同时学生对公选课的学习态度不端正，抱着混学分的想法，导致选修课的出勤率不高，虽然教与学是互动的，教师良好的教学质量能激发学生的学习动机与兴趣，但是学生的"选而不学"主要原因还在于学生自身。针对学生盲目选课，及避重就轻"凑学分"的情况，学校首先必须对学生加强宣传公选课的教育理念，使其明白公选课的学习是完善知识结构，是丰富发展自己的兴趣、个性，是领略不同学科的名师风采，接触不同学术领域的思想体系与思维方法。其次，学校、学院应督促学生仔细研读学校制定的有关公选课的管理规定，使学生了解开设公选课的目的、意义和作用；应制订清晰的学生选课操作步骤和流程，将所有公选课程的简介及相关介绍放到学生方便看到的显要位置，让学生提前做到心中有数，提高选课效率和效果。第三，学校应不断加强校园网络建设，拓宽网络选课平台功能，使学生能在校园内甚至在校园外能通过网络进行任意选课，增加选课地点的机动性，方便学生选课。针对公选课"选而不学"的情况，教师必须加强课堂管理，注重学生平时的出勤、作业水平、课堂反应等情况，凡缺课数累积达到一定量的取消考试资格，以此来敦促学生参与课堂教学。

（二）教师课堂管理不严的问题及对策

近几年由于在校学生的增加，各高校教师承担的教学任务、科研工作也相对繁重，部分教师认为公选课的教学学时数少，学生多，经常是来自全校各个专业一百人左右的大课，且课程一般安排在周末或晚上上课，教师在教学过程中投入的时间和精力相对必修课就少多了，导致个别教师备课不充分。甚至有的教师错误地认为选修课学习的好坏并不影响学生的成绩，对学生今后的择业、工作等都没有影响，因而影响了公选课的教学质量。教师如果要没有高度的自我奉献精神，对教学、学生情况了解的责任心，没有严格的课堂管理和课程考核，就很容易导致课堂上繁衍了事，难以保证教学质量。

1. 端正态度，注重自我奉献

我认为好的教师应有一个积极的教学态度，将学生放在整个工作的重心，为人师者，就是要具有自我奉献的精神，不能用世俗的功利来衡量个人的得失，公选课教师更应该如此。承担公选课的教师，应有充分的思想准备，把自己与教学无关的事提早安排，为公选课让路，即便是需要放弃自身利益也在所不惜。否则，动辄调课，或让别的教师临时顶替，会严重影响学生的学习情绪和扰乱学生正常的时间安排。另外，要开设一门几乎没有前人任何资料的公选课程，教师要付出更多的时间和精力。这就不能简单地从付出和回报来进行核算，而是应该注重自我奉献精神和教师人格魅力的展示。

2. 开展调研，掌握学生情况

公选课授课的一大障碍是对学生情况的不太了解，无法有针对性地进行教学。要想取得好的教学效果，必须多掌握学生情况，因为教学是心灵之间的对话，是一个灵魂对另一个灵魂的抚摸和唤醒，它需要我们俯下身去，站在学生一般高，从学生的实际需要出发，用充满爱的心细心倾听学生的声音，和学生共同见证成长。所以，一是公选课教师要改变过去上完课即走人的做法，要留下来多与学生沟通，了解学生对课堂内容的反映；二是可以通过问卷调查等形式系统了解学生对公选课的要求；三是可通过课前及课间休息时间与学生交流和沟通，了解他们的思想动态、知识水平、能力结构等。

3. 严格课堂考勤，严格学生考核

公选课教师有时布置一些专题让学生课前准备，课堂讨论。但学生常常是充耳不闻，他们将更多的时间都给了英语和专业课的学习。公选课是可上可不上，甚至是当做一种消遣课程来看待，他们是不会投入很多精力的。所以，师生课堂互动难度大；公选课的课程考核有时要求学生交一篇论文。老师对论文的内容和形式都会提出一些基本要求，但学生基本上是熟视无睹、敷衍了事，有的干脆直接从网上下载，自己看都不看就交给老师。翻看公选课的课程考核论文，可以看到不少抄袭的痕迹。

针对考核方式的不严格，我们有必要转变观念，不能简单地将它定性为考查课，可鼓励多种考核方式，如强对学习过程的考核，建立平时成绩与最终考核相结合的考核方式。最后，要严格课堂考勤，任课教师可以将学生的课堂出勤等表现情况反馈给相应学院或辅导员，从而间接影响该学生的奖学金评定、优秀学生干部评选等切身利益。

"环境与健康"公选课在文化素质、专业拓展、文理融通和全面发展教育中，发挥着独特的、不可替代的教育、教学功能[9]。公选课为管理者和教师都带来了新的挑战，但对于这种具有特殊作用的公选课，管理者和教师都应该不怕麻烦，迎接挑战，不断进行教学改革探索，使"环境与健康"公选课逐步走向完善。

注释

[1] 石鲁珍，杨可晗. 浅谈公选课在大学素质教育中的重要意义 [J]. 科技信息：学术版，2006 (3)：46.

[2] 张艺蕴，张开宁. 环境与健康——中国新世纪的一个现实话题 [J]. 环境与健康管理，第四届国家环境与健康论坛论文集：308-314.

[3] 苏杨. 国务院发展研究中心社会发展部"中国农村环境污染调查". 2006-1-14.

[4] 崔雪梅，汪殿蓓. 《环境生态与可持续发展》公选课教学效果分析及对策 [J]. 中国科技创新导刊，2011 (19)：44.

[5] 郭兆魁. 把环境教育当做素质教育的一个重要课题 [J]. 山东环境，2000 年增刊：200.

[6] 李小娟. 民族院校开设《环境与人类健康》公选课教学探讨 [J]. 科技信息，2010 (25)：589-593.

[7] 张香萍. 高校公选课存在的问题及对策 [J]. 民办教育研究，2010，54 (3)：82-87.

[8] 胡卓生. 高等院校环境与健康教育现状及对策研究 [J]. 卫生职业教育，2007，25 (24)：5-8.

[9] 尹玉英. 公共任选课设置要规范 [N]. 光明日报，2006-05-17.

案例式教学法在药剂学教学中的应用[*]

何宇新^①　李玲　杨文宇　杨潇
（西华大学生物工程学院）

　　摘　要：为了提高学生的学习热情，开发学生潜能，提高教学效果，笔者结合药剂学专业课理论教学特点，探讨了在部分理论教学内容中应用案例教学法。

　　关键词：案例教学法；药剂学；应用

　　21世纪是生物医药迅猛发展的世纪，药剂学作为培养承接21世纪新型人才的学科之一，面临着巨大的生机和前所未有的压力。如何培养与国际接轨、适应医药企业需要的新型人才是我们药学教育工作者的责任和任务。目前，我们这种以教师为中心的传授式的教学模式很难调动学生学习的积极性，已不能适应新型人才培养的需要。

　　案例教学法是近年来在教学中较为常用的一种成功教学方法，其来自希腊哲学家、教育家苏格拉底的问答式教学法，直到19世纪80年代后才被美国哈佛大学发扬光大，而它在中国的运用是从20世纪80年代以后才开始的。这种教学方法有别于传统的教学方法，能够理论联系实际，提高课堂教学效果。当然，案例式教学作为一种先进的教学方法，并不能适用于所有课程的教学过程。从本质上讲，案例式教学是一个从具体到抽象，从个别到一般，从微观到宏观的思维过程，贯穿着分析与综合、归纳与演绎，符合人们的认识发展规律[1-3]。

　　因此，本文就案例教学法在药剂学理论教学中的应用进行阐述，使其能够进一步在教学中合理应用。

一、案例式课堂教学实践

1. 案例1

　　2006年7月24日，青海西宁部分患者使用"欣弗"后，出现胸闷、心悸、心慌等临床症状，青海药监局第一时间发出紧急通知，要求该省停用。随后，广西、浙江、黑龙江、山东等省药监局也分别报告，有病人在使用该注射液后出现相似临床症状。截至8月9日，广西，浙江、黑龙江、山东等十个省份共报告八十多例不良反应病例，其中死亡报告6例。

　　* 基金项目：西华大学校级教改项目（09JG301）；西华大学校级精品课程建设项目（XJJPKC0921）。
　　① 何宇新（1976—），男，重庆人，副教授，医学博士，主要从事药物新制剂新剂型研究。Email：heyuxin66@126.com；电话：13981850645。

问题：所有的药品都要按照国家食品药品监督管理局所批准的工艺进行生产，在出厂之前都要严格按照质量标准进行质检，为什么出现如此严重的不良反应。

分析：安徽华源生物药业有限公司违反规定生产，是导致这起不良事件的主要原因。国家食品药品监督管理局会同安徽省食品药品监督管理局对安徽华源生物药业有限公司进行现场检查。经查，该公司 2006 年 6 月至 7 月生产的克林霉素磷酸酯葡萄糖注射液未按批准的工艺参数灭菌，降低灭菌温度，缩短灭菌时间，增加灭菌柜装载量，影响了灭菌效果。经中国药品生物制品检定所对相关样品进行检验，结果表明，无菌检查和热原检查不符合规定。

该案例有助于进行药剂学教材中关于灭菌技术的理论部分的教学，学生会有更大的兴趣进行相关知识的学习，如对于灭菌有哪些方法，热压灭菌过程中所需的温度与时间的关系，灭菌参数在灭菌过程中的意义与应用等。

2. 案例 2

2000 年 11 月 15 日国家药品监督管理局发布暂停使用和销售含有 PPA 的感冒药制剂的通知，其中包括中美史克公司的康泰克和康得两种药品。通知发布后中美史克立即举办了媒介恳谈会，表示支持国家药监局的决定，并正式对外宣布停止两种产品的生产和销售。康泰克和康得两种产品自此退出市场。PPA 事件广受公众瞩目，也引起消费者对感冒药使用的恐惧，中美史克的康泰克，经多年的市场推广，成为感冒药市场的领导品牌，占有中国约 1 亿元的份额，遇此危机，史克公司没做任何辩护，果断决策，英雄断腕，让产品立即退出市场，损失是巨大的，但决策非常英明，现在回头分析，这一决策顺应时势，结果失去的是无可挽回的产品利益，但却保住了康泰克品牌这一巨大的无形财富。为新康泰克 292 天后能卷土重来，夺回市场奠定了良好基础。

问题：为什么康泰克会因为 PPA 退市，新康泰克在处方、制造工艺上做了哪些改进？

分析：康泰克内含两种活性成分：盐酸苯丙醇胺 50ng（PPA、鼻黏膜减充血剂）和马夹酸氯苯那敏 4mg（抗组胺药），两种成分协同作用缓解鼻部症状，它拥有独特的缓释技术。中国国家药品不良反应监测中心当时对国内含 PPA 的药品的临床使用情况进行统计，结合一些药品生产厂家提交的用药安全记录，发现服用含 PPA 的药品制剂（主要是感冒药）后易出现严重不良反应，如过敏、心律失常、高血压、急性肾衰、失眠等症状，在一些急于减轻体重的肥胖者（一般是年轻女性）中，由于盲目加大含 PPA 减肥药的剂量，还出现了胸痛、恶心、呕吐和剧烈头痛。这表明这类药品制剂存在不安全问题，要紧急停用。新康泰克胶囊每粒含盐酸伪麻黄碱 90 毫克，马来酸氯苯那敏（扑尔敏）4 毫克，盐酸伪麻黄碱为拟肾上腺素药，具有收缩上呼吸道毛细血管、消除鼻咽部黏膜充血、减轻鼻塞症状的作用；马来酸氯苯那敏为抗组胺药，能进一步减轻感冒引起的鼻塞、流涕、打喷嚏等症状。本品内容物中既含有速释小丸，也含有能在一定时间内发挥作用的缓释小丸，其有效浓度可维持 12 小时。

该案例有助于缓释制剂的相关内容的学习，包括缓释制剂的概念、临床意义、处方设计、缓释机理等；同时，由于康泰克胶囊内容物是微丸，因此，对于微丸剂相关知识的掌握，也会起到重要作用，如微丸剂的定义、特点、制备技术等。

二、案例式教学法中应注意的问题

1. 案例筛选

采用案例教学法时，不能随心所欲地选择案例，而是要根据教学内容的要求和教学目标的层次，精心选择与设计。在进行选择时一定要考虑案例是否贴切、恰当，能否全面反映教学内容；案例是否生动、具有吸引力，能否提起学生的兴趣；案例是否贴合生活与工程实际，能否被大部分的学生所认知。

2. 案例教学

案例式教学以提出问题开始，并以提出问题结束。因此对于问题的准备要适度，同时具有一定的目的性。案例式教学中，学生作为主体，教师只发挥着调节能力，但是也不能忽视这种调节能力给教学带来的效果。在教学过程中，教师至少应该做到两点：一是应用生动有趣的问题，二是适时适度提问。

三、结语

案例教学法是以培养学生的能力为核心的新型教学法，使用此教学方法，选择某些合适的实际案例，通过多媒体的有效传媒手段，结合传统教学手段，围绕教学主线，自然切入，以理论讲授为主，以案例教学为辅，采用理论精讲—案例例证—理论巩固的方式，教学效果明显改善。但是，我们也要正确认识案例教学法的应用意义及其存在的不足，把其与传统教学有机结合，从实际出发，使其真正服务于教学，提高课堂教学效果。

注释

[1] 马廷升，朱兰翠. 案例教学法在药物分析教学中的设计与应用 [J]. 药学教育，2006，22（3）：35
－36.

[2] 陈静，舒丽芯，陈盛新. 试论案例教学法在《药事管理学》教学中的运用 [J]. 药学教育，2008，
26（6）：468－469.

[3] 袁子民，程岚，吕佳. 案例教学法在中药药剂学理论教学中的应用 [J]. 卫生职业教育，2010，28
（2）：45－48.

从素质教育的大视角看大学语文的作用与改革

黄进①

（西华大学人文学院）

摘　要：面对素质教育的大趋势，大学语文课程应进一步明确自身的价值，确立在培养大学生文化素质体系中的定位；与时俱进，注重青年学生接受特点的变化，谋求教材、教法更新，提高教师自身素质和注重发挥引导作用，达成其素质教育功能。

关键词：课程建设；大学语文；教学模式；创新

进入 21 世纪以来，科学技术的发展突飞猛进，作用巨大，影响深远，尤其是信息科技的飞速发展，正在以前所未有的深度与广度改变着世界。在此形势下，高等教育从传授知识，到培养能力，再到重视素质的转变过程已成为必然。置身其间的大学语文课程将扮演什么角色，这是需要本学科的教学与研究者深入思考和探索的。

大学语文（或相应的"经典导读"、"文本欣赏"等课程）是进行文化素质教育的一门重要课程，它从中国文学的典范作品出发，从思想、情感等各个角度对学生进行潜移默化的教育，让学生在认知、感悟中获得思想启迪、道德熏陶、审美陶冶、艺术感染等综合效应，这些效应可帮助学生正确辨别真善美与假恶丑，提高其审美的悟性，形成健康的人格和高雅的审美情趣。

一、要从构建和谐社会和素质教育内涵要求的背景出发看待大学语文的价值和作用

构建和谐社会需要大力促进社会成员素质的提高，呼唤学校培养和谐的人。因此，高校培养出来的人才必须是适应新时代的具有全面综合素质的"能人"——复合型多功能的具有应变能力、创造能力和时代精神的高素质人才，绝非"高分低能"、只会死记硬背却不能独立思考、缺乏理想与高尚情操的工具操作者、"机器人"、"庸人"。如果培养的对象不能超越自己的专业领域，他自己也无非就成了活的工具而已。工具和技术的进步固然重要，但人绝不能把自己降低到工具的层次。在科学与人文之间，仅仅根据时代和风尚的需要而偏废一方的教育是畸形的教育，这种教育所培养的人也绝不是健康和谐的人，在科技日益昌明的今天，重自然科学轻人文科学的畸形教育已经带来诸如"精于科学，荒于人学；精于电脑，荒于人脑；精于网情，荒于人情；精于商品，荒无人品"等问题，要改变

---

①　黄进（1969—），男，讲师，主要从事文学理论研究。

这种现象，就应从观念和实践上重视大学生综合素质的提高。这种培养不能仅仅局限于单纯的专业知识、技能的掌握与运用，更重要的是要帮助学生形成全面的知识结构，促使其在认识、情感和意志等方面健康地发展，着重强调人才随着社会的发展而不断地获得一种新的观念，一种主体能动性的感召力、创造力和想象力，被注入一种"灵魂"。这个"灵魂"就是科学精神和人文精神。

大学语文首先担负着高扬人文精神的重任，对此我们还需加深认识。当前道德危机严重，拜金主义盛行的社会现实，使高扬人文精神常被理解为加强思想品德教育，其实，它的涵盖面要广得多：包括对人类现实境遇、未来命运的关怀，对个体生命意义及人生价值的探求，以及美感的培养，情趣的陶冶，人格的塑造，灵魂的锻铸等等。大学语文应向学生播撒人文精神的种子，这是毫无疑义的。

大学语文在高扬人文精神方面任重道远，在培养学生的科学精神方面也负有一定的责任。科学精神是一种超出信仰之外的力量，是人类对自身、宇宙及二者关系的理解力，是人们对所面临环境的控制力；是对真理和知识永无止境的探求，是坚持不懈的研究、创造、实验和证明；它的辞典里无禁区，无权威，有的只是独立判断，自由开创和自我负责。

历史证明，缺乏科学精神的民族与个人不可能具有人文精神，而科学研究、技术发明只有在人文精神的光环里才能获得人道的方向。大学语文课也只有在明确这个基本点以后，才能有所作为，才能为素质教育作出应有的贡献。

素质教育的使命在于培养和造就新世纪青年学子的主体意识、创造意识和时代精神。所以全面推行素质教育是中国教育一项改革与发展的社会系统工程和战略抉择，是一项既具有深远意义又非常艰巨的任务；是一场深刻的教育革命，它决定着我们各门课程的改革方向。因此，当今大学语文课程的改革与建设，也必须自觉地、非常明确地置放于这种大背景中。

不同的民族、时代有不同的素质观，当今世界各国纷纷提出新世纪的人才标准，对未来人所需具备的种种素质加以设想。由于世界的国际化进程越来越快，所以尽管各国说法不一，在对未来人的素质要求上却颇为相同：未来的人应该具有开放意识，批判意识，效益意识，资源意识；应该富于自由精神，独立精神，冒险精神；应该善于获取和处理信息，协调和处理人际关系；应该学会道德判断，培育多元智能，保持身体与心理的健康。

大学语文所具有的人文素质教育功能，具体而言，就是通过教材的选编、讲解，调动学生情感与理性的参与，来达到提高学生人文素质的目的。它体现在下述几个方面。一是提高学生的心理素质：针对当今青年学生性格脆弱而又具较强独立意识，挫折承受力低的情况，以表现自尊、自立、自强不息精神的中外优秀作品做教材，强化其心理素质。二是提高学生的道德素质：针对社会道德弱化，信仰危机的现实，以对真善美充满崇仰之情，对自私、残忍、鄙俗、浅薄无情揭露和抨击的优秀文章作教材，增强其道德判断力。三是提高学生的思维素质：针对我国传统思维方式偏于主观随意，神秘直觉、整体归一的缺点，有意识地引进体现西方重实证实验、严谨分析的科学思维方法的典范文章作教材，以使东西方思维之长在青年身上得以融汇。四是提高学生的艺术素质：针对我国艺术教育长期贫弱，学生艺术修养偏低的状况，加重艺术欣赏的分量，不仅有对中国的也有对外国的诗歌、戏曲和小说的欣赏；不仅有对语言艺术的欣赏，也有对经由语言传达的音乐、舞蹈、绘画、雕塑及新艺术形态的欣赏；不仅培养艺术感悟能力，也培养艺术思维品质。这样，我们的学生才能成为兼具多元智能的复合型人才。五是提高学生的语言素质：这是大学语文最直接、最明显的功能。需要注意的是语言素质与一般语言运用能力存在着层次的差别，许多人能读会写，理解与表述清楚无误，却不能视之为语言素质好。语言素质是一种较高的人文修养，它能使说者或写者的表述时有火花闪烁，充满机敏、幽默和睿智；也能使听者或读者的接受常感灵犀之通，频生醍醐灌顶，如坐春风之醇畅。这种修养必在长期的阅读和生活体悟中逐渐形成。因此，可以熟练地遣词造句说话作文，只算达到了大学语文的初级目标，只有当学生的语言修养有了全面的提高，才能说大学语文的素质教育功能得到了某种程度的实现。

二、要从更好地发挥学生的主动性，注意学生的个性发展方面来创新大学语文教学模式

从素质教育的内涵要求来讲，它是和学生个人的兴趣、爱好、特长密切联系的，它更要求发挥学生的主动性和创造性，更要求让有关的素质标准、规格等变成学生的自觉行动。因此，学校的一切教育教学活动都必须始终明确：学生是学习的主体，教师的主导作用一定要通过学生自觉的学习活动来体现。当前，尤其应重视教材的更新、教法的创新和教师主导作用的发挥。

（一）教材的更新

各地各高校的大学语文教材大同小异，知识密集却趋于古旧，即使一再编选、修订、增删或改变体例，却仍难摆脱多少年一贯的老面孔：内容基本是中国古典文学的传统篇目，再缀以少量的现代和外国文学作品，所出的思考练习题也不外乎社会意义、艺术特色的老套路。甚至有人提出大学语文课只读孔孟或老庄即可。21世纪已过十年，日新月异的变化在我们的教材中更是难觅其踪。此外，语言与文学自身近几十年来的发展也使人目不暇接，互联网和手机的普及促使新文体和新形态大量涌现，教材对之的关注度却极其稀薄。能否有意识地选择一些表现科学精神的典范作品作为教材，并站在人文的高度来对之加以诠释，以使我们的青年充满理性精神和创造激情？能否推进教学内容选编的速度，让部分被时代普遍高度关注的作品以动态的形式进入课堂，即使不能界定这些作品作为经典的意义，也能使青年学子更多地了解前沿、关注现实？

（二）教法的选择

目前的大学语文教学方式大致可分为三种情况。

第一种情况，以中文专业为特色的讲授方式，该方式注重对作品本身作文学性、语言性的理解、赏析。目前，这种方式在大学语文的教学方式上占多数，居主流地位。这种教学方式仅停留于基本的理解水平，较中学的语文教学，内容上更精致、更丰富、更细腻，氛围感更深厚，更利于促使学生感悟。但是，能在这种氛围中领悟的人毕竟很有限，对大多数学生而言，往往会有所意会，但还不知其所以然，似有不尽如人意之处。

第二种情况，以水平考试为中心，以达标为目的的教学方式。它有明确的学习范围、水平级别、题型内容比例等要求，特点是以达标为目的，考什么就教什么，教学指导思想是如何帮助学生达标，教学上注重训练。这种方式为考而教，不符合人文学科非功利、重

启发性、重感悟的特点，要真正启发、感悟学生就应在宽松的学习状态中进行。人文学科要求对学生而言，教学是有兴趣的、主动自觉的，没有压力的；而应试教学在这一点上恰恰本末倒置，它把学习动力由内在的兴趣变为外在的压力，由主动的探寻变为被动地应付。

第三种情况，以启发学生开阔思路，引导学生进行学术探讨为特色的方式。它往往借文章引发展开对其所涉及的人生、哲学、语言、美学等方面问题的探讨，可将学生引向学术的前沿，结合当代的一些课题做一些专业性的了解、深入。从提高学生思想境界，培养理想的人格、价值观这一角度来看，这种方式最为可取。它通过学术性的研究，促使学生对该如何做人，做什么样的人等终极问题进行思考，对其思想品位、境界的提高有直接的促进作用。这种教学方式对教师提出了更高的要求。因为我们在备课时，往往是从自己的认识和占有的资料来考虑、来准备的，其中有些知识已经老化、陈旧，而今天学生接触的信息有时比教师还多，他们中有的思维也比较活跃，因此能够提出我们意想不到的问题、看法，可能当场无法解答，但却可以促使教师深入钻研，可以教学相长，更有实效。

（三）高度重视接受者的变化

在整个社会呈现文化快餐式消费的现状影响下，如今的学生不大倾向于从作品中寻求对自己的意义，而往往以一种隔岸观火式的赏玩态度对待作品。他们不但有权选择作品，而且有权选择和抽取作品的意义。阅读一结束，作品随即被其他信息淹没。这是当代青年接受方式的改变形成的新特征，在教学上还没有引起足够的重视。有些过去的传统名篇，教师很欣赏，但是讲过之后学生并不以为然。这就引起我们思考：从编写教材到讲授内容，不能只是凭教师的主观愿望与传统评判标准。实际上随着社会生活、生产方式的日新月异，人们的观念不断变化，学生的思想也在起变化。我们的教学如果一成不变地照搬过去的一套，忽视了当今学生在想什么，忽视了让学生在学习中发表自己的意见，教学效果难以达到预期目的。

无疑，当代青年人的这种急功利近、急于求成的浮躁心理，对需要在虚静之中才易领悟、体验到的意义、情感价值等因素而言是极为不利的。面对当代青年接受方式和审美方式的新变化，大学语文教学在讲解思路上是否仍坚持以往的文本中心原则，即认为一切讲解都应以作者或文本的原意为准，其他的一概视为异端。这是值得商榷的。现当代阐释学的理论可给我们一些启示，阐释学认为"理解对人生负有双重的责任：它使人与生活及文化传统建立起意义联系的同时，彰显出人的自我理解"。它强调读者的个人体会，不唯经典是尊。使用语言是同时在理解语言现在的意义和语言由历史而来的意义变化。"作品在形成时，作者要同时介入这二种意义关系，理解作品时，解释者也要同时介入这二种意义关系。"注重语言的客观意义，也不忘由理解而来的主观意义；既重视有意识的意义，也注意对无意识意义的发掘。阐释学的发展使处于阅读地位的读者地位得到了应有的提高。同样具有阐释意义的大学语文教学为什么不可以在充分领会原著的基础上有个人的发挥呢？唯有变通才会使大学语文的讲解呈现出个性的色彩，才会充分发挥每个教师主体理解的能动性，才可能讲得深入，才谈得上讲出神韵，触及学生心灵。事实上，当代青年是乐于接受这种变化的。在大学语文教学过程，注意这种变化，对教学水平整体的提高具有现实意义。从某种角度讲，这种改变会使原著经典本身的信息有所损失，但它毕竟不是对原著经典的取代，作为介绍，它在引导当代青年与人文精神做一沟通，在这方面这种改变有其效果。

（四）教师的作用

不得不承认，传统文化在青年学生中已出现断层现象。一方面是历史因素造成的，他们接触传统文化的机会有限；另一方面，他们受自身阅读能力的制约，接触经典著作时，既有文字阅读的困难，更有缺乏相关文化背景知识造成的理解障碍。同时还要看到，社会转型期多元思想、多元文化和多元价值观相互激荡，社会思想文化呈现的复杂性以及信息密集传播和轻易获取的特点也使青年学生容易形成接受障碍。帮助他们克服这些障碍就成了大学语文教学的一个重要内容。如何将课文讲深、讲透、讲出味儿，这是对大学语文教师教学水平的一个实实在在的检验。最终的落脚点是精心讲好每一堂课，针对当代学生的接受特点，力争通过每篇课文的精讲，为学生开启一扇通向人文精神圣殿的大门。因此，对每位大学语文教师而言，要提高本课的教学水平，就应加强精讲这一关键环节。

精讲内容可分两层。第一层指字句段的疏通串讲，对基本思想、基本情感的理解和把握。第二层指对思想情感的产生基础、背景提供材料，进行分析，对同一现象的不同观点所涉及的哲学基础（包括现实因素、心理因素、宗教因素等等）做一定的介绍、比较，然后再由教师将自己的观点、倾向（应是起引导作用的）加以适当的阐述分析。这样，可收开阔视野、活跃思维之效，进一步激发学生对有关问题探索的欲望，可促使学生深思，探索现实人生的实际问题，通过探索对比各家的观点，逐渐形成自己的是非标准，从而将学生引导至学术的前沿。这对每位大学语文教师提出了更高的要求。教师的知识水平不应局限在本学科专业的范围里，还必须对相关的哲学、历史、宗教、法律等学科有一定的了解，这样，才能站在更开阔的视点去审视作品，全面地把握作品。这种高要求带来的挑战，必会促使大学语文教师不断学习，有所发展，才会面向人类生活的现实，才会真正为对每位学生终生受益的课程负责。

总之，无论从教材、教法还是教师看，大学语文教学还应深入探索，不断改革。我们需要更为广阔的知识视野，更为新近的知识体系，以与日新月异的科技知识并驾齐驱，以求学生非被动灌输而主动渴求。大学语文这门课程的改革和创新，从认识上、从理论研究上，特别是从教学实践上，尚有待深化。社会的发展与需求，也要求我们不断提高认识，转变观念，勇于实践，敢于创新，使大学语文这门公共基础课在素质教育中更好地发挥积极作用。

注释

[1] 徐中玉. 大学语文［M］. 上海：华东师范大学出版社，2005.

[2] 夏中义. 大学新语文［M］. 北京：北京大学出版社，2005.

[3] 林亦农. 大学语文课程的二向三深研究［J］. 当代教育论坛，2004（12）.

[4] 王宁. 高校人文素质教育的第一课——谈大学语文课程的定位与建设［N］. 北京：中国教育报，2004-05-14.

[5] 钱理群，李庆西，郜元宝. 大学文学［M］. 上海：上海教育出版社，2005.

[6] 温儒敏. 高等语文［M］. 南京：江苏教育出版社，2003.

[7] 彭光芒. 大学国文［M］. 北京：高等教育出版社，2002.

[8] 林亦农. 当代大学语文教育五派主要观点述评［J］. 学理论，2009（7）.

[9] 方有林. 大学语文教学的课程论思考与实践［J］. 黑龙江教育（高教研究与评估），2009（5）.

测控技术与仪器专业英语教学方法的探索与实践

郑海春①

（西华大学电气信息学院）

摘　要：本文从测控技术与仪器专业英语的教学出发，针对传统的语法——翻译教学法存在形式单一，课堂气氛平淡，师生间缺乏交流的问题，提出了采用对比、联想、多样性教学的教学方法。实践证明以上教学方法的应用能有效提高教学效果，激发学生的学习热情。

关键词：测控；专业英语；教学方法

一、引言

随着科学技术的迅猛发展和国际间交流的日益密切，专业英语对于科学研究和交流应用越来越重要。对于测控技术与仪器专业的工程技术人员来说，从测试中使用的各种高性能仪器仪表，到设计中使用的 EWB、PSPICE、Cadence 等 EDA 工具软件，其说明书和技术文档无一例外都是用英文编写的。具备良好的测控技术与仪器专业英语知识和应用技能已成为社会对高素质测控人才培养的基本要求。

测控专业英语课程的教学目标是使学生尽可能多地掌握本专业的专业英语术语，重点培养学生阅读和翻译英文文献资料的能力，同时具备一定的写作和口语技能。测控专业英语既不同于公共英语课也不同于一般的测控专业课，而是两者的交叉课程，看似熟悉的英语需要借助专业知识去理解，而专业知识反过来又是用英语进行的表达。因此，测控专业英语教学方法的探索应以教学目的为核心，结合测控专业英语的自身特点，寻找具有特殊性的教学方法，从而提高课程的教学效果。

二、语法——翻译教学法存在的问题

传统的专业英语课堂教学主要采用语法——翻译教学方法，其基本模式是：分析专业英语中某些句子的语法现象，比较单词或短语的用法，逐句翻译成汉语以解句义[1]。这种教学方法以教师的讲授为主，教师一边读文章，一边逐句翻译，遇到生词、专业术语和语法难点就讲解一下，而学生则被动听讲和记笔记[2]。笔者在本校 2005 级测控技术与仪器专业英语的教学中曾尝试过此方法，由于这种方法的教学形式过于单一，课堂气氛过于平淡，学生和教师之间缺乏交流，在上过几周课之后，给学生留下了测控专业英语枯燥无味

---

①　郑海春（1977—），男，黑龙江双鸭山人，讲师，工学硕士，主要从事测控技术与仪器方向的本科生教育与虚拟仪器方面的研究工作。联系方式：zhc_y2000@yahoo.com.cn。

的印象，慢慢也就失去了学习兴趣。这也反过来影响了教师的授课情绪，教与学无法实现良性的互动，教学效果大打折扣。

三、测控专业英语的教学方法探索与实践

（一）对比教学法

有比较才能有鉴别，同样一个词，在测控专业英语中与在通用英语中词义有何变化。通过比较、辨析，找出专业英语在词汇、语义等方面的特殊性。

下面是笔者在测控技术与仪器专业英语教学中运用对比教学法讲解专业词汇的示例：

表1 对比教学法示例

词汇	测控专业英语词义	通用英语词义
memory	内存	记忆
bus	总线	公共汽车
monitor	监视器	班长
order	阶次	命令

实践证明，对比教学法加深了测控专业学生对专业英语术语的词义掌握，在对比中加深了印象。

（二）联想教学法

所谓联想教学法，就是在教学中经常就某一知识、某一现象或某一问题引导学生展开相关联想，从而达到激发学生思维、活跃课堂氛围，提高课堂效率的教学方法。

图1是笔者在测控技术与仪器专业英语教学中运用联想教学法讲解闭环过程控制系统的示例：

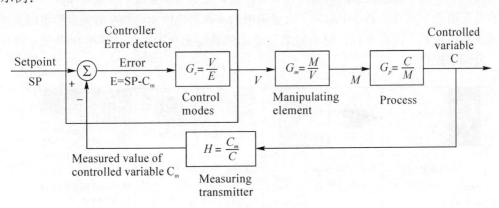

图1 闭环过程控制系统联想教学法示例

在讲到图1中的测量变送器（Measuring transmitter），主要功能是检测被控量（Controlled variable）的值并将其转换成可用信号的功能时，笔者便提示学生 Measuring transmitter 是一个通用术语，这里的 Measuring 可以替换成具体的被测信号。例如，对于一个用于温度测量的闭环过程控制系统来说，可以替换成 temperature transmitter（温度变送器）。接着引导学生充分展开联想，还有哪些测量不同物理量的控制系统，以及和被

测物理量相关的词汇，并对学生的讨论结果进行整理。表 2 是笔者在讲这一部分时通过联想教学法总结的测量变送器专业相关词汇。

表 2　联想教学法学生讨论结果示例

测控专业英语词汇	中文含义	备注
measuring transmitter	测量变送器	联想源
temperature transmitter	温度变送器	一级引申联想
thermocouple	热电偶	二级引申联想
thermometer	温度计	二级引申联想
thermosensitive	热敏的	二级引申联想
thermostat	自动调温器	二级引申联想
flow transmitter	流量变送器	一级引申联想
pressure transmitter	压力变送器	一级引申联想
wind pressure	风压	二级引申联想
humidity transmitter	湿度变送器	一级引申联想

通过联想教学法使学生产生联想反应，在集体讨论过程中，每提出一个新的词汇，都能引发他人的联想。相继产生一连串的新词汇，产生连锁反应，形成词汇堆，为迅速扩大学生的专业词汇量提供了高效的方法。

（三）多样性教学法

1. 彩色实物图片展示，增强学生学习记忆[3]

测控专业英文文献中常常会遇到各种仪器设备、元器件的功能讲解，而教材上的配图都是黑白的，有些甚至只给出示意图，不够真实，无法给学生留下深刻的印象。笔者在测控专业英语教学课件的制作中融入了大量清晰的实物彩色图片，如在讲到世界各国家用电源插头和插座的不同标准时，给出如图 2 所示的精美彩色图片，让学生在视觉上得到冲击，开阔了视野。

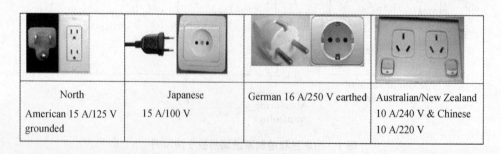

| North American 15 A/125 V grounded | Japanese 15 A/100 V | German 16 A/250 V earthed | Australian/New Zealand 10 A/240 V & Chinese 10 A/220 V |

图 2　各式家用电源插头和插座

2. 有声读物播放，锻炼学生口语

测控专业英文文献一般具有很强的理论性，文献中会经常遇到各种复杂的数学公式（如 $X_c = 1/(2(f_c C))$，数学符号（如 ∞）和数字（如 $\pm 10\%$）。笔者在多年的测控专业英语教学中发现，很多学生在朗读专业英文文献时一遇到这些复杂的数学表达式便不知如何朗读，往往越过不读或干脆用中文叙述。实践中，笔者通过搜寻含有复杂数学公式、符号和数字的测控专业英语 MP3 有声读物资料并在课堂上给学生播放，让学生在听的过程中，学会以上内容的英语口语表达方法。由于这些数学表达式的朗读方法是公共英语课教学中很少或从未涉及的，因此学生学习的过程中会很有兴趣和成就感，也使课堂气氛变得有声有色。

3. 实用手册阅读，培养应用技能[4]

测控专业英语教学的重点是培养学生对专业技术英文文献的阅读和翻译能力。笔者曾在测控专业英语教学环节中将学生熟悉的测控实验设备的英文使用手册以及常用芯片的英文技术文档复印后发给学生，让学生分组进行翻译，极大地激发了学生的学习兴趣，提高了学生对专业知识的应用能力。

四、总结

随着国际间科技交流和技术合作的日渐增强，作为高校工科毕业的大学生不仅仅具备良好的公共英语水平，同时具备良好的专业英语技能已变得越来越重要。本文从测控技术与仪器专业英语的教学实践出发，结合测控专业英语的教学目标和特点，提出了对比、联想、多样性教学的教学方法，一改以往传统语法—翻译教学法的弊端，提高了教学效果，激发了学生学习的积极性，为促进测控专业英语教学质量和水平的提高打下了基础。

注释

[1] 吴能章. 从专业课教师的视角探讨专业英语教学 [J]. 高等教育研究，2011（2）. 17—22.

[2] 陈慧敏，等. 专业英语教学中存在的问题及解决方法 [J]. 中国科教创新导刊，2008（20）：132—133.

[3] 杨立清，等. 测控类专业英语教改实践与探讨 [J]. 中国现代化装备，2010（3）：73—74.

[4] 邱然锋，等. 高校工科专业英语的教学研究 [J]. 中国电力教育，2010（32）：176—177.

人力资源管理教学方法探讨

曹嘉晖　史传军[①]

（西华大学管理学院）

摘　要：本文针对人力资源管理课程在应用型人才培养中的教学特性，对本科课程教学的方法进行了分析和探讨，并提出了较具体的思路和措施，以推进本课程教学改革与创新。

关键词：人力资源管理；教学方法；改革

教育部在《关于进一步加强高等学校本科教学工作的若干意见》中指出：高等学校应着力提高大学生的学习能力、实践能力和创新能力。人力资源管理课程是管理学科本科生的专业基础课，主要研究企业或一般社会人力资源管理的基本概念、基本理论、基本原则和基本方法。它不仅仅是一门讲授人力资源管理基础理论的学科，同时又是一门实践性很强的学科。由于近十年来，我国高校的人力资源管理专业教学有了长足的发展，在 1993 年之前，我国只有 7 所高校开设了人力资源管理专业，到 2008 开办人力资源管理本科院校总数达到了 260 所左右。在 1999 年到 2008 年间，我国高校人力资源管理专业招生总人数达到 161030 人。在专业教学迅速发展的同时也凸现毕业生实践能力不足、就业能力低下等问题。因此，本科人力资源管理的传统教学方法亟待解决。我们在教学中结合人力资源管理课程的特点，采用了案例分析、模拟演习等实践教学方法，以调动学生的积极性为核心，充分培养学生实践操作技能。

一、重视人力资源管理理论教学，改革教学内容

在教学内容上，既注重教学内容的基础性，又重视体现学科的前沿性。在课程中，突出人力资源管理基本理念、理论、方法和手段，构建支持学生未来发展的知识基础，满足后续课程的需要。同时，在教学内容上，还注意密切关注该学科的新动向，通过参加学术研讨会以及查阅相关资料，浓缩最新的现代人力资源管理方面的研究成果和经验，关注最新发展动向，保证教学内容中的时代感。

在人力资源管理基础知识理论讲解中，主要采用讲授和多媒体手段，如人力资源管理理论、人力资源管理发展等板书较多的内容，我们在教学中积极开发、制作多媒体课件，

① 曹嘉晖（1965—），女，教授，硕导，现在西华大学管理学院人力资源管理系任教。专业方向：人力资源开发与管理。

史传军，西华大学管理学院企业管理硕士生。联系电话：（028）87720560，13658068727；Email：jia65@126.com。

不断丰富多媒体课件的内容,将国内外新的人力资源管理研究成果应用于课堂教学之中,拓宽学生的知识面,增长学生见识。教师在备课的过程中,广泛参阅国内外优秀人力资源管理名著和重要的企业人力资源管理工作新方法、新思路以及企业改革方面的最新信息,将这些新的、先进而实用的重要内容,结合教学大纲和教学计划,尽可能地向学生传授,使其在有限学习期间,更好地把握住人力资源管理前沿知识内容。人力资源管理是一门新兴的学科,是一门正在发展中的学科,也可以说是一门不成熟的学科,人力资源管理学科领域有很多问题还有待于我们去探讨。在教学过程中,我们不拘泥于现有教材的理论体系,而是积极探索人力资源管理理论的新动向、新思潮,大胆改革教学体系,引入前沿人力资源管理理论,丰富教学内容。为了避免在理论教学中的呆板、枯燥,我们鼓励学生课后查阅资料,有些是教师指定阅读的,有些是教师只给内容范围,让学生自己查阅,然后安排至少一次的课堂讨论,要求学生至少撰写一篇论文。

二、重视本科人力资源管理实践教学方法,注重培养和提高大学生的实践应用能力

人力资源管理是适应人力资源管理工作的实际特点而产生的一门综合性、应用性很强的课程。为此,本科学生在学习过程中必须要接受相应的训练,才能适应将来实际工作的需要。为了提高学生对人力资源管理理论的感性认识,培养学生的实践能力,我们在人力资源管理教学过程中既注重理论教学,又重视突出实践教学,避免过于偏重讲授,营造学练结合、学用结合的学习氛围。着重加强实践环节教学,有意识地让学生提前接受实践能力方面的训练,每堂课程教学要求以典型案例作为引导,综合教学内容,深入浅出进行分析研讨,突出人力资源管理理论知识的重点与难点,讲解其知识要点与能力训练题例,使学生理论联系实际,做到学以致用,提高其运用能力。在课堂教学中灵活运用讨论式、演讲式、启发式的教学方式,吸引学生参与教学活动的过程之中,提高学生的参与性,发挥学生的创造性,将教改、教研成果及时应用于教学实践,开展研究性教学方式,加强学生分析问题和解决问题的能力,增强教学的互动性,在互动的过程中潜移默化地提高学生发现问题、分析问题和解决问题的能力,逐步形成了本门课程以实践教学为中心的教学特色。

(一)案例教学法

"案例教学法"作为一种新的教学方法,一反传统教学方法"满堂灌"和"一言堂"的教学模式,变为启发式、对话式、讨论式的新方式,以充分调动了学生学习上的积极性和主动性,增强学生在教与学过程中的"参与感",提高学生的学习兴趣并树立学习中的自信心和责任感,极大地提高了学习效果。案例方法之所以成为最有效的教学方法,其原因在于,它使学生成为积极而不是被动的参与者。适合于本科阶段学生阅读的人力资源管理案例并不多,在我们的教学中,选择的案例均为人力资源管理综合性案例,如"海尔的赛马"、"美泉公司的员工激励"等,涉及人力资源管理多项职能问题,而非单一职能问题,能够反映人力资源管理基本的概念和规律。通过对当事企业或当事经营者的特定时间的特定状况的描述,将学生置身于实际操作之中,学生根据所学的人力资源管理基本概念、原理和方法,去分析当事企业或当事经营者所面临的人力资源管理问题,从而提出切

合实际的解决方法，这有利于学生学习兴趣的调动以及毕业后对人力资源管理理论的应用。在进行案例分析时，教师一般提前两周将案例材料发给学生，一种方式是采用由学生独立分析，再以书面作业完成的分散形式完成；另一种是采用先分小组讨论，后到课堂上全班讨论的集中形式完成，即把学生分成若干组，提出讨论问题，请小组做准备，集中时间要求小组报告分析结果，然后进行讨论。其中，后一种方式主要用于对重点案例进行分析。教师的指导重点放在引导学生寻找正确的分析思路和对关键点的多视角观察上，而不是用自己的观点影响学生。教师对案例分析的总结，不是对结果或争论下结论，而是对学生们的分析进行归纳、拓展和升华。在教学过程中，我们着重培养学生从不同的角度去思考、去解决问题，提倡学生有创新的思维。老师在讲授过程中，紧密结合中外企业实际，多用中国企业实际案例，使学生既觉得人力资源管理理论与方法具有实用性，又增强了学生的亲切感，并激发了学生的求知务实的欲望，为学生今后走向实际工作打下了良好的基础。

（二）角色扮演

教师给出一定的案例或要解决的人力资源管理问题，由学生扮演其中的角色（也可轮流扮演），设身处地地分析与解决所面临的问题。学生从所扮演角色的角度出发，运用所学知识，自主分析与决策，以提高学生实际决策的技能。如在讲授《招聘与配置》一章时，我们通过模拟公司中的招聘主管角色，使学生了解如何才能做好招聘与面试，并安排学生到人力资源招聘现场观看企业的招聘过程并作记录和分析。

（三）情景剧

根据教学内容由师生共同选择案例，并编写剧本，由学生们进行演出。演出分为两部分：一是所要解决的人力资源管理关系与矛盾的展示，二是由角色扮演者现场处理所要解决的问题。演出结束后，全班同学进行评议，分析各扮演者处理是否得当，并提出更好的建议。在讲完"人员配备"职能的内容后，我们编写了《招聘》剧本，让一部分学生扮演招聘者，另一部分学生扮演应聘者。通过角色扮演，学生了解了在招聘中双方应注意的问题。这种方法可提供更多有价值的仿真环境，并且使学生对不断变化与发展的人力资源管理问题进行动态的分析与决策，对于训练学生的人力资源管理意识与实际人力资源管理技能具有重要的作用。

（四）人力资源管理游戏

通过做游戏使学生更加理解和掌握人力资源管理的基本原理和理论知识。如在讲授"绩效考核"内容时，我们安排学生做的游戏是，假设学生是某公司的部门主管，要求学生讲述自己将如何实施考核，以及对员工的考核结果将做如何处理。让每个学生在写出他或她实施的过程和思路，以及就实施该方法的有效性进行课堂讲述。该游戏可以帮助学生掌握制定考核的步骤及内在逻辑关系。

（五）模拟教学

模拟教学，或称模拟实践教学，是高校人力资源管理课程中实践教学的基本形式。因为学校教育受时空的限制，再加上人力资源管理活动的特殊性，不可能以社会实习实践为主要形式。在教学中，我们结合着课程的进程，利用学院的"人力资源管理实验室"，采用教学软件，模拟企业的一个人力资源管理循环，如组建模拟公司、制订企业招聘方案、制订考核制度、设计培训方案、教师工作岗位问卷与观察等活动，"现场"解决企业人力资源管理实际问题，以达到培养学生分析问题和解决问题的能力。在实施教学中，我们将学生分小组，每组学生经营一个模拟企业，根据各个企业的经营情况，综合进行评分，每组学生相互竞争。这种方法既能节省时间，又能节省费用，极大地提高了学生实际操作和经营决策能力。

（六）第二课堂教学

本课程教学体系不仅开设第一课堂，还创办第二课堂活动，指导学生课外阅读有关管理方面的书籍与专业期刊，一学期至少阅读三本专业书刊和十份中外人力资源管理资料，并要求做好读书笔记，每两周分小组交流读书心得。

（七）社会实践

利用寒暑假的时间，布置与本课程相关的研究课题，要求学生开展社会（企业）人力资源管理情况的调查，至少完成一篇社会（企业）人力资源管理方面的情况调研报告，报告中除介绍有关的专题情况外，还要求发现人力资源管理方面存在的 1-3 个问题，并提出解决问题的思路与建议。

（八）教学和科研相结合

根据老师参与企业的咨询和评估项目，在教学中引导学生进行结构化面试方案设计、分类人员的绩效考核方案设计，同时根据需要让学生参与教师承担的课题项目，体现教学与科研相结合的成效。

三、考核评定成绩办法的改进

如何才能鼓励学生平时博学多看，丰富与巩固已学过的专业知识，真正调动其学习的积极性呢？我们采取的办法是将学生的考核成绩分成几部分，除了期末成绩外，我们增加几项平时成绩。根据学校有关考务规定精神，我们将学生的平时成绩占本课程总评成绩的比例定为 30%，平时成绩的计算也分为若干个项目，包括课堂提问成绩、平时作业成绩、考勤成绩、案例讨论成绩等许多方面。这些平时成绩的确定，是依靠授课老师在平时严格把关，逐次登记，在一个学期内不断地日积月累起来的。人力资源管理总评成绩构成比例如图 1 所示：

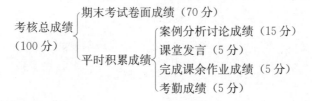

考核总成绩（100 分）
- 期末考试卷面成绩（70 分）
- 平时积累成绩
  - 案例分析讨论成绩（15 分）
  - 课堂发言（5 分）
  - 完成课余作业成绩（5 分）
  - 考勤成绩（5 分）

图 1 人力资源管理总评成绩构成及其计算方法示意图

采用这种考评方式和成绩计算方法后，带来了一系列的变化，主要表现在以下几个方面：

第一，调动了学生学习的积极性。在实行这种办法之前，学生平时没有任何压力，不重视知识的积累和提高，仅仅是应付性地、被动地听听课，记记笔记。临到期末考试的前一周，才搞"大突击"，背笔记，背课本，以求考试过关，"六十分万岁"。平时的课堂以外的大多时间都被一些无聊的事情所占用，如此日复一日，年复一年地混下去。实行综合评定成绩的办法之后，由于考核学习成绩的项目增加了，要求提高了，着眼点由原来期末"一张考卷"的单一形式，扩大到了平时多个项目一起抓，每一个项目搞不好，都会直接影响到本门课程的总评成绩，所以增加了学生平时学习上的压力，提高了学习的标准，从而也产生了学习上的动力。

第二，对授课老师的教学水平提出了更高的要求。在原来实行单一期末考试办法考核学生学习成绩的情况下，老师平时只要讲完课就算完成任务了，不需要再花其他的精力和时间，工作也相当轻松。但在实行了新的考核形式后，任课教师除了备好课，讲好课以外，还需要花更多的业余时间去编写案例，精心组织案例讨论；布置作业，批改作业；研究、讨论教学软件等，通过课前课后这些工作，教师的教学水平也得到了很大的提高。

总之，通过改革人力资源管理的教学内容、教学方法和教学手段，不仅使学生掌握了人力资源管理的基本原理和方法，而且通过案例讨论、学生自身实践活动还培养了学生解决实际问题的能力，学生的知识水平和综合素质也有了显著的提高。同时教师的教学科研水平也有了明显提高，教学质量也得到不断提高。

注释

[1] 赵曙明. 人力资源管理研究 [M]. 北京：中国人民大学出版社，2001.

[2] 傅忠贤，易江营，赵娟. 对强化实践性教学培养创新人才的几点思考 [J]. 人力资源管理，2009 (4)：104—105.

[3] 罗帆，李昂，彭谦. 就业需求导向的人力资源管理实践教学改革探索 [J]. 高教论坛，2009 (7)：43—45.

[4] 刘善华，刘琰，胡高喜. 人力资源管理专业本科课程教学改革与创新探讨 [J]. 科教导刊. 2011 (8) (中).

[5] 赵红梅. 人力资源管理专业本科应用型人才培养实践教学体系的建构与探索 [J]. 中国大学教学，2007 (1)：79—81.

实践性的"国际结算"课程内容与教改思路探讨

王伦强①

（西华大学经济与贸易学院）

摘　要：本文根据国际结算课程的理论与实务相融合的特点，结合现代金融结算业务中最新实务要求及笔者自身的课程教学实践，重新归纳了该实务课程的教学内容和教学重点；对该课程的教学特点进行了探讨；最后，对该课程的有效教学方法进行了总结并提出了改进要点。

关键词：国际结算；课程内容；教学方法

"国际结算"是国际经贸专业本科学生的重要专业课程，其内容具有理论实务并重的特点。该课程旨在提高学生对国际贸易结算过程的认知和国际贸易结算实务操作能力。但是，由于该课程的核心内容涉及贸易和金融操作实务的若干方面，在教学中如果用传统的理论课程的教学方法，学生普遍难以系统和全面地把握课程基本知识；另一方面，在校学生又难以通过实际业务操作加深对课程知识的理解和把握。笔者通过多年的教学实践和不断探索改进，总结了一套相对成功有效的方法，使教学效果不断改进，学生也觉得通过课程的学习，拓展了知识面，为就业打下了一定的基础。在此总结，以便推广交流。

一、国际结算课程的内容再认识

从内涵上讲，国际结算是指国际商业交易主体之间以银行为媒介进行的债权债务清算活动。站在不同的角度，对国际结算课程内容会有不同的理解。对国际商业交易的主体来讲，主要涉及与商业贸易活动有关的款项收付问题；对银行来说，主要是一种中间业务的操作流程问题。鉴于国际结算课程主要开设对象的原因，课程主要内容只能限定在与国际有形贸易有关的国际结算领域。但是，考虑到绝大多数国际贸易专业的学生毕业后不一定能够从事对外贸易工作，然而却完全可能从事与商业贸易和金融服务有关的财经业务职业，为此，我们将国际结算课程内容划分为这样几个部分：一是国际结算工具及其相关制度；二是国际结算的传统方式，包括汇款、托收和信用证结算方式；三是国际结算的新发展，如国际保付代理、福费廷业务等等。每一个部分都包含着极其丰富的具体内容。

其中，第二个部分的内容是课程的核心部分，第一部分内容是课程的知识储备，第三部分内容对拓展学生的知识面、认识未来国际结算发展的基本趋势具有重要的意义。从教

---

① 王伦强（1967—），四川阆中人，经济学博士，副教授，在西华大学经贸学院从事国际贸易和产业经济的教学与研究工作。

学时间的安排上来看，第二部分内容的教学占全部教学时间的 50％以上；第一部分内容的教学应占全部教学时间的 30％左右；第三部分内容的教学大约占全部教学时间的 15％－20％。

二、国际结算各部分内容对学生能力培养的再认识

第一部分内容除了涉及国际结算的基本知识介绍之外，应着重讲解国际结算的工具及其相关制度，特别是票据制度。在本部分内容中，票据制度的基本知识具有非常强的技术性与逻辑性。学生在初学时一般感觉到晦涩难懂，不太理解一个简单的票据问题为什么那么重要，但如果结合市场经济发展过程中信用制度发展的基本历程，票据在现代经济贸易发展中的作用来进行讲解，特别是票据制度的创设和发展在促进商业流通和疏通经济运行中的重要作用，并进一步结合学生早期学过的财务会计课程内容来进行认识，就会提升学生的学习兴趣。最终，能够使学生深刻认识到，票据制度的知识，不仅对完整理解本课程具有意义，更从前后向专业知识的融会贯通上把握了结算工具及其相关制度对财经工作的重要性。

第二部分内容是国际结算的传统方式。其中，信用证结算方式是本部分最重要的内容，托收结算方式是本部分的次重点，汇款方式则是本部分知识的基础。本部分内容的程序性非常强，完整理解本部分内容，对学生深入理解商务活动和结算活动之间的基本程序性关系，特别是认识银行在现代结算业务活动中的地位与作用具有重要的意义，对学生认识现代金融内部体系的运行以及银行在现代资金结算活动中的结算关系、结算流程，具有重要的意义；由于结算活动中最关键的是银行对单据的处理，所以本部分内容还涉及国际贸易实务中的单据制作与处理，其基本知识丰富而且实践性强，不仅可以将国际贸易实务知识结合起来理解国际贸易商业活动的基本特点，加深对专业知识的系统性理解，而且有助于学生全面认识国际贸易商业活动的程序性，培养学生在专业方面的系统性思维；将国际贸易商业活动的程序性和银行在国际贸易结算活动中的作用结合起来，认识目前国内工商企业和银行之间为便利商业活动开展的种种创新活动，还有助于学生全面认识目前银企关系的发展，特别是国内银行业务创新的驱动力和价值，从而为学生认识职业发展的领域定位，打下基础。从这几个角度来看，本课程的核心内容对培养学生的视野，拓展未来职业发展的思路具有重要意义。

第三部分内容是国际贸易结算的新发展。主要讲解国际保理业务和福费廷业务活动的基本原理。本部分内容在全部三个部分内容中，最为抽象，但所涉及的业务活动发展迅猛，成为现代国内商业银行和相关金融机构国际业务发展的主要领域之一。随着中国经济融入世界经济的程度日益加深，这些领域的竞争会逐渐成为银行国际化经营的焦点；更为重要的是，未来国内银企关系的创新，银行国内经营的变革在这些相关领域也会有相当的突破，这必将促使银行对具有国际思维的人才进行争夺。学生通过这一部分知识的学习和相关背景的全面认识，将能够增加对未来金融产业细分、金融深化的理解，增加学习兴趣，并延伸自己的职业构想，为从事财经具体实务工作打下系统的专业基础。

三、国际结算教学方法总结与改进的思考

对国际经济与贸易专业的本科学生来说，通过一门课程的学习并掌握经济贸易领域从

业所必备的专业知识和技能是教师在教学环节进行改革的重要追求。笔者通过五年多来对国际结算课程的教学改革探索，得出如下心得体会。

（一）国际结算教学方法总结

1. 应当尽量结合学生未来就业的领域对课程教学内容进行整合

在几年前笔者刚开始接手国际结算教学任务的时候，对于这样一门实践性较强的课程，曾经在一段时间内严格按照课程内容安排正常开展教学计划的执行。相当多的学生反映，教学内容虽然可能实用，但不易系统掌握和理解。后来，笔者结合未来我国金融业的发展，中间业务，特别是结算业务不断增加对人才的大规模需求的实际，并结合社会需求进行教学引导，并反复强调，专业的结算知识是未来成为一名合格的经贸专才的基本知识素养。于是，发现学生学习兴趣大为提高，并逐渐形成了教与学的良性互动，从而使教学效果大为改进。

2. 应当在教学中将相关课程内容结合起来

几年的教学经历，使我深深认识到，国际结算课程的教学，必须将金融学、国际金融、国际贸易实务、商业银行经营管理、票据法等主要专业课程的内容结合起来进行。这样不仅易于引导学生对相关专业知识的融会贯通，更易使大家充分认识到，这门看似非常专业的课程实际上是相关专业知识的综合应用。通过教学，也加深了学生对其他理论性较强的课程的理解。

3. 运用实验教学手段，使学生通过模拟操作加强对基础知识的理解

为了改进教学效果，考虑到国际结算课程内容的实践性强，对培养应用型经贸人才具有重要意义的具体情况，经本课程教学组和学院主管领导沟通协商，建议学院引进国际贸易实务教学模拟软件和银行结算实务模拟软件；在课后，让学生适时通过模拟实践国际贸易结算和银行结算实务等具体内容，有效促进了学生对课程教学内容的理解和把握，收到了良好的效果。

4. 注重实际操作教学，提高学生的实务解决能力

实践性课程的教学效果评价的一个重要指标，就是学生的动手操作能力。教学组在完成每一个单元的教学后，通过设置适当的课堂练习题目，如给出基本资料要求学生填写汇票，填写信用证开证申请，制作结算单据等等；再结合上机模拟操作，大大提高了学生的动手操作能力。学生们普遍认识到，通过本门课程的学习，增加了大量的财经实务操作知识和操作技能，更增强了未来职业发展的自信心。许多毕业生在毕业前被商业银行和贸易公司聘用，他们普遍反映，国际结算这门课程使他们学到的专业知识和操作技能，起了关键的作用。

（二）国际结算教学方法改进的思考

1. 将专业英语教学合理地应用到教学过程中

国际结算的专业知识主要来自国际商业习惯的逐渐演进和发展，课程内容涉及大量的专业英语与专业表达方式，学生在学习本门课程前，英语基础参差不齐，这使学生对专业知识的理解存在一定的差异性。因此，课程教学组在教学过程中感觉到，应当通过双语教学，加强学生运用英语工具处理国际结算实际问题的能力。

2. 应将国际规则演进与具体应用结合到实际教学中去

如前所述，国际结算专业知识本质上是国际商业习惯在贸易结算领域的系统性发展，

而随着国际贸易的进一步发展，国际结算在很多领域的制度也会不断地适应国际商业交易的需要而不断发展和完善。如托收规则的演进，UCP600 取代 UCP500 等。从这个角度上来说，本门课程强调学生要不断适应国际规则的变化，形成一定国际思维，而教师在教学中进行引导和灌输，会收到良好效果。

3. 注重用综合性案例讲解串联专业知识

对于实践性课程来说，案例教学是重要的环节。过去在教学中采用的案例主要涉及每部分的具体知识，教学方法也主要是在每一部分内容结束后，通过讲解案例，使学生加强对该部分知识的理解。课程教学组通过和学生的交流与沟通，得出以下结论：通过组织设置综合性案例，用案例结合讲解具体专业知识，能够极大地提高学生的学习兴趣和对每堂课程的专业知识的把握。

4. 应加强和学生的沟通不断完善教学方法

国际结算这门课程专业知识十分丰富，课程与相关领域的前后向课程联系有比较广的知识联系，而教学时间相对有限，教学组发现，一种教学安排很难满足不同程度学生的需要，最好的办法就是通过在教学中不断和学生进行沟通，完善教学方法，并加强课后辅导，使更多的学生完整掌握本门课程的全部内容体系，从而使专业知识和专业思维帮助学生抓住职业发展机会。

注释

［1］王冉冉.《国际贸易实务》教学之创新［J］. 贵州民族学院学报（哲学社会科学版），2005（2）.

［2］易露霞，陈原，叶德万，李忱. 面向 WTO 国际贸易实务课程的教学改革研究［J］. 广东工业大学学报（社会科学版），2001（1）.

［3］梁琦. 国际结算［M］. 北京：高等教育出版社，2005.

［4］黄福涛. 本科教育质量保证研究［J］. 高等教育研究，2008（3）.

［5］李太平，李炎清. 灌输式教学及其批判［J］. 高等教育研究，2008（7）.

浅谈会计理论教学改革

章道云①

（西华大学管理学院）

　　摘　要：会计理论教学的目标是培养学生的专业思维能力与思维方法。针对传统会计理论教学存在的不足，对会计学本科专业的核心课程"基础会计学"、"财务会计学"、"成本会计学"、"财务管理学"等的教学内容，提出了可供借鉴的改革意见。

　　关键词：会计学；本科专业；核心课程；理论教学；改革

　　西华大学会计学专业本科教学的改革始于 1998 年，先后对会计实验室建设探索（1998 年）、会计模拟实验探索与实践（2004 年）、知识经济条件下会计教育目标研究（2004 年）、以就业为导向的会计教育本科人才培养模式研究（2006 年）、高等会计学教育改革与发展（2008 年）、会计教学改革研究（2009 年）、会计学重点学科建设研究（2010 年）、地方高校会计学教育之实践教学模式探索与实践（2011 年）等进行立项研究，取得了经实践证明行之有效的成果。

　　会计学专业本科教学改革，包括理论教学改革和实践教学改革两大部分。著名会计学家于玉林（2000）认为，目前我国高等院校中会计学专业理论课的教学，仍然把课堂教学作为教学的基本形式。那么，提高课堂教学质量就成了提高会计理论教学质量的重要内容。现就西华大学会计学专业本科核心课程的理论教学改革探索与实践情况呈现如下，供参考与交流，望得到同行斧正。

一、基础会计学教学内容

　　基础会计学亦称会计学基础、会计学原理，相对而言其教材和教学内容体系较规范。但从培养"复合应用型人才"要求角度思考，也有教学内容改革的地方。传统的基础会计教学内容存在着概念表述不符合要求、理论内容前后矛盾、割裂会计工作基本过程等问题，不利于向初学者传授会计学的基本理论体系，不能使初学者得到会计学理论思维的训练[13]。

　　基础会计学课程作为一门经济管理应用的基础学科，是会计专业的基础课程，也是经济管理学科类的公共基础课程。对于其他专业来讲，该课程是了解会计基本理论和基本方法的途径，有助于完善学生的专业知识结构，扩大学生的知识面。

---

　　① 章道云（1959—），男，重庆市铜梁县人，教授。主要从事会计学、财务管理的本科、硕士研究生教学工作与科研工作。

（一）讲课和编写教材要求

基础会计学作为向初学者传授会计学基本原理和方法的课程，就必须采用符合逻辑的严密推理过程和贴近生活的事例，向初学者介绍会计学的基本原理，使学生像学习数学和物理学那样建立会计的基本概念逻辑，培养通过逻辑推理自行得出会计概念和方法的技能，以便帮助他们更好地理解会计的基本思想与方法，为后续的进一步学习打下基础。

另外，作为教材，必须依据自我教育的理论进行写作，从学生已知的知识出发去阐述新的知识，避免用后面的概念解释前面概念、使用后续理论说明先行内容的情况，使初学者容易把握各部分内容之间的关系，易于形成完整的内容框架体系，易于理解和学习，进而提高学习效率，提高学生的自学能力和创新能力。

（二）选择合适的教材

目前关于基础会计学课程的教材较多，其编排体系结构大概一致，主要包括总论、会计科目与账户、复式记账、借贷记账法及其应用、账户体系与分类、成本计算、会计凭证、会计账簿、会计循环与会计核算形式、财产清查、资产计价、会计报表、会计工作的组织等基本内容。这些教材大多体现了我国经济发展的要求，为指导会计实际工作起到较大的作用。但就内容来看，由于教材针对性、层次性以及组织教学的方式不同，使得侧重点有所不同。如会计学专业本科所用基础会计学教材无论在内容上还是在程度上，都要远远超过中等专业用教材，要介绍怎么做，更要介绍为什么要这么做；高等职业技术学院的会计学专业教材则介于两者之间，内容上考虑到要与后续课程的衔接，有自己的特点。不同层次的专业，应选用不同的教材。再如有些教材的编制是面向自学的学生群体，教材的编写在内容上较为详细，不适合作为面授教材。

目前有的学校在讲授基础会计课程时，选用全国高等教育自学考试用《基础会计学》、会计专业技术资格考试用书等，这都很不合适。即使是针对性、层次性一样的教材，也有不同，有的教材理论内容较多、忽视了实务，而有的则比较注重实务的介绍但忽视了基本理论介绍。对于会计初学者而言，教师在选择教材时必须慎重，要结合专业培养目标和学生水平，选择与授课对象相适应的教材，以加强学生对知识的掌握。此外，学校和教师在选择教材时最好能选择一些富有"人性化"的教材，这对于会计学科入门课程的讲授很有必要，可以提高学生学习的兴趣。目前，国内教材已经开始借鉴西方教材的一些形式，在教材编写上体现生动性，并进行人性化版式设计和生动有趣的提醒、提示、边白、边注以及层层递进的习题设计等，使课本变得生动而有趣味。

（三）设置科学的教学内容

会计学课程教学内容优化的关键，是教师在备课时怎样进行科学的教学内容设置。教学内容设置包括教学的具体内容、课时安排、先后顺序等，不仅是教材的细化，也是教材的升华。

1. 合理安排课时

合理安排课时的前提是要有足够的课时，目前有些学校在对课程的认识上存在误区，认为基础会计学内容少，从而安排的课时较少。事实上，讲授基础会计学的任务并不比讲授财务会计学等其他课程轻，没有足够的课时绝对不行。在既定课时下，授课老师必须结合对整个课程的考核方式，相应地分配各个教学环节的课时。对一些重要的内容，如复式记账、账户和借贷记账法的应用、账户体系与分类、会计循环与会计核算形式、会计报表等内容的讲授应分配相对多的课时。

2. 体现会计政策的最新动态

会计职业政策性强，随着社会经济的不断发展，会计知识也在不断更新，每年都会出台相关的会计政策、法规。但讲授会计基本知识的基础会计学教材却相对静止，因此教师在授课时应与时俱进，根据最新会计准则、会计法规作适当调整，对教材基础内容进行补充，扩充信息量，使课程内容既包含基础知识，也包含最新会计政策导向，并注重理论与实践操作相结合，使课程内容与后续其他课程如财务会计学、成本会计学、财务管理学、会计电算化、审计学等课程相衔接。

3. 融合职业道德教育

在校会计学专业学生将是我国各行业财会人员的生力军，因而应重视对其的会计职业道德教育。目前，大多数教师在会计学课堂教学中都侧重于向学生传授专业知识，提高学生的解题能力，而忽视了对学生的职业道德教育。许多学校虽然设置专门的职业道德课，但就会计这一特殊职业而言还远远不够。职业道德教育应融入平时的授课过程中，尤其在学习基础会计学阶段，学生对专业还处在感性认识时期，这一时期也是进行职业道德教育的最佳时期。将会计职业道德融入会计理论、技能和知识中讲授，收集一些实际案例，向学生传输"诚信为本、操守为重、遵循准则、不做假账"，不仅可以调节课堂气氛，还可以使学生在理解和掌握会计操作过程中树立职业道德意识，培养职业道德习惯。

二、财务会计学教学内容

财务会计学又称中级财务会计，是会计学专业本科教育的最核心课程，可以说是"敲门砖"、"饭碗"课程。长期以来，财务会计学都根深蒂固体现着"工业化"和"制度化"，几乎就是工业会计学或会计制度解读的翻版。

财务会计学的教学目标是，在使学生全面、系统掌握财务会计的一般理论和方法的基础上，达到对企业发生的一般会计事项进行熟练会计核算，并能编制出财务会计报告，培养学生分析和解决企业经营活动过程中发生的一般财务会计问题的能力。

在财务会计学的教学过程中，要把握该课程的两个突出特点进行教学内容组织更新。这两个特点是，教学内容的变动频次高，应随时更新；突出"中级"，与初级和高级密切联系。

（一）及时更新内容

财务会计学作为会计学科体系中与适时企业会计实务联系最紧密的一门课程，其基本内容是参照《企业会计准则》、《企业会计制度》以及国际会计准则来构建的，而且受政策变动的影响较大。当会计准则、会计制度、会计政策变动调整时，其内容必须随之变动。这就要求在财务会计学教学过程中，教师首先要随时掌握新准则、制度的发布情况，并及时更新教学内容，使学生能在第一时间掌握会计实务处理最新动态。会计教师必须订阅《财务与会计》杂志，及时掌握会计业务处理新动向。

（二）划清学科界限

财务会计学科是由会计学原理（或初级会计学）、中级财务会计、高级财务会计三部分组成。中级财务会计起着承上启下的作用，中级财务会计运用初级会计学中阐述的会计的基本原理和基本方法，对一个会计主体在其经营过程中发生的交易和事项所引起的会计要素的变化情况和结果进行记录、计量和报告，为进一步学习高级财务会计奠定基础。但从目前出版和使用的教材来看，虽同属于中级财务会计范畴，但内容各不相同，有的将企业合并和合并会计报表纳入了中级财务会计教学内容中，有的学校是将其放在高级财务会计教学内容中；有的教材将信息披露方面的会计准则，单设章节，如或有事项、关联方交易及其披露等，有些版本中却没有上述内容。这些情况都使得中级财务会计与高级财务会计的教学内容有所交叉。因此要搞好中级财务会计教学，首先要准确界定其教学内容。

我们赞成把财务会计学内容界定为[2]：

（1）总论。包括财务会计的目标、原则、假设。

（2）六大会计要素的确认和计量。

（3）资产核算。货币资金（包括外币业务）、应收及预付款项、存货、投资、固定资产、无形资产及其他资产的核算。

（4）债务重组。

（5）非货币性交易。

（6）负债核算。流动负债（含或有事项准则）、长期负债（含借款费用准则）的核算。

（7）所有者权益。

（8）损益（含收入、建造合同准则、所得税会计）。

（9）财务报告。财务报告的编制和信息披露。财务报告的编制部分除三大主表外，还应包括分部报告的编制、中期财务报告的编制；信息披露部分应包括关联方关系及交易的披露、资产负债表日后事项、会计政策、会计估计变更和会计差错更正。

这样组织就将16项具体会计准则的内容都包括在内，加重财务报告编制及披露这一部分的教学内容，充分体现了中级财务会计的目标主要是为信息使用者提供决策有用的信息。

三、成本会计学教学内容

成本会计学课程是会计学科体系中的一个重要组成部分。成本会计工作岗位在企业生产经营活动中也发挥着十分重要的职能。然而，在目前的成本会计课程教学中，不论内容、形式、手段等多个方面都与现代复合应用型会计人才培养育要求，以及企业的岗位需求存在一定的差距，使得教学质量并不理想。

（一）成本会计学教学中存在的问题

众所周知，成本会计学作为会计学专业的主干课程，是会计工作的重要组成部分。成本会计学也是会计学专业的核心课程之一，但是成本会计的理论和方法及应用范畴，不同于其他会计学课程。成本会计是一门集知识、技能、技巧为一体的专业课。对于学生来说，虽有初、中级财务会计的功底，但要想很好地掌握成本会计这门课还是很困难的，特别是成本的计算方法，要想在有限的时间内掌握更是难上加难。而且，现行的成本会计教学过程中尚存在很多问题[10]。

1. 教学内容滞后

成本会计学教学内容滞后。随着我国改革开放的深化和市场经济体制的进一步完善，在企业中广泛应用高科技将是一个不可扭转的趋势，技术进步使企业制造环境发生了重大变化。目前在我国会计实务界，普遍应用的制造成本法同样面临着变革的现实。而现行成本会计教学内容并没有将这种变革纳入其中，只是停留在让学生了解企业的生产工艺过程和基本生产耗费，采用传统的产品成本计算方法（品种法、分批法、分步法等）对产品的成本进行计算、分析，编制成本报表。

2．教学内容设置不合理

现行的成本会计学，无论是教材设计体系还是教学内容设置体系，几乎就是制造业成本计算。因为现行的教材和教学凸显四大特点：第一，教材重点介绍的是制造业企业的成本核算的内容和方法，而成本会计的理论、成本预测、成本计划、成本控制等都属于一带而过，只突出了核算职能，而忽视了其他职能。第二，对于制造业的成本核算内容和方法，只局限于制造成本法，其他的（如国外采用的）先进的成本核算方法未提及。第三，教材讲授的内容是制造业企业的成本会计，但对制造业企业成本会计中所涉及的成本会计职能展开所必须了解的企业的生产环境、生产过程、生产特点都未作详细介绍。第四，只限于制造业企业的成本会计内容和方法的讲授，其他行业、其他领域的成本会计未作介绍。

3．教学重点难点处理失当

由于成本会计学相对于其他会计学专业课程计算量大、计算方法多样化，加之受课时限制，教师在讲解过程中注意力基本上集中于公式、单个计算方法的机械灌输，不注重公式推导和其原理的分析，对于计算方法之间的联系与比较未加以引导，也忽视了对计算过程的账务处理联络。例如，对制造费用期末分配与结转这样的重点项目一言带过、不做深究，造成了学生对关键环节似是而非的处理，导致不能正确计算出完工产品成本的后患；而对辅助生产费用分配则采取就题讲题，要求学生记忆掌握的分配方法，其结果往往给学生造成是学数学而非会计课程的错觉。

4．教学内容与企业管理需要脱节

目前成本会计教学中，往往只注重对传统的成本计算原理和方法的讲述，即使注意了近年来国外在成本会计领域出现的新思想和新方法，也因课时的限制而仅仅做初步的介绍。长期以来，成本会计学教学忽视了与企业管理实践的结合，忽视了满足企业不断发展变化的管理需要。

5．理论研究与教学内容脱节

新的制造环境和管理理论与方法，要求成本会计体系必须提供与管理需要、具有高度相关性和充分可靠性的信息，这就要求成本会计学教学必须与生产管理实践密切结合，以满足企业日益发展的管理需要。然而目前成本会计教学中，没有将国内外的成本会计研究新思想和新方法融入教学内容，个别教师有时仅作初步简介。

6．重理论轻实验

成本会计学教学偏重于理论传授，采用传统的"以教师为中心"的单向灌输式教学方法，实践环节欠缺，没有把实验教学看成与专业教学计划中的其他主干课程同等重要，实验教学附属于理论教学，实验课时安排不足，实践教学形式化，单独开设的成本会计实验课程很少，系统性较差，使得成本会计实践环节缺乏完整的教学体系。

7. 知识检测方式欠佳

现行成本会计学知识的检测不及时，传统考试不够客观。在传统的考试方式下，学习者要了解自己真正掌握知识的程度，只能通过教师提供一些小考、测验等方式进行，而这种方式的时间、时间间隔等全部控制在教师手中。学习者自测的不及时，影响学习者的及时、有效的学习决策。期末考试一般是由任课教师出试卷进行，考试的内容由教师决定，试卷的形成主观性太强，起不到考试的客观检测作用。

（二）完善成本会计教学内容

1. 科学设置教学内容体系

由于成本会计学是在基础会计、财务会计的基础上进行学习的一门专业课程，它融入了财务会计和管理会计等方面的知识，因此在设计培养方案时，应该从整体发展与综合性出发，合理构建成本会计的教学内容与课程体系，使学生意识到基础课程的重要性，掌握基础课程的基本理论、方法，为成本会计的学习打下坚实基础。同时，要注重其他学科知识在本学科领域中的应用，搞好整体优化。在课程内容的确定上，确立为满足不同的目的而提供成本信息的思想，结合现代成本管理的需要，增加成本预测、决策、预算、控制、分析和考核等内容。在保留成本会计传统体系中的理论与方法的同时，简化过多涉及其他管理领域的内容，扩充成本控制战略等成本管理领域的新概念和理论与方法，使成本会计学的体系内容更具科学性、实用性和前瞻性。

2. 尽可能消除重复

随着企业经营管理的发展，成本会计学逐步向经营型成本会计发展，形成与财务会计学、管理会计学"三足鼎立"的局面，所以，在会计教育体系中，成本会计学是介于财务会计学与管理会计学之间的一门课程。正因为如此，在组织教学和编写教材时，成本会计、财务会计、管理会计等课程之间常常会存在不同程度的重叠或重复，教学工作者为避免这种现象应当采取必要的措施。首先，在选择教材上把侧重点放在"管理成本会计"这种综合性的学科上，把成本会计与管理会计内容整合为一门更适应教学要求的课程。其次，建议在教学过程中授课教师之间增加沟通协商，避免重复教学。对于难以避免的重复内容，例如成本会计与管理会计中的"标准成本法"等，也要强调从不同的角度予以各有侧重的阐释。最后，对于这些课程的教学时间安排也要注意各门课程的知识衔接，使得学生既能系统性又能有针对性地学习。

3. 构建成本会计课程实践教学体系

大学生实践能力的培养日益受到人们的重视，因为实践是创新的基础，应该彻底改变传统教育模式下实践教学处于从属地位的状况。一个科学合理的人才培养方案，必须包括有一个合理的构筑学生实践能力的实践课程体系，并从整体上策划每个实践教学环节。这种实践教学体系是与理论教学平行而又相互协调、相辅相成的。应尽可能为学生提供综合性、设计性、创造性比较强的实践环境，让每个大学生在大学期间都能经历这种实践环节的培养和训练，这不仅能培养学生扎实的基本技能与实践能力，而且对提高学生的综合素质大有好处。

成本会计学不同于其他的经管类课程，其目的就是通过各种要素费用的归集及分配，最终计算出完工产品的总成本及单位成本，要求的是实实在在的准确的数字，整个计算过程从原材料费用的归集及分配、辅助生产费用的归集及分配、制造费用的处理、废品损失及停工损失的处理，直到生产费用在完工产品与在产品之间分配，都离不开各种原始凭证的传递、记账凭证的填制、账簿的登记。传统的成本会计教学中偏重于理论的教学，各种费用分配方法及差异比较的具体技术传授少，学生面临的永远是解决大量的成本计算工作，对于实际中的流程无法形成感性认识。

四、管理会计学教学内容

（一）管理会计教学内容现状

在教学内容上，一方面，一些新的理论和内容未能及时补充到教学中，战略管理会计、作业成本法等重要成本计算方法未能及时在教学中体现；另一方面，管理会计、成本会计和财务管理等课程存在内容重复的现象[12]。

（二）管理会计教学内容改革

1. 更新教学内容

从 20 世纪 80 年代开始，西方管理会计理论界和实务界提出对管理会计进行改革，经历了四次大变动：①将作业成本法和作业管理作为全书的核心内容；②将产品生命周期成本法、目标成本法、作业成本法作为战略成本管理的主要方法；③以考核企业经营业绩综合指标的平衡记分卡变革传统的以净利润或投资报酬率为主的业绩考核法；④废除不确定条件下的线性规划模型等内容。西方管理会计学界，强调管理会计与作业管理相结合，充分发挥作业成本管理会计的作用。

借鉴西方先进经验，我国管理会计也应将战略管理会计、作业成本法等前沿内容融入管理会计教学体系中。另外，在讲解变动成本法与完全成本法的区别与联系时，可将作业成本法作为另一个比较和掌握的对象，并通过实例归纳总结其区别，以更好地加深学生对基本理论的理解。

2. 加强与战略管理的联系

近十几年来，西方管理会计产生了战略管理会计、社会责任管理会计、信息资源会计等分支学科，这些世界先进的管理会计理论与方法体现的整体发展趋势，就是管理会计越来越强调与企业长期利益和外部环境的结合，越来越强调与战略管理的结合。因此，在管理会计的教学内容中应强调如何处理企业现实与环境之间的均衡，如何处理企业短期利益和长期利益之间的均衡，运用战略管理会计知识探索企业长期战略利益预测、企业外部环境对企业利益影响的预测等。

3. 与成本会计、财务管理课程协调统一

在管理会计、成本会计、财务管理三门课程内容规范划分上，管理会计应以生产经营活动的规划和控制为主线来设置内容，成本会计应以对外报告所需历史成本资料的提供为主线来设置内容，财务管理则应当以资金的规划和控制为主线来设置教学内容。

上述几门课程教学内容改革意见，仅为一孔之见。随着时间推移，将会出现新的知识和问题，必须在教学内容中予以补充。同时，也会进一步产生过时、陈旧的内容，应予以删除。

注释

［1］中国大百科全书编委会. 中国大百科全书·教育卷［M］. 北京：中国大百科全书出版社，1985.

［2］王培欣. "中级财务会计"教学目标及教学内容的新思考［J］. 黑龙江高教研究，2006（6）.

［3］周德昌，等. 简明教育辞典［M］. 广州：广东高等教育出版社，1992.

［4］林崇德，等. 中国成人教育百科全书. 心理·教育［M］. 南海出版公司，1994.

［5］谢新观，等. 远距离开放教育词典［M］. 北京：中央广播电视大学出版社，1999.

［6］张凤英. 会计教学内容和教学方法的改革与创新［J］. 财会通讯（综合版），2006（8）.

［7］郑小兰，等. 关于会计学专业课程设置、教学内容和教材的思考［J］. 南昌高等专科学学报报，2004（4）.

［8］许淑琴. 对应用型本科院校会计学专业实践教学内容改革的思考［J］. 教育探索，2010（2）.

［9］于玉林. 现代会计理论、实务与教育研究［M］. 北京：中国财政经济出版社，2000.

［10］尹瑜. 试论成本会计教学改革［J］. 安徽警官职业学院学报，2008（1）.

［11］王玉春. 财务管理教学内容与教学方法创新［J］. 南京财经大学学报，2010（1）.

［12］李九斤，等. 管理会计教学内容和方法改革研究［J］. 中国管理信息化，2010（4）.

［13］孙玉甫，等. 基础会计教学 内容改革研究［J］. 经济师，2008（2）.

提升非计算机专业
Visual Basic 程序设计教学效果探讨

陈志伟[1]　陈坤[2][①]

（1. 西华大学生物工程学院　2. 西华大学机械工程与自动化学院）

摘　要：本文分析了非计算机专业学生初学 VB 程序设计的常见问题。笔者根据多年教学实践，提出通过采用生动案例激发学生学习兴趣，转变学生思维习惯，加强课堂教学直观性等方法让学生快速入门，从而有效提升教学效果。

关键词：非计算机专业；VB；教学效果

在当今计算机技术被广泛应用的信息社会，掌握一门程序设计语言，借助计算机编写程序解决一些实际问题对于非计算机专业学生来说也是一项基本技能。VB 语言因其强大的功能、良好的可移植性和简单易学的特点而成为大多数非计算机专业学生首选的程序设计语言。但是课程中涉及的对象、事件、方法等抽象概念让初学者难以理解；各种繁杂的数据类型、函数等的应用，各种控件的属性、事件、方法，以及严格的语句书写格式要求学生要记牢众多的语言基础知识；灵活的算法设计要求学生具有严密的逻辑思维能力。众多的知识点往往让初学者感到杂乱无章，理不清头绪。如果老师不能很好地引导，很多同学会因为难以入门而最终丧失学习兴趣。

笔者在多年教学中不断探索和尝试，对于如何让学生快速入门，提高 VB 课程的教学效果提出一些心得体会，在此供大家探讨。

一、第一堂课的生动引例是激发学生学习兴趣的关键，也让学生对面向对象编程、事件驱动等基本入门概念有形象具体的认知

学习是一个意义建构的过程，是学习者通过新旧经验相互作用来形成、丰富、调整自己的经验结构的过程。教学不是简单地把知识经验灌输到学生头脑中，而是要引导学生从原有的经验出发，在情景的交互作用过程中自行建构新的知识经验[1]。因此学生是教学的主体，而教师只是学生学习的引路人和辅助者。

---

① 陈志伟（1973—），男，四川简阳人，工程师，工学硕士。主要从事计算机基础课程教学和实验研究工作。联系方式：chenzhiwei7720@qq.com；电话：13981758303。
　　陈坤（1973—），女，四川资阳人，讲师，工学硕士。主要从事计算机基础和工程图学教学研究工作。联系方式：16420493@qq.com，电话：18980079532。

学习的主动性在于学生对所学课程是否有兴趣。VB 的第一堂课是激发学生学习兴趣的关键一课。教师可以设计几个生动、有趣、贴近生活的引例给学生展示缤纷多彩的 VB 世界，让学生被 VB 的强大功能所震撼，激发他们的好奇心，从而令其产生强烈的求知欲。

首先准备一些演示程序，如红绿灯程序或者计算器程序，通过演示让学生了解 VB 能"做什么"，进而让学生对"怎么做"产生兴趣。其次，从头开始创建一个新程序（可以是事先准备好的设计题目，也可以由学生提出设计题目），在创建过程中始终按照提问—回答—实现的互动模式，由浅入深，层层深入。例如，建立一个简单的字幕滚动程序，先演示如何在窗体上添加按钮、标签等控件，由此引出"类"和"对象"的概念；然后提问"如何修改标签和按钮上显示的文字"，通过修改操作引出"属性"的概念；随后添加命令按钮单击事件，编写标签移动的代码，运行后，通过单击窗体、单击标签和单击按钮得到的不同运行结果让学生认知 VB 事件驱动的编程机制。最后，改进原有程序，添加时钟，把字幕的移动由手动改为自动。再提问"字幕移到边界后如何处理"，"让字幕斜向移动又怎么改写程序"等等。通过引导，让学生学会思考和提问，这是编写和改进程序所必须养成的思维习惯。提出的问题不必一一作答，留下一些悬念。

通过第一堂课直观、具体地演示，VB 入门中对象、类、属性、事件、方法等几个重要概念在课堂的互动和教师的启发中被学生认知。同时也让学生了解了 VB 程序设计的两大步骤：界面设计和程序代码设计。由此学生对 VB 程序从设计到运行有了一个初步认识。悬而未决的问题也让学生对后续的课程产生强烈的求知欲望。

二、在错误中学习，改变习惯思维方式，形成正确的程序设计思维方式

依靠程序解决的很多问题，都需要先建立相应的数学模型，所以程序设计是建立在数学基础之上，但程序代码具有自身的语言特点，不能直接把数学语言直接迁移应用，而要做相应的转换。

在教学中可以多设计一些初学者容易出现的错误案例，让学生从错误中领悟编写程序的思维方式。例如鸡兔同笼问题，已知鸡头和兔头的总数是 m，鸡脚和兔脚的总数是 n，求解鸡、兔各几只。由题意建立数学方程，设鸡 x 只，兔 y 只，得方程①x+y=m；②2X+4y=n。

很多同学在初次编程时，会这样编写：

```
x+y=m
2＊x＋4＊y=n
M=inputbox("输入头数：")
N=inputbox("输入脚数：")
Print"鸡";x,"兔";y
```

犯这样的错误有两个原因：一是因为学生以前多是程序的使用者，而非设计者，他们认为只要列出方程，电脑就会自动求解；二是因为他们按照已经形成多年的数学解题习惯，主观认为可以将后面的已知量 m，n 带入前面的方程。他们忽略了从使用者到设计者的角色转换。计算机本身只是一个机器，并没有思维能力，它解决问题的过程不过是对程

序设计者的思维过程的一个再现。程序是有序的指令集合。程序代码实质是程序设计者将解决问题的步骤翻译成某种计算机语言表示的一条条语句（指令），计算机只能按部就班地依照指令的先后顺序有序地去执行。总的来说，解决一个问题，程序设计者需考虑"怎么做"，即算法，这往往需要丰富的数学知识和严密的逻辑思维能力；而程序语句只交代"做什么"，这涉及的是某种计算机语言语法问题，书写格式问题，也就是如何翻译的问题。很多同学往往是算法做得很好，但程序语言的翻译做得很差，这就需要平时多阅读、模仿、改写程序，形成正确的程序设计思维方式。

在教学中教师先给出错误的程序，然后加以改正，并且向学生提问哪些语句的顺序可以交换，哪些语句是不能交换的；并在演示教学中采用分步执行的方式，让学生通过对比和思考加深对程序执行过程的理解。

三、一题多解，拓展思路，强化知识的理解和记忆；多题一解，触类旁通，举一反三

英语学习要牢记单词、固定搭配、常用句型，才能阅读和写作；VB 语言同样也需要熟记数据类型、函数、各种控件的属性、事件、方法、各种语句书写格式，才能阅读和编写程序。联想是强化记忆的有效方法之一。著名的记忆术专家哈利·洛雷因曾说："记忆的基本法则是把新的信息联想到已知事物。"

在学习用一个新方法解决问题时，要引导学生思考已学的知识是否也能解决同样的问题。例如在学习用 DO 循环实现输入数据的有效性校验，只允许输入数字。编写代码：

```
Do
    N＝val(inputbox("输入 0-9 的数字："))
Loop until n>＝0 and n<＝9
```

由此引导学生联想如果用文本框输入又怎样效验，列出下列程序：

```
Private Sub Text1_KeyPress(KeyAscii As Integer)
    c = Chr(KeyAscii)
    Select Case c
        Case "0" To "9"
        Case Else
            KeyAscii = 0
    End Select
```

这样在学习循环结构时又回头巩固了选择结构和文本框的相关知识。

又例如在解决数据输出问题时，可以将在窗体、图片框、文本框、列表框等对象中不同的输出方式进行比较。

通过一题多解，联系前后所学的知识，即巩固了所学的知识，又将分散的知识点串联起来，同时也培养了学生的联想能力和发散思维。

不同的问题有时也具有相似的解决方式，例如判断素数和判断回文，它们都涉及充分必要条件的逻辑问题，因此它们的程序结构如出一辙。

（1）判断整数 m 是否素数

```
For i = 2 To m−1
  If m Mod i = 0 Then Exit For
  Next i
  If i > n−1 Then
    Print m；"是素数"
  End If
```

（2）判断字符串 s 是否回文，n 存放字符串长度

```
For i = 1 To n / 2
  If Mid(s,i) <> Mid(s,n−i + 1,1) Then Exit For
Next i
  If i > n / 2 Then
    Print s；"是回文"
  End If
```

通过多题一解，找出新问题与已解决问题的共同性，学会举一反三。

四、形象类比提高教学直观性

在学习过程中，学生如果在以往的生活过程中未能获得正确的感性经验，又没有通过直观活动在头脑中建立起有关事物和现象的感性映像，则语言符号不能在学生头脑中唤起有关的认知内容[2]。

在教学中将学生生活中所熟知的事物与 VB 的有关知识进行类比，将大大提高教学直观性。

例如讲解文件的读写操作时，将数据文件比喻成仓库，仓库存放货物的流程——打开仓库门，搬运货物，锁仓库门；文件读写数据也分三步——打开文件，读写数据，关闭文件。再例如讲解统计算法时，将用于存放统计数据的数组比喻成选举时的投票箱，将整个统计过程比喻成选举时的投票和唱票过程。将 VB 中抽象的语言符号与学生日常生活中所熟知的事物联系起来，学生就很容易领会了。

五、掌握有效的程序调试方法，提高学生纠错能力，促进其自主学习

程序调试是非常重要却往往容易被学生忽略的环节。人的思维难免出现局限性，在输入代码时也难免有一些粗心失误。出错并不可怕，通过自身努力找出错误并改正会对相应知识有更深刻的认知。语法上的错误根据提示信息很容易查找改正，而逻辑上的错误是隐形的，必须借助各种辅助工具进行排查。在上机指导中，老师不能纵容学生的依赖性，不能直截了当地指出学生错误所在，而要引导学生充分开动大脑，运用分步执行、设置断点、观察变量值的变化等方法自己找出错误所在，分析出错原因，改正错误。"授人以鱼不如授人以渔"，教给学生有效的程序调试方法，不仅有助于本课程的学习，而且对他们后续深入的自主学习非常有益。

六、小结

笔者根据多年的教学所感，对于如何让非计算机专业的学生在学习 VB 课程时快速入门提出一些看法。文中讨论的是如何掌握 VB 语言的基础知识，还不足以让学生胜任专业背景下一些复杂问题的程序设计，因此要提高学生的实际动手技能和创造性能力，还应开设专业背景下的综合实训课程，学生通过分组完成综合性案例设计，既能提高解决实际问题的能力，也能培养同学间的协作精神。在解决问题的过程中，让学生学会通过多种途径获取知识：同学间讨论，师生间交流，图书资料查询，网络资源利用。他们将会学到远远超出书本的知识，大大提高自学能力。在当前这个瞬息万变的信息时代，学无止境，这样才能紧跟社会的步伐。

注释

[1] 秦殿英. 基于建构主义的 VB 课程任务驱动教学法 [J]. 安度师范学院学报（自然科学版），2007，13（1）：67−70.

[2] 刘华山. 大学教育心理学 [M]. 武汉：华中师范大学出版社，1991.

[3] 龚沛曾，陆慰民，等. Visual Basic 程序设计简明教程 [M]. 北京：高等教育出版社，2006.

如何在"工程制图"教学中
发挥学生学习的主体作用

汪勇①
（西华大学机械工程与自动化学院）

摘　要："工程制图"课程对工科学生是一门枯燥、繁琐、难点多、作业量大的必修技术基础课。笔者通过上好绪论，强调学生自主学习，交叉应用多种教学方法与手段，利用多元评价理论完善学生学业成绩的评价等几个方面的论述，就学习过程中如何激发学习兴趣，调动学生学习积极性，提升教学质量进行了一些探索。

关键词：工程制图；教学；学习积极性

"工程制图"课程作为工程界的"语言"，是所有工科学生必修的一门实践性和应用性极强的技术基础课。其教学目的是培养学生空间想象能力、绘制和阅读工程图样能力，并能在实践中得到应用和发展，它对培养学生工程意识、创新意识和创新精神起着至关重要的作用。对于这门重点多，难点多，作业量大且十分枯燥的制图课程，传统的教学缺点是没有把学生作为教学的主体，学生往往是在一种被动的、消极的状态下获取知识，学习起来非常吃力，这就要求教师在教学中要发挥学生的主观能动性，充分调动学生的学习积极性。

一、上好绪论课，激发学生的学习兴趣，是发挥学生学习主体作用的前提

面对九零后的学生群体，我们不得不承认这是一群个性极强的人群，因此，开课伊始，如何使学生接受这门课程、喜欢这门课程，任课教师就显得至关重要。这就要求我们的任课教师必须在绪论课上多花心思，下足工夫，精心设计，精彩讲解。在绪论课上，不仅让学生搞清楚本门课程的学习任务、学习方法等，还必须通过教师的精心讲解将学生带入一个有别于其原有知识结构基础的新领域，激发学生的好奇心，使学生达到猎奇、想学、愿意学的境界，即让学生明白"为什么学、学什么、怎么学"等问题。同时，注重心理学中"晕轮效应"原理的应用，充分展现上课教师的个人魅力，使学生对上课教师产生良好的第一印象，从而使学生自然而然地产生学习的欲望，这对后面的学习会起到意想不到的铺垫作用。例如，在讲课前，教师首先要用幽默风趣的语言拉近与学生的距离，同时

---

①　汪勇（1965－），男，四川盐亭人，副教授，大学本科，主要从事工程图学理论与应用、产品数字化设计研究。

提出与生活实际息息相关的问题，如："请哪位同学来描述一下日常生活中自行车、汽车的详细结构？"这时同学们会积极主动思考问题，经过几分钟思考和议论后，会发现用原有的知识和方法很难描述清楚。老师在给出否定的结论后，再利用动画或实物展示一个个机器零件和部件，从而引出解决问题的方法——采用零件图和装配图。然后提出问题："对照零件图和装配图同学们能想出它表示的零件或部件空间形状和读出制造的要求吗？"此时学生的学习积极性被充分调动起来，最后引出学习这门课的目的、内容和学习方法与要求。

二、学习过程中强调自主学习，突出课程本质，是发挥学生学习主体作用的基础

"工程制图"是"绘图"与"读图"相结合、"二维空间"与"三维空间"相互转换的一门实践性很强的课程，教师要充分利用启发式教学方法，在课堂教学中突出学生自主性，给学生施加积极的影响，在教学过程中发挥教师的主导作用，充分调动学生学习的积极性。注重"教师少讲"，"学生多说、多练"，让学生成为课堂的真正主人，使学生处于主动、活泼的学习状态，从而激发学生学习的动机，达到自主建构认知结构的目的。比如，平面图形画法，老师首先给出任务要求学生抄画吊钩，让学生自己研究画出吊钩应解决哪些问题（即如何光滑连接圆弧与直线、画图顺序等）；同时找出解决问题的方法，从而自己构建出平面图形画法的三个关键知识点：圆弧连接、尺寸分析、线段分析及应用。

教学中对于重要知识点，比如机件的表示方法，应设计课堂练习，为学生尝试使用新知识提供实践的机会；对于相对容易理解的教学内容，比如制图的基本规定，通过学生自学完成，在这一过程中教师对学生提出要求，并提供学习所需的相关指导和各种参考资料；同时采用项目教学法的学习方式，使学生有明确的学习目的，教师还要对学生自主学习任务进行检查和进一步加工，这样既能发挥学生的主动性，又能提高学生理论联系实际及解决问题的能力。在整个学习过程中，学生需要承担一定的压力，教师需要调动学生的学习积极性和创造性，指导学生通过使用各种方法来完成学习任务。

三、充分运用多种教学手段，激发学生的学习兴趣，是发挥学生学习主体作用的重要组成部分

由于本门课程普遍存在课时少、任务重、作业量大、学生人数多的情况，作为任课教师必须学会综合运用现代化多媒体技术，将多媒体课件、三维动画、实体模型展示、传统的板书、网络课程中心等多种教学技术和手段灵活运用于教学的各个环节，同时多采用任务驱动法、互动式教学法、项目研究法等相关的教学策略，突出学生的主体地位，教师要指导学生对教材进行自主钻研，并与小组学习讨论相结合。在课堂上教师要注重精讲多练、生生互帮互学、小组互相交流等手段的运用，改变教师讲学生听的教学传统模式，增强学生的学习兴趣，同时，加强适合学生自主学习的教材、习题集建设，形成真正意义上的教学互动，最大限度地调动学生学习的积极性。为了激发学生学习兴趣调动学生学习积极性，我们建立了完整的教材体系、多媒体课件、实体模型和虚拟模型库、制图走廊、网络课程。例如在画虎钳装配图的教学中，可利用实体模型展示、三维虚拟装配，让学生自己分析虎钳工作原理、结构、传动路线、装配关系等，从而大大激发学生学习兴趣与积

极性。

四、多元评价理论的运用，是发挥学生学习主体作用的关键所在

在课堂教学过程中，由于本课程的独特性质，学生在学习的过程中总会有一些创新的火花在闪烁，作为任课教师如能在教学过程中充分肯定学生的这些独特的见解，不仅能使学生好的学习方法和思路得到推广和交流，更重要的是对学生的赏识和激励可以拓宽教学思路、提高教学水平，激发学生学习的积极性。同时，在评价方式方法上要不断推陈出新，结合多种评价手段的使用，比如书面测试、作图评析、大作业展示等；在评价的方向上重视评价对个体发展的建构作用，将即时评价、过程性评价、结论性评价等评价形式综合运用，关注学生全面发展；在评价主体上改革创新，增加学生的自我评价、小组互评、学生互评等内容，根据学生的交流、提交的习题评价学生的学习进展，将质性评价与量化评价结合起来，把过程性评价与最终学业联系起来，重视培养学生的反思意识和习惯，最大限度地调动学生的学习积极性。比如在同学们完成第一张工程制图大作业"吊钩"后，老师将事先设立好的评价体系与标准发给学生，让学生分小组依据标准自己评定出成绩，既加强了知识点的内化，同时激发调动了学生学习的主动性。其实，在教学过程中让学生承担起评价同学的任务，在相互尊重、相互平等的前提下开展积极的相互评价，可以引起学生浓厚的学习兴趣，能充分调动学生的学习积极性，促进学生自我教育、交流、反思和评价能力的提升。

五、结束语

夸美纽斯曾经说过："教师的艺术表现在使学生能透彻、迅捷、愉快地学习知识技能。"在工程制图的教学过程中，注重学生学习积极性的调动与培养是高质量完成教学任务的根本保证，同时，适当运用灵活多变的组合教学方法和手段，用于激发学生学习兴趣，突破难点，强化重点，是我们提升教学质量的关键所在。

注释

[1] 田凌，童秉枢，冯涓. 机类机械制图新课程体系的研究及实践 [J]. 工程图学学报，2005，26（5）：120−125.

[2] 刘平. 工程制图课程创新教育的改革与探讨 [J]. 中国高等教育研究，2008（7）：91−92.

[3] 刘朝儒，吴志军. 机械制图 [M]. 第5版. 北京：高等教育出版社，2006.

基于《大学英语课程教学要求》的
专业英语教学研究*

尹洋① 吴能章

（西华大学机械工程与自动化学院）

摘 要：笔者在查阅大量相关资料并进行深入研究的基础上，以专业教师的眼光，本着《大学英语课程教学要求》探讨了专业英语的内涵、专业英语的教学方法和内容及其教学组织与管理，提出了专业英语的教学应与时俱进、科学利用英语学习的现代平台，使英语学习贯穿一生的合理方式。

关键词：专业英语；通用英语；教学内容；教学管理

一、专业英语研究简介

随着现代科学技术的迅猛发展，国际交往日益频繁，交往的广度和深度都大大增加。英语在商务、科技等方面的作用越来越大。据报道，当今英语世界的文字交流有 80% 是以专业英语为媒介的。因此，人们期望在较短的时间内尽快掌握英语，以获取这些新的科学技术。而传统的通用英语的教授方法，已不能满足对英语的某些特殊需求。因此，20世纪 60 年代初期，在西方一些发达的国家掀起了一场对专业英语的教学和研究活动[1]。

二、专业英语的定义与特点

专业英语（ESP：English for Specific Purpose）是指与某种特定职业、学科或目的相关的英语。其学习者有明确的学习目的，即由于特定行业的需要，学习者需要达到在某些学科内使用英语的能力。其次，它有特殊的内容，即专门化的内容。专业英语有独特的词汇、句法和结构模式，与通用英语 EGP（English for General Purpose）有很大区别。专业英语也是一门语言，其教学不仅包含英语语言技能的训练，而且有明显的专业内涵，是语言技能训练与专业知识学习的结合。专业英语中，表现实质内容的语料载体，随不同的专业学科方向而变化。从语言学的角度来说，专业英语依然是英语，是英语在不同专业范围的语言变体。在这里不妨把专业英语视为共核的通用英语的变体[2]。

专业英语具有以下四个根本特点[3]：

---

* 基金项目：四川省高等教育质量工程子项目现代制造技术双语教学示范课程。

① 尹洋（1971—），女，四川简阳人，副教授，工学硕士，主要从事机械制造方向的本科生和研究生教育与机械制造及自动化方面的研究工作。联系方式：yinyang@mail. xhu. edu. cn；电话：13666205966。

（1）课程设置必须满足学习者的特殊需求；

（2）课程内容必须与某种特定的学科、职业相关；

（3）课程的重点应放在篇章、文体及语言（词汇 、语法 、语域）知识的掌握上；

（4）必须与通用英语 EGP 有鲜明的对照。

三个可变特点：

（1）可以使用任何一种教学法进行教学；

（2）学习者为成年人，包括正从事各种专业的在岗或者正在接受培训的各类人员；在校大学生或将来需要经常使用英语的中等专业学校或职业中学的学生；

（3）ESP 课程通常是为具备中级或高级英语水平的成年人设计的。

根据学习者最终的语言使用目的和语言环境，ESP 分为职业英语 （ EOP，English for Occupational Purpose）和学术英语 （ EAP，English for Academic Purpose）两大分支。而学术英语又再次分为专门类学术英语 （ ESAP），如医学英语、工程英语、法律英语等，大学英语后续教学的主要内容是学术英语。

三、基于《大学英语课程教学要求》的大学非语言专业中专业英语课的设置

（一）专业英语设置的必要性

国家教委 1985 年颁布的理工科大学英语教学大纲，将大学英语分为基础阶段和专业阅读阶段。大纲明确指出专业英语课程的设置可保证英语学习在毕业前不断线，尤其重要的是，可保证学生在阅读英语专业书刊的过程中，巩固和提高在基础阶段获得的英语知识和阅读能力，养成参阅专业文献，获取专业信息的习惯和能力。而在 1999 年颁布的大学英语教学大纲（修订本）中，将原专业阅读改为专业英语，并明确规定专业英语是必修课程，为大学英语教学中一个不可缺少的组成部分。教育部高教司于 2004 年颁布，并于 2007 年正式出版推广的《大学英语课程教学要求》中也提到：各个学校应当根据本校的实际情况，设计自己的大学英语课程体系，将综合英语类、语言技能类、语言应用类、语言文化类和专业英语类等必修课程和选修课程有机结合。并在较高要求的英语能力中提到：能基本听懂外国专家用英语讲授的专业课程；能够基本读懂自己专业方面的综述性文献；能写自己专业论文的英语摘要；能摘译所学专业的英语科普文章，并能撰写所学专业的英语小论文等[4]。

从教育部 1985 年、1999 年、2004 年颁布的对英语教学的指导性文件可看出，对专业英语的设置是逐渐强化的，其要求也是逐渐提高的。

上述专业英语的定义和特点也说明了其设置的必要性。况且，英语教学的理论和实践都证明，语言能力向实际运用的转化需要一个过程，需要专门的训练，这种专门训练就是专业英语的教学，它架起了 EGP 与某种特定职业或学科之间的一座桥梁。

（二）专业英语的教学方法

1. 语法－翻译教学法

该方法是专业外语教学中长期使用的方法。其基本模式是：分析专业英语中某些句子的语法现象，比较单词或短语的用法，逐句翻译成汉语以解句义。

2. 对比教学法

有比较才能有鉴别，对专业英语中的词汇、术语、句子、文体进行语义比较，如：同一个词，在通用英语中，其词义如何，如在机械工程英语中该词的词义有什么变化，其中的规律是什么。通过比较、辨析，找出专业英语在词汇、语义、句法、文体等方面的特殊性。

3. 词义比较法

根据专业英语教材中所出现的一些典型词语，引导学生进行词义比较，如反义词比较。引导学生说出某些词的反义词，比较每对词的构成。

4. 专业词汇构词法

英语界公认，现代英语至少有 60 万单词，其中普通词汇大约四万左右，余下的五十多万词汇就是各学科的专业词汇[5]。因此，学习专业词汇的构词法是专业英语教学的重要环节，是掌握专业词汇的捷径。

（三）专业英语教学存在的问题

笔者作为学校指派的教学督导团成员之一，对西华大学各学院的专业英语进行了随机听课，并调查整理了该校部分专业英语课程设置的资料（见表1），发现以下问题：

表1　西华大学 2010－2011 学年《专业英语》课程汇总

课程名称	教师学历	上课人数	课程性质	总学时
机电专业英语	博士	87	专业选修	32
市场营销专业英语	学士	60	学科选修	40
工程管理专业英语	硕士	22	学科选修	40
产品质量工程专业英语	博士	106	专业必修	32
工商管理专业英语	硕士	93	学科选修	40
人力资源管理专业英语	硕士	49	学科选修	40
化学专业英语	博士	77	专业选修	32
机械设计制造及其自动化专业英语	硕士	28	专业选修	40
计算机专业英语	硕士	113	学科选修	32
专业英语	硕士	70	学科选修	40

1. 专业英语的教学管理

教育部 2004 年颁布的《大学英语课程教学要求》规定：各个学校应当根据本校的实际情况，设计自己的大学英语课程体系，将综合英语类、语言技能类、语言应用类、语言文化类和专业英语类等必修课程和选修课程有机结合。但学校没有统一制订专业英语的教学目标、教学要求、教学安排和测试方法，这些都由各学院制订，大多由任课教师自行制订。因而导致目标不统一、要求不一致，教学效果有较大差异等随意性。从表1可看出，就专业英语的课程性质就有"专业选修"、"学科选修"、"专业必修"三种，而总学时也有 32 和 40 两种。笔者还发现专业英语课程班级人数太多，一个班上课的学生人数 30 人以下的极少，一般都有 70－80 人，最多的达到 113 人。对于语言课的教学，一个班有如此多的学生，是无法保证教学质量的。

2. 专业英语的教学方法

大部分专业英语教师制作了课件，也选用了教材，但上课都采取阅读理解、翻译材料的方式。教师只讲解相关的专业术语，极少讲解语法知识，然后由学生或自己对材料进行翻译，而且大部分时间使用的是汉语授课。

3. 专业英语的师资情况

由表1可知，目前西华大学专业英语均由本专业英语较好的具有博士或硕士学位的青年教师授课。专业英语教学对他们的英语水平是一个很大的挑战。他们的英语能力发展不够平衡，阅读能力相对较强，写作方面普遍存在语法错误多，听说能力不足，发音不够准确等。

四、从专业教师的角度探讨专业英语教学模式

（一）专业英语的内涵

以上对通用英语和专业英语的分类，大多是学习语言的教师或学者的看法[6-9]，而从专业教师的视角如何看待专业英语呢？笔者是机械专业的教师，除学习专业外，经过了中学、大学、研究生和公派出国等阶段的通用英语和专业英语的学习。执教阶段也是长期从事大学本科生和研究生的专业英语教学。笔者认为英语只有一种，那就是通用英语（EGP），专业英语（ESP）只是通用英语的一部分，它们是从属关系，绝非并列关系。因为，"特殊"必寓于"通用"之中。其关系如图1所示。

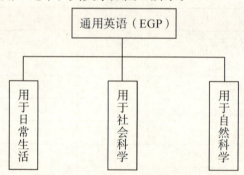

图1　英语的应用领域

学习一种语言，一定要依附于学习者的生活环境和知识背景。英语学习也不例外，从小学到初中阶段的英语学习，一定是以日常生活为背景的。随着知识的增加，到高中和大学二年级之前，英语学习的内容除日常生活之外，已加入了少量的社会科学和自然科学的内容。到了大学的三年级或四年级，英语学习就进入了所谓的"专业英语"阶段。其实这段时期所学的英语只是通用英语应用于社会科学和自然科学中更为细分的各个分支，如经济、管理、法律、物理、化学、生物、工程等。那为什么还要把大学二年级之前所学的英语称之为通用英语，而把大学二年级之后所学的英语称之为专业英语呢？笔者以为，这种叫法只是一种翻译的问题。因为在汉语中确实无法找到一种能比较准确地表述英语前阶段和后阶段学习的词语，因此不得不采用一种不太准确的表述——通用英语和专业英语。由于这种叫法已约定俗成，因此不会产生歧义和理解上的错误。但是，在一些教学文件（如

教学大纲）或教科书的封面上"专业英语"需要译成英语时，如何用英语准确地表达其含义，却是一个值得探讨的问题。表 2 是笔者整理的 11 种专业英语教材的书名英译，归纳其翻译方法不外乎以下七种：①English for ＋某专业；②English in ＋某专业；③某专业＋English；④Specialized English for ＋某专业；⑤Specialized English in ＋某专业；⑥Special English for ＋某专业人员；⑦Specialistic English for ＋某专业。另外，在一些教学文件和教材中，也有将专业英语译成 Professional English，Subject-oriented English，Subject-based English 的。能编教材出版的都是专家，对上面的翻译，笔者不敢妄加评论孰是孰非。但有一点可以肯定的是，如果是对某种语言编的书，除课文之外，它应该对该语言的词汇、语法、语域等进行较为系统的阐述。笔者详细查阅了每本书的目录后发现，除课文、生词以及个别句子的注释外便没有其他内容了。因此，笔者认为以上所有教材均可译成：English Readings for ＋某专业，更为名副其实。那么教学文件中的"专业英语"如何翻译成英文呢？笔者认为还是按照国外已用的 ESP 的翻译法，用 English for ＋某专业，这样较为统一。

表 2　专业英语教材书名英译

书名	书名英译	主编	出版社	日期
能源与动力工程专业英语	English Textbook for College Students Majoring in Power Engineering	陈冬林	华中科技大学出版社	2009
汽车专业英语	Automobile Specialized English	吴宗保	华中科技大学出版社	2008
建筑专业英语	Specialistic English for Architecture, Planning and Landscape	郑启颖	华中科技大学出版社	2008
计算机专业英语	English for Computer Science	苏雪	华中科技大学出版社	2007
法律专业英语	The Course for Legal English	徐嘉辉	哈尔滨工程大学出版社	2006
自动化专业英语	Specialized English for Automation	王军	重庆大学出版社	2002
生物学专业英语	Specialized English in Biology	张润杰	中山大学出版社	2002
水利工程专业英语	English in Water Resources Engineering	王殿武	东北林业大学出版社	2001
经济管理专业英语	A Textbook of College English in Economics and Management	戴贤远	北京大学出版社	1994
饭店专业英语	Special English for Hotel Personnel	Vivien Worsdal	北京出版社	1988
机械工程英语	Mechanical Engineering English Readings	陈统坚	机械工业出版社	1999

（二）专业英语的教学方法与内容

由于专业英语课程的学时很少，表 1 给出了西华大学专业英语的学时，都在 30－40 学时之间。要在如此短的学时中，同时训练学生的听、说、写、读、译能力是不现实的。

根据学生走出学校后，使用英语的情况和笔者的切身体会，应以阅读和翻译能力的训练为重点。其教学方法可采用上述传统的，且行之有效的方法。

对于大学本科生而言，专业英语学习已是英语学习的最后阶段。在这一阶段的学习中，除了学习必要的专业英语知识外，还应该教他们一些学习专业英语的方法、手段和工具，以使他们走出学校进入社会后还能继续专业英语的学习，最好是"终生不断线"，哪怕只有极少数的同学是这样，也值得我们一试。那么如何才能使学生走出校门后能继续学习英语呢？我想，那时的英语学习应满足两点：一是方便性（唾手可得），二是趣味性。为此，在专业英语的学习中可加入：

（1）电子词典的使用，如金山词霸、英汉机械工程词典、英汉计算机词典等。

这些词典在计算机上使用十分方便，除给出词义外，还可给出正确的发音。

（2）翻译网站介绍，如：翻译中国（www. fane. cn）；成都博文翻译（www. bowenfanyi. com）等。

这些网站中大多有专业词库，如图2所示。在这些网站中，学生还可以学到很多专业翻译的知识和技巧。

（3）介绍国内外流行的、主要的基于TM（translation memory）的CAT（computer aided translation）软件，如：Trados，雅信，Wordfast等。

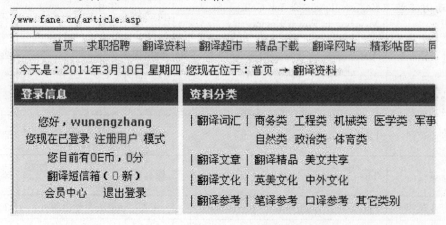

图2　fane. cn网站中的翻译词典

由于计算机技术的长足进步，计算机辅助技术已进入各行各业。英语笔译也不例外，尤其在专业文献资料的翻译中，计算机辅助翻译（CAT）更具有举足轻重的地位。根据笔者所知，几乎所有的翻译公司在招聘翻译时都会问你是否熟悉Trados。给学生介绍相关的知识，有利于对翻译工作感兴趣的学生向专业笔译方向发展，从而增加了学生就业选择的路子。

（4）介绍英语学习的主要网站：如www. voaspecialenglish. com；www. abc. net. au中的Learning English。

如图3、图4所示，这些网站除了英文文本外，都配有MP3音频播放，文本中的任何一个生词均可双击访问在线词典查阅有关词义。它们大多采用慢速英语，以满足母语非英语的人们收听。这些网站中播放的英语素材极具趣味性和知识性。

以上的内容也符合教育部颁布的大学英语课程教学要求中提出的，大量使用先进的信息技术的要求。在对一般要求的英语能力中，能基本听懂英语国家慢速英语节目的能力也是一种巩固和提高。

图3 VOA 网站 Learning English 模块中的在线词典

图4 ABC 网站 Learning English 模块中的 STUDY ENGLISH

（三）专业英语的教学管理

1. 专业英语课程的教学归口

如前所述，专业英语是通用英语在不同学科领域的应用，因此，这门课程的基本属性是英语，而非专业。按此推理，这门课程就应该设置在外国语学院的某个教研室（如ESP 教研室），该教研室负责制订全校统一的专业英语课程的教学目标、教学要求、教学安排和测试方法，以及师资的遴选和培训等。但很多大学（包括西华大学）出于这样或那样的原因，都没有这样设置，这不得不认为是一种教学管理上的缺失。

2. 专业英语课程的师资遴选

专业英语课程是一门跨学科的课程，教这门课程的教师不仅需要懂得本学科的专业知识，而且更需要扎实的英语基础知识和语言教学技能。不少文献报道[10-12]，笔者的调查与指导研究生的经历，以及第二作者在担任西华大学学报英文编审的工作经验，都显示这种扎实的语言功底是目前各专业具有博士或硕士学位的年轻教师所不具备的（个别特例除外），尽管他们考过了国家英语 6 级（或 4 级）。这主要是应试教育中大量选择题的训练导致他们语言应用能力的缺失，从而对课文中句子结构理解不准确，甚至理解错误。因此，笔者认为对专业知识背景要求不是很高的人文社科类专业英语课程，如表1中的市场营销专业英语、工商管理专业英语、人力资源管理专业英语等，原则上应该由外国语学院的语言教师担任，他们所缺少的专业知识可通过少量的进修、培训获得。对于那些专业知识背景要求较高，而语言教师又不可能在短期内获得这些知识的课程，如机电专业英语、机械设计制造及其自动化专业英语、化学专业英语、计算机专业英语等，其教师可以在相应的专业教研室遴选。采用自愿报名，外国语学院选派专家，组织审查、试讲后择优选用。一旦选拔出了英语基本素质较好的教师后，他们承担专业英语课程的业务关系，就属于外国语学院的某个教研室，教研室负责这些教师的语言培训和管理。这些教师也应定期去参加相关的教研活动。当然，要使上述方案具有可行性，应通过减少他们的专业课时量，提高专业英语课时费等措施与之配套。

五、结语

大学专业英语是学生一生脱产学习英语的最后阶段，也是英语教学承前启后的重要时期，这段时期的教学既要巩固以前所学的知识，又要为英语在专业领域的应用打下基础。为此，笔者在大量查阅相关资料和调研的基础上，结合自身的学习和教学经验以及教育部颁布的英语教学指导性文件，从一位专业教师角度探讨了专业英语教学中存在的主要问题，如专业英语的内涵、专业英语的教学内容、专业英语的教学组织与管理等，并提出专业英语的教学应与时代同步，指导学生构建英语学习的现代平台，以期达到学生英语学习"终生不断线"的理想模式。

注释

［1］赵雪爱. 国外特定用途英语（ESP）的发展与现状［J］. 西北工业大学学报（社会科学版），1999，19（2）.

［2］刘法公. 论专门用途英语的属性与对应教学法［J］. 外语与外语教学，2001（12）.

［3］蔡基刚. ESP 与我国大学英语教学发展方向［J］. 外语界，2004（2）.

［4］教育部高等教育司. 大学英语课程教学要求［S］. 上海：上海外语教育出版社，2007.

［5］范谊. ESP 存在的理据［J］. 外语教学与研究，1995（3）.

［6］秦秀白. ESP 的性质、范畴和教学原则——兼谈在我国高校开展多种类型英语教学的可行性［J］. 华南理工大学学报（社会科学版）. 2003，5（4）.

［7］刘雅，王新国. 非英语专业研究生 ESP 学习情况及需求分析调查［J］. 西北工业大学学报（社会科学版），2008，28（3）.

［8］严明. 大学专门用途英语（ESP）教学理论与实践研究［M］. 哈尔滨：黑龙江大学出版社，2009.

［9］程世禄，张国扬. ESP 的理论与实践［M］. 南宁：广西教育出版社，1998.

［10］王蓓蕾. 同济大学 ESP 教学情况调查［J］. 外语界，2004（1）.

［11］何谨然. 理工科大学英语后续教学与 ESP 教师的培养［J］. 理工高教研究，2007，26（4）.

［12］徐晓红. 《大学英语课程教学要求》对非英语专业研究生英语写作教学的启示［J］. 辽宁行政学院学报，2008（6）.

基于人才培养多样化的教材选用质量评价工作探索

唐慧① 胡天农 任忠

（西华大学教务处）

摘　要：文章通过对人才培养多样化背景下影响教材选用质量的主要因素的分析，提出要做好人才培养多样化的高校教材选用的质量评价工作必须从加强组织机构领导与审核，制定合理的教材选用质量原则，做好选用后的质量评价反馈，选用单位的质量考核等方面做好工作。

关键词：基于；人才培养多样化；教材选用；质量评价

高等学校教材是体现教学内容和教学方法的知识载体，是保证教学正常进行的基本工具；是深化教育教学改革，培养创新人才的重要保证。特别是在学分制背景下，学校进一步对本科人才培养方案进行了修订，确定了多样化人才的培养目标。由此引起了学生选修方式多样化、教师授课方式多样化、考试形式多样化等等的发展变化，进而使学生教材的订购与发放也由集体转向个体，教材的订购与发放工作更显得零碎、繁杂，教材品种更加繁多。面对这种新的形势如何进一步提高教材选用质量，如何保证优秀教材进入课堂来促进高等教育的发展，如何做好高校教材选用中的质量评价工作以促进多样化人才的培养，均是我们教材管理工作者应认真思考的问题。

一、影响教材选用质量的主要因素

（一）出版社对高校教材选用的影响

近年来高校扩招后迅速成长的教材市场吸引了各种不同层次的出版社的介入，一部分出版社片面追求经济效益，各种不同选题的教材重复出版，特别是一些基础课教材、热门课程教材竞相出版，同一种内容相似教材由不同出版社出版后可以达到十几本甚至几十本，造成教材出版层次重复、精品教材匮乏；而一些小专业、新兴学科等特色教材因其市场需求量少，出版社都不愿出版或几年出版一次，导致这类学科有的连基本教材都无法订购，更不用说择优选用。

（二）高校自身管理体制不健全或执行力度不够对教材选用的影响

（1）高校教材管理体制的变化削弱了教材选用质量。目前部分高校进行教材管理体制

---

① 唐慧（1969—），女，四川广安人，教材科科长，一直从事教材管理工作。联系方式：jiaocai @ mail. xhu. edu. cn。

和运行机制的改革，将教材管理部门改制为教材发放中心或归属后勤、图书馆甚至社会化变为书店，人为地将教材供应部门与教材管理、教材建设脱节，削弱了教材选用的统一管理和指导。

（2）在不少高校中，普遍重视教材订购率、课前到书率等，对教材选用过程中的质量问题重视不够。部分高校没有明确的选用原则，有的高校虽有明确的选用原则，但在实际订购过程中，订购教材由任课教师提出后，未经系（或教研室）讨论，学院就审批提交教材管理部门订购，这样在选用的过程中缺乏目标、论证、审核，造成选用质量不高。

（3）部分高校为适应某一阶段的需要或片面追求知名度，与其他高校联合出版教材，这部分教材一般出版量大，品种多，使用时间长，造成新教材、优秀教材无法及时更换，严重影响高质量教材的选用。

（三）高校教师对教材选用的影响

教师是教材的制造者，也是教材的使用者，编写高质量的教材靠教师，选用高质量的教材也要靠教师，所以教材选用质量的关键在于教师。

（1）由于各个教师对本学科领域的最新发展了解不同，以及每个教师的学术水平与倾向不同，教师选择教材的水平各有高低。再加上部分教师长期不参加科研活动，缺乏社会生产实践又不愿尝试新事物，故十几年用一种教材，照本宣科维持教学生涯，导致部分教材选用质量无法提高。

（2）教师对教材信息掌握不够，导致教材选用质量不高。目前教材出版种类繁多，更新快，而教师信息来源有限，很难掌握全部出版信息的相关材料。这种教师选择教材范围的局限性势必也会影响教材选用的质量。

（3）高校教师为了评职称或受经济利益的驱动，编写出版了一批质量不高或重复性教材，而这部分教材的订购需要作者包销或特定供应商供货，学校各级职能部门为了平衡各种关系，不得不选用这类教材，导致这部分教材选用质量无法保证。

二、建立合理的高校教材选用机制及选用后的评价机制，做好校级考核工作

（一）建立合理的教材选用机制

（1）明确教材选用的指导组织机构及其选用审批程序。

教材选用存在问题，并不是说由任课教师指定教材的方式不对，而是这种指定方式因缺乏监督而失去了其本身应有的合理性。高校在教材选用上应首先明确其指导的组织机构应为学校教材建设委员会。明确其在教材选用中的具体指导作用，即指导各学院按学校教材选用原则审核全校所开课程的教材选用是否按"最新最优"原则选用教材，同时负责教材选用后的评价指导工作。

学院教师选订教材后，系（教研室）应结合教学计划、教学大纲的实际情况并结合学校的选用原则认真研究讨论后，由学院教材建设委员会审定，教学负责人认可后提交教材管理部门。

教材管理部门应对学院提交的统计订单进行再次初审后提交学校教材建设委员会讨论通过。

（2）制订合理的教材选用原则，并严格按选用原则组织订购。一般来说应包括以下几

个原则：

①选用的教材必须符合专业培养目标和教学大纲的要求。

②各门课程应优先选用国家、部、省级优秀教材，教育部各学科教学指导委员会推荐教材和近三年出版的同行认可的高质量、有特色的教材。

③校、院级重点或精品课程及专业主干课程须选用优秀、规划或21世纪教材。否则所授课程教师应提交相关报告，经学院审核签署意见并由学校教材建设委员会审定同意后，报教务处备案。

④课程代码一致的同一课程应选用同一版本教材。

⑤鼓励选用优秀外语原版教材或国内出版社拥有版权的影印教材，特别是精品课程应鼓励用双语教材授课。

⑥各学院要加强对教材使用计划的审核工作，征订时尽量选用新华书店总店组编的《全国大中专教学用书汇编》目录和各出版社正式出版目录教材。基础课和技术基础课应选用已有的正式出版的优秀教材。杜绝劣质教材进入课堂。

⑦不提倡使用短缺版教材。

（3）设立教材样书专柜和开展出版社现场展示活动，让教师更直接更全面了解各个出版社出版的新信息，教材管理部门也应及时了解各个出版社的新情况并及时将信息在网上公布，使教师能及时选用新教材与高质量教材。

（二）制定合理的教材选用后的评价机制

（1）学校应从制度上加强对选用教材的质量管理，积极开展教材评价工作，建立教材质量信息反馈制度，教材评价一般分为教师自评、学生问卷调查和专家评价三部分。每学期（或一学年）以学院为单位，对本单位专业必修等必修课程选用的教材进行抽样调查，由任课教师和3-5位同行专家，针对某门课程的选用教材与教学大纲及教学的基本要求进行自评。评价不合格的教材，下次订购教材时不得选用，同时针对抽样的必修课程选用教材对学生进行教材使用情况抽样调查，并将情况以书面形式报教务处。教务处将视情况对各单位的自评情况进行抽查，全面掌握各单位教材订购后的使用状况，以保证教材选用质量。

（2）结合教育部等教育行政部门组织的指导性评价指标，与各高校自身的教学实际制定合理的选用教材质量的评价指标体系。普通高校由于受教师水平的制约，自身的教材评价和建设工作缺乏权威性和指导性，但是高校教学及教材选用的自主性，各个高校发展水平的不平衡性，都决定了学校应该结合本校的实际情况建立起本校的教材评价。根据我校的实际情况教材质量的评价指标体系应包括以下几个方面：

①教师对选用教材的质量评价指标中应包括：使用教材符合教学大纲的要求标准的程度；是否是本专业或学科门类使用的教材；深度、广度、难度等合适情况；结构、顺序是否合理；是否配有辅导教材（包括各章节后思考题、习题）；是否有利于学生智能发展、学生自学等。

②学生对选用教材的质量评价指标应包括：使用的教材类型是否是优秀教材、新出版教材或国外原版教材；使用教材的编写质量中文字是否规范、简练、符合语法规则；使用教材的编排质量是否高、风格鲜明、文字准确、色彩和谐；教材的内容安排是否符合认知规律、富有启发性、便于学习；教师讲授的内容与教材内容的关系是否密切相关，并有适

当的发挥；就你了解的范围内，学生认为本教材是否准确地反映了本学科的国内外最新研究成果等。

③专家对教材选用的质量评价指标应包括：教材是否具备内容规定性、认识规律性、体例完整性、手段现代化；教材是否具有理论实践性、结构系统性、先进性、比较性；教材的思想观点是否正确、思想方法是否体现唯物辩证法，逻辑性强，引导得当，利于学生素质培养；教材的风格特色上是否内容、结构、体系安排具有明显特色和独到的创新意识；教材的文图水平上是否文字规范，语言流畅，语法语言运用正确；图文配合，图形、符号、单位符合国际标准；教材的印刷、编校水平上是否文字、图表清晰，错误率符合规定要求；等等。

④评价途径一般分为：抽样调查和网上评教等。

通过以上的综合评价，全面了解学校的教材选用质量，这对更好地指导以后的工作有着积极的作用。

（三）做好对学院选用教材后的校级考核

在做好制定教材选用原则、做好选用后的质量评价工作的同时，还要做好各学院教材选用后的考核工作，制定合理的考核指标。

①考核指标必须符合教育部等教育行政部门组织的指导性评价指标要求和本校甚至各学院的实际情况。

②考核指标一般包括：教材整体订购率、优秀教材选用率、规划教材使用率、近三年出版教材选用率、国外原版教材使用率等。

③将选用后的考核指标纳入学院的学年教学管理考核指标中，通过对学院每学年选用教材的实际情况进行考核，进一步提高了教材选用的质量，同时也达到了保证教材质量的监控效果。

人才培养多样化是社会对高校人才培养的长期要求，学分制的实施是为了更好地发展学生个性，体现了以人为本的教育思想。故新形势下的教材的选用也是专业的、长期的、团体努力的工作，它受出版社、高校自身管理体制、教师自身等因素的影响，而建立合理的选用质量的评价指标与体系是保证教材选用质量的基础，只有制定科学的、合理的选用原则、建立客观的选用质量评价机制，加强教材选用的管理机制及做好选用后的考评工作才能真正保证教学质量，促进多样化人才培养的需要。

注释

[1] 郑厚天. 试论高校教材选用工作的实施方法 [J]. 连云港化工高等专科学校学报，2000 (S1).

[2] 周晓岩. 新形势下教材改革的思路与初步探索 [J]. 中国高等医学教育，2000 (4).

[3] 刘中仁，熊斌. 高等教育教材质量评价指标体系初探 [J]. 中国大学教学，2001 (5).

[4] 张守红. 关于高等学校教材选用管理机制的研究 [J]. 新课程（教育学术版），2007 (S3).

[5] 陈华莉，姜安丽. 我国高校教材选用的研究现状及思考 [J]. 西北医学教育，2006 (5).

[6] 唐慧. 高校学分制后教材发放工作的思考 [J]. 黑龙江高教研究，2006 (3).

[7] 关于十一五期间普通高等教育教材建设与改革的意见. http://www.crct.edu.cn.

[8] 西华大学教材选用、订购与发行管理办法.

基于构建主义的财政学教学模式设计探讨*

陆雨①

（西华大学经济与贸易学院）

摘　要：构建主义认为学习是学习者主动借助于他人和环境的帮助构建认知图示的过程。本文在高校经济类基础课程财政学教学中引入构建主义理论，对教学模式实践过程中的具体环节设计进行了探讨，可为一线教师在运用教学理论设计教学模式上提供一定的借鉴。

关键词：构建主义；财政学；教学模式设计

随着对人类学习过程认知规律研究的不断深入，构建主义理论作为认知学习理论的一个重要分支，对当下高等教育中的教育改革有着重要的启示。在财经类人才培养中，社会需要高校培养出能够和社会各经济行业息息相关，适应经济社会各领域需求的创新型应用型人才，2010 年，西华大学修订出台的《西华大学 2010 级本科人才培养方案》也指出，我们的培养目标是在贯彻党的教育方针和创新教育、素质教育、终身教育理念基础上，培养社会主义现代化建设需要的，具有创新精神和实践能力的高素质创新应用型人才；以学生能力培养为主线，逐步构建理论教学、实践教学、自主研学相结合的教学模式[1]。因此，必须围绕培养目标，加快创新和转换人才培养模式，加快向注重素质和能力培养模式的教育模式转换，将构建主义的科学理论运用于教学实践中，运用于教学模式设计中，有利于学生创新意识的培养，提高主动学习能力。

一、构建主义理论的基本启示

构建主义理论认为，人们是在与周围环境相互作用的过程中，逐步建构起关于外部世界的知识，这些知识在大脑中的动态结构被称为图式。在与环境的相互作用中，"图式"通过"同化"与"顺应"得到发展。同化是指把外部环境中的有关信息吸收起来并结合到个体已有的认知结构（即"图式"）中；顺应是指当外部环境发生变化，而原有认知结构无法同化新环境供的信息时，个体认知结构发生重组与改造，即个体的认知结构因外部刺激的影响而发生改变的过程。同化是认知结数量的扩充（图式扩充），而顺应则是认知结构性质的改变（图式改变）[2]。认知个体通过同化与顺应这两种形式来达到与周围环境的平衡：当学习者能用现有图式去同化新信息时，他处于一种平衡的认知状态；而当现有图式不能同化新信息时，平衡即被破坏，而修改或创造新图式（顺应）的过程就是寻找新的

---

* 本文为西华大学教学改革项目"课题组式研究学习模式探索"的阶段性研究成果。

① 陆雨（1974—），重庆梁平人，理学硕士，副教授，在西华大学经济与贸易学院从事经济学教学工作。

平衡的过程。学习者的认知结构就是通过同化与顺应过程逐步建构起来，并在"平衡——不平衡——新的平衡"的循环中得到不断的丰富、提高和发展。

二、构建主义知识观与财政学课程的特点具有高度契合性

构建主义理论认为，知识是人们对客观世界的一种解释、假设或假说，它不是问题的最终答案，它必将随着人们认识程度的深入而不断改变，出现新的解释和假设。在具体的问题解决中，知识需要针对具体问题的情景对原有知识进行再加工和再创造。同时知识的传授，并不能保证学习者对这种知识有同样的理解。真正的理解只能是由学习者自身基于自己的经验背景而建构起来的，取决于特定情况下的学习活动过程。否则，就是死记硬背，是被动的复制式的学习[3]。

"财政学"属于应用经济学范畴，从 20 世纪 80 年代至今一直是教育部确定的高等学校经济类专业的核心课程以及管理类专业的专业基础课程，在各高等院校均被列为学科必修课之一。财政学课程的内容广泛而丰富，一方面将一般经济理论引向进一步深化，另一方面对财政业务进行理论性分析，该课程注重让学生了解财政手段在经济生活中的运用，深入理解国家宏观经济政策，现实性非常强。因此，笔者认为，在财政学课程教学中，基础知识结构的形成固然非常重要，但更重要的是培养认知个体的能动性，强调一种适应性，强调人的认知发展的动力平衡机制。对学生进行认知过程的掌握训练非常必要。通过运用构建主义理论，科学设计教学环节，强化学生对知识意义的主动建构，促使学生能够对学习内容所反映事物的性质、规律以及该事物与其他事物之间的内在联系形成较深刻的理解。

三、运用构建主义理论进行教学设计基本步骤的思考

构建主义理论对我们经济类基础课程的教学模式设计很有启发，在教学过程中教师应按照认知图式的基本科学规律，努力创造条件，设计合理的教学方案，促进学生认知图式的发展。下面谈一些运用构建主义理论进行教学设计的基本步骤的思考。

（一）转化学习中心

构建主义学习理论把学生作为认知的主体，强调在学习中学生内部图式的变化，让学生进行知识意义的主动建构，教师在其中只是对学生的意义建构起帮助和促进作用。因此，在教学设计中，我们应该要在学习过程中充分发挥学生的主动性，同时提供相应的情境，让学生运用他们所学的知识（将知识"外化"）；鼓励学生能根据自身行动的反馈信息来形成对客观事物的认识和解决实际问题的方案（实现自我反馈）。

（二）基本步骤的思考

（1）帮助学生形成学习动机。在运用构建主义理论进行教学设计时，学生学习主动性、积极性的调动与学习动机强烈程度密切相关。因此，在课程设计一开始，就要构建强烈的学习动机。

（2）了解学生原有认知图式。通过提问，社会中热点经济案例的分析等方法，了解学生已有的认知情况。

（3）建立概念框架。教学从学生在上一阶段反映出来的发展水平开始，创造新的"最近发展区"。通过概念框架的建立，像脚手架一样，将学生的认知能力从一个水平引导到

另一个更高的水平，即教师搭建一条旧知识向新知识演进的内在线索。

（4）认知环境设计。构建主义理论的核心观点是由学生自己建构知识，重视学生的自我学习。但这样的自我学习不是放任自流，而是在教师精心的认知环境设计下进行的。教师要给学生提供围绕学习主题的复杂的真实问题，让学生在环境中可以通过独立探究、合作学习等方式来展开他们的学习。具体到教学环节设计中，教师必须保证利用各种信息资源来支持"学"。这个环节，教师需要为学生提供社会中关于相关经济事件的各种观点，如果要进一步训练学生的资料综合能力，也可以提供一些信息来源渠道，让学生自己搜集、整理。

（5）引导学习者探索，同化旧图式，寻找新的平衡。在这个环节，教师要求学生在了解有关的信息资料之后，对所学习的问题要提出各种假设并努力加以验证。通过对这些方面问题的思考，学生能逐步同化新信息，主动地把新信息同图式表征的旧知识加以联系，形成更新的图式。

（6）协作学习。构建主义强调学习中的反馈和修正，协作学习就是要实现这个过程，协作可以是学生和老师的协作，也可以是学生与学生的协作。老师提出适当的问题以引起学生的思考和讨论；诱导学生自己去发现规律，自己去纠正和补充错误的或片面的认识。也可以在学生之间组织讨论组，教师参与讨论辩题的设计，在讨论中设法把问题一步步引向深入。

（三）教学模式设计实例步骤

通过上述的六个基本步骤，以构建主义的科学认知规律为指导，逐步将学生的认知图式通过内化的方式提高到新的水平。下面以财政学教学中财政转移性支出为例简要说明学生的认知过程和教学设计步骤之间的关系：

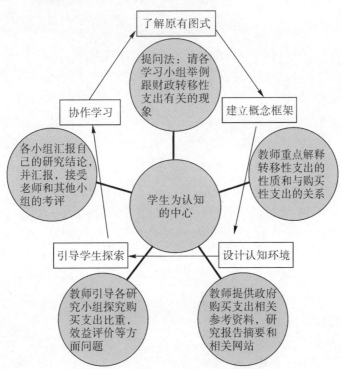

通过上述在构建主义理论指导下的教学设计，灌输式教学模式向研究式学习模式转化，在学习中学生始终处于我要知道什么，我要证明什么的思维过程中，学习的积极性、主动性提高，而且学生对社会重大经济问题关注度提高，分析实际问题能力得到训练。而且，用学习小组的方式，团队精神得以体现，职业素养也可以得到培养。

建构主义理论强调学习者具备主动建构的动机和能力，符合当今素质教育和创新教育的要求。通过理论设计和实践操作，我们力求在培养和训练学生经济思维方式，不断修正和完善学习模式，激励学生主动研究经济问题，提高学生解决实际问题的能力。为社会培养出具有高度应用性，具备较高职业素质的复合型财经人才。

注释

［1］西华大学 2010 级本科人才培养方案.

［2］［瑞士］皮亚杰. 发生认识论原理［M］. 北京：商务印书馆，1997.

［3］李天燕，陈敬贵. 建构主义教学理论的实践指导价值［J］. 高等理科教育，2008（3）.

［4］高春风. 参与式教学理念与社会工作专业人才的培养［J］. 首都经贸大学学报：社会科学版，2008（2）.

［5］于文森. 有效课程教学的基本要素［J］. 教育发展研究，2007（16）.

［6］熊英. 建构主义在教学领域引起的新变革［J］. 青海师专学报，2009（2）.

浅谈新时期大学物理课程及教学

樊群超[①]　冯灏　马梦林　王时建

（西华大学物理与化学学院）

摘　要：我国近三十年来社会经济发展迅速，科学教育更是发生了翻天覆地的变化。物理在自然科学中占有重要的基础地位，近代一些重大的科技革命也都在很大程度上依赖于物理学的发展和应用。大学物理是高等院校理工科各专业学生的一门重要的基础必修课，旨在培养学生结合物理的基础知识针对自身专业提出问题、分析问题和解决问题的能力，并学会用物理思维去审视问题。本文主要介绍了大学物理在各专业教学中的地位，然后针对目前大学物理教学过程中存在的一些问题提出了一些建议。

关键词：大学物理；教学改革

一、引　言

新世纪社会的进步需要全面发展独立创新的高素质人才，而高等院校正是培养高级人才的基地，它们担负起为实现中华民族的伟大复兴而培养引领时代发展的高级人才的历史性重任。而教育是培养人才的重要手段，如何培养出这种引领社会发展的高级人才，无疑成为了当前教育界面临的重要话题之一，这也使各所高等院校面临前所未有的挑战。为了适应 21 世纪对人才的需求，国家先后对我国高等院校进行了"211 工程"和"985 工程"等国家重点建设工程。在各高等院校为了积极适应新形势下的教学要求而进行的各种教学改革中，如何确立大学物理在各高等院校中的地位，如何充分发挥大学物理在各专业课程中不可取代的作用，这也正是每一位物理教师所面临的挑战。

二、大学物理课程的地位与作用

对于每一位高等院校的学生，尤其是理工科的学生来说，物理并不是全然陌生的。从初中开始逐步灌输基础物理知识，经过高中三年的巩固深入，大学物理对每一位学生都是熟悉而又陌生的。

在很多高等院校中，大学物理仅作为理工科专业一门重要的公共基础必修课而存在，特别是在注重经济效益的当今社会，人们更看重的是学习某种课程所带来的实用性和经济性。基于此，除了对毕业以后愿意从事相关物理行业的学生，大学物理课程对于大多数理工科专业的学生来说，只是一门学校所安排的必须要修的公共基础课程而已。这种思想只

---

①　樊群超（1980—），男，副教授，硕士生导师，2009 年于四川大学获原子与分子物理理学博士学位。主要从事分子结构与光谱、激光与物质的相互作用、分子动力学等方面的科学研究工作。

适用于"计划教育"时代，现今社会需要什么人才，学生就一心致力于往该人才培养的道路上奋斗，努力使自己成为某一方面的专业人才。由于近年来高等院校扩招，相关专业划分越来越细，所学习的专业课程局限性越来越强。在信息时代的今天，这种传统的教育思想所体现的弊端正日益显露。随着人口不断增长，就业压力不断增大，竞争也越来越激烈，那种针对某特定专业的专业性教育所暴露的问题也就越来越多。在这种情况下，继续教育观念应运而生，可这远远不能解决早期计划教育和一次教育所带来的后遗问题。社会需求由专业型人才逐渐向通用型人才转变，这就要求学生不仅仅要掌握所学专业的知识内容，更需要对所学专业方向的相关专业领域有所涉猎，这是培养自身专业素养的基本前提。

由于物理学是一门建立在实验基础上的自然理论科学，不论是在物理学习还是研究中实验都是非常重要的。所以，提高物理教学质量，是由理论知识和实验能力共同决定的。由于我国中学长期以来教学模式的问题，学生普遍动手能力较差，实验技巧和实验能力都表现出明显地不足。所以物理教学中应该加大实验课程的权重，让学生有更多自己动手、自己实验的机会。而且实验内容不仅应包括展现经典的传统物理实验，也要包括符合时代发展的近现代物理实验，应该随着时代的不断发展而即时更新。将这两类物理实验与基本技能和现代基本知识相结合，让学生在巩固知识的同时，也锻炼了实验动手技能。且学生在这种富有实践性的学习环境中，也会积极主动地去思考探索问题。由于物理实验所涉及的范围较广，所需要的实验设备较多，有些实验会受到设备与条件的限制，因此，在尽可能满足学生自己动手的实验条件下，一些确实无法提供给学生亲自操作的实验，也应该尽可能地做到演示教学或者视频教学。

理工科专业都会或多或少的用到普通物理的相关知识，除了在大学中统一开设基础大学物理课外，不同的专业根据自身的需要还加开了一些物理专业课程。如机械、土木专业都要学习理论力学、材料力学，而电子电气类专业须学习模电、数电等电路课程。而作为基础的大学物理课程对所有理工专业的要求基本是相同的，这样就达不到最有效的教学效果。针对这个问题，可以对大学物理课程采取分级开设，如对机械类专业可以增强力学方面的内容，电子类专业则加深电学内容的讲解，而对需要物理知识较少的相关专业在教学内容上也可以适当减少。随着科研教育事业的发展，很多边缘学科也开始和物理学有关系：一是直接关系，比如现在如火如荼的金融学，在学科前沿的研究中用到了很多物理学方法如变分法等，据调查在金融领域中一些诺贝尔奖获得者绝大部分都具有深厚的物理背景；二是间接关系，物理学的学习可以锻炼人的逻辑思维能力，提高学生发现问题、分析问题和解决问题的能力，如现在很多文科类专业也开始开设物理学课程，目的就在于提高学生学习能力与创新能力，学会用物理思维去思考问题。

三、教学内容的改革

在大学本科学习阶段，教学时间都是以特定的教材为教学内容而制订的，具体教材和相关参考书籍也都是与教师授课内容为依据的，是学生掌握课程内容的主要信息来源之一，更是学期期末教师评估学生学习程度的参考标准之一。因此，教材的内容是教学实践得以顺利进行的首要条件。

（一）有效利用物理教学的三个循环

传统的教学方式是紧扣教学材料，根据课时调整上课内容，再根据上课内容调整考试重点。与数学逐渐加深、循序渐进的教学过程不同，我国传统的物理教学有一个显著特点，那就是初中物理、高中物理和大学物理都会各自形成一个比较完整的教学体系，而每一个阶段之间具有螺旋式上升和循序渐进的特点[1]。由于课时有限，教师所讲授内容紧扣教材，故不能将教材中的所有知识点全部覆盖，有些新知识点讲解时间有限，学生并未完全接受，而有些新内容则完全放弃。而且教材中小部分内容与中学物理所学相似或相同，这就造成了课时浪费，致使学生对于重复部分产生厌学心理。由于大部分学生只对考试是否通过、学分是否拿到感兴趣，所以不管所学课程到底是为了告诉我们什么，只将老师所划重点考试内容奉为圭臬。

对于这个问题，首先应将教科书中内容进行更改，对于部分重复或者相似的内容，考虑内容的衔接，进行适当删留，合理安排教材的深度与广度；其次，教师在教学实践中应对教材内容有充分了解并合理分配时间，以物理教学的基本内容和要求为根本，由浅入深。

（二）合理适应科技发展

在传授经典物理理论的前提下，适当穿插现代物理的前沿理论和未知问题。以新技术、新科技新问题来吸引学生的注意力，开拓学生的知识面，提高学生的学习兴趣，培养学生研究物理科学理论与实践的能力。在讲解近年来新发现的定理、规律及推导公式的时候，适当引入许多生活中的科技技术产品。例如在讲解电磁学和电动力学的时候可以引入磁悬浮列车的原理等；在光学授课过程中，可以讲解三维全息图像是怎样形成的，并引导学生思考在怎样的条件技术下可以将三维全息技术应用到哪些领域中。

（三）不同专业分类指导

大学物理是所有理工科专业学生的基础公共课程，由于物理规律的涵盖范围较广，在很多理工科专业所学习的基础专业课程中，常常会针对某一块内容进行深入学习研究。这就要求大学物理针对不同的专业对不同的教学内容所需深度及广度进行一定区分。例如通信工程专业可以选讲光纤通信、激光应用及光量子通信等内容，半导体材料专业可以适当添加固体物理、量子统计及磁在信息技术中的应用等内容，电子信息专业可以对纳米科学技术、量子物理学进展及激光雷达原理介绍等内容进行选择性学习，而光学工程专业则需要对非线性光学、激光技术、矩阵光学等内容进行系统学习。

即使是针对同一门课程，专业不同，所需了解的内容也不尽相同。例如许多专业都对量子力学有所涉猎，但对半导体材料专业，只需要介绍量子统计的规律，明白独立粒子系统的三种统计分布的区别与联系入手，谈费米—狄拉克统计在研究半导体性质中的广泛应用；在通信工程专业主要介绍光的量子通信；在软件工程专业主要介绍新一代的计算机发展趋势与量子物理的基本关系等[2]。

四、教学方式的改革

物理教学最常用的方法是课堂讲授，课堂讲授有其本身不可替代的优势，比如内容进度快，易于广泛开展，无特殊环境要求，便于组织管理等。但随着社会的发展，单纯的课堂讲授越来越不能适应现代物理教学，如不能照顾到每个学生的情况，学生不能直接感受到物理知识等。所以，现代物理教学必须在课堂讲授的基础上，开展多种多样其他形式的教学，多种教学方法相结合，使教学效果更佳。

（一）实验教学法

实验教学往往是在课堂讲授以后，对某些重要的公式或者理论进行实验验证说明。这样，更能巩固学生的理论知识，并且培养学生的实践和创新能力。学生在实验中自己提出问题，然后寻找解决问题的途径。长期进行这样的训练就能提高学生的动手能力与科研能力，为其后继续深造或进入公司做技术，打下了良好的专业基础。在实验教学中，加大创新实验所占的比重，甚至让学生自己去设计实验，防止单纯的模仿式实验。

（二）引导式教学

引导式教学与传统教学的不同在于，把主动权从教师下放到学生，而教师在采用这种教学法的时候只是引导学生学习的大方向，抛砖引路。一般采取课堂整体或者分组讨论，学生各抒己见，100个人对同一事物就可能有100种想法，在大家说自己理解的时候，也许就能启发到其他学生，在互相的讨论中，慢慢地对一个问题就有一个比较清晰正确的认知。这种学习方法的好处是，对所学内容记忆深刻，易于应用，甚至可能产生创新性思想。

（三）模拟发现法

模拟发现教学法，其实就是把一个概念甚至一种新思想的产生过程重点地呈现在学生的课堂中。从物理学史出发，一个物理解释产生后能很好地解释已出现的问题，但由于观察方法的进步或者意外发现，这种物理解释不再能够适用或者完全不适用，而后一些学者或者物理学家就会提出很多新的理论，或者对原有理论进行改进，或者提出新的理论，摒弃以往错误理论。最后在多种理论中出现一个大家公认的理论。可以简单地把模拟发现法概括为，新发现的物理问题——旧理论的困难——科学猜想——重新假设——新理论解释。例如量子力学的提出，20世纪初，经典物理理论在解释黑体辐射、光电效应及氢原子光谱等实验结果上遇到了严重的困难，为解决这些问题提出了很多经验公式及初步猜想，经过与实验结果的对比，提出了普朗克常量及波粒二象性等新的物理概念，建立了新的理论体系，于是量子力学就在这场物理学的危机中诞生。

（四）分层教学法

每个学生都有自身不同的条件，不同的学习目标，有的学生立志于科研，有的学生想多学点应用型知识，方便找工作。学校也应根据这种不同的学习目的采取分层教学的模式，在大一大二基础课学习完毕后，根据学生意愿选择应用型学习或者学术型学习，当然这两种是可以相互转化的。

应用型课程多为技术应用类的，而学术型的多为基础类和学术类的。即使开设的课程相同，其侧重点也不同。

（五）沙龙讨论小组

国外比较流行的一种校内交流方式叫做沙龙，就是几个或者十几个人以聊天的方式交流与学术有关的问题，比较随意，大家都可以谈自己的想法，哪怕只是看到一篇文章后的一瞬间的想法。这种方式在国内较少采用，对高年级或者研究生可以用此类方式教学。学生和老师一起以轻松的方式谈论专业问题，大家互相交流想法，也许一个创新思路就在一次谈话中诞生了。也可以根据课程要求进行课外实验，更加激发和锻炼学生的创新思维与独立思考能力。在课下或者老师无法参与的情况下，学生之间可以自行组织讨论小组，将课堂上未理解的知识点互相沟通交流或者将课堂上所学到的物理理论知识和课外实践结合，锻炼自身的实践动手能力，培养自身个性发展，也可以针对某些共同感兴趣的专业话题进行讨论，互相交流各自掌握的信息。

五、物理教学中将知识传授与能力培养相结合

知识传授指教师在教学过程中，把已有的公认的专业知识讲授给学生，使学生理解、接受乃至应用，侧重于增加学生已有的认知量。在物理教学中这些知识主要包括已发现的基本自然规律及物理现象。但知识的传授也要讲究很多方法和技巧，不能照本宣科，否则传授的效果就会大打折扣。

能力培养主要指教师设定一定的环境，让学生置身于此环境中，通过感官接受和身体练习而达到能力内化的过程。在物理教学中培养的能力主要有两种，一种是自我学习的能力，另一种是实践创新能力。也就是说知识是死的，能力是活的，只有掌握了能力，知识才会一直被创造，因此，能力是获取知识的源泉。而知识的前期积累又是必不可少的，在知识的传授过程中学生会逐渐获得并增强能力，此时又帮助学生更好地接受来自教师传授的知识。所以，知识传授和能力培养应该同时进行，互相促进，以达到提升学生的专业基本素质的目的。因此，在物理教学过程中要传授知识和培养学生能力，首先应发挥教师的主动性，除此还要运用一些技巧。

（一）类比的方法

知识的传授过程中采取类比的方法。类比的方法不仅让教师教起来轻松，也会更节约时间，对学生来说也更容易接受。比如万有引力和库仑力的类比教学，学生在学习库仑力知识点时，电子的带电量相当于行星的质量，K 相当于万有引力常量 G，而电子间的距离相当于行星间的距离，由这些基本物理量类比，进而可以类比出电势能等。因此，应用如此教学手段完全可以达到不一样的教学效果。

（二）练习反馈的方法

教师进行知识传授过后，学生并不能完全理解和运用所学内容，所以需要针对所学内容不断地进行反复练习，在练习的过程中寻找不明白的问题，然后反馈给教师，教师根据学生反馈的情况，再有针对性地进行指导，让学生理解深刻加深印象。因此，在对知识点的反复练习和反馈中，可以加深对知识点的记忆，同时深化知识点的应用。

（三）培养学生的自学能力

无论是在科学研究中还是工作生活中，自学能力都是非常重要的。如果一个人拥有较强的自学能力，可以使其在短时间内通过自身的能力掌握新技术、新思想。所以在物理教学中，教师也应该着重培养学生的自学能力。

自学能力的培养应该将多种方法结合使用，防止只是对学生进行单纯的灌输式教学，创造有利的环境给学生，利用自己的主观能动性，获取知识，在不断学习的过程中建立较

强的自学能力。

（四）抽象建模能力

尤其是在复杂物理现象的描述中，需要对物理现象进行抽象，舍去不重要的或者不起作用的表象，对抽象出来的本质进行物理建模，然后进行分析和物理解释。所以在物理学习中，抽象建模能力是非常重要的一个环节。

教师在教学中也应该在这方面给学生多加引导，比如，在课堂上多讨论一些实际问题。因为实际问题一般比较复杂，需要自己先抽象建模，然后才能进行分析。这样的问题拿给学生，引导他们去学习抽象建模，在不断的锻炼中提升抽象建模能力。

（五）科研创新能力

物理学更是一门创新的科学，无论是在纯物理中，还是在相关的理工学科，创新都是很重要的，只有不断地创新，一门科学才会不断地发展。而创新主要来自科学研究，这就需要学生具有较强的科研能力。

应该如何培养学生的科研创新能力呢？教师可以在专业课程的教学中，向学生介绍一些学科前沿情况，以及一些创新的发现过程，引发学生的学习兴趣，激发学生的创新激情。如对一些爱好科研或对科研有兴趣的学生，可以让他们阅读一些专业学术论文，从更专业的角度去增强科研创新能力。也可以通过鼓励学生参与到相关科研项目中的方式，让学生亲身体验科研的流程，最后通过撰写论文来一步步提高自身的科研创新能力。

六、大学物理教学中出现的若干问题及解决办法

（一）大学教学应注重对物理意义的理解，淡化数学推导过程

美国著名物理学家费因曼曾说："对学物理的人来讲，重要的不是如何正规严格地解微分方程，而是能猜出它们的解并理解物理意义。"数学和物理的关系密切相关，可以说没有数学的广泛运用，就没有物理学，更谈不上近代物理的发展。但针对本科学生，特别是非物理学专业的学生，更应该通过各种教学途径加强学生对物理概念的理解，在理解后注重物理概念的应用，为相关专业服务。而严密的数学推导，尽管是尖端物理所必备的，但对大多数大学生而言用处不大，相反甚至会打击一些学生的学习积极性，适得其反。

（二）注重课程整体把握，优化各课程的链接

现在很多大学生对课程根本没有一个整体的把握，大学物理课程如力学、电磁学、量子力学等根本连贯不起来。针对这种情况，可以采取如下方法解决：一是在课程设置上应该至少每学年都有一门连贯各物理课程的导论课程或者物理学史课程，课程量不需要太大，一周两节课或隔周上课；其次针对专业物理课程，大学物理老师应该注重课程导论的讲授，让学生先从整体上把握本门课程主要讲的知识点是什么，每一章节之间的联系是什么，这样学生头脑里会有一幅整体的框架，从而能够更深刻地理解物理概念、物理思想，以达到强化学习的目的。

（三）改革物理考试方式，淡化闭卷成绩比例

现在大学课程的评估考核是检查课程实施效果和学生掌握能力，进行教学质量监控的重要方式。虽然我们一直以来都在提倡素质教育，反对应试教育，但是在传统教育模式的

影响下，大学物理相关课程的最终考核仍是以闭卷考试为主，而考试的内容又往往是几个课程中重要的知识点，并且连续几年知识点都不变化，最后以学生的考试成绩来最终衡量考核结果。学生掌握知识的能力与素质水平完全由考卷上的问答题或计算题来衡量，完全忽略了学生发现问题、分析问题和解决问题的能力，忽略了对学生实践能力、创新能力的考查。这种单一的考核方式过分强调了考试成绩，导致很多本科学生在学习物理课程的过程中，往往只注重最后的考试分数，在没有所学课程整体把握的情况下，就开始针对考试，针对几个重点大量地做题，最后的情况是分数可能很高，但却很难说已经很好地理解了该门课程。

教师应该改革考试形式，不仅要参考知识内容掌握、课堂参与情况、课后作业完成情况、平时课堂测验、课程论文水平、期中以及期末成绩等方面，更应该注意平时学习过程中学生对知识的应用和创新及其他各方面能力展现，物理学还需加入学生对实验的操作及问题的解决等实验创新能力的考查。将期中及期末考试成绩所占考核成绩的比例适当减小，分配到平时成绩及实践性教学的考核。从而端正学生的学习态度，使学生更加注重平时的学习过程和实践操作过程，注重知识和能力的共同培养，使大学物理课程及大学物理实验的质量都有所提高，使大学考核体系的成果更加有效[3]。通过创新大学物理的考核体系，进一步促进高等院校的教育理念、教育内容、教育方法和教育手段进行有效的改革，从而推动学生学习方法的改进，进入教学改革的良性循环，使得学校全面提高教育教学质量，学生全面提高自身素质与能力的培养，达到当前社会对高素质人才培养的要求。

（四）心理学在物理教学中的重要性

师范类院校一般都会给未来的老师开设心理学的课程，因为对学生教学时，能够抓住学生的心理倾向，可以使教学事半功倍，也能使师生关系良好。一个即使专业背景很强的教授，如果不懂得如何与学生沟通，也很难在本科阶段做一个好老师。如今大学中的物理教师，特别是本科物理教师，都来自实力相对较强的综合性院校或者理工科院校，专业知识当然过硬，但也应该给一些专业教师，特别是本科教学的教师，开设心理学课程，对物理学的教学与发展都是大有裨益的。

（五）基础物理课程的重要性

现在大多数大学的非物理专业的物理学基础理论课程都大幅度减少，有的大学甚至减少了三分之一以上。而大学给出的理由是，社会需求决定供给，现在社会大多数需要一些技术应用型人才，而对理论人才的需求较少。但是问题在于，实用技术的更新非常快，而大多数大学所教授的实用类课程早已过时，或者更新速度非常慢，在这点上大学是很难赶上社会技术应用发展的。这样往往教出来的大学生，不仅基础知识没有学好，而且掌握的实用技术也早已落伍。所以不管是什么物理实用技术，它们的基础都是一样的，就是基础物理知识，如果学生能够把基础物理知识掌握好，表面上看似掌握的实用技术较少，但进入工作岗位后能够很快地学习并理解一些新技术，并且随着技术的更新，自身也不会被淘汰。所以大学物理课程对基础物理课程的开设不应该过于压缩，至少应该开设能够让学生掌握到实用技术所需基础知识的课程量。

七、结束语

当今社会科学技术的迅猛发展、知识信息的日新月异已成为时代发展的重要标志之

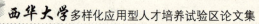

一。物理学作为现代科学的基础，其发展速度也是不可小觑，大学物理的教学改革任重而道远。如何将物理学本身所蕴含的深邃美表现在日常教学中，使学生的知识构架更具有时代性，是学校、老师及每一个学生共同努力的目标。

注释

[1] 邓明成，蔡建乐，王柏龄，郑采星，袁晓俭. 论工科大学物理概念结构体系的现代化 [J]. 大学物理，1999，18 (6)：42—44.

[2] 白璐，吴振森. 多层面分层次大学物理教学改革 [J]. 物理与工程，2010，20 (6)：44.

[3] 秦炎福，姜广智，孙志国，官邦贵. 大学物理教学改革初探 [J]. 四川教育学院学报，2010，26 (7)：104—106.

环境生态学双语教学初探

龚志莲[①]　谷晋川　李庆刚　冯栩　赵凡　江元霞　梅自良

（西华大学能源与环境学院）

摘　要：开展专业课的双语教学是高等教育的必然趋势。双语教学能使学生在掌握专业知识的同时，提高自身学习和应用英语的能力。文章对本校环境生态学双语教学的教材选用、教学方法等实践进行了总结，针对教学中存在的问题提出了进一步改进的措施，以便对高校专业课程双语教学起到一定的借鉴作用。

关键词：双语教学；环境生态学；实践

双语教学能使学生在掌握专业知识的同时，提高自身学习和应用英语的能力。它是高等教育培养具有国际竞争力人才的必然要求，也是当前教学改革的重点和难点[1, 2]。根据教育部教高［2001］4号文件《关于加强高等教育本科教学工作提高教学质量的若干意见》明确规定："本科教育要创造条件使用英语等外语进行公共课和专业课教学。对高校技术领域的生物技术、信息技术等专业以及为适应我国加入WTO后需要的金融、法律等专业，更要先行一步，力争在三年内，外语教学课程达到所开课程的5%－10%。"环境生态学是一门综合性强、应用广泛的课程。目前我国许多高校的环境类专业都开设此课程。作为这些专业的专业基础课，它具有基础性、综合性、实践性的特点。该课程担负着提高学生的环境科学知识素养和开展环境教育的双重任务[3]。国内很多同行在环境生态学的教学方面也提出了自己的经验和教学特色[4-9]。但环境生态学是个新兴的学科，相关新成果、新概念、新理论、新技术不断涌现，为了能跟上国际科学技术的飞快发展，把握学科前沿的发展趋势，培养既精通专业又通晓汉语和外语的双语人才，本校环境工程专业从2008年开始了环境生态学的双语教学。本文从教材的选用、教学模式、教学方法等方面进行了实践总结，针对教学中存在的问题提出了进一步改进的措施，以便对高校专业课程双语教学起到一定的借鉴作用。

一、环境生态学双语教学实践

（一）教材的选用

教材选择是否得当直接关系到双语教学的实际效果。原版教材具有实用性、针对性

---

①　龚志莲（1974—），女，四川大邑人，西华大学能源与环境学院环境工程系讲师，四川大学博士研究生，主要研究方向为环境生态恢复。电话：15928622120；邮箱：lianlotus2002@yahoo.com.cn。

强，出版周期短，知识更新快，内容丰富，形式生动的特点。我们选择的是由 Manuel C. Molles Jr. 主编的 *Ecology: Concepts and Applications* 影印版。该教材相对于国内编写的教材，具有如下优点：英文表述规范地道，内容新颖，能反映本学科专业前沿的最新的信息和发展进程。在编排上以学生对生态学知识的综合理解和应用为本。每一章节的导言向学生介绍了本章的主题内容和重要背景知识，有些导言含有与主题内容有关的历史事件，有的列举了生态过程的实例，所有导言都设法吸引学生加入接下来内容的讨论中来。在各章导言之后，围绕主要概念来构建生态学基础知识，并且用大量的研究案例来支持、充实和完善相关的概念及原理。同时书中还附有大量的设计精美的插图，为学生提供最需要的关键信息。在每章结尾部分都有应用部分，将前面的生态学概念及原理应用到当前的生态环境问题上。每章的应用实例能激发学生更好的学习基本生态学原理。

（二）教学模式

在教学模式上，学术界把双语教学分为："沉浸式"、"保持式"和"过渡式"三种类型[10]。

"沉浸式"强调完全使用非母语的第二语言进行教学；"保持式"则指初期完全使用母语教学，继而逐渐转移到使用第二语言进行部分学科的教学；"过渡式"更突出了最终全部过渡到所有学科用第二语言教学的目的[11]。结合学生客观实际情况，本门课程的教学模式选择了"保持式"，并做了适当改进，采取循序渐进的方法。刚开始，用英语制作课件与板书，主要用汉语进行讲解。然后逐渐增加英语的课堂用语比例，教学的重难点知识用汉语讲解、分析，鼓励学生用英语回答问题。让学生慢慢适应用英文来思考问题，形成英文思维，能够在英文环境中学习。

（三）教学方法

双语教学的对象是学生，教学效果的好坏直接体现在学生身上。学生英语水平的高低、学习兴趣及学习态度是影响双语教学效果的重要因素。因此，在教学方法上，主要以学生为中心对环境生态学的双语教学进行了一些尝试。

在开课前，首先对学生的外语水平进行摸底，尤其是学小语种的同学所占的比例。研究表明，目前我国大学生英语水平达到 CET-4 成绩优秀（80 分）或者 CET-6 考试成绩及格的同学才能够成功地开展双语实践活动[12]。通过对学生外语水平的摸底，根据学生的外语水平调整教学进度，教学中汉语的使用比例等。其次，向学生宣传当前我国教育部关于双语教学的相关政策及双语教学的教学目标。通过这样的宣传教育，让学生明白环境生态学双语教学的重要性和必要性，从而端正学生的学习态度。第三，向学生推荐一些相关的中文配套教材供学生在理解不到位时进行查阅。同时对学生比较关心的期末考试适当放宽条件，进行开卷考试，从而消除学生对双语教学的恐惧心理。

在教学过程，以启发式教学为主。以问题为授课主线，在授前先针对本次授课的主要内容提出问题，让学生带着疑问学习。如 Section Ⅱ Adaptations to the Environment 中的 Temperature Relations 部分，因为该章节主要涉及个体生态学的内容，所以，首先让学生回顾个体生态学的研究对象及研究内容——个体生态学是以生物的个体及其栖息环境为研究对象，研究有关环境因子对生物个体的影响，以及生物个体在的形态、生理、生化和行为方面的生态适应机制，阐明生物个体与其生存环境之间的相互关系和作用规律。然后针对温度因子提出相应的问题：How does temperature influence performance of organisms? How do organisms compensate for variations in environmental temperature? 然后在授课过程中再一环扣一环地引导学生一起去解开问题与疑惑。

在课堂教学中，尽力引导学生从被动接受知识转为主动探索知识，变"学会"为"会学"。让学生结合身边或学校出现的生态学问题进行经常性讨论，鼓励学生用英语提问及回答问题。如在 Chapter 19 Nutrient Cycling and Retention—The Nitrogen Cycle 部分，让学生针对我校的人工湖的富营养化问题讨论其成因及解决办法。这样，既拉近了抽象理论与实践的距离，加深学生对课程内容的理解，激发学生学习的兴趣，同时也有助于启发学生独立思考、发现问题、解决问题的能力。

（四）教学效果反馈

经过三年的教学实践，环境生态学的双语教学还是获得了一定的效果。首先，从网上评价结果来看，评教分数均在 90 分以上。其次，2009 年在"环境生态学"双语课程结束之后就进行了一次问卷调查，内容涉及对双语教学的态度、教学方法、教学效果以及教学过程中主要问题及建议。调查结果显示，60.3％的同学持赞成态度，30％的同学持无所谓的态度，9.7％的同学持反对态度。81.6％的同学表示双语教学能够提高英语水平，但有41.6％的同学认为双语教学会影响到对专业知识的学习。

二、教学中存在的问题

从 2008 年到现在，环境生态学双语教学进行了三年的实践和探索，除了上面所提到一些积极的方面以外，也存在今后急需要解决的问题。

（1）部分学生英语基础较差，未达英语四级水平。即使达到英语四级水平，其阅读环境生态学原版教材的效率也远未达到其中文阅读的水平，表现为阅读速度慢，理解不到位等。这样导致部分同学对环境生态学双语学习的兴趣不够浓。

（2）师资是推进双语教学的首要基础条件，教师水平与能力的高低直接影响教学效果的好坏。环境生态学的双语教学要求教师不仅要有较强的外语综合运用能力，更应有丰富的教学经验和较高的科研水平，能紧跟环境生态学发展的最新动态。尽管本门课程的教师一直在朝着这个方向努力，但要达到母语教学水平，英语和科研水平还需要进一步加强。

（3）在教材内容上，尽管原版教材具出版周期短，知识更新快，内容丰富，形式生动等优点，但某些内容与国内课程标准的要求不完全配套，有些脱离我国的实际环境状况。

三、改进措施

首先，在学生方面，针对部分学生英语基础差的问题，应引导学生进行课前预习，自行查阅生词，减少课堂学习中的语言障碍。同时，应进一步提高学生对环境生态学双语教学的兴趣。结合当前的生态学研究热点以及公众关心的生态问题，让学生课后查阅并汇总相关生态学专题的英文资料，然后进行分组讨论，由每组的代表将讨论结果用英语向全班同学讲述。另外，结合学生身边存在的实际生态环境问题及当地环境状况，增加学生教学实践的内容，使教学形式多样化，提高学生的学习兴趣。

其次，在教师方面，应不断提高教师的英语水平和科研水平，强化与国内外同行的教学交流。加强科研力度，更好地掌握最新理论研究成果，进而可以站在学科发展的高度上，将最新知识充实到教学内容中。

第三，在教学内容上，对所选原版教材的内容进行适当的删减，有选择地进行教学。同时针对国家环境保护人才培养的要求和国家生态环境建设战略目标，应进一步增加生态监测、生态恢复重建的内容。

注释

[1] 刘建，郑玉. 7年制医学专业课双语教学效果评价 [J]. 中华医院管理杂志，2006，22（5）：317－319.

[2] 王配军，唐杰，余明华，等. 人体解剖学双语教学改革与探索 [J]. 中国现代医学杂志，2006，16（6）：958－960.

[3] 薛颖，黄晓燕. 环境教育与研究性学习 [J]. 环境教育，2004（11）：24－26.

[4] 张云，李兆华. 面向对象的环境生态学教学改革 [J]. 大众科技，2009（4）：161－163.

[5] 王红新. 《环境生态学》教学改革的若干思考 [J]. 池州学院学报，2009（6）：135－136.

[6] 韩玉杰. 案例教学法在环境生态学教学过程中的实践 [J]. 科教文汇，2009（1）：147.

[7] 柴超. 环境生态学教学中问题性教学模式的应用 [J]. 科技信息，2008（24）：512.

[8] 雷泽湘，谢勇. 环境生态学课程教学改革探索 [J]. 科教文汇，2008（5）：44－45.

[9] 余顺慧，程聪. 关于《环境生态学》教学改革的探讨 [J]. 安徽农业科学，2009（37）：13916，13934.

[10] 王旭东. 关于"双语教学"的思考 [EB/OL]. 中国教育与科研计算机网，http://www. edu. cn/20020226 /3021146. shtml，2002－02－26.

[11] 张同乐，程鹏. 关于双语教学的再思考 [J]. 安徽大学学报，2006，30（1）：47－50.

[12] 韩建侠，俞理明. 我国高校进行双语教学学生需具备的英语水平 [J]. 现代外语，2007（1）：71.

"固体废物处理与处置" 课程教学方式的探索与实践[*]

谷晋川[①] 江元霞 梅自良 杨晓静

（西华大学能源与环境学院）

摘 要："固体废物处理与处置"课程是环境工程专业的核心课程之一，其教学如何既满足当今社会需求又适应教学要求，值得深入思考。本文结合作者讲授"固体废物处理与处置"课程的体会，从八个方面分析、探讨了如何开展"固体废物处理与处置"课程的教学，为该课程的教学提供了参考。

关键词：固体废物处理与处置；教学方法；教学手段；课程体系；能力

一、前 言

人类在生产和生活过程中必然产生固体废物，如何对其进行治理与处置，减轻其对环境的危害一直是人们关注的问题与热点之一。要对固体废物进行治理与处置必须采用相关的技术才能达到目的，但是固体废物处理与处置技术要发挥作用只有靠人去掌握、控制。当代大学生特别是环境工程专业的大学生是进行环境治理的主力军和生力军，更应该掌握环境治理技术，只有通过有效的学习才能更好地掌握固体废物的治理技术，那么作为高等学校的教师，将固体废物处理与处置课程教好，使学生能够掌握好，则是基本的职责。本文将阐述开展"固体废物处理与处置"课程教学方式的探索与实践的认识。

二、充分认识"固体废物处理与处置"课程在环境工程专业中的地位与作用

"固体废物处理与处置"课程定位：通过固体废物处理与处置课程的学习，使学生掌握固体废物处理与处置的方法、原理以及资源化技术，并具备固体废物处理与处置系统和装置设计及运行管理的工程技术能力，为今后从事固体废物处理与处置方面的工程技术及研究开发工作打下基础。该课程为环境工程专业的必修课，是从事环境工程科学研究人员和环境工程专业学生必须掌握的一门重要课程。

---

* 四川省教改项目资助（200509）。

① 谷晋川（1964—），男，博士，教授，西华大学能源与环境学院副院长，主要从事环境工程专业的教学和科研工作。联系方式：四川省成都市金牛区 西华大学能源与环境学院，610039；电话：13648090701，028－87722908；Email：gu6471@163.com。

三、"固体废物处理与处置"课程教学方式的探索与实践

（一）强化课程体系的构建，注重综合能力的培养

为有效开展环境工程专业"固体废物处理与处置"课程的教学，完成课程教学内容，培养学生的综合能力，必须遵循一定的原则构建工程教学体系。

（1）使学生掌握固体废物处理与处置的方法、原理以及资源化技术，为今后从事固体废物处理与处置方面的工程技术及研究开发工作打下基础；

（2）在课程设计的基本训练中进一步消化和巩固课程所学内容及相关知识，综合运用所学理论知识，培养理论联系实际、独立分析和解决工程实际问题的能力；

（3）实践过程中注重理论与实际相结合，培养实事求是、精益求精的科学态度，分析问题和解决问题的实践能力，既掌握固体废物资源化技术又锻炼动手能力，使综合能力得到提高。

为强化课程的教学，"固体废物处理与处置"课程的教学体系由以下三部分构成：理论教学、课程设计和实践（实践、实习）。首先进行理论教学，在理论教学的基础上，再开展实践教学环节的教学。

理论课程学分：2.5学分。理论学时：40学时。课程设计：2周。实验：4学时（单独设置的环境工程实验课中开设）。实习：在认识实习、生产实习中开设。

（二）教学中重点突出，层次分明

为了使学生更好地掌握固体废物的处理与处置的相关知识，在讲授该课程时，教师应明确提出"固体废物处理与处置"课程理论课程的教学内容由三大部分组成：固体废物的基本概念、管理原则等概念性的概述内容；固体废物的处理处置方法；具体废物的资源化利用技术和处置技术等。要求学生应清楚这些内容之间的相互关系，强调在"固体废物处理与处置"课程的学习过程中应按照固体废物的管理原则"产生——收集——运输——处理——处置过程"来理解、学习固体废物处理、处置的相关知识，这样便能脉络清晰地进行学习了。

指出每章的教学重点和难点，并明确要求学生掌握固体废物的重点和难点内容。固体废物处理与处置课程的重点与难点为：

固体废物的基本概念、管理原则等方面的重点是固体废物的处理与处置方法，固体废物污染防治原则，固体废物污染环境的途径则是本部分的难点。

固体废物的处理处置方法，部分固体废物分选方法中固体废物的预处理、固体废物的热处理、固体废物的物化处理、固体废物的生化处理是本课程的重点掌握内容，在各种方法中固体废物的热解、焚烧、厌氧发酵、好氧堆肥则是方法中的难点；每一方法中设备与影响因素是重点，方法原理则是难点。

固体废物的资源化利用技术，工业固体废物、矿业固体废物、农林固体废物的资源化是重点，城市固体废物的资源化则是难点。

固体废物处置技术，垃圾填埋场的选址、运行管理是本部分的重点；垃圾渗滤液、填埋气的处理是本部分的难点。

危险废物的管理，放射性固体废物的分类、低中水平放射性固体废物的处置是重点；

而高放射性废物的安全处置则是难点。

在实际教学过程中，本着突出重点、突破难点、理论与实际相结合，基础联系实践、密切联系实验的教学指导原则，以掌握理论实质为前提，以基础知识为主体，简明反映本学科发展的新动向、新进展，力求做到"少而精"，由浅入深，循序渐进，既注意层次分明，又注意知识的连贯性及实用性，从而使学生较好把握教材内容，奠定坚实的理论基础。

（三）围绕课程主线开展教学，突出固体废物的资源化

不论什么课程，都必须有一条主线，由这条主线贯穿该课程的始终。本门课程我们以固体废物的资源化为主线，介绍国内外固体废物处理与处置的新技术，扩大学生的知识面，适应社会的需要。围绕这条主线，从基本概念、基础理论、处理工艺与处理方法、影响因素、效果判断、处理设备等方面全面系统地介绍、讲解每一种固体废物处理与处置技术，这样学生能够清楚每种方法的概念、作用、原理及方法的应用，使学生认识到固体废物的每种方法如何与实际相结合，将学到的知识应用到具体的过程中。

（四）强调学习的逻辑性，使学习理解更加有效

固体废物处理与处置课程的学习应从固体废物本身的管理过程进行全面综合的考虑，按照一定的逻辑讲解课程教学内容。

在讲授固体废物的管理时，首先从固体废物的管理法规入手，介绍固体废物全世界的管理法规及其制定，接着讲授固体废物管理应该遵循的原则，即固体废物在一定的法规下，固体废物的管理部门，遵循固体废物的全过程管理原则、3C 原则、3R 原则、3 化原则，采用一定的手段和方法（管理程序、管理内容），通过控制源头产生量，开展综合利用，进行最终处置，达到"固体废物的资源化、无害化、减量化"的现代管理目标，随后介绍固体废物管理部门及其职责、固体废物管理制度和我国的固体废物管理标准。

在讲授固体废物的污染控制部分时，首先从固体废物通过环境介质——大气、土壤、地表或地下水等造成了化学物质型污染和病原体型污染危害入手，介绍人们在弄清固体废物污染环境的途径基础上应从源头采用清洁生产的手段及其措施减少固体废物的排放量，采用物化处理、生物处理、热处理、预处理等方法进行固体废物污染防治，通过提取各种有价组分、生产建筑材料、生产农肥、回收能源、取代某种工业原料等途径，开展资源化研究。

讲授固体废物的具体技术时，首先介绍开展此种技术的目的；然后从基本概念入手，讲解技术原理，技术的表示或度量，采用相关技术处理固体废物的影响因素；最后介绍达到技术要求的处理设备。

讲授分选效果的评价时，从讲清品位和回收率概念入手，利用质量守恒原理和概念，用质量指标表示数量指标，推导出相应概念的计算公式。

讲授筛分效率时，从讲清筛分效率概率入手，利用质量守恒原理和概念，用小于筛孔的细粒含量指标表示筛分效率指标，推导出相应的计算公式。

（五）强化工程概念、注重理论联系实际

1. 从实际例子和生活实际现象开展教学工作，注重工程实际

讲解重选、风选等以人们生活中接触到的如淘米、风车等现象，直观地讲解固体废物

重选和风选等相关知识。

讲解固体废物资源化利用途径时，首先通过不同固体废物的处理技术和回收成分，并在此过程中说明固体废物回收利用的程序，讲解固体废物回收处理的技术方法，使学生明白固体废物的资源化回收可从以下几方面开展资源回收：提取各种有价组分、生产建筑材料、生产农肥、回收能源、取代某种工业原料。

2. 科研思路引入教学过程，培养学生的创新意识

在讲授固体废物处理处置的相关内容时，强调在学习过程中应该针对具体的固体废物从科研和生产实际出发理解学习相关的知识。在讲授时要求学生首先应对固体废物的性质进行全面系统的了解，以便为处理与处置方法的选择确定提供基础资料；第二是根据固体废物的性质和每种方法的原理确定采用的方法；第三是根据采用的方法进行具体的组合处理固体废物，达到资源化、减量化和无害化处理的目的，结合具体的固体废物进行讲授。在学习的过程中要求学生尽可能参与科研活动，根据固体废物的种类制定科研计划，开展实验研究并定期交流与讨论、总结，培养学生的科研兴趣和科研精神，提高分析和解决问题及使用现代信息技术的能力。

3. 采用课程设计，巩固学习知识，注重实际能力的培养

为进一步消化和巩固课程所学内容及相关知识，综合运用所学理论知识，培养理论联系实际、独立分析和解决工程实际问题的能力，进行了课程设计的基本训练，通过"固体废物处理处置系统的设计"如城市垃圾收集线路设计、城市生活垃圾综合分选处理系统、有机垃圾产沼工艺、电厂粉煤灰的处理系统等的设计达到以下目的：通过课程设计，进一步培养学生综合运用所学"固体废物处理与处置"的理论知识、独立分析和解决工程实际问题的能力，在工程实施的基本训练中进一步消化和巩固固体废物处理与处置课程所学内容及相关知识，掌握调查研究、查阅文件、确定系统设计方案的方法，提高使用技术资料、认识及遵守国家工程标准、规范和规定、进行设计计算、绘制工程图、编写设计说明书的能力。培养学生理论联系实际、正确分析和解决问题的能力，初步具备对一般固体废物处理系统的设计能力，为毕业设计打下坚实的基础。

4. 进行课程实验，培养综合能力

课程实验的设计思想：实验过程中注重理论与实际相结合，培养实事求是、精益求精的科学态度，分析问题和解决问题的实践能力，既掌握固体废物资源化技术又锻炼动手能力，使综合能力得到提高。

课程实验的目标：为培养学生理论与实际相结合的操作技能，实事求是、精益求精的科学态度，以及分析问题和解决问题的实践能力。在"固体废物处理与处置"的实验教学过程中，选择以资源化为主线，开设了"固体废物的破碎、筛分实验"和"固体废物的磁选实验或浮选实验"，既使学生掌握了固体废物资源化技术，又锻炼了学生的动手能力，同时培养了学生分析问题解决问题的能力，起到了一举多得的目的。

5. 通过实习，巩固所学专业知识

实习是课程教学的重要内容之一，我们充分利用环境工程专业的认识实习和生产毕业实习到生产现场进行实习，使学生将在课堂学到的知识加以巩固和提高，使学生进一步学习了解掌握工程设计、建设和运行管理的相关知识。

（六）多种教学方法、教学手段使用，提高课程教学效果

1. 多种教学手段相结合，提高课堂教学效果

传统教育方法，师生之间可以面对面地探讨疑难问题，教师可以根据学生的具体情况提问，因人而异，突出重点与难点，灵活讲解，但传统教学方法对一些重要现象重复讲解，降低了教学效率，扼杀了学生个性的发挥和创意的产生。单一多媒体授课，可能导致学生出现思考不足、理解不透、学习困难、兴趣下降等现象。

因此，在教学过程中，为了使学生有效地掌握相关的知识，利用多媒体直观、方便的优势，采用了多种教学方式，如将多媒体和传统的教学方式相结合，既突出了多媒体的优势，又保留了传统教学方法的优势。

在教学中应借助多媒体教学手段，增加图表和动画演示，播放一些教学录像，突出形象化教学，使复杂问题简单化，冗长问题明朗化，基本上能够做到让学生从整体上把握教材内容，融会贯通地领会固体废物的处理与处置的方法与原理，抓住重点和讲透难点。

为彻底转变传统的"灌输式"、"填鸭式"教学方法，尽可能地为学生提供新信息、新材料、新思路，使学生主动参与教学过程，增强教学过程的互动性，我们积极开展和运用启发式、讨论式和研究式教学方法。在具体的教学过程中，我们一方面提出问题，学生回答，使学生在问与答的过程中进一步弄清有关的原理和知识，如在讲授固体废物的分选方法时提出"重选的原理是什么，影响因素有哪些等"问题要求学生回答；另一方面组织学生就所学内容进行专门的讨论，以学生发言为主，主要讨论对所学知识的认识、收获和存在的问题，对于学生最终没有解决的问题，由教师进行解答，如在讲授"固体废物对环境的危害"时，要求学生先进行讨论讲解，教师再根据学生的讲解情况进行补充完善和系统补充。这种教学方式活跃了课堂气氛，有助于培养学生的创造性思维和独立思考能力，锻炼了学生的语言表达和总结归纳能力，也为学生创造了一个施展才华的空间。

2. 采用多种教学方法，吸引学生注意力，提高课堂教学效果

为提高教学效果，采用了多种教学方法吸引学生注意力，如明确课程体系，使学生能够脉络清晰地进行学习；强化讲授主线，突出固体废物的资源化；科研思路引入教学过程，培养学生的创新意识；教学方式从注入式教学向启发式、互动式教学发展，突出学生的主观能动作用；如教师在课堂上只重点讲授教学内容的要点、难点和疑点，给学生布置较多的思考题、阅读书目和应用实例，让学生自己开动脑筋寻求答案，再由教师进行总结讲评；组织学生讨论本门课程中研究的热点问题，让学生开阔视野，了解学术研究前沿动态；组织学生讨论分析各专业科研和生产中的应用实例，让学生学会将所学书本知识用于指导生产实践。

学校教育是终身教育的一个基本环节，而非终结教育。因此学校担负着促进人格形成和促进学力形成。学力由学习动机、学习方法、可持续独立学习的态度组成。在课程教学中强调学生学习应将显性课程教育与隐性学习相结合，学生应自主、能动地学习。

在教学过程中充分利用网络资源，布置作业、探讨问题；要求学生利用网络查找资料，了解最新动态，如要求学生从网上查阅固体废物污染管理的法律法规等、固体废物处理处置技术现状等。

（七）运用多种手段巩固所学知识，达到学习的目的与效果

为使学生掌握牢固知识，在课程教学过程中我们注重基础理论和基本概念的讲授，从

不同角度讲解、阐述基础理论和基本概念；在每次课程讲授后用少量的时间将此次课程的内容作一归纳总结，进一步强化学习的内容；在下一次课程开始讲解新内容之前为了解同学对知识的掌握情况，提出问题抽同学进行回答，根据回答问题情况进行总结，使学生能够更加明白学习的内容；在课程全部讲授完后，根据课程主线进行串讲，使学生学到的知识有整体的连贯性，提醒同学注意课程的重点与难点。同时在课后布置精选的作用，保证学生进一步巩固所学知识，而且对学生完成的作业进行认真批改，批改后对作业的完成情况进行讲评，指出应注意的问题，使要掌握的知识进一步得到强化、巩固。

（八）跟踪国内外先进技术，适时更新教学内容，确保教学内容的先进与适用

科学发展日新月异，先进技术不断涌现，在教学过程中则应根据国内外的发展现状实施更新教学内容，将最新的知识介绍给学生。

为强化实践教学的需要，使学生了解熟悉资源化的处理方法，我院与固体废物资源化的相关研究单位如中国地质科学院成都矿产综合利用研究所、西南冶金测试中心等单位签订了实习协议，与生活垃圾的处理单位如温江垃圾处理场、长安垃圾填埋场等单位签订了实习协议。

为使学生能够很好地适应社会，了解熟悉社会，我院邀请高校、企业、环保局的专家、领导去办讲座，介绍最新的动态、技术及其发展趋势等。如于 2006 年 10 月 19 日邀请张文阳工学博士进行报告"城市生活垃圾的'减量化、再利用、资源化'——发达国家的成功实践"，使学生对城市生活垃圾的处理的最新动态有清楚的了解，明确了今后在城市生活垃圾的处理方面应如何开展进一步的工作；又如 2011 年 6 月 9 日，四川省环境保护厅厅长、党组书记姜晓亭莅临我校就"环境保护的形势与对策"做了专题讲座，姜晓亭教授就目前环境的基本国策、当前环境保护中存在的主要问题与任务，以及环境保护的重要性和对策措施等几个方面做了阐述。他指出，环境保护关系到发展、民生、稳定和安全等各个方面，并从生活中的小事出发联系具体实际，阐释了环境保护的急迫性和重要性以及环境保护的对策和措施。讲座中，姜晓亭教授分析问题深入浅出、举例鲜活生动，给广大师生留下了深刻印象，此次报告会的开展，加深了学生对国家环保现状和环境保护对策的了解，对于增强校园的环境保护意识有着积极的作用。

四、结论

"固体废物处理与处置"课程教学效果的好坏，是受多方面因素制约的，既有学生学习的主观能动性方面的问题，也有教学方法与教学手段的使用、教师的教学水平等因素，无论如何，要提高教学效果，应"教"与"学"共同促进、共同努力。

注释

[1] 宁平. 固体废物处理与处置 [M]. 北京：高等教育出版社，2007.

[2] 谷晋川，梅自良，江元霞，等. "固体废物的处理与处置"课程短学时教学体会 [J]. 高等教育研

究，2006，22（4）：37－39.

[3] 谷晋川. 强化"固体废物的处理与处置"课程实践教学，促进学生综合能力的提高［M］.//大学环境类课程报告论坛论文集（2009）. 北京：高等教育出版社，2009：124－126.

[4] 谷晋川. 强化"固体废物废物处理与处置"课程实践环节，培养创新能力［M］//大学环境类课程报告论坛论文集（2007）. 北京：高等教育出版社，2008：126－129.

[5] 韩宝平，朱雪强."固体废物处理与利用"课程内容的改革实践［M］//大学环境类课程报告论坛论文集（2007）. 北京：高等教育出版社，2008：118－121.

[6] 蒋建国."固体废物处理处置工程"系列课程建设［M］//大学环境类课程报告论坛论文集（2008）. 北京：高等教育出版社，2009：124－129.

[7] 宁平. 关于"固体废物处理与处置"课程教学内容常识化倾向的思考［M］//大学环境类课程报告论坛论文集（2008）. 北京：高等教育出版社，2009：130－134.

AMESim 仿真软件
在汽车电控原理与设计课程中的应用

陈飞①　彭忆强

（西华大学交通与汽车工程学院）

摘　要：从社会对汽车电子专业方向学生的知识需求出发，在考虑学生知识背景的基础上，本文作者在"汽车电控原理与设计"及相关课程的教学实践中，积极探索、认真总结，在充分利用现有的仿真软件的基础上，提出了一些适合为汽车电子专业方向学生讲授汽车电控原理与设计及相关课程的教学方法。在确定课程重点讲授内容后，通过将 AMESim 仿真软件引入课堂教学，并与 MATLAB 进行联合仿真，以弥补传统教学和单纯 MATLAB 建模的不足。从而激发学生的学习积极性和自觉性，提高学生利用仿真软件进行汽车电控系统设计的基本能力，以提高教学质量。

关键词：教学方法；汽车电子控制；AMESim 建模；联合仿真

一、引　言

电子控制广泛地应用在现代汽车上，使汽车由传统的机械产品变成了包含机、电、液等部件的机电一体化产品。

近年来，由于汽车电子控制技术的迅速发展，企业对汽车电子类人才的需求量越来越大。同时，对汽车电子类人才的"质"的要求也越来越高。为此，我校在车辆工程专业下面设立了汽车电子专业方向，培养既懂车辆工程专业知识，又懂电子技术和相关控制理论的复合型人才，以满足社会对人才的需求。

二、传统教学方法的缺点

在汽车电控系统原理与设计课程的教学过程中，如果采用传统的讲课方式和重点，不能满足汽车电子专业学生对相关知识的需求。其不足具体体现在以下几方面：

（1）教学中，过于偏重对理论知识的传授，不能够使学生真实地感受到控制方法和对现实事物描述的可实现性，也无法判断理论分析方案的正确性。

（2）一些机械电子类课程以讲授原理为主，如果在每堂课都给出大量的基本公式，会对教学进度有一定的影响，并且影响学生的积极性。

---

①　陈飞（1981—），男，硕士，实验师，主要从事汽车电子控制技术研究。联系方式：四川省西华大学交通与汽车工程学院，610039；电话：13551021681；Email：cfbravers@yahoo.com.cn。

（3）在一些汽车电子控制专业课程中，通常对相关的控制元器件和控制方法给出一些介绍性的评述。对于如何实现和如何满足汽车电子控制这样一种实时系统，同学们难于理解整个控制过程。

通过以上分析可知：传统的教学方法在汽车电子专业学生的教学过程中存在一些不足，不利于培养动手能力强、掌握汽车电子控制系统基本设计方法、理论和实际相结合的汽车电子专业人才。

三、课程的教学重点分析

汽车电控系统原理与设计及相关课程的任务是为汽车电子控制系统的设计打基础，所以，主要教学内容涉及电子控制单元（ECU）控制策略的设计和控制对象的建模。在此过程中需要用到仿真演示，对相关知识进行具体的讲解，使同学们掌握相关内容，为以后的实际工作奠定坚实的基础。

教学过程中涉及的内容主要包括：

（1）控制策略的分析：了解和分析对某个汽车电控系统控制理论的依据和常用的控制策略。

（2）控制策略的建模：在汽车电子控制系统的研发过程中，对于控制策略的建模，一直以来都是研究人员关注的焦点。现在，普遍使用 MATLAB 软件，利用其数学分析功能，对控制系统，包括控制策略和控制对象进行建模。但是对控制对象的建模，需要较深的数学、力学基础和工程背景，对于汽车电子专业方向的本科学生来说，过于深奥，不易理解。

为此，在课程中引入联合仿真的概念，即在 MATLAB 中只对控制策略（算法）进行建模，让学生们体会到控制策略实现的简单、易懂。而对控制对象的建模则采用 AMESim 软件进行。

（3）控制对象的分析：通常汽车中的控制对象包括多种机、电、液元器件，对于这些元器件工作原理的分析，是构建整个控制对象的关键。

（4）控制对象的建模：控制对象的模型建立可以使用 MATLAB 软件。此时，需把控制对象的工作原理翻译成 MATLAB 专用的脚本语言或者图形语言，使得整个控制对象的建模过程比较繁杂，不利于学生对控制方法和控制对象的深入了解，并且容易使学生产生挫败感。

四、在教学实践中的应用

下面通过实例，介绍在汽车电控系统原理与设计课堂教学过程中，使用 AMESim 软件进行汽车发动机电子控制系统设计的仿真过程，以展示 AMESim 软件及联合仿真方法在课堂教学过程中的应用。

例：简易发动机电控系统

在发动机系统中加入对燃料流量的控制，可直接通过测量空气质量流量来控制燃料流量，此方法与 BOSCH 公司 L 型发动机系统控制原理相似。由于未采用氧传感器的反馈的信号，这套虚拟的发动机控制系统，属于开环空燃比控制系统，如图 1 所示[1,2]。

此系统包括测量空气流量的质量流量计和简单的发动机电控单元。

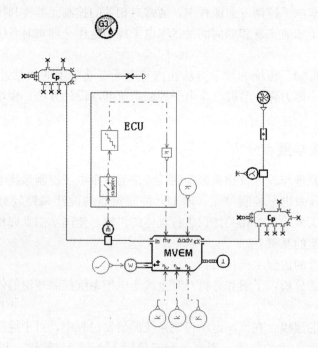

图 1　简易发动机电控系统

在电控单元中，具有将质量流量计输出的信号进行采样保持的模块和对信号进行分级量化的量化模块。通过这两个模块的作用，将流量计输出的电压信号转化为参加控制器运算的变量。再通过比例运算，将空气的质量流量转化为用于控制燃料流量的控制信号。经过上述的控制过程，实现对发动机燃料的控制。

由于 AMESim 中的发动机模型属于适用于控制模型的平均值模型 MVEM[3—6]，运行参数的设定非常简单。仅需要输入发动机的排量、发动机的效率参数和发动机的充气效率图（map），即可建立一台虚拟发动机。然后，设定发动机的燃料特性，如表 1 所示[7,8]。

表 1　发动机及燃料参数设置

Parameters	参数	数值
engine displacement（cm^3）	发动机排量	3576
volumetric efficiency	充气效率图	map
indicated efficiency	指示效率	0.35
exhaust energy fraction	排气能量分数	0.5
fuel coefficient x in CxHy	碳原子数	1
fuel coefficient y in CxHy	氢原子数	4
fuel heating value（kj/kg）	燃料低热值	50000

在燃料参数设定时，学生需要了解燃料的基本属性，如：燃料的低热值、燃料的碳氢比等。而对于本科学生难以掌握的燃料燃烧特性计算，AMESim 软件则将其直接加入软件包中，可供用户很方便地调用。

在设定发动机转速从 800RPM 开始不断上升和油门开度不变的运行条件后，运行仿真，可以观察整个发动机电控系统的参数变化情况。在此例中，空燃比是否被控制在理想状态附近？发动机充气效率是否在不断变大？这些是学生们很关心的，通过输出结果图，可以很清楚地观察到对应的结果。

为了得到仿真结果图，在工作空间中，双击 MVEM 模块，可得到对应的仿真结果变量列表，如图 2 所示。

engine output torque	-148.872 Nm	☑	☑
engine speed	350 rev/min	☑	☑
volumetric efficiency	-0.532122 null	☑	☑
fuel/air equivalence ratio	0.996969 null	☑	☑
part of the fuel energy converted into indicated power	35 %	☑	☑
part of the fuel energy transfered to exhaust gas	50 %	☑	☑
part of the fuel energy lost in thermal exchanges	15 %	☑	☑
pumping losses	-248.105 J/s	☑	☑
engine break power	5.45644 kW	☑	☑
combustion heat release	14881 W	☑	☑

图 2   仿真结果变量列表

其中 fuel/air equivalence ratio 即过量空气系数为 0.9969，说明空燃比在理想状态附近。将 volumetric efficiency（充气效率）结果变量拖放到工作空间的空处，可以直接看到充气效率的变化，如图 3 所示。

此结果与发动机原理课程中关于充气效率的变化趋势是一致的。因为，当油门开度不变时，随着发动机的转速不断上升，导致流场出现饱和。通过这样的观察和分析，相关理论知识能够更容易被学生理解。

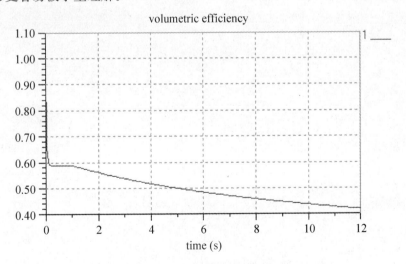

图 3   充气效率变化

在课堂学习中，领略到先进的汽车电控系统快速控制原型开发方法的基本含义。

五、结束语

将 AMESim 软件引入汽车电控专业相关课程的教学过程中，在一定程度上弥补了同学们建模能力较为薄弱的缺点，提高了他们的学习兴趣；同时，还能培养他们的逻辑思维、工程调试能力以及分析问题和解决问题的能力，从而能够全面提高汽车电控专业学生的综合素质。

注释

［1］ IMAGE. AMESim Version 4. 2. 2004.

［2］ IMAGE. MATLAB/Simulink interface Version 4. 2. 2004.

［3］ IMAGE. IFP－Engine library Version 4. 3. 2005.

［4］ Spencer C. Sorenson，Elbert Hendricks. *Mean Value Modelling of Spark Ignition Engines*. 1998.

［5］ 王绍铣，夏群生，李建秋. 汽车电子学［M］. 清华大学出版社，2005.

［6］ 邹博文. 电喷汽油机进气管燃油动态模型及补偿的仿真［J］. 汽车工程. 2004.

［7］ 舒华，姚国平. 汽车电子控制技术［M］. 北京：人民交通出版社，2001.

［8］ D. G. Copp，K. J. Burnham，F. P. Lockett. Model Comparison for FeedForword Air/Fuul Ratio Control. UKACC International Conference on Control，1998.

关于我校计算机基础课程教学改革的思考与实践

王秀华①

（西华大学数学与计算机学院计算机系）

摘　要：本文作者对我校计算机基础课程教学的现状进行了分析和思考，并结合自己多年的教学经验，从教学内容、教学模式以及教学手段等方面进行了课程改革的初步实践，取得了较好的效果。

关键词：计算机基础；教学模式；教学方法；实践能力

随着信息时代的到来，计算机技术在社会、经济、科技、文化等领域发挥着越来越大的作用，计算机技术的应用已经渗透到人们生活的各个方面。利用计算机解决实际问题，已成为当今大学生必须具备的基本技能。在此背景下，从 20 世纪 90 年代起，我校就在各个非计算机专业中开设了计算机基础课程，并将其作为公共必修课。开设该课程的目的旨在提高学生的计算机文化素质，使其基本具备应用计算机解决实际问题的意识和能力。与此同时，中小学信息技术教育的逐步普及，高校网络教学平台的初步形成，计算机基础课程的日趋融合、整合等因素的出现，对大学计算机基础教育提出了更高的要求，也面临着新的形势和任务。

一、我校计算机基础课程的教学现状

（一）课程的教学内容多，学时数偏少

根据计算机基础课程教学大纲，该门课程的教学内容包括信息技术与信息系统的基本知识、计算机软硬件基础知识、Windows 操作系统、office 办公软件、计算机网络与多媒体技术等，涉及的知识范围广，内容繁多。在最近修订的 2011 级各专业的培养计划中，"计算机应用基础 A"（包括计算机基础和程序设计基础两部分）的总学时数是 80 学时，其中分配给计算机基础部分的教学时数是 12 学时。因此，如何使学生能在有限的教学学时里掌握计算机基础知识并具备熟练的操作能力成为了摆在任课教师面前的一道难题。

（二）学生基础参差不齐

我国从 2001 年开始在中小学普及信息技术教育，这为大学计算机基础教育创造了一定的学习起点。但同时也要看到，由于学生生源地和家庭环境不同，我校新生入学时的计

---

①　王秀华（1972—），女，副教授，西华大学数学与计算机学院教师。1996 年至今一直从事计算机专业的教学与科研工作。曾获第二届唐鸿军奖教育一等奖，四川省教学成果二等奖，第三届全国高校课件比赛二等奖。

算机水平参差不齐：部分学生的计算机水平相对较高；而有些学生对计算机知识了解很少，甚至从来没接触过电脑。在这种情形下，教师对教学内容和教学进度的把握有一定难度，很难达到使所有的学生都能感觉到"吃得饱，消化好"的理想效果。

（三）学生对本课程的重要性认识不足

由于大部分学生在中学时期或多或少已学过计算机基础知识，他们对计算机基础课程的认识比较浅肤，存在一定程度的偏颇，认为只要会打游戏、看看电影、听听歌曲等这些简单的娱乐用途就能较好地驾驭计算机，在他们的潜意识中并不重视这门课程的学习。

（四）教学方式和考核体制有待进一步改进

目前我校计算机基础课程的教学全部使用多媒体教室，教师基本采用传统的教学方式，播放课件进行"填鸭式"的灌输，学生只是被动地听。由于信息量大，速度快，导致学生不能及时做笔记，课后容易遗忘。

考核方式单一，课程考核主要集中在期末考试上，而且是单一的笔试形式。这种考试形式难以真实反映学生运用所学知识解决实际问题的能力，难以体现学生的创新意识和实践能力，学生造成了死记硬背、临时抱佛脚的观念。

从上述分析不难看出，我校的计算机基础课程的教学改革势在必行。

二、教学改革思考与实践

笔者长期从事计算机基础课程的教学工作，对于我校计算机基础课程的教学改革进行了思考并付诸教学过程中，取得了较好的效果。

（一）深入浅出，激发学生的学习兴趣

教学初期，教师可以通过讲述计算机的发展简史和今后的发展趋势，面对计算机技术已经完全融入我们生活当中的现实，使学生意识到计算机的"无孔不入"，让学生认识到学习和掌握计算机知识的重要性、紧迫性，使每一个学生都产生"我一定要学会，我一定要学好这门课"的想法。通过展示部分优秀的学生作品，浏览与所学专业有关的成功网站以及制作它们所需要的软件操作过程演示，让学生认识到计算机强大的信息处理能力，产生出"心驰神往"之意，达到激发学生学习兴趣的目的。

（二）采取案例教学法，提高教学效果

案例教学是目前公认的最适合该课程性质的教学方式，从实际应用例子入手，让学生感受所学知识能解决问题的实用性，激发其学习兴趣；再有目的和针对性地介绍解决问题所需的理论知识点，而不再是简单的对知识点的枯燥复述。其中案例的选取非常关键，好的案例须与学生的实际生活、学习相关，并且案例的设计要能较全面地体现主要知识点，所以教师在备课过程中需认真根据教学大纲选取知识点，突出重点、难点，让学生能通过分解案例来较好地掌握知识和常用技能方法。例如，笔者在讲授 Word 图文混排功能时，就设计了"求职个人简历"教学案例。不仅要求学生在"求职个人简历"中将自己的详细情况介绍清楚，并且要求学生用照相手机、数码相机或扫描仪等把自己的相片和各种荣誉证书变成图片文件，以便在上机实验中利用它们设计编辑出一个图文并茂、美观可读的个人简历。这个教学案例从准备到制作考察了学生的实际动手能力，能激发出学生的学习兴趣，并且锻炼他们更好地运用其他手段和软件与 Word 的配合使用，不知不觉中提高了学

生的综合操作能力。在讲授 Excel 的数据处理功能时，笔者设计了"学生成绩统计"案例，要求根据学生的各科成绩统计总分并根据总分进行名次排名、根据排名确定奖学金等级、统计各学科的平均成绩、统计各学科相应分数段人数并制作相应的统计图等。学生通过该案例可以学会工作表格式化、排序、常用的统计类函数、绘制图表等应用技能。通过案例驱动教学方法，将枯燥、繁杂的知识变得生动具体，学生能通过感性知识，再经过教师的归纳和总结上升为系统知识，从而达到获取和掌握知识的目的。

（三）精讲多练，指点学习方法，进行思路引导

计算机基础课程涉及的内容多、更新快，同时教学的学时数少。基于这些特点，笔者在教学方法上一贯注重"精讲多练"。在课堂上主要讲清楚课程的操作要点和基础知识，教会学生学习的方法，课外鼓励学生多上机操作，目的是从培养学生的操作技能入手，让学生多动手、多动脑，提高操作的准确性、迅速性、灵活性和协调性。

（四）任务驱动，边学边练

"任务驱动"是一种建立在建构主义学习理论基础上的教学方法，它将以往以传授知识为主的传统教学理念，转变为以解决问题、完成任务为主的多维、互动式的教学理念，使学生处于积极的学习状态，每一位学生都能根据自己对当前问题的理解，运用共有的知识和自己特有的经验提出方案，解决问题。"任务驱动"教学全过程中，以若干个具体任务为中心，通过完成任务的过程，介绍和学习基本知识和技能，并通过完成任务的过程，培养学生提出问题、分析问题、解决问题的综合能力。它强调学生要在真实情境的驱使下，在探究完成任务或解决问题的过程中，在自主和协作的环境中，在讨论和会话的氛围中进行学习活动。这样，学生既学到了知识，又培养了动手实践能力，提高了学生的探索创新精神。如在 Word 的学习过程中，笔者要求每个学生自己编一版报纸，内容、版式自定。通过教师和学生之间、学生和学生之间的交流，最后拿出每个人的作品进行评比。实践证明，带着任务学习不仅目标明确，而且可以调动学生学习的主动性和创造性。

（五）传统教学方法与现代教学方法相结合

在计算机基础课程的教学过程中，多媒体教学是必不可少的。通过多媒体的教学环境，教师可以生动形象地向学生传播教学信息，激发学生的学习兴趣，增大课堂信息量，有效地完成教学内容。通过多媒体的教学环境，教师可以进行软件操作演示（如 Windows 操作、Office 套装软件的使用、网页设计等）、实例演示（案例介绍等），增强直观性。但多媒体教学方式不能代替所有教学过程。部分需要分析计算和逻辑推理的内容（如进制的转换、算法的描述等）应采用板书等传统的教学方法进行讲授。多年来，笔者在教学过程中，始终将传统教学手段与多媒体教学结合起来，收到了良好的教学效果。

（六）结合专业特点，重点讲授专业相关内容

随着计算机技术的广泛应用，计算机已渗透到各个学科的各个专业，结合各学科专业特点的软件不断出现，我们可以根据不同专业的专业要求和不同专业将来对计算机的使用情况调整授课内容。例如会计专业学生，对 Excel 数据处理软件使用较多，市场营销专业学生，使用 PPT 演示文稿软件较多，而文秘专业对 Word 操作要求较高等，这样在教学过程中可结合相关专业相关案例设计内容重点讲授，提高学生的学习积极性。

（七）构建网络多媒体教学系统，方便学生课外学习

当今网络技术发展迅速，日新月异。网络的普及应用为我们在网上教学提供了一个很好的平台。网上教学的特点是不受时间、地点、人数的限制，其优点是课堂教学不可比拟的，因此可以把网上教学作为课堂教学的补充。目前我校的校园网已经覆盖到了学生宿舍、教室和家属楼，校园网的软硬件运行已经稳定和成熟。笔者就利用学校统一搭建的"课程中心"网上教学资源平台，创建了计算机基础课程的网络多媒体教学系统。该系统包括了课程资源下载区、答疑区、作业区和在线测试区等栏目。课堂上，教师利用整个网络教学平台的资源进行授课；课后，学生可以充分利用平台的各种资源继续学习，并可进行网上答疑、作业下载、问题讨论等，师生之间通过网络进行交流。面向教学的网络教学平台的使用，改变了教与学的关系，过去以教师为中心的教学方式，变为以教师为主导、以学生为中心的教学关系。这种教学模式为师生之间进行沟通与交流提供了渠道。

（八）施行过程考核，考核形式多样化

施行过程考核，就是让学生在学习的过程中不断加深基本理论和基础技能的学习。考核形式多样化，可以是课程设计、成果评比、大作业、闭卷考试、上机考试等，目的是促使学生加深对基本理论和基本知识的理解，提高实践能力和解决问题的能力。

三、结束语

计算机基础教学不是"小儿科"，而是造就既具有专业知识又具有计算机知识、技能、应用能力人才的教学，是培养具有开发和创新能力的跨学科的通才教学。这就要求我们不断创新，不断总结教学经验，根据新的形势增加新的教学内容，改革教学模式和教学方法，逐步培养学生的自学能力、实际动手能力和创新能力，为日后步入社会工作奠定坚实的基础，从而更好地为社会服务。

注释

［1］教育部高等学校计算机科学与技术教学指导委员会. 关于进一步加强高等学校计算机基础教学的意见暨计算机基础课程教学基本要求（试行）［M］. 北京：高等教育出版社，2006：5-17.

［2］张丽娅. 非计算机专业计算机基础教育的设想［M］//大学计算机基础课程报告论坛程序委员会. 大学计算机基础课程报告论坛论文集：2006. 北京：高等教育出版社，2007：319.

［3］冯博琴. 计算机基础教育新阶段的教学改革研究［J］. 中国大学教育，2004（9）.

［4］李凤霞. 谈计算机基础课教学的点滴体会［J］. 计算机教育，2008（1）：27-30.

阳光体育背景下高校乒乓球教学之探讨

——以西华大学为例*

王永生　　陈龙灿[①]　　陈恳　　徐问宇

（西华大学体育学院）

摘　要：本文运用文献资料法，在回顾"阳光体育运动"提出背景的基础上，分析了"阳光体育运动"与高校乒乓球教学的契合点，提出现阶段我国高校乒乓球教学之策略，并结合西华大学乒乓球教学及高水平运动队训练和比赛的成绩，得出如下结论：建立高校乒乓球教学课内外一体化、改革乒乓球教学评价以及促进阳光体育运动日常化、制度化和规范化是可行的。

关键词：高校；阳光体育；乒乓球教学；高水平运动队；策略

阳光体育是党中央在新时期针对青少年学生的体质健康水平持续下滑，体育锻炼的习惯没有养成，参加体育锻炼的热情不高等情况提出的，阳光体育运动的提出对加强学校体育工作，对青少年学生身体素质的提高提出了新的目标要求。大学生作为 21 世纪国家建设的主力军，不仅需要渊博的知识和高尚的道德品质，更需要健康的身体和强壮的体魄，这样才能迎接社会的各种挑战。

一、"阳光体育运动"提出的背景

教育部于 2005 年开展的第五次全国学生体质健康调查结果表明，近年来，学生体质健康水平处于逐渐下降的趋势，已经严重影响到我国人才培养质量，到了必须引起高度重视的地步[1]。为此，在 2006 年 12 月我国第一次全国体育工作会议上，教育部、国家体育总局联合颁发了《关于进一步加强学校体育工作，切实提高学生健康素质的意见》（教体艺［2006］5 号），为全面推进素质教育，进一步加强学校体育工作，切实提高广大青少年学生的健康素质，促进青少年学生的全面发展提到了一个新的高度。紧接着，教育部、国家体育总局、共青团中央联合发出《关于开展全国亿万学生阳光体育运动的通知》（教体艺［2006］6 号），鼓励学生走向操场、走进大自然、走到阳光下，沐浴阳光的温暖，享受运动的快乐，掀起青少年体育锻炼的热潮。让学生掌握两项日常体育锻炼技能，养成

---

* 基金项目及编号：西华大学重点课程（11CDKC3105）。

① 王永生（1965—），男，四川犍为人，教授，体育专业硕士，主要从事体育教育与社会体育的研究。

陈龙灿（1965—），男，四川新都人，西华大学体育学院任教，副教授，硕士，主要从事乒乓球高水平运动队的管理、训练及竞赛。

良好的体育锻炼习惯和终身体育意识。

二、"阳光体育运动"与高校乒乓球教学的契合点

首先，二者指导思想是一致的。乒乓球教学的目标是开发学生的身心潜能，增强学生体质，增进学生健康，促进学生身心和谐发展；培养学生从事乒乓球运动的态度、兴趣、习惯和能力，为终身体育奠定良好的基础；促进学生个体社会化，培养学生良好的思想品质，使其成为具有创新精神和创新能力、德智体美全面发展的社会主义建设的合格人才。实现这一目标的途径主要有体育课教学、课外体育活动、课余体育训练与竞赛等。同样，开展阳光体育运动的目标也是为了增强学生体质健康，二者的实现途径是一致的，都依托于体育课教学、课外体育活动等；都是积极贯彻国家的教育方针切实推进素质教育，认真落实"健康第一"的指导思想；二者的要求也是一致的，要按照学校体育工作政策要求开展工作，保证教学课时，要按课程标准教学，要配齐配强体育教师，要广泛开展课外体育活动，要加强学校体育设施器材保障，要确保学校体育安全等等。

其次，阳光体育运动与高校乒乓球教学皆以提高学生体质健康为目标。阳光体育运动注重《国家学生体质健康标准》的实施和达标，更关注学生每天1小时体育活动的落实，更重视课外体育活动的开展。其本质目的是希望通过开展此项活动，能够在短期内提高广大青少年的身体健康水平，达到相应的健康标准[2]。"因此，高校乒乓球教学的开展在依托于体育课，注重教育、科学理性培养全面发展的人的同时，更应该注重《国家学生体质健康标准》的实施，围绕在短期内提高学生体质健康为目标，采用广泛开展各项课外活动，积极落实每天1小时为手段，以达到学校体育和阳光体育共同的目的。广大的体育教学工作者在教学中应该在具体的教学中有所侧重，努力服务于学生的身体健康发展"[3]。

三、阳光体育背景下高校乒乓球教学之策略

（一）乒乓球教学由课内向课外延伸

乒乓球教学与"阳光体育运动"紧密结合，乒乓球教学课内外联动，建立课内外一体化的、突出教师指导性和学生主体参与性的活动课程体系[4]。任何体育运动教学，仅靠每周一次的课内教学，是很难完全掌握运动技能的，除非之前就有较好的运动基础。因此，教师在进行乒乓球教学时，有必要向学生布置乒乓球课外活动的作业，使学生能更好地完成课内乒乓球教学任务，较好地掌握乒乓球运动技术。当然，这需要学校有相应的硬件设施（室外乒乓球台）和课外活动教师的指导。学校乒乓球课程包括课外锻炼、课余体育训练和各项竞赛活动的开展，是高校学生巩固、检验乒乓球知识并通过实战提高乒乓球能力的有效途径。

我校学生参加乒乓球课外活动的组织形式主要有：（1）学生自主积极地参加乒乓球课外活动，当然，首要条件是要有一定数量的室外乒乓球台，我校现有近百张室外乒乓球台，为了满足学生乒乓球爱好者的需求，每年需要不断更新和维护。（2）学生乒乓球爱好者可参加乒乓球社团、协会，积极参与其组织的活动，融入社团组织活动中，相互学习，取长补短，不断进步。近几年来，我校学生乒乓球协会举办了成都市高校乒乓球协会邀请赛，不仅取得了较好的竞赛成绩，同时还与兄弟院校进行了交流，增进了友谊，扩大了我校影响。（3）有少部分乒乓球基础较好的同学，可通过竞争参与校乒乓球队或高水平运动

队训练，通过参与更多、更高水平的比赛，提高并完善自己乒乓球技战术水平的同时，也带动我校其他同学积极参与乒乓球学习的兴趣，形成乒乓球学习的良好氛围。学生通过参加乒乓球课外活动，接触更多的其他同学，在活动中相互交流学习、提高，有助于学生身心的和谐统一，有助于乒乓球教学水平的提高，有助于学生今后更快地适应社会，为学生就业打下基础。

（二）乒乓球教学评价多元化

鼓励并激励学生参加乒乓球课外活动，不仅有利于学生消化课内的教学内容，也有利于学校开展阳光体育运动，更有利于学生的身体健康。

传统的体育课程评价内容单一、标准统一，忽视了学生在身体及运动基础方面的个体差异，以及学生对体育学习的努力程度，过于强调结果性评价，容易挫伤部分学生学习的积极性。阳光体育理念以"达标争优，强健体魄"为目标，以实施《学生体质健康标准》为基础，与教育教学评价密切结合[5]。我校乒乓球教学根据学生的年龄、性别和体质状况，积极探索适应青年学生特点的乒乓球教学方法与活动形式，指导学生开展有计划、有目的、有规律的乒乓球课外活动，努力改善学生的身体形态和机能，提高运动能力，达到体质健康标准。这种重视原有基础与学习过程的考评，是对乒乓球课堂教学评价的补充。乒乓球教学评价的方法需更加多样化，避免用统一的标准来衡量[6]。我校乒乓球教学学生成绩考评的标准更加全面化，既客观准确地体现了学生的个体差异，又能反映学生通过乒乓球学习所取得的进步；评价方法能将学生的乒乓球学习结果评价与过程评价结合起来，将课内乒乓球教学与课外乒乓球活动结合起来，把学生学习、表现、乒乓球参与能力，以及参加乒乓球比赛的成绩结合起来；评价方式采用主观评价与客观评价相结合，定性评价与定量评价相结合等多方面的综合评价体系。目的只有一个：激励学生积极参与乒乓球运动，培养其对乒乓球的兴趣，养成终身进行乒乓球锻炼的习惯。

（三）乒乓球教学促进阳光体育运动日常化、制度化和规范化

完善乒乓球教学课程理念，使"阳光体育运动"日常化、制度化和规范化。建立乒乓球教学—活动—比赛于一体的完整的乒乓球教学课程观念，把课外体育活动、课余训练与比赛纳入课程教学计划，使活动的开展获得教学理论上的支持和制度上的保障。

目前我校公共体育开设有乒乓球选项课（必修课）、选修课，每年将举办以学院为单位的全校学生乒乓球比赛，其特色是我校的乒乓球高水平运动队。通过课内、课外的乒乓球普及教学与提高，经过高水平学生运动员系统训练与竞赛，我校乒乓球课程建设与教学制度的实施为阳光体育运动日常化、制度化和规范化提供了保障。

（四）我校乒乓球高水平运动队取得的竞赛成绩

我校于 2009 年引进国内乒乓球高水平教练——陈龙灿老师，在陈教练细心的辅导训练及专业的比赛指导下，2010 年我校乒乓球高水平运动队取得了历史性突破，一举夺得第 16 届全国大学生乒乓球锦标赛女子团体第 1 名、男子团体第 5 名，为我校乒乓球历史增光添彩。同时，希望能利用陈龙灿老师在乒乓球领域的专业知识和威望，积极普及开展和发展提高我校乒乓球运动。

表1　西华大学乒乓球高水平运动队竞赛成绩一览表

竞赛年度	竞赛地点	竞赛名称	竞赛项目	竞赛成绩
2009	呼和浩特	第15届全国大学生乒乓球锦标赛	女子团体 男子团体	第2名 第5名
2010	成都	第16届全国大学生乒乓球锦标赛	女子团体 男子团体	第1名 第5名
2011	山东泰安	第17届全国大学生乒乓球锦标赛	女子团体	第2名

四、结　论

乒乓球运动在我国开展得非常普及，特别是在学校中。从我校学生的体育选课就知道学生们喜欢什么运动项目，而乒乓球课程往往是学生们最难选上的项目之一。鉴于此，乒乓球运动在我校非常适合作为"阳光体育运动"开展的项目，教师在乒乓球教学中应充分发挥其主导作用，有意识引导、激励学生在课外活动开展乒乓球运动，实现乒乓球教学课内外一体化，相互促进，不断提高乒乓球技战术水平，同时也带动我校乒乓球运动更加普及，水平更加提高。

教学评价是引导学生学好乒乓球技术最有效的方式。如果将学生学习考评与其课外活动及比赛成绩挂钩，会大大激发学生们在课外学习乒乓球技术的热情，教学考核是评价学生学习乒乓球技术的具体体现，是检验其学习乒乓球技术的手段。通过我校乒乓球教学评价的改革，有助于引导学生养成乒乓球锻炼的良好习惯。

制度的形成不仅靠管理，更应靠人的观念、意识。不能因为大学只开设两年的体育课程就此结束乒乓球运动的学习。通过乒乓球课内外一体的教学，教师应有意识引导学生自觉地进行课外活动及比赛，在教学中不仅教给学生乒乓球技术，还应培养学生日常进行乒乓球练习的意识，真正使学生在今后的生活中喜欢它、热爱它直至离不开它。这应是我们高校体育教师不断钻研的新课题。

注释

[1] 王凤春. 大学生阳光体育运动解析与重构 [J]. 南京体育学院学报（自然科学版），2011，1：88－91.

[2] 杨芳，高海利. 阳光体育运动的局限与超越 [J]. 天津体育学院学报，2009，2：155－157.

[3] 张小龙. 基于理念视角下的"阳光体育"与高校体育教学的契合及问题探析 [J]. 湖北体育科技，2010，6：725－727.

[4] 张小龙，李凤华. 高校乒乓球实践课引入比赛激励机制教学的研究 [J]. 沈阳体育学院学报，2010，1：93－95.

[5] 房杰，林辛. 自主学习在高校乒乓球选项课教学中的实验研究 [J]. 北京体育大学学报，2004，2：256－257.

[6] 高魁莲. 透过乒乓球教学谈高校体育教学发展趋势 [J]. 吉林体育学院学报，2005，1：107－108.

口译教改新视角：以嫁接视译与交传为手段，提高口译技能培养的效率

李贵和[①]

（西华大学外国语学院）

摘　要：口译课教改应该同时考虑更具体的能力培养方式。将同传中视译部分的能力要求进行改造，嫁接到交传课堂教学中，能很好地充实交传教学，使得交传能力的培养更加具体有效。

关键词：口译教改；视译；交传；嫁接；效率

一、高校口译教学现状与教改的突破点

现在高校本科口译教材一般都将交替翻译（以下简称"交传"）和同声翻译（以下简称"同传"）分列为专章，独立处理的。对于教材编写来讲，这种做法完全能够获得教材编写的一般原则的支持。但是，口译课程的组织主要涉及交传，教师的材料准备，学生学习和训练的主体也是围绕交传。对于同传，一般只有简单介绍，而没有深度涉入。这种做法造成一个明显的结果，就是让学生普遍觉得同传高不可攀。但笔者认为，不可否认同传的难度确实是大，需要教师有丰富的同传实践和学生有多方面的能力储备，而且我们高校口译课程的培养目标也不太可能是造就优秀的同传译员。但是，从口译课程建设和口译能力强化的角度看，将同传的部分能力要求和交传的能力培养形成嫁接，将能形成良好的口译教学效果，口译课程的技能培养方式的兼容性也将大大提高。视译可视为一种特殊的同传，正是从视译的基本特征中我们看到了视译和交传融合的可能性，为口译课程建设提供一个新视角。

二、口译教改的基本原理与设计

视译（sight interpretation）一般是指在翻译过程中，译员一边看着讲话人的讲话稿，一边听讲话人讲话，并同步口头译出讲话。当然，作为同传的练习，视译也可以是直接面对一篇稿件进行即席翻译。无论是前一种形式，还是后一种形式的练习方式对于本科阶段的口译课程可以形成有效的提升和补充。

视译与同传都是同步翻译，两者在原理和技巧上也基本一样，因此可以将将视译视为同传的一种特殊形式。因为视译要求翻译的同步性，因此，译者无法听到整句后才做翻

---

①　李贵和（1969—），男，硕士，西华大学外国语学院副教授。研究方向：西方文艺理论，妇女文学和口译。

译。这从根本上区别于交传。因为交传是在至少听完一个句子以后，"译文要以连续不断的方式出现。即不但译文符合原文，而且译文本身也须前后连贯"（李军，2010，2）。所以，一般的口译教学安排都是把重心放在交传上，占首要地位的是交传。但是，笔者认为，把视译的基本要素加以突出，设计特别的学习材料，既可满足交传的基本要求，视译的基本特征又可以使得学生得到在语言方面的更有高度的训练。

笔者的教学设计是，选定一定数量的英语长句材料，直接提供给学生，要求学生进行视译，然后以录音方式提供，要求进行交传。同传式翻译难度较大，因此以书面文字的方式提供，使难度下降，但因为同传时已经将材料看过一次，因此交传时不再看材料，而是以听力的方式进行，这样交传的难度也不会太低，记忆的能力可以得到很好的训练。

因为还在学习交传的学生一般没有接触同传，因此，在进行视译训练时，主要需要突出的是以下几个因素：（1）基本顺着翻译。（2）极小幅度调整语序，如理解难度极小的"N OF N"结构，这样的结构不调整反而显得很别扭。（3）如果名词扩展太长，则在名词结尾处重复中心词，这样，在每个翻译停顿处，都能形成意义简单明确的汉语小句。（4）变异结构基本顺着翻译，用意思完整与否推动句子的理解。

通过以上几个要素的训练，视译需要达到的效果如下：（1）形成完整的汉语小句，这样的小句比较自然完整，易于为目的语听众理解；（2）允许适度的重复和补充，使得小句与小句之间更有语义和逻辑关联。视译效果不同于交传，后者产生的译文具有整体在结构和逻辑上的完整性和严密性。

三、口译教改的教学设计实例

以下分别举例说明这几个因素的运用。

（一）顺译＋重复中心词

例一：Yet those who stress the achievement of a general consensus among the colonists cannot fully understand that consensus without understanding the conflicts that had to be overcome or repressed in order to reach it.

交传：然而，那些强调在殖民者之间达成普遍共识的人，如果不能理解为了达成共识而必须克服或压制的冲突，就无法充分理解这一共识。

视译：然而那些人，他们强调达成普遍共识，在殖民者之间，那些人不可能重复理解这一共识，如果不能理解冲突，这些冲突是必须克服或压制的，为了达成这一共识。

评论：为了能使译入语更好让目标听众理解和接受，在后一种翻译中，笔者明显使用了重复中心词的手法：（1）those 的后置扩展语完成以后，笔者重复了 those，和后面的动宾关系衔接；（2）conflicts，为了让听众更好理解，后面的定语从句开始笔者直接重复这些冲突。

例二：The change met the technical requirements of the new age by engaging a large professional element and prevented the decline in efficiency that so commonly spoiled the fortunes of family firms in the second and third generation after the energetic founders.

交传：这一变化通过雇佣大量的职业人士满足了新时代的技术要求，并且避免了效率下降；这种下降极为普遍地破坏了家族企业精力旺盛的创始人两三代以后的企业财富。

视译：这一变化满足了技术要求，要求是由新时代带来的，满足的方法是雇佣大量的职业人士；这一变化还避免了效率下降，这种下降如此常见地破坏了财富，属于家族企业的，在两三代人之内，在精力旺盛的创建人之后。

评论：这个句子的第二组动宾关系和主语隔离太远，以汉语为母语的目标听众很容易在听完前面第一组动宾关系以后无法和后面的句子构成衔接，因此在第二组动宾关系开始前，笔者再次重复了主语中心词。

（二）顺译＋添词

例三：Such large, impersonal manipulation of capital and industry greatly increased the numbers and importance of shareholders as a class, an element in national life representing irresponsible wealth detached from the land and the duties of the landowners, and almost equally detached from the responsible management of business.

交传：对资本和产业的这么巨大非个人化的操纵极大地增加了股东作为一个阶层的数量和分量，这个阶层在国民生活中代表着不用负责任的财富，和土地与地主的职责无关，也同样和对企业的责任管理无关。

视译：这么巨大地，非个人化地操纵资本和产业，这极大地增加了股东的数量和分量，股东作为一个阶层，是一个元素在国民生活中，代表着不用负责的财富，脱离土地和地主的职责，也同样脱离责任管理企业。

评论："Such large, impersonal manipulation of capital and industry"是一个比较复杂的修饰结构，因此笔者在视译层次上做了两个处理：（1）直接顺着翻译；（2）译完后添一个字：这。这样，以汉语为母语的人就能直接很好理解译文。

（三）顺译＋以意思完整与否推动翻译，处理变异结构

例四：Yet Walzer's argument, however deficient, does point to one of the most serious weaknesses of capitalism—namely, that it brings to predominant positions in a society people who, no matter how legitimately they have earned their material rewards, often lack those other qualities that evoke affection or admiration.

交传：然而 W 的论点，无论有多大的缺陷，确实指出了资本主义的一个最严重问题，也就是说，资本主义在一个社会中使得那种人处于支配地位，他们无论多么合法地已经获得物质财富，常常缺乏其他唤起崇敬或爱戴的品质。

视译：然而 W 的论点，无论有多大的缺陷，确实指出了一个最为严重的问题属于资本主义的，即，资本主义带到支配地位的在一个社会中是那些人，他们无论多么合法地已经挣得自己的物质回报，常常缺乏其他那些品质，那些品质唤起崇敬或爱戴。

评论：这句话有一个结构 "brings to predominant positions in a society people"，类似结构在高级书面语中很常见，在书面语的口头化表达中也常见，因此属于口译完全可能遇到的表达类型。值得注意的是这样的变异结构很多，而且以英语为母语的人使能很顺利地一次直接读完且读懂的。中国的英语教学强调结构分析，这样的句子当然是结构分析的精彩实例，但可惜这样的分析在口译中没有用处——你怎么可能在那么紧张的时间内去分析结构？而且，只要分析，就需要再听，可你哪里有机会让别人重复？因此，从口译实用的角度讲，我们必须知道如何一次性拿下这样的结构。道理很简单，意思表达没有完就还得再往后说。以这句话为例，"brings to predominant positions" 意思是带到支配地位上；

但意思没完，没交代带什么或谁到支配地位上；接着补充的"in a society"意思也没交代，因为这个结构只讲了在哪里，我们还是不知道是把谁带到支配地位上，这个悬念却是一定要解决的；接着补上 people 一词。意思终于相对完整了。brings to predominant positions in a society people，可以顺译成：带到支配地位上的在一个社会中是那些人。注意，这是可以一次性完成的，即在同传状况下完成！

例五：Perhaps there is not one here today who has not in the course of a day had occasion to set in motion a complex train of reasoning, of the very same kind, though differing in degree as that which a man of science has gone through in tracing the causes of natural phenomena.

交传：也许这里每人每天都有机会进行一连串推理，这种推理和科学家在探索自然现象的原因时所进行的推理是完全同一类型，尽管程度不同。

视译：也许没有一个人在这里今天，他没有，在一天的过程中，没有机会去使得处于运动状态一个复杂系列的推理，这种推理属于完全同一类型，尽管程度不同，和那种推理相比，那种推理是科学家已经使用的，在探索原因的时候，原因是属于自然现象的。

评论：这句话从现场视译的角度讲，难度是非常大的，主要是因为变异结构的存在。在交传的情况下，句子整体呈现，一旦听懂，就容易做整体处理，因为通过听力获取的句子的整体性使得局部结构易于理解，但在同传的要求下，较难获得帮助理解局部的全局性信息。set in motion a complex train of reasoning, of the very same kind, though differing in degree as that 有两处变异结构，必须借助笔者上面提到的那个理解原则：用意思完整与否取代句法分析，直接推动理解和翻译的前进。set in motion 设定了运动状态，但不知道是什么在运动，让什么运动；后面告诉了你 a complex train，即一个复杂的系列；后面又告诉了你系列的什么：of reasoning。到此为止，set in motion a complex train of reasoning，可以顺着译，处理为：使得处于运动状态的是一个复杂系列的推理。of the very same kind, though differing in degree as that 以 "of N" 开始，因此从构建完整的译入语小句的角度讲，重复 of 前面的修饰对象是有必要的：of the very same kind 这种推理是属于同一类型。但是，注意，"同一类型"是个比较概念，和什么比较呢？接下来是 though differing in degree，意思是程度有别，还是没有回答和什么相比。这个问题是必须回答的，否则句子意思就不完整。接下来 as that 回答了：和那种推理相比。问：哪种推理，后面回答：科学家所使用的。问：什么时候，答：在探索自然现象的原因的时候。

四、教改实验情况分析

笔者从 2002 年承担口译教学一直到 2008 年，一直在进行视译与交传的嫁接教学，获得了很多第一手反馈资料。教学提供的翻译实例有一定的难度，因为视译的场合主要是各种会议，需要翻译的本来就是有一定或相当难度的书面语，句子长，结构复杂。学生直接以交传方式处理这些句子难度非常大，听下来一个句子常常不知所云。个别感到听懂的，张嘴就忘光了所听的东西。这都表明，必须能够进行交传的材料，学生感到难度太大。因此笔者做了一个变通处理，给学生一个上升的台阶，即组织大量的类似材料以书面方式提供给学生，但以视译的方式要求学生，使得能力的培养真正落到实处。如果将这样的材料拿给学生让他们直接做看完再翻，效果就差多了。而笔者的课堂处理是先用这些材料进行视译，然后以听的方式进行交传。同一份材料处理两次，然后要求学生下去再进行视译和交传的交替。一段时间以后，逐渐过渡到类似材料以听力方式进行交传。学生的普遍表现是，对这样的长度和难度的材料，理解和记忆的质量大幅度上升。坚持一段时间后，学生的口译实践反映比较集中地发生变化：能坦然面对文本直接翻译了，一次能处理的句子长度大幅度上升，意义清晰了，顺译能力明显上升，节奏感建立起来了，意义传递明显更成功了。

笔者的观点是，如果能给学生这样的组合教学设计，那么学生的能力将会在以下四个方面得到很大的进步：（1）短时记忆能力，（2）快速反应和组织能力，（3）更深入理解句子的能力，（4）连贯精确表达的能力。

五、口译教改建议

现在高校口译课程建设正在经历巨大变化。综合浏览国内外关于口译课程建设的论文，可以发现课程建设的重心是：（1）师资队伍建设，（2）上网资源规划，（3）教学方法改革，（4）教学内容建设，（5）教材建设，（6）教学管理。笔者以"口译课程建设"和"口译教改"为关键词，浏览了大量近三年期刊论文、会议论文和学位论文，整体感受是现在的课程建设和研究越来越注重体系的建设和现代技术的应用，但是做这些探讨的研究人员大多是高校英语专业教师和研究生，其中很多人并不具备足够的翻译实践。这个事实映射到课程建设中，就造成一个新的问题：课程建设的体系可能越来越完善，现代技术的使用越来越充分，但是翻译的基本功夫和实战能力却可能受到削弱。对于口译教学来讲，最基本的就是短时记忆能力（交传需要较长的记忆，但是还是以短时为基础），快速反应和组织能力，以句子为单位整体把握的能力，以及连贯表达的能力。口译课程教改必须考虑这个方面的问题，让能力培养有效地落到实处。希望笔者提出的视译与交传的嫁接式教学设计能够为口译课程教改提供一个新方向。

注释

[1] 李军. 如何更好地进行口译训练 [J]. 科技翻译，2010（2）.

英语专业学生听力能力培养中
学习策略的运用现状与学习策略能力培养的途径

罗擘①

（西华大学国际合作与交流处）

摘　要：本文运用问卷调查的方式，了解英语专业学生在听力技能培养过程中学习策略运用的现状，分析研究学习策略运用滞后的原因，探索培养听力策略能力的途径，实现培养英语语言综合能力的目标。

关键字：学习策略运用；滞后；原因；培养途径

一、引　言

学习策略指在学习情景中，学习者对学习任务的认识，对学习方法的调用和对学习过程的调控。对学习者来讲，学习策略是学习执行的监控系统。学习者使用学习策略的主观愿望是为了用较少的"能源消耗"，有效地实现学习目标。

英语自主学习的策略主要有元认知策略、认知策略、资源利用策略、管理策略等（J. Michael，et al.，2004；庞维国，2003；文秋芳，2004）。元认知策略用于评价、管理、监控认知策略的使用，是学习者对自己有效学习过程的监视和控制，包含计划、监控、管理和自我评价等内容。认知策略用于语言学习的活动中，指学生为了完成具体学习任务而采取的步骤和方法。资源利用策略是学习者如何利用学习的时间、学习的物质条件和他人的帮助等实现学习的目标。管理策略包含确定目标、制订计划、策略选择、时间安排、自我监控、策略有效性的自我评估和调整等，即学习者在自我评价的基础上，对英语学习过程的管理所要进行的一系列决策活动。

学习的各种策略运用得当与否直接影响学生的学习效率。具体到听力上，就是学生听力策略的运用能力直接影响听力的效率。在英语专业学生的能力体系中，听力能力是英语专业学生所必备的基本能力之一，也是制约学生综合专业素质培养的一大因素。听力策略运用能力的重要性可见一斑。于是，笔者进行英语专业学生听力学习策略运用情况调查，目的是了解策略运用现状，分析研究学习策略运用滞后的原因，探索培养听力策略能力的途径，实现培养英语语言综合能力的目标。

二、学习策略运用调查结果与分析

本次调查问卷设计以英语专业学生听力能力培养中学习策略运用情况为目标。共37

---

①　罗擘（1972—），男，副教授；专业：英语教育；主要从事英语专业教学。Email：1205jeff@163.com。

个问题，分别涉及学生对元认知（含自我监控、自我指导和自我评价策略）、认知（含陈述性知识的学习、程序性知识的学习和问题解决策略）和资源利用（含时间管理、努力管理和学业求助）三类策略的使用情况。其中涉及元认知策略、认知策略和资源利用策略的问题分别为 6 个、21 个和 10 个。问卷答案选项分别为："是"、"否"和"有时会"三项。统计数据中的百分比指每一类中选"是"这一项人数的百分比。调查对象是笔者本校英语专业 2004 级学生。共发出问卷 147 份，收回 145 份。三类策略运用结果和策略内分类结果如下：

（一）三类策略运用总况

表 1　三类策略运用总况

策略	元认知策略	认知策略	资源利用策略
人数（共 145）	38	50	36
百分比（%）	26.20	34.48	24.82

分析表 1，在调查的三项策略中，无论哪一项策略的运用情况都不乐观。在听力能力培养过程中运用元认知策略、认知策略和资源利用策略的学生分别仅为：26.20%、34.48% 和 24.82%。相对而言，认知策略要"实"一些，或者说，更容易摸得着一些，与学生已有的相关认知结构更近，相对数据值更高。但学习者在元认知策略和资源利用策略的运用上存在更大问题。

（二）元认知策略运用情况

表 2　元认知策略运用情况

策略	自我监控	自我指导	自我评价
人数（共 145）	51	66	31
百分比（%）	35.17	45.50	21.37

元认知策略对学习的影响表现在学生对学习任务难度、性质的认识决定了他在该任务上分配的精力、时间的多少，影响到他对认知策略的选择。分析上表可见，调查对象中使用元认知策略类"自我监控"、"自我指导"和"自我评价"策略的学生人数百分比分别只有 35.17%、45.50% 和 21.37%。大多数忽略了"自我评价"策略的使用。事实上，学生的学习在很大程度上需要自我来调节，它为学生的学习指引方向并提供动力。而在问卷中，对问题"在听力训练中，我会定期对自己所学的内容进行总结及评价"作肯定答复的人数为 22 人，仅占总人数的 9.65%。另外，元认知调控对学习的影响主要表现在学生学习的"自我监控"上。学生对其学习的自我监控是其学习能力的主要方面，是影响学习效率的关键因素。该调查显示的数据仅说明了使用"自我监控"策略的学生人数略多于"自我评价"。"自我指导"策略的使用也与听力能力的提高有着密不可分的关系。本调查中，自我指导意识强于其他意识。而众所周知的是，学习策略是行动、体验、适应、矫正、巩固和发展的过程，元认知策略又是整个学习策略体系的核心，是策略体系中最高层次的调控机制，更是学习体系中的动力系统，因此学生单方面的指导策略，势必会造成策略的运用不科学和基础意识的扭曲。为此，教师应该在听力自主学习策略培养和训练过程中多加

以指导，让学生首先能对学习策略体系有正确的感性认识，让元认知策略能在整个策略运用过程中起到起"指挥棒"的核心作用。

（三）认知策略

表3　认知策略运用情况

策略	陈述性知识学习	程序性知识学习	问题解决
人数（共145）	48	49	36
百分比（%）	33.10	33.79	31.72

在对认知策略所涵盖的三类策略即陈述性知识学习策略、程序性知识学习策略、问题解决策略的回答上，选择"是"的人数百分比相对差距不大，分别是33.10%、33.79%和31.72%（见表3）。也就是说，使用认知策略的学生人数虽然相对较少，但对认知策略的运用情况显得相对均衡。这也恰好说明了学习者个体在听力学习过程中遇到问题时综合运用新的陈述性知识和程序性知识，找到解决问题的方法的能力相对要强一些。显然，学习者在策略运用过程中，对处理外部信息的认知策略运用能力要比运用处理内部信息的元认知能力强。再次说明，学习者对自身学习过程的认识和调控（即元认知）仍然是主要问题。

（四）资源利用策略

表4　资源利用策略运用情况

策略	时间管理	努力管理	学业求助
人数（共145）	6	21	121
百分比（%）	4.13	14.48	83.44

由表4可见，学生在学习时间管理（4.13%）、努力管理（14.48%）策略使用上基本处于原始起点状态。学习者在时间管理策略运用上存在的问题最大。探究其原因：齐莫曼等（Zimmerman, et al., 1994，转自庞维国）曾提出，在时间的自我管理中，一个最重要的因素便是自我监控，如果学生意识不到自己没有在学习，就不可能计划和调节自己的时间使用。因此我们再次看到元认知策略影响了学习者在听力自主学习过程中的策略运用情况。努力管理策略运用情况也不乐观。可见在听力能力培养过程中，学习者未进行很好的意志控制和自我强化。这也说明学生没有很好地让元认知的调控作用得以充分发挥，使其控制和自我强化能力也受到了相当程度的影响。

综上数据与分析，虽然各种学习策略的运用频率程度不同，学习策略在学习者听力能力培养中已得到一定程度的运用，说明教学双方都意识到学习策略运用对听力能力培养的作用。但是，从总体上来看，调查对象的学习策略使用情况远未达到理想或者比较理想的程度，因为还有相当一部分学习者，在听力能力培养过程中对策略的运用很少，或者尚未运用。这一结果也从侧面反映了广大学习者听力能力水平，其现状令人担忧。究其原因主要在于部分学习者仍未形成策略运用意识，或者有效识别、提取策略的意识不强。因而很大程度上导致了整体策略运用的情况不理想。因此，这也对英语专业听力教学提出了新的挑战，必须对学习者实施策略学习训练，使他们了解到学习策略在听力以及整个英语语言学习过程中的重要性，培养和增强其策略运用意识和能力。

三、听力策略运用能力培养的途径

就整个听力策略运用过程而言，元认知策略起着核心作用，它居于所有策略的上层，指挥和调控其他策略的使用（文秋芳，庞维国等）。但本次调查的结果显示，学生使用策略的情况不理想，其原因之一是学生使用上层策略——元认知策略的情况不理想。本年级学生的听力学习效率与学习策略使用情况基本一致。因此，在英语专业学生听力能力培养过程中，首先应从元认知策略这个基本点出发，采取如下措施，解决学生策略运用不理想的现状，培养其策略运用能力。

（一）增强教师的策略意识和对学习者的策略培养意识

教师作为教学的主导者，首先要有策略意识、相应的策略能力和对学习者的策略培养意识。因为从学习者角度来说，每个学习者都有其个性，但因其个性特征不同，其学习表现方式就不同，策略意识程度也不同，缺乏策略意识的学习者只要给予恰当的条件和充分的准备、指导，其策略意识便可得到开发、提升。而学习者学习策略意识的培养和提高的主要条件包括给学习者提供策略运用的机会。因此，教师在教学过程中，首先必须要有训练学习者的意识，这样才能为其策略运用能力的培养和提高提供机会。

（二）强化教师在策略运用能力培养过程中的"主导"作用

美国心理学家勒次提出：人类行为公式 $B = f (P * E)$（人的行为是个体与环境的函数，即人的行为是个体与环境相互作用的结果）（转自朱放成，2005）。教师作为教学行为的"主导"者，在师生双边互动性活动行为过程中，其行为就必须与环境相适应，与学生的"主体"相适应。因此，听力教师不能再仅仅充当"放音员"角色，而是应主动站在学生的角度，了解和体验学生在听力能力培养过程中的心理需求、策略需求和知识需求，灵活施教。按照听力能力形成的规律和原理，对学习策略的正确运用作实践性的指导，让学生在学习过程中找到自己的方向，在学习过程中巩固和提高其策略运用能力，最终达到自主学习能力质的提高。这样在听力技能培养的过程中学生才不会迷失方向，使"教与学"的活动成为真正意义上的统一体。

（三）巩固学生已有的策略能力，针对性培养新能力

如调查所示，部分学生已经有了一定的策略运用意识和运用能力。这与学习者本身的个人特征以及策略观和学习水平等因素都是分不开的。在这些因素的共同作用下，学生在策略的选择和运用上就存在着一定的个体差异。因此，教师应从这些因素着手，对学习者已掌握策略的情况进行具体分析和有针对性教学巩固。同时针对策略能力的缺陷，培养新的策略能力，使策略能力形成体系，服务于听力能力培养和综合专业素质提高。

注释

[1] 庞维国. 自主学习学与教的原理 [M]. 上海：华东师范大学出版社，2003.

[2] 文秋芳. 英语学习的成功之路 [M]. 上海：上海外语教学出版社，2004.

[3] 朱放成. 听力理解的思维方式与英语听力教学 [J]. 中国外语，2005（1）：63.

[4] J. Michael O'Malley，et al. *Learning Strategies in Second Language Acquisition*. 2004.

艺术设计基础课程教学法实践浅析

——以"图形创意"教学为例

周红明①

（西华大学艺术学院）

摘　要：本文主要以艺术设计基础课程"图形创意"为研究对象，总结十余年教学实践，力求寻找适宜的图形设计启蒙的教学方法。文中主要阐述了实践总结而出的动态教学法与计划教学法的融合教学方式，以引导学生渐入图形的设计天地，并能游刃有余地驾驭图形语言。

关键词：图形创意；教学；实践

图形是当下不陌生的词汇，在信息纵横的时代，图形的优势必显无疑。我国大陆现代图形设计的发展起步较晚，主要在 20 世纪 90 年代之后，以 1992 年深圳平面设计师协会发起的"平面设计在中国"事件为开端，图形设计的研究才初见端倪。至此后在高等艺术院校视觉设计专业课程设置中，图形的研究成为重要课程之一。

"图形创意"于 2010 年确定为西华大学艺术学院质量工程的校级重点课程，这是该课程建设的一个契机，作为该课程的团队负责人有必要与相关的教师做一次教学的交流，以便共同分析、共同研讨。回顾、探讨与展望，希望该课程的研究能更上一层楼，成为艺术设计课程的亮点，最为重要的是能为学生学习图形设计点亮一盏灯，为他们拉开视觉设计的序幕，这是燎原的星火，这是此课程的魅力所在，也是我教学的目的所在。

一、严谨是教与学的基石

严谨的态度是现代设计师的必修课，没有严谨的态度也就没有相应的回报。所以在教学中把严谨的教与学贯穿其中，努力培养学生养成严谨的学习态度是有必要的。并且，只有这样才能较为彻底地执行整个教学过程并达到一定的目标。故严谨的教与学是教学成功的基石。

在多年的教学实践中，笔者的体会是教师以严谨为之教，学生必以严谨为之学，所以教师的教学态度有指向性的作用。它使学生明白学习设计和设计的过程都应该以严谨的态度为基础，这是教师在设计艺术教学中需要给学生强调的重要思想。

所以在多年的图形创意课程中，笔者主张严谨教学并且必须坚持下去。当然教育是

---

①　周红明（1972—），女，四川西昌人，副教授。主要从事艺术设计与动画专业的教学工作。主要研究方向：艺术设计、民间美术及绘画。联系方式：xzxcoco@126.com。

"一切艺术中最广博、最复杂、最高尚和最必需的艺术"[1]，作为教师应该做到为之不断地学习和研究。

二、教学的计划性与动态性的和谐融合

教学是严谨而科学的，必须依照教学大纲作为指导，按教学进度的安排进行教学。但是教学的过程是动态的，教师面对的是不同个体、不同特质的学生。因此，在教学中以计划教学为基础，动态教学贯穿整个教学过程，是我在图形教学中的实施办法。所谓的动态教学，是针对图形设计训练的特点而启用的方式，即在教学中根据学生的状态，及时应对，调整学生的学习节奏，这样既可提高学生的兴趣又可加强其学习力度。

在基础知识讲解结束后，图形设计的训练便正式开始：初期的课程设计，图形循环联想是启开学生思维的钥匙，可以让思维悄然萌发；中期以特定的元素为题，训练思维的多向性；后期练习设置为图形表现的多样化，不拘泥学生的思维，任其发挥。在教学过程中常常即兴布置课堂快速课题，让学生思维能快速应对，学生不知不觉在高速运转中进行"原创"，这是一种极有效地刺激图形设计原创性的办法。

以下笔者将具体探讨在教学中的实践教学法。

三、"图形创意"课程实践

（一）创意思维的悄然萌发——联想的开始

图形设计中最重要的是创意的实现，而好的创意来源于积极的思维，所以在"图形创意"课程中，思维的讲解是必不可少的，是教学的重点和难点。

物象的形象联想是人类最自然的联想模式。我们看到圆形可以联想到太阳、地球、月亮，可以想到花朵、苹果、鸡蛋、西瓜、汤圆，可以联想到镜子、呼啦圈、方向盘、灯泡、光盘、杯子；看到方形可以联想到书、屏幕、窗子、教室等等，这就是形象的联想。

还有另一种联想，是意象联想。"把表面不相干的事物抛开它的外形表层，通过他们之间某种本质上的共性而引发的联想；源于人们的理性认识。"[2]比如同样看到圆形，想到的是团圆、中秋；想到时间、轮回、生命；想到圆滑等等。

针对这两种联想，课程中设置了几何图形的循环训练，即选择方形、圆形、三角形进行循环联想。联想要求是一环套一环，步步相扣，图形联想不少于 15 个。这样同时进行了两种联想的训练，在习题中没有限制联想的方法，学生在开始时不会觉得有很大的困难，在联想时基本没有什么障碍，可以较为轻松地开始创意。在自然中创意思维悄然萌发。

（二）创意思维的多元发展——特定物的联想

课程中期的练习，是解决图形创意的多向联想和图形的概括能力。设定某一特定的元素，要求创意一系列的图形，并且严格要求原创性，图形制作力求简洁且富于表现力。

在这种练习下，教师常常提供给学生生活中常见的元素，例如：灯泡、托鞋、书、眼镜、瓶子、牙刷等，希望学生在最常见的生活物件中找到无穷的创造力，学会观察，学会在平常中进行无限制的创造。这类课题，较之前期难度加大，学生们常常沉浸在"痛苦"的思考中，苦于同一物件多样的创意，苦于创意的撞车现象。曾经有学生这样告诉笔者："我头都痛了，做梦都在想啊！"这是多可爱的学生，在课程中有这样的反映，说明教学的

进行是在正常的运转，教学有较好的收获。如图所示，学生的习作有很好的表现。把一些有同构基础的图形巧妙的结合，创造能力是无穷尽的，这是学生思维的力量！不要小视，笔者至今珍藏学生的无数习作。

图 1　椅子特定联想

图 2　灯泡的特定联想

（三）创意思维的提速进行——快题的实践

笔者教图形创意的十年，是自己和学生共同学习的十年。我们彼此携手共同进步，笔者常为他们出谋划策，他们又常给我带来无限的惊喜，这就是教学相长。

每次上课笔者都期待，期待与之思想的交流，期待在课堂上的惊喜发现，期待为学生即兴出的难题。这就是笔者在课程中不可或缺的环节，课堂快题的设置。思维速度是可以训练的，人在受到适度压力时精神会更集中，思维速度也会提高。在快题的设计上，题目简洁明了，例如"一个被切割的苹果"、"一张纸"等等。现代的图形设计是要求成为无障碍的通用语言，那就要求图形必须准确传达信息。这是必须要研究的问题，学生常常要犯糊涂，没有意识到图形对信息准确表达的重要性，闹出笑话也就在所难免了，苹果不是苹果，纸也非纸。但是当评讲完毕，图形传播信息意识也就随之产生，所以一定要让学生"常犯错误"，在错误中成长，在错误中醒悟。

（四）创意思维的图形表现——综合就是创造

课程的后期，需要学生在快乐轻松中创造。日本图形设计大师福田繁雄说："人们都拥有'喜怒哀乐'的感情，我们要将其中的乐时常保持在心里，不管多么负面的信息，也要尽可能透过开朗、有趣的手法去创作，去花心思好好地思考。"[3]设计是为大众服务的，只有美好的愉悦的设计才能得到认同。所以在此要求学生在快乐中来创造愉悦的视觉感受。

在下图3、4、5中，课题为"鸡蛋"，要求学生以实物"鸡蛋"为创作元素，保留鸡蛋的特征，可以任意发挥想象。学生积极迎接挑战，在利用可以利用的一切后，散发出创意的"芳香"：有水中的鲸鱼，有逼真的水母，有易碎的垃圾桶，有长满铁刺的酷蛋……

学生的作品体现出超强的综合能力，于是我们都沉浸在创意的快乐幸福中。设计者快乐着，观者便快乐着，愉悦的图形也就随之产生。

图3　"鸡蛋"创意1　　　　图4　"鸡蛋"创意2　　　　图5　"鸡蛋"创意3

四、让图形思维常青

每次课程结束时我都在思考，学生创意的思维刚刚开启，怎样才能保持创意的热情，让图形思维常青。这就要求给学生一种惯性，一种思维的惯性，那就是习惯的养成。直到今天这种思考还在继续，希望学生的学习日志在图形课程结束后一直延续，希望他们时刻沉浸在图形创作的快乐里，不断成长。

现在视觉设计生存在一个全球化的语境下，随着知识经济时代的到来，视觉设计研究的领域将越来越广泛，其地位也将越来越确定。未来的设计师来源于今天的学生，未来美好的生活将由他们来创造，我们期盼着[4]。

注释

[1] 林兆其. 高等教育学 [M]. 贵阳：贵州教育出版社，1995.

[2] 崔生国. 图形设计 [M]. 上海：上海人民美术出版社，2007.

[3] 福田繁雄. 设计创想　图形意味 [M]. 成都：四川美术出版社，2004.

[4] 林家阳. 设计创新与教育 [M]. 北京：三联书店，2004.

实践教学

建筑物理实验教学改革初探*

郑澍奎① 康亚雄 付劲英

（西华大学建筑与土木工程学院）

摘　要：针对传统建筑物理实验教学，结合我校建筑物理实验室建设情况，结合建筑设计对环境设计的要求，大量增设综合性、设计性实验项目，通过启发式教学引导学生构思设计性实验，对建筑物理实验内容和方法进行了初步改革，并取得一定的实验教学成效。我校建立了开放式实验模式，解决了实验设备台套数不足和学生实验时间容易冲突的问题，取得了一些教学改革经验，为进一步的实验教学改革提供了基础。

关键词：建筑物理；实验教学；改革；综合性实验；设计性实验

一、引　言

近年来随着节能建筑、绿色建筑备受人们的关注，建筑物理知识因在设计良好建筑环境，实现建筑节能和建筑绿色化中的作用而受到越来越多的重视。建筑学专业课程设置中建筑设计课程是主线，主要培养学生的形象思维，而建筑物理属于建筑技术类课程，遵从逻辑思维，如果教学内容或教学方式不合理，学生思维方式很难适应，难于调动学生学习的主动性和积极性。

建筑物理作为一门实践性很强的课程，其实验课程在建筑物理教学中起着举足轻重的作用。通过实验不仅可以巩固理论基础知识，更加可以发挥学生学习的主动性，激发学生的学习兴趣，培养学生的科学素质、创新意识、能力。但囿于传统的建筑物理实验教学内容和方式的局限性，不能达到预期的教学目标[1-3]。对于实验教学改革，其中如何设计实验项目，如何改进教学方法，如何引导学生积极参与，激发学生的学习兴趣，对建筑物理实验教学的效果起着至关重要的作用。本文就建筑物理实验教学在上述方面的一些改革作简单的探讨。

二、建筑物理实验教学改革的必要性

传统的建筑物理实验教学普遍采用灌输式教学方法，几乎所有的实验项目都由实验指导教师讲清实验内容、实验原理，拟定实验步骤，甚至设计好记录数据的表格和思考题。这种僵化的实验教学模式，不需要学生独立思考，在很大程度上遏制了学生的主动性与积

* 基金项目：力学实验教学示范中心建设；西华大学重点科研基金项目（THJ10-02）。

① 郑澍奎（1975—），男，讲师，主要从事建筑技术科学教学工作，主要研究方向为建筑热工学。E-mail: S. K. zheng@163.com。

极性，不利于创新意识和科学素质的培养。

传统的建筑物理实验项目性质基本上是演示性和验证性实验，实验目的往往是验证某一个原理或理论，掌握对实验仪器的操作使用，与建筑环境设计中碰到的实际现象和问题结合不紧密，学生被动接受实验，因而不能激发学生的学习兴趣，不容易培养建筑环境设计的思维方式。这类实验项目往往内容单一，对建筑设计课程指导性一般都不强。对于建筑物理实验的主体——建筑学专业的学生，他们需要掌握，也乐于学习的不是艰深的建筑物理理论，而是对建筑设计课程能够提供技术支撑的建筑物理环境设计技术。因此，建筑物理实验只有多开设一些综合性、设计性实验项目，有效地将建筑物理技术和建筑设计结合起来，提高建筑设计的技术含量，才能让学生体会到建筑物理课程的重要性，体会到学习建筑物理的乐趣。

我校的建筑物理实验室创建于2003年，发展时间较短，相比一些重点院校，实验仪器设备台套数偏少，采取演示性实验的效果不好，而采取每个自然班同时实验，仪器设备往往不够，故实验课的开设在时间上有必要灵活处理。

三、建筑物理实验教学改革内容

（一）加强综合性、设计性实验项目的开设

验证性实验是以验证某一原理、理论为目的，通过实验观察、数据记录分析验证某一原理、理论的实验过程，其实验原理、实验步骤一般都由实验指导老师确定，实验目的一般为掌握建筑物理某一原理，熟悉仪器设备使用。

综合性实验是以强化多个知识点的综合分析和运用能力，培养解决较复杂实际问题的能力为目的。设计性实验以培养学生灵活掌握所学知识和创新能力为目的。通常在实验指导老师启发式指导下，由教师给出题目或由学生自己提出实验构思，通过查阅资料，指导教师与学生一起分析实验的可行性，并积极地准备实验仪器与设备，选择实验场地，提供可行的实验条件，完成设计性实验项目任务。由于是学生自己提出实验构思，设计性实验的结论是事先没有定论的，其结果具有多样性和创新性的可能，有利于引导学生结合实际对象进行科学研究。同时由于是全过程参与，学生对实际建筑环境物理问题及解决方法更容易产生直观感受。鼓励学生自己提出实验构思，这类设计性实验在成绩评定上给予额外的创新加分。

在实验项目的开设上，我们结合了我校建筑物理实验室的实际情况和国家实验教学改革的要求，大幅度减少了验证性实验，大量增加了综合性、设计性实验；通过开设多个实验项目，提供给学生选择，满足学生不同兴趣的要求。部分教学改革前后实验项目及属性见表1。

从表1可看出，教学改革实施后的综合性、设计性实验项目的数量有了很大的增加，所开设的实验项目基本覆盖了教学大纲对建筑声、光、热各部分的实验设置要求。同时大多数实验项目是测试分析实际问题的，要求学生不仅测试分析数据，还要分析实验对象（或实测的物理环境）的优劣，总结经验，针对不足之处提出相应的改进措施，对学生分析解决实际问题的能力有很大提高。

表 1　实验教学改革前后开设实验项目比较

教改前实验项目及属性		教改后实验项目及属性（仅列举部分实验）		
实验项目	实验属性	实验项目	实验属性	备注
材料导热系数测定	验证性实验	室外热环境测试	综合性实验	建筑热工选做3个实验项目，建筑光学、建筑声学各必须至少选做1个实验项目，每组学生选做实验个数不少于6个。
墙体传热系数实验室测试	演示实验	室内热环境测试	综合性实验	
房间模型采光实验	演示实验	房间门窗位置对室内风环境的影响	设计性实验	
玻璃透射系数测试	验证性实验	不同下垫面温度比较	综合性实验	
房间照明测试	验证性实验	房间外墙热缺陷的红外测试	综合性实验	
环境噪声测试	验证性实验	房间采光系数实测	综合性实验	
		纱窗对室内风速影响测试	设计性实验	
		建筑日照实验	设计性实验	
		交通噪声实测	设计性实验	
		驻波管吸声系数测试	验证性实验	
		不同屋面隔热效果实测	设计性实验	
		夜间交通照明实测	设计性实验	

（二）探索建筑物理计算机数值实验

由于建筑的物理环境系统是一个复杂系统，影响参量众多，模型复杂，要定量分析建筑物理环境极为复杂，采用实验模拟建筑的物理环境不仅耗费巨大，对实验设备要求很高，花费的时间往往也较长，采用计算机数值实验可以很好地弥补这个缺陷。通过建筑能耗模拟软件、日照分析软件、CFD 软件等，可以有效分析建筑物的各种物理环境要素，是实验室实验的有益补充。近年来由于技术的发展和节能的要求，建筑设计普遍要求建筑物的性能计算机模拟，开设部分建筑物理计算机数值模拟实验可为建筑学专业学生以后的建筑环境设计提供良好的基础。这类数值实验，因一般为结合建筑设计的综合分析，学习软件需要较长时间，建筑物理实验室针对一些成绩优良、学有余力的同学，提供了 Ecotech、DOE 等数值模拟分析实验平台，主要为设计竞赛项目提供建筑能耗及环境分析。

（三）建立开放性实验室

建筑物理实验室采取开放性原则，在工作时间向所有学生开放（每学期集中开放时间约两个月）。学生实验采取自愿组合（每组人数不超过 4 人），提前预约的实验方式。这样既可以满足学生自主灵活安排实验时间，避免了与其他课程教学时间上的冲突，同时也解决了实验仪器数量不足的问题。采取预约实验的方式，使得实验指导教师可以充分掌握实验安排情况，灵活安排准备实验仪器和设备，避免了仪器设备使用时间上的冲突。

四、实验教学效果

经过近几年的教学改革实践，从学生实验参与度和实验成果反应来看，学生的实验兴趣明显得到激发，并能将一些实验结论和建筑设计相结合，指导建筑设计。总体来说，建筑物理实验改革的方向是正确的，已经取得了初步的成功。

在确定实验项目的过程中，不少同学能结合建筑设计，提出自己的实验构思，并自主进行实验方案设计，通过这类实验，学生印象深刻，很容易将实验结果应用到建筑设计中，提高设计质量。例如实验项目"房间门窗位置对室内风场影响的模型实验"，从构思、方案设计，到数据分析比较，得到不同窗（门）位置、形式对室内风场的优劣，整个实验过程由学生主导，指导老师辅助学生完成实验，实验结论能与学生建筑设计很好地结合。又如通过"房间外墙热缺陷的红外测试"实验，不仅仅是要求学生掌握红外热成像仪的使用，更要求学生根据红外热像图分析外墙热缺陷的成因，究竟是由于结构性热桥造成的，还是墙体空鼓，抑或墙体渗水等原因造成的，并针对不同成因给出一些改造的建议。通过综合性实验与设计性实验，学生容易对营造建筑环境的技术优劣有直观的感受，更容易接受相关的建筑技术并融入建设设计中。

图1和图2是近年来学生部分设计性实验的结果。其中图1是夏季测试的不同屋面隔热构造的混凝土屋面的表面温度，结果直观地显示绿化屋面的隔热效果最好，聚苯板保温屋面的效果最差，带给学生不同屋面隔热构造效果的直观感受，对其今后的屋顶设计有直接的指导作用；图2为某一公共建筑外墙的红外热像图，虽然仅从照片看不出任何差异，

不同屋面隔热构造的夏季屋面表面温度

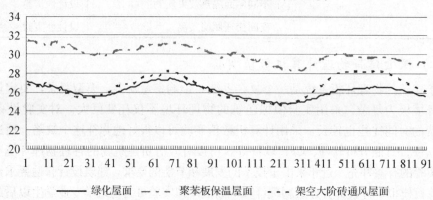

—— 绿化屋面　　- - - 聚苯板保温屋面　　- - - 架空大阶砖通风屋面

图1　不同屋面隔热构造的夏季屋面表面温度比较

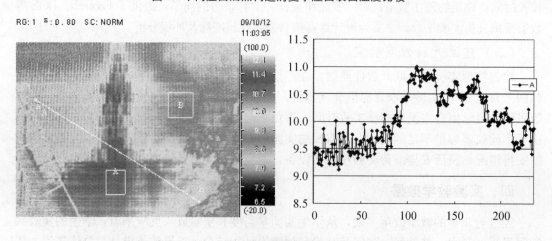

图2　学生实验测试的建筑物外墙红外热像图及表面温度分布

但红外热像图显示表面温度有明显差异，通过进一步分析，确定了其原因是墙体渗水。实验不是强调物理原理的掌握，而是强调对实际的问题分析，培养解决问题的能力。

五、结　语

经过近几年的建筑物理实验教学改革，我们充分认识到建筑物理实验教学改革的艰巨性。从以开设演示性、验证性实验到开设综合性实验、设计性实验为主的实验项目改革，从灌输式的教学方式发展为启发式、参与式的教学方式，弥补了传统建筑物理教学过程中的实践环节不足，激发了学生学习兴趣，开拓了学生的思维，引导学生在本科学习阶段进行初步的科学研究；通过建设开放式实验室，加强建筑物理实验室的管理，提高了实验仪器和设备的利用率。

从目前的建筑物理实验改革的效果看，尽管还存在一系列的困难，但只要坚持教学改革，一定能取得更好的教学效果。

注释

[1] 黄险峰. 建筑物理实验教学改革的探索 [J]. 广西大学学报，2007 (5)：25-26.

[2] 李英，陈静勇. 建筑设计类专业学科链实验室建设和实验课程改革 [J]. 实验室研究与探索，2007 (9)：113-115.

[3] 懂海荣，祁少明. 建筑物理课程实践性教学改革探讨 [J]. 高等建筑教育，2008，17 (1)：108-111.

[4] 吴良镛. 建筑技术系列课程的教学改革与实践 [J]. 高等建筑教育，1996 (4)：22-25.

西华大学工科基础力学的教学改革
及创新人才培养与实践

胡文绩①

（西华大学建筑与土木工程学院）

　　摘　要：本文针对地方高校工科基础力学的现状，结合西华大学的实际情况，构建与我校办学定位相适应，与培养目标相对接，科学素质、工程素质、创新能力以及竞争能力有很大提高的新的基础力学教学体系。修订了教学大纲，优化和整合了教学内容，编著适合普通工科院校的力学教材，采用五个分层次的教学模式，改革考核方式积极推进实验教学方法和手段改革、改善实验条件和实验环境，实现实验教学资源的共享等方面取得了一些教学改革经验，为进一步的教学改革和创新人才的培养提供了基础。

　　关键词：基础力学；教学改革；创新人才培养

一、引　言

　　基础力学是普通高校工科专业培养人才的重要技术基础课。最近几年，教育部教育委员会力学课程指导小组对基础力学课程教学提出了改革的意见，即突出理论力学是一门理论性比较强的工程专业基础课，材料力学是从工程技术基础的知识结构、转化到兼顾为变形固体力学入门的专业技术课。伴随着我国工业的高速发展，如何应对市场实际需求，如何符合教育部教育委员会力学指导小组对基础力学课程教学提出的改革意见，利用地方院校有限的资源进一步增强学生的科学素质、工程素质及创新能力，使学生能更好地符合工业发展的需求，是地方高校基础力学教育所面临的重要任务。西华大学作为地方院校，在生源不及重点院校，动手能力和竞争意识相对较弱，而就业期待值和继续深造的愿望又较三本院校及专科学校相对较高的前提下，构建与我校办学定位相适应，与培养目标相对接，科学素质、工程素质、创新能力以及竞争能力有很大提高的新的基础力学教学体系。形成传授知识、提高能力和培养素质相关联的人才培养模式，探索符合西华大学学分制下工科基础力学教学改革的可行之路。

二、关于创新

　　借用西安交通大学俞茂宏教授的一段话[1]：对于科学上新的概念、新的方法、新的准

　　① 胡文绩（1957—），女，四川成都人，教授，硕士。主要从事一般力学的教学和科研工作。联系方式：huwenji@mail.xhu.edu.cn；电话：13881950896。

则等的新，不但是指世界上以前所没有的，而且应该比原来的好。这些可以归纳为创新三要素：（1）从未有过的；（2）比原来的更好；（3）能够实施，便于应用。清华大学沈珠江院士指出[2]，有的新东西，实际上不是改进，而是改退。重点大学有重点大学的创新，普通大学有普通大学的创新。有些学校以培养"研究开发型工程技术人才"为己任，而作为普通教学型大学，西华大学以培养"应用型工程技术人才"为目的。对于应用型工程技术人才，"会应用，上手快"比"懂得多，懂得全"更重要[3]。因此，必须构建适合西华大学人才培养模式的新的力学教学体系，以符合创新的需要。

三、构建新的力学教学体系

（1）教学大纲的修订。根据我校为教学型大学，以培养"应用型工程技术人才"的定位，针对不同专业、不同学时的理论力学、材料力学、工程力学、建筑力学等基础力学系列课程，全面修订了相应的教学大纲共二十多部。

（2）教学内容的优化和整合。根据新的学时安排和分配，并结合我校为教学型综合性大学的实际情况，我们将基础力学的教学内容作了相应的优化整合。对于工程力学，我们力求精简内容，突出专业针对性。我们将理论力学和材料力学的内容分为基本部分和专题部分，基本部分属于必学，专题部分按不同专业的实际情况选学。在组织参加力学竞赛中，专题部分必须重点讲授。对于必学的基本部分，充分考虑学生已经具备的基础，结合不同的专业，侧重点有所区别。

（3）积极推进实验教学方法和手段改革、改善实验条件和实验环境，实现实验教学资源的共享。高学分课程实验单独设课，实行实验室开放，提高实验室使用率；规范传统实验教学，加强综合设计型、工程实践型、创新型实验教学，其中基本实验占66%、综合设计型与设计创新型实验占33%，加强学生设计能力的培养；扩大实验项目内容，开设30个实验项目，形成新的实验力学教学体系。该成果已在西华大学2005级以后的教学计划中进行了实施。

（4）采用五个分层次的教学模式，更好地满足了因材施教。理论教学分层次：理论力学分为96、80、64及48学时，材料力学分为80、72、56和40学时，学生视自身情况按不同学时选课。开设分层次课程：基础课课堂教学重在抓力学基础知识（基本理论、基本概念、基本方法）的掌握，力求夯实基础。由于近年来学生生源质量不断提高，如何为优生提供更好的平台，项目组实施了分层次的教学方法，在全校选拔优生，对优生免费开办创新基础力学课程班，培训我校参加全国和四川省力学竞赛的种子选手，经过对毕业学生的跟踪调查，我们发现这些参加过竞赛的学生成为考研生力军，进入重点大学读研的比例很高。教学内容分层次：基本部分细讲，专题部分选讲。实验教学分层次：实验教扭转，弯曲、弹性模量的测定以及一个疲劳演示实验共五个实验，而现在除了前述实验外，增加了粘贴电阻应变片实验，电阻应变片接桥方法实验，平面应力状态下主应力的测定实验，压杆稳定性实验，叠梁弯曲实验和偏心拉伸实验，其中必做5个，选做5个中的3个。其他专业以前为4学时，两个实验，而现在提高到8学时，4个实验；作业布置分层次，"必做"作业为所有学生的基本要求，"选做"作业专为优生的提高而设置，更好地满足了因材施教。

（5）改革传统教学手段。基础力学与工程实际联系紧密，为了让学生能够把理论和实际自觉地结合起来，基础力学的课堂教学已逐步从"单一的黑板教学"或"单一的多媒体教学"向"黑板＋多媒体"的教学模式过渡。这样，既避免了单一黑板教学的单调、枯燥，同时又避免了单一多媒体教学过多的屏幕翻动使学生眼花缭乱，不宜记忆的缺陷。将重要内容写于黑板，而通过多媒体引用大量工程实例，让其生动的图（文）表使学生更有效地掌握了相关的力学概念并拓宽了力学知识面，增强了教学效果。

（6）改革考核方式。我校基础力学系列课程的考核方式由过去教师自主命题、单独考试、自主阅卷的方式转变为教考分离、统一命题、统一考试、统一阅卷的形式。学生成绩组成包括期中、期末考试成绩、平时作业成绩、课堂作业和课堂讨论成绩、实验成绩等。这种考核方式，一方面激发了学生的学习积极性，对学生而言不是一个考试一锤定音，从而更加合理；另一方面进一步增强了教师的责任心，提高了团队的整体教学水平。

四、编著适合普通工科院校的力学教材

对培养"应用型工程技术人才"，现有教材表面看容易理解，但在"易于使用"上有所不足。因此，要想提高学生解决问题的能力，改革传统教材是必由之路，用不同的教材教育培养目标不同的学生是社会发展的需要[3]。教材在满足教育部力学基础课程教学指导分委员会的"理论力学、材料力学及工程力学课程教学基本要求"的基础上，具备以下特点：（1）注重基本理论、基本概念和基本方法；（2）加强工程实例；（3）注重力学模型的建立；（4）强化应用，培养动手能力；（5）内容易于理解、难度适当。在此基础上胡文绩老师作为主编编著了《理论力学》、《简明工程力学》教材。其中《理论力学》教材在全国多个大学使用，如西华大学、佛山科学技术学院、太原理工大学、宁夏大学、河南工业大学等，已有很好的书面反馈意见。古滨老师主编了《材料力学》教材和《材料力学基本训练》，并已在几个大学使用。

五、改革效果

（一）教师方面

以胡文绩为项目负责人申报的题目为"地方高校学分制下基础力学的教学改革与实践"省级教改课题在 2010 年获四川省政府颁发的"四川省教学成果一等奖"。1 人（胡文绩教师）被评为 2011 年度西华大学"教学名师"；1 人（胡文绩教师）被评为 2008 年度四川省"师德标兵"；1 人（田云德教师）在 2007 年被中国力学学会评为优秀力学教师；2 名教师（胡文绩教师和古滨老师）获得西华大学优秀教师称号；1 名青年教师（唐学彬老师）在 2006 年西华大学第一届青年教师讲课比赛中获二等奖；胡文绩教师在 2006 年被西华大学聘为学校首席教师。由项目组成员组成的力学部获 2004 年第五届"全国周培源大学生力学竞赛"参赛组织奖；2006 年、2008 年、2010 年由四川省力学学会举办的"四川省大学生力学竞赛"参赛组织奖。

（二）学生方面

学生参加力学竞赛获奖情况如下：作为地方高校学生，在 2004 年、2007 年和 2011 年的第五、六和八届全国周培源大学生力学竞赛中我校学生共获三等奖 5 人、优胜奖 9 人，同时获四川省分赛区二等奖 2 人、三等奖 6 人、优胜奖 6 人和参赛组织奖 2 项；2011

年五月的第八届全国周培源大学生力学竞赛中我校学生共获三等奖 5 人，优胜奖 6 人，同时获四川省分赛区二等奖 1 人、三等奖 4 人、优胜奖 5 人。2 人获 2005 年和 2008 年中国力学学会评选的"全国优秀力学专业学生"（①陈永泉，参加第五届全国周培源大学生力学竞赛，获国家级优秀奖，现就读于上海大学，为岩土工程硕士研究生；②王万全，现研究生在读）在 2006 年和 2008 年由四川省力学学会举办的首届和第二届"四川省大学生力学竞赛"中我校获一等奖 3 项，二等奖 2 项、三等奖 3 项、鼓励奖 5 项。2008 年 11 月，我校学生参加了由中国力学学会教育工作委员会，江苏省力学学会，江苏省高等学校力学、土建类教学指导委员会联合主办，南京理工大学承办的"首届全国大学生基础力学实验邀请赛"，与来自全国的 36 个代表队角逐，经过两天的激烈竞争，荣获三等奖。

考研情况如下：由于参加力学竞赛，增强了理论知识的掌握和实验动手能力的提高，工程问题的理解和力学建模的熟悉，这样，考研效果逐年显现，特别是考入全国重点大学的比例大为提高。2008 年考入浙江大学岩土专业硕、博连读的王忠瑾同学，在 2006 年四川省大学生力学竞赛中获优秀奖，他认为学校力学素质教学是他成功考研的一个重要环节；2006 年四川省大学生力学竞赛中获理论力学和材料力学双科一等奖和综合第一名的宁虎成同学，就读西南交通大学，为结构工程研究生，已毕业。例子很多，数不胜数。

单位用人情况：力学是工科的重要技术基础课程，学生四年学习的总学分为 190 分左右，而力学课程很多专业要修 10 学分，如机械制造、交通工程等；一些专业要修的学分更多，如建筑工程、交通土建等为 14 学分（分为理论力学 6 分，材料力学 6 分，弹性力学 2 分）。近年来，毕业生在用人单位受欢迎的程度有所增加，反馈回来的信息是我们的学生的综合素质较高，动手能力较强，进入工作状态较快。这与力学教学改革与创新人才的培养是分不开的。

六、今后的努力方向

教学改革和创新的路是长久的，不能一蹴而就，尽管已经取得了一些成绩，但是还须可持续发展。基础力学在理论教学与实验力学的关系上还有大量的工作可做。目前，我们正在与力学实验中心合作，做好"示范中心—教学团队—精品课程"三位一体，创建实验教学可持续发展新模式的研究与实践的教学改革。

注释

[1] 俞茂宏，李跃明. 论基础力学教材和教学的创新［M］//力学课程报告论坛 2009 论文集. 北京：高等教育出版社，2010：3－5.

[2] 沈珠江. 采百花之长. 酿百花之谜：岩土工程研究中如何创新［J］. 岩土工程学报，2005，27（3）：365－367.

[3] 邱之振，谢能刚，王虎，冯建有. 从源头改起——大刀阔斧改革理论力学教材的探索；力学课程报告论坛 2009 论文集. 北京：高等教育出版社 2010：66－67.

高校思想政治理论课教学中
分析社会消极现象应把握的几个原则

蒋代谦①

（西华大学政治学院）

　　摘　要：高校思想政治理论课教学坚持理论联系实际的原则，就要面对和分析各种社会现象，在分析社会消极现象时，应坚持及时性、客观性、目的性、科学性、全面历史性和适度性原则。

　　关键词：思想政治理论课教学；分析消极现象；原则

　　高校思想政治理论课（马克思主义理论课和思想政治教育课）教学要切实坚持理论联系实际的原则，既要简明扼要的讲清马克思主义的基本原理，又要联系和分析社会现实，其中就包括社会消极现象。所谓社会消极现象，就是指社会生活中那些不符合社会主义道德人情，与社会主义宣传和思想政治教育指向相违背的各种社会现象。社会消极现象具有时效快、传播广、影响大、冲击大、反社会等特点，往往影响我们给学生实施的正面教育，如对共产主义世界观、人生观、价值观，爱国主义、集体主义、社会主义信念等，起冲淡、抵制有时甚至淹没的副作用。《中共中央关于进一步加强和改进学校德育工作的若干意见》指出，学校德育的目的之一，就是"要帮助学生正确认识社会上存在的各种消极现象，培养辨别是非善恶的能力。反对拜金主义、享乐主义、极端个人主义"。因此，思想政治理论课要充分发挥其教育导向功能，就不能回避现实社会生活中出现的矛盾和问题，就不能回避社会消极现象。

　　在思想政治理论课教学中，分析社会消极现象时，应注意掌握以下几条原则。

一、及时性原则

　　社会消极现象具有时效快、传播广、影响大、冲击大等特点，对社会产生的副作用大，对两课给学生实施的正面教育冲击大，对学生的负面影响也大。教师如果不能在教学中根据党和政府的要求并结合教材的相关内容及时地分析这些消极现象，给学生释疑解惑，消除其不利影响，那么，学生的思想就会受到这些社会消极现象的干扰，由此可能对思想政治理论课的正面教育产生抵触情绪。因此，教师在教学中，就要根据教学目的和内

　　① 蒋代谦（1955—），男，四川雅安市人，副教授，马克思主义理论教育专业研究生班。主要从事马克思主义理论教学和研究工作。联系方式：jiangdaiqian@163.com。

容的需要，加强针对性，及时联系和分析这些影响较大的社会消极现象，消除学生的思想疑惑，纠正他们的模糊认识，提高他们的思想理论水平和认识能力，尽可能地减小社会消极现象所造成的负面影响。反之，如果教师只是一味地按照既定的教学计划照本宣科，不敢触及社会生活中出现的重大矛盾和问题，不敢及时分析社会消极现象，那么，这样的思想政治理论课又有何吸引力、说服力呢？又怎样提高学生辨别是非善恶的能力呢？何况，这样的思想政治理论课本身也就背离了它的性质、任务和目的。事实上，当前高校思想政治理论课不受学生欢迎的一个重要原因，就是"讲课内容与实际生活脱节"。广大学生急于了解现实生活的变化，希望能正确认识社会生活中出现的矛盾和问题，而思想政治理论课教学的滞后性却不能给学生的正确认识提供帮助，这无疑极大地影响了思想政治理论课的教学效果。要改变这种状况，要增加思想政治理论课的吸引力和说服力，就要理论联系实际，教师就要敢于及时分析社会生活中存在和出现的矛盾和问题，如当前的收入差距扩大现象，官员的腐败现象，民族关系中的一些暴力事件等等。教师通过科学的实事求是的分析，引导学生正确地认识这些现象，及时消除他们的不理解、不满和埋怨情绪，使他们相信党和政府有能力解决这些问题，但这需要时间，更需要我们做出巨大的努力和辛勤的劳动。这样，思想政治理论课就能对学生起到释疑解惑的效用，还能为社会的稳定作出应有的贡献。

二、客观性原则

社会上的各种消极现象是一种客观存在，是不依任何人的主观意志为转移的，因此，它对青年学生产生的负面影响也是必然的。在思想政治理论课教学中，教师就应敢于面对客观现实，正视、承认并客观地分析社会消极现象，找出其原因，指出其危害，探寻有效的方法和途径，引导学生得出合理的结论，从而帮助学生正确地认识社会消极现象。如果思想政治理论课教师在教学中只是大力宣传和强化社会的光明面，回避甚至掩盖社会的阴暗面，结果只能事与愿违，适得其反，因为这样既不能解决学生的思想认识上的困惑，也不能社会消除消极现象对他们的影响，更不能提高他们的认识和辨别能力，而只会在某种程度上加大了思想政治理论课和社会现实的反差，导致学生对思想政治理论课产生不信任、疏远甚至反感的心理，使思想政治理论课难以达到应有的教育作用。比如，对腐败现象这一客观存在的事实，教师当然不应该回避，而应该客观地指出它存在的范围和程度，分析它产生的原因、后果和危害，阐明党中央反腐败斗争的基本思路和具体措施，讲清现已取得的反腐败的阶段性成果，从而帮助学生客观地正确认识社会的腐败现象，增强反腐败斗争的信心。这样，思想政治理论课教学就能从社会消极现象中得出积极认识，从负面现象中取得教育上的正面效应。

三、目的性原则

在思想政治理论课教学中，教师对消极现象的引用和剖析，并不是为了引导学生过多地看到社会的阴暗面，恰恰相反，而是为了取得在教育上的正效应。事实上，社会本来就是一个复杂的矛盾体，其中有真善美，也有假恶丑；社会的发展有前进，也有反复曲折甚至倒退。因此，教师通过对社会消极现象的分析，帮助学生认识到社会现象的复杂性和社会发展的曲折性，认识到社会主义存在的消极现象和阴暗面是正常的，不必大惊小怪，从而增强他们的心理承受力，使他们敢于面对各种挫折和挑战，激发他们为克服社会消极现象而努力的勇气和力量。为此，教师在引用和分析社会消极现象时，必须做到目的明确，精心安排，要避免随意性。

比如，教师在讲授"文化大革命"这一给党、国家和人民带来严重灾难的内乱的内容时，如果目的不明确，把重点放在列举文革的种种灾难上，这显然是不恰当的。因为这容易引起学生的误解，造成他们思想上的混乱，这就与思想政治理论课的目的任务相背离了。教师应该明确，回顾历史的悲剧不是为了沉浸在过去的苦难中，而是为了总结历史的经验教训，使过去的悲剧不再重演。从这种认识出发，教师就应有目的有针对性地分析"文革"这一"左"的错误的起因和后果，并把它同我党历史上的几次"左"的错误联系起来加以考察，从而帮助学生更加深刻地理解邓小平同志的"右可以葬送社会主义，左也可以葬送社会主义，中国要警惕右，但主要是防止左"的精辟论断，增强他们坚持党在社会主义初级阶段的一个中心、两个基本点的基本路线不动摇的自觉性。

四、科学性原则

坚持科学性原则，就要求思想政治理论课教师态度要科学，对社会消极现象不能简单的批判和否定，而应当进行具体的分析；方法要科学，要坚持用唯物辩证法的方法，比较的方法，调查研究的方法来考察和分析问题；结论要科学，通过对消极现象的剖析，引导学生积极地观察、思考和分析社会现象，得出对社会事物的真理性的认识。如果教师以自己的直观感受或个人情感代替了科学的分析，由此而得出的结论，必然缺乏说服力，难以使学生心服口服，也就不可能会起到良好的教育效果。就拿当前社会上流行的易经八卦算命来说，毫无疑问，这种唯心主义的先验论和我们给学生讲授的辩证唯物主义的科学理论毫无共同之处。但是，如果我们将算命和《周易》本身等同起来加以全盘否定和批判，这也不是科学的态度。教师关键是要通过具体事例的分析，从思想政治理论教育的角度，引导学生分清易经中哪些是中国古代优秀文化遗产，哪些是唯心主义的部分，哪些是后人附加上去的封建的迷信的糟粕，哪些是当今的江湖术士从中引申出的骗人的东西。这样，就能通过对算命这一消极的社会现象的分析，提高学生的辨别能力，使他们在现实社会生活中，能正确识别唯物和唯心、科学和迷信，坚持辩证唯物主义的科学态度，反对唯心主义，同时，又重视并继承我国古代优秀传统文化。

五、全面历史性原则

全面性，就是对社会消极现象进行多方面、多角度、多层次的研究和分析，弄清它的本来面目；并且，还要把它放在特定的社会环境中，把它和社会的积极的光明的方面联系起来加以比较，分清主要的和次要的方面，在客观上把握社会生活的全貌。历史性，就是要把社会消极现象放在一定历史条件下，弄清它发展变化的过程，探寻它产生和存在的社会的、历史的、体制上的、国际上的原因及其对各方面的影响，寻求克服它的方法。教师在思想政治理论课教学中分析社会消极现象坚持全面历史性原则，就能帮助学生分清社会生活中的主流和支流，必然和偶然，把握社会的本质和发展趋势，坚定建设有中国特色社会主义的信念，不被社会消极现象的局部性和暂时性迷惑了方向；还能使学生正确认识到，社会主义出现消极现象是由各种主客观因素造成的，不能把它简单地归罪于社会主义制度本身；还要使学生看到，党和政府已经为克服社会消极现象做了许多卓有成效的工作，在广大人民群众的坚决支持和积极参与下，我们是能够依靠社会主义制度本身来逐渐消除社会消极现象的，从而提高学生的思想认识水平和坚定他们的政治信念。

六、适度性原则

思想政治理论课教学，必须高扬主旋律，坚持以正面教育为主，所举事例，应以社会主义物质文明、政治文明和精神文明建设取得的成就为主，因此，在引用和分析社会消极现象时，应该有度的控制。既要结合教材重点难点，又要适合大学生的身心特点和成长需要，不能盲目地不分主次不加控制地大量引用消极现象。如果教师仅仅为了增加教学的某种"魅力"和满足学生的好奇心理，不遗余力地大量渲染反面现象，罗列丑陋事例，那么，这种无度的做法虽然可能会在一定时间在某种程度上满足部分学生的好奇心理，但最终可能导致学生在社会生活中过多地看到阴暗面和消极现象，使其心灵涂上阴影，这就失去了思想政治理论课教育的本意。比如，对当前社会上存在的吸毒贩毒、坑蒙拐骗、卖淫嫖娼、拐卖妇女儿童等丑恶现象，教学中当然不可能完全不涉及，但是，在涉及这些现象时，应根据教学内容分清主次，精选事例，辩证分析，使学生从中认真思辨，获取教益，而不宜全面展开或在某些细节上浓笔重墨。

注释

[1] 张雷声. 新时期思想政治课教学方法探讨 [M]. 北京：高等教育出版社，2006.

材料工程专业方向生产实习基地的创新教育探索[*]

张崇才^①

（西华大学材料科学与工程学院）

　　摘　要：本文论述了建设好大型企业生产实习基地，为搞好生产实习及其创新教育改革提供了良好的基础；通过采取精心编写实习指导书和思考题，聘请企业工程师为兼职指导教师参与指导学生学习，引导学生主动分析典型产品的工艺流程及其质量控制，召开小组的车间实习讨论会和实习动员时对学生提出实习报告的具体质量要求等措施，取得了创新教育的良好效果。

　　关键词：生产实习；教学改革；创新教育

　　中共中央、国务院在《关于实施科技规划纲要增强自主创新能力的决定》中明确指出：要"深化教育改革，加快教育发展，推进素质教育和创新教育，为建设创新型国家培养结构合理、素质优良的各级各类人才"。因此，在生产实习教学中进行创新教育的改革和探索，培养学生的创造性思维、创新意识和创新能力，提高学生解决工程实际问题的能力。

一、建设稳固的生产实习基地，为创新教育改革提供良好基础

　　西华大学材料科学与工程专业的生产实习通常安排在第七学期进行，此时，学生已学过材料科学基础、材料工程基础、热处理原理与工艺、材料性能学等主要专业课程，虽然都做过课程实验，仍然急需通过生产实习来向生产实际学习，加深对理论知识的理解，提高分析问题和解决问题的能力，进一步培养学生的创新意识和创新能力。生产实习分为校内实训和工厂实习。校内实训所提供的实习种类较少，规模小，没有工业大生产的环境和氛围，因而不能取代校外实习。通过校外实习，学生们可以走出校门接触到现实社会，增加了学生对本专业及相关行业的现实状况以及发展水平的了解，可使学生建立起更为清晰的专业意识，有利于学生的人生观、价值观、效益观和竞争观的形成[1]。通过校外实习，使学生毕业后能尽快熟悉自己的本职工作[2]。选择实习条件好的大型企业进行工厂实习，能使学生接触到工业大生产的多种多样的先进仪器设备、新工艺和新产品，学习多种类型产品的生产工艺流程，学到很多课堂上学不到的实际生产技术和相关知识，有助于学生对

──────────

　　* 基金项目：西华大学材料科学专业创新人才培养途径及教学改革实践项目。
　　① 张崇才，男，西华大学材料科学与工程学院教授。主要从事材料科学与工程专业的本科生和研究生教学以及高性能结构材料、硬质合金材料研究工作。联系方式：zhangcc@mail.xhu.edu.cn。

课堂和教材知识的透彻理解，提高学生的动手能力，有助于培养学生分析和解决问题的能力，为培养学生的创新意识和创新能力提供了良好的条件。建立稳定的生产实习基地是保证实习活动得以顺利进行的重要条件[3]，也是提高实习质量的关键[4]。成都成量工具集团有限公司是我国生产工具量具的大型企业之一，产品种类多，生产工艺多样而先进，设备精良，满足材料科学与工程专业生产实习教学大纲的要求，西华大学材料学院就近选择了该企业作为生产实习点。经过几年的努力，克服了重重困难，已把该企业建设成为材料科学与工程专业学生的稳固实习基地，这就保证了生产实习能够在该企业连续顺利进行，为生产实习的创新教育改革提供了良好基础。

二、生产实习创新教育改革的主要措施

传统的生产实习教学，往往是由学校的老师组织学生到与专业相关的企业实习，注重理论与实际相结合，培养学生的实际动手能力和专业技能，缺乏对学生的创新教育。为提高生产实习的教学质量，我院在组织材料科学与工程专业学生生产实习的教学中，多年来坚持进行了创新教育探索，取得了很可喜的效果。创新教育改革的主要措施如下：

（一）结合企业的生产实际，精心编写实习指导书和思考题

为了方便生产实习教学，根据成都成量工具集团有限公司热处理分厂的四个车间（高速钢盐浴热处理，真空热处理，表面热处理和低合金钢热处理）的产品，热处理工艺和设备特点，写出实习指导书，并精心编写了结合生产实际的若干思考题，激发学生的创造性思维，培养创新意识。实习指导书及思考题人手一份，学生来到实习车间就能较快进入实习状态，在实习指导教师的指导下，学生通过实习指导书和思考题的引导，将学校学的专业知识应用于企业的生产实际，去说明、理解或解决各种具体的实际问题，这就突破了课堂教学的局限，扩大了学生的专业视野，使学生从中获得丰富而实用的新知识。

（二）聘请经验丰富的企业工程师为指导教师，参与指导生产实习

学校的生产实习指导教师，往往对企业的产品及其热处理工艺的细节和设备使用等方面的了解存在这样或那样的不足，我们就在热处理分厂聘请了工程师参与指导生产实习，引导学生更深入地向生产实际学习，深刻理解企业的新产品、新工艺和新设备。在此基础上，指导教师充分利用各种机会（例如每天进车间前集合时或在实习中与少数学生的交谈时）引导和鼓励学生对企业的产品，热处理工艺和设备进行独立思考、积极探索，提出独到的见解。例如，学生已学过工件的氮化热处理原理及工艺，而对企业的氧氮化热处理却很陌生，因为在课堂或一般教材上都没有提到过，通过这次生产实习才学习了氧氮化热处理工艺。指导教师利用适当的机会引导学生去独立思考和探究上述两者在工艺，性能和用途方面的异同点；由于企业的氧氮化处理质量控制到位，学生难以见到氧氮化的缺陷和废品，可以引导学生去思考和研究氧氮化的质量控制，去思索和探究氧氮化热处理可能出现的缺陷有哪些？产生的条件是什么？如何防止缺陷的产生？

（三）引导学生主动分析典型产品的工艺流程及其质量控制

把参加实习的学生分成四个组，每组人数不超过 15 人，分别将每个组的学生分配到热处理分厂的车间实习，由于在企业实习的时间一般是 3 周，每组在一个车间实习大约 4 天时间，到时轮换，保证每个学生都参加了热处理分厂 4 个车间的全面实习，以保证每个

学生实习收获的全面性。根据生产实习教学大纲和实习指导书的要求，每个学生在相应车间实习时，都必须完整的学习和分析不少于两个具体产品的热处理工艺和质量保证措施，并做好实习笔记，指导教师随时检查，并及时解答学生提出的问题。在教学方法上，要求学生对实习中遇到的问题进行独立思考，积极探索，鼓励学生向工人师傅和工程技术人员学习，指导教师一般不直接给出答案。学生不难掌握车间典型产品的工艺流程，而其质量控制是要花相当的力气才可能基本掌握的，这需要指导教师不失时机地及时引导学生把理论知识应用于生产实际，去独立地积极思索和探究，激发学生的创造性思维。例如，高速钢工具淬火加热保温时要避免氧化脱碳，企业采用盐浴炉，工件在盐浴中加热和保温，其质量控制措施是要定期进行盐浴脱氧处理，这在现场是容易学到的。这里需要指导教师引导和鼓励学生去进一步思索和探究的问题是中温和高温盐浴脱氧剂的配方有哪些？为什么企业现在采用这种而不用那种？冬天和夏天所用的脱氧剂配方应有怎样的变化？冬天和夏天的盐浴脱氧工艺应有变化吗？

（四）召开小组的车间实习讨论会

在实习过程中，小组长注意收集同学们对车间主要产品的热处理工艺，质量控制和设备的认识和理解状况，存在的疑难问题等，并及时将信息反馈给指导教师。然后，小组长与老师共同拟定车间实习讨论会的主要议题。各实习小组在结束本车间实习前夕，由小组长主持召开车间实习讨论会，讨论会始终在民主、宽松、融洽、愉快的氛围中进行，同学们围绕已拟定的车间实习讨论会议题和实习指导书中涉及本车间的思考题各抒己见，自由展开学术讨论，并允许充分发表不同的见解和观点。最后，由指导教师对讨论会进行简短的点评。这样的实习讨论会，能够收到很好的实习效果，使每个学生都能较好的深刻理解车间的产品，热处理工艺和设备，并在讨论会进行过程中潜移默化地培养了学生的创造思维能力和创新能力。

（五）对学生的实习报告提出具体的质量要求

学生的生产实习报告，反映了学生实习收获的实际情况和实习质量，是评定实习成绩的主要依据。为使生产实习顺利进行，提高生产实习的教学质量，需要采取多项措施来保障。例如，在生产实习动员会上除了强调遵守实习纪律和企业的规章制度，注意安全等之外，还必须向学生明确提出实习报告的主要内容应该包含四个车间的产品、热处理工艺和设备概况，并分析每个车间1-2个典型产品的热处理工艺及其质量控制，并写出个人的实习收获以及个人在实习过程中对某些问题的独立思考和探究情况。这样，既提高学生实习的积极性，又激发学生在实习中对某些生产技术问题进行创新性思索和探究的主动性，有利于培养学生的创新能力。

三、生产实习创新教育改革的成效

近几年的生产实习创新教育改革实践表明，建设好与学生所学专业相关的大型企业生产实习基地，采取切实有效的创新教育改革措施，使学生在理论与生产实际相结合以及向生产实际学习的过程中，较大程度地提高了学生分析问题和解决工程实际问题的能力，有效地培养了学生的创新意识和创新能力。

注释

[1] 邱树恒，陆宇兰，叶少峰，黄永春. 大学工科生产实习的现状和实习方法的探索 [J]. 广西大学学报（自然科学版），2006，31增刊：22−24.

[2] 杨海明，王志跃. 考新时期校外实习基地建设探讨. 扬州大学学报（高教研究版），2007，11（3）：87−89.

[3] 万明攀，田琴，李远会，雷源源，杨明. 材料科学与工程专业生产实习教学探讨. 陕西教育（高教），2010（1）：188.

[4] 黄艳秋，于微波. 生产实习教学模式改革与实习基地建设 [J]. 长春工业大学学报（高教研究版），2010，31（1）：49−50.

机械制造生产实习教学模式研究与实践

陈朴①

（西华大学机械工程与自动化学院）

　　摘　要：本文综述了机械制造生产实习的现状，根据实践提出了一套行之有效的实习教学模式，从加强实习基地建设、重视师资队伍建设、强化学生生产实习的方法与过程管理等方面来探讨提高生产实习的质量的方法与措施。

　　关键词：生产实习；实践教学模式；全面管理

一、引　言

　　现代社会对工程技术人员的能力和素质提出了越来越高的要求，而机械制造生产实习是高等工科院校机械设计制造及自动化专业本科生培养方案中确保人才培养质量的一个非常重要的实践性教学环节，是学生建立工程意识、获得工程实践知识的必要途径。同时，通过生产实习，也使学生了解社会、接触生产实际，增强责任感、劳动观点，培养学生独立和协作工作能力，获得本专业初步的生产技术和管理知识，并为后续课程学习直至毕业设计增强感性认识。

　　某高校曾针对生产实习的诸多问题进行了较为系统的问卷调查，95％以上的学生认为通过生产实习对专业了解程度增加了，94％的学生认为通过实习在专业知识方面有收获。61％的学生认为到多个工厂进行实习比较合理，31％的学生认为固定在一个工厂实习较合理[2]。由此可以看出，实习的重要程度得到了广泛的认同，但实习方法并不是某方式单一的选择。

　　国内各大学的机械工程及自动化专业教学计划中，生产实习时间大多为三到四周。各个学校根据自己的实际情况和特点，采取了不同的方法来实施，效果不一。

　　生产实习虽说是大学实践性教学中的一个重要环节，但从目前其教学实际运行过程来看，该环节仍是高等学校机械工程专业教学中最薄弱环节，仍面临着众多的问题，根据实践，提出了一套行之有效的实习教学模式。

---

　　①　陈朴，副研究员，西华大学机械工程与自动化学院教师。通讯地址：四川成都金牛区西华大学机械工程与自动化学院，邮政编码：610039；联系电话：13666267056；电子信箱：cp64@sina.com。

二、"繁简结合，以点代面，理论与实践相结合，全面过程管理"的高效生产实习模式

经过多次指导学生生产实习，综合较多不同类型企业的实习特点，从有利于提高学生的实践能力和工程素质，培养其创新意识的角度出发，针对我校实际情况，我们提出"繁简结合，以点代面，理论与实践相结合，全面过程管理"的高效生产实习模式。

（一）繁简结合：定点实习与参观实习相结合，覆盖较宽的知识面

实习时选择具有代表性的机械制造企业，并选择其一些不同类型的典型零件作重点深入的实习；再选择一些不同类型的企业参观实习，从更宽的范围认识和了解机械制造过程。

如选择汽车发动机制造企业进行较长时间的定点实习，再选择毛坯制造企业、模具制造企业、汽车总装配企业以及其他相关企业进行参观实习，对实习内容进一步补充，以拓宽学生的知识面。

（二）以点代面：对典型内容的深入实习，收效（扩展）到更大的面

在实习内容方面，力争做到对重点内容深入细致地剖析，对一般内容辅以必要的了解。通过实习过程中教师的启发和引导，从典型零件的深入实习，扩展到同类型零件的制造共性；从某典型零件的某加工方法扩展到零件制造工艺方法，从某工装的剖析扩展到各类工装的特点与设计方法和技巧。

可选择其缸体、曲轴、连杆等典型零件进行重点实习，并详细分析几套专用镗床、钻床、铣床等夹具。

（三）理论与实践相结合，理论知识与实践经验促综合素质的提高

通过前期的专业基础理论知识的学习，在生产实习中验证和提升，再通过生产实习的感性认识，促进后期的专业课教与学，使学生对专业知识中空洞的理论和"原则"等有深层次的理解，也能在设计中较好地应用，促进综合素质全面提高。

（四）全面过程管理，确保获得持续稳定的实习效果

此处所指的全面过程管理，指对在生产实习中形成生产实习质量的每一个过程的严格管理。主要包括以下几个方面：

1. 与实习有关的所有环节

从生产实习有关的所有环节入手，全面、认真地作好每项工作，确保获得持续稳定的实习效果。所有环节一般指：实习教学大纲的科学制订、实习指导教材的编写或选用、实习基地建设、生产现场实习管理、实习效果考核与总结等。

2. 参与实习的所有人

每个参与实习的有关人员（包括实习指导教师、实习学生、企业实习管理部门、企业实习指导人员等），从思想上、行动上全面重视和认真实施生产实习，是获得好的实习效果的根本。

3. 综合运用各种实习教学方法

就是采用多种多样方法来进行在生产现场的实习，来提高实习质量和学生综合素质。如学生主动看与思考、指导教师的引导、企业人员的实际经验的传授相结合；定点实习与

参观实习相结合；深入到"点"的实习与"面"的实习相结合。如果只片面地运用某一教学方法，不仅影响实习效果，而且在实习中有时也较难行得通。

三、保障实习质量的措施

在影响生产实习的诸多因素中，以下几点因素可变性较大，特提出来讨论。

（一）实习企业的选择

选择合适的集中实习企业并建立稳定的实习基地是搞好实习的前提。

1. 实习地点的选择

选择实习企业的影响因素主要有两方面，一方面是企业的情况，另一方面是实习经费。

实习地点（企业）从内容上能满足生产实习大纲要求，且该类企业生产任务应较饱满。工厂的实习培训部门有一定的接纳能力和培训经验，有进行实习指导的工程技术人员，同时应能提供较充足的图纸资料等技术文件。

为节约经费，应选择生产实习综合费用较低、实习师生生活较方便的企业。

国内高校的机械设计制造及自动化专业生产实习一般选择机床制造类企业或汽车（或拖拉机）类制造企业（主要是发动机制造企业）。机床类制造企业一般生产类型较小，汽车发动机类制造企业一般生产类型较大。经过我们多届学生实习效果的对比，我校倾向于在后一类企业进行生产实习。

2. 生产实习基地建设

一般认为，生产实习基地建设一是实习经费问题，二是情感问题。但我们认为更重要的是实习师生在企业实习时体现出的综合素质。企业欢迎的是认真实习、严格遵守厂纪厂规的实习队，实习接待部门欢迎的是有良好学习、生活习惯的实习队。

（二）实习指导教师队伍建设

实习指导教师在整个实习过程中起重要作用，一方面要对学生进行实习指导，另一方面还要负责学生的思想与生活，特别重要的是学生实习期间的安全问题。

实习指导教师应具有扎实的专业理论知识和较强的实践能力。实习指导教师应责任心强，认真刻苦，身体健康。

实习指导教师应合理搭配。应具有较强的组织、协调和社交能力；应作学生的良师益友，关心学生的实习、生活等。宜选派经验丰富，专业素质高的中老年教师和青年教师联合组队指导实习。中、老年教师具有丰富的现场指导实习经验，青年教师指导实习，可以提高其自身的实践能力，为指导教师队伍的可持续发展提供保障。

（三）对学生的要求

对学生的总的要求：重视、认真、动脑、动手。

自觉遵守学校、实习单位的有关规章制度，服从指导教师的领导，培养良好的风气。切实注意安全，尤其是在企业生产现场的安全。同学之间在学习和生活上团结协作，互相关心、互相帮助。

认真完成实习内容，按规定收集相关资料，在现场记好实习日记。主动地、不断地提高分析问题、解决问题的能力。及时整理实习笔记，认真撰写实习报告报告。按规定时间和质量提交实习日记、实习报告。

（四）实习的方式

生产实习应有主有次，形成互补的方式进行。宜选择一个适宜的企业集中、深入地实习，再选择一些相关企业参观实习。生产实习一般由以下几个部分组成。

1. 现场实习

现场实习是学生进行生产实习的主要方式。学生深入现场，仔细观察、认真分析、阅读资料、向现场工人和技术人员请教，与同学、指导教师讨论，并作好归纳总结，将所得与实习感受如实记入实习日记。对于一些重点实习内容，指导教师应安排较多时间（或反复进入现场）进行更为深入、细致地实习。

2. 专题报告和专题讲座

应在现场实习之间适当安排专题报告。专题报告要请企业生产与管理方面的工程技术人员与专家来进行。

3. 专题讨论

在教师的指导和组织下对一些零件典型的工艺或工装组织学生进行讨论，加深学生对问题的认识。教师主要引导学生去发现问题、分析问题，然后解决问题。其重点不是某具体问题的解决，而是发现问题、分析问题和解决问题的方法。

4. 参观实习

教师应根据教学需要组织参观相关企业，形成与主要实习企业互补的状况。

（五）加强实习过程管理，促进实习质量全面稳定的提高

1. 做好实习准备和动员工作

实习指导教师应提前与企业接待实习的人员探讨实习细节，既要按质按量地完成实习任务，又要兼顾企业的相关规定与生产现状。

在学生实习离校前，应由学校统一组织成立实习队并进行实习动员。

2. 强化实习期间管理，全面提高学生工程素质和职业素质

在实习过程中注重能力和素质培养。引导学生发现、分析和解决工程问题，注重学生工程素质和职业素质的提高。可以从以下几点来要求。

实习中学生主要是通过仔细看、认真听、深入思、不耻问、翔实记等方法来获取知识。

选择一种典型产品或一个典型零件，从备料直到产品加工完毕，从头到尾跟踪这个产品或典型零件全部加工过程；认真、翔实地记录典型产品的各加工工序的主要的工艺参数、达到该目的的主要手段，所使用的仪器、设备的工作原理和特征参数。最后写出典型产品的完整的工艺规程。

通过生产现场仔细的、认真的观察后，又要返回来重新理解和认识学校课本上的相关内容。对现场的问题应多思考，对书本上的内容怎样反映在现场多思考。要善于发现问题，带着问题实习才能深入下去，学到知识。不懂、不明白的问题要及时与同学讨论，查阅相关参考资料，向现场工人师傅、现场技术人员请教，向指导教师请教。学生在实习中要认真听取指导教师和工厂技术人员的讲课和生产现场的分析与讲解。

认真记好实习日记。包括实习课堂讲课的记录、生产现场讲解和现场考察的记录，也

包括思考问题的记录等。每一部分的记录都有不同的侧重点，既要以文字形式记录，又要习惯用简图的形式记录。

3. 实行多种实习考核形式

生产实习的考核对衡量教师的指导效果、督促和检查学生学习成绩有着重要的作用。生产实习的考核可按平时表现、实习报告以及实习内容的考试等到多项内容综合评定。

平时表现：包括实习态度、实习期间学习和生活的组织纪律性；也包括各实习单元的考核，如检查实习日记、单元实习报告的完成情况，实习讨论的实际情况和生产现场的随机口试等。

实习报告：主要是根据实习报告的内容的全面性、正确性，写作质量与规范等情况考核。

实习内容的考试：主要包括实习内容的理论考试（笔试）和实习现场内容及相关内容的考核（口试）。

四、结 论

通过多年来的生产实习教学研究与实践及其经验教训的总结，我们对切实做好生产实习探索出了一套行之有效的模式和操作方法，再用于指导生产实习，取得了较好的效果。

（1）"繁简结合，以点代面，理论与实践相结合，全面过程管理"的生产实习教学模式有利于提高生产实习教学质量；

（2）定点现场实习、专题报告、考题讨论和参观实习相结合的方式是深入、全面实习的关键；

（3）仔细看、认真听、深入思、不耻问、翔实记等实习方法相结合是确保实习质量的有力措施；

（4）建立稳定、良好的实习基地是顺利进行生产实习的基础；

（5）实习指导教师队伍建设是获得持续良好实习质量的前提；

（6）实习全过程的严格管理是确保实习效果和学生安全的保障；

由于实践性教学环节涉及多方面，存在很多不可预见性和变化，我们将不断探索生产实习教学模式、不断完善实习方式与方法，力争进一步提高生产实习这一重要教学环节的教学效果。

注释

[1] 陈朴. 机械制造生产实习［M］. 重庆：重庆大学出版社，2011.

[2] 杨连发. 从调查问卷看生产实习改革［J］. 桂林电子工业学院学报，2002（2）.

PLC 实验教学体系探讨及仿真实验设计

秦付军[①]

（西华大学机械工程与自动化学院）

摘　要：在分析 PLC 课程实验教学现状和现有实验手段不足的基础上，提出了一种覆盖课程主要内容、虚实结合、多层次的实验教学体系，介绍了主要 PLC 课程的主要实验。以转运小车控制为例，介绍了基于组态软件的仿真实验系统。实践证明，该实验体系和仿真实验系统的应用，有利于学生综合能力和动手能力的提高。

关键词：可编程控制器；实验教学；教学体系；仿真实验

一、引　言

可编程控制器（PLC）自 20 世纪 60 年代出现以来，就以其可靠性高、编程直观、适应性好、抗干扰能力强等特点而受到了普遍欢迎，应用范围也不断扩展。为适应社会需求，在众多高校的机械类和电气类专业都开设了有关 PLC 的课程[3]。与 PLC 有关的课程名称在各高校中称呼不一，但总体都包含分成两大部分：一是传统的继电接触器控制系统，另一类是以可编程控制器为中心的现代电气控制系统。

《中共中央国务院关于深化改革全面推进素质教育的决定》中提出的"抓紧建立更新教学内容的机制，加强课程的综合性和实践性，重视实验课教学，培养学生实际操作能力"，对高校实验教学提出了更高的要求[4]。因此，建立一套有利于学生掌握课程内容，有利于学生能力培养的高效、经济的课程实验教学体系和实验系统十分重要。

二、PLC 实验教学系统综述

当前各高校 PLC 课程实验教学系统总体来说可以分为以下四种：

1. 真实反映实际被控对象及控制过程的实验装置

采用这种装置进行实验教学的优点是直观性好，吸引力强，易于锻炼学生的电气接线能力，便于学生认识各种电器元件和执行器件；缺点是投入资金大，安全性差，维护成本高。

2. 以指示灯模拟实际被控对象的实验装置

采用这种装置进行实验教学的缺点是 PLC 实验室投入较大，设备不足，不能保证人手一台；其次，以指示灯模拟实际被控对象，以按钮或拨动开关代替工业现场中的各种输

---

① 秦付军（1966－），男，汉族，四川邛崃人，硕士，副教授，主要研究方向为工业工程监控技术和软 PLC 技术。E-mail：lh_qfj@mail.xhu.edu.cn；电话：13881725757。

入设备，直观性差，在某种程度上影响了学生对 PLC 性能与应用的理解[2]。

3. 利用 VB 等高级语言开发的仿真实验系统[3,5]

这种实验教学的优点是资金投入小，直观性较强，维护费用低，易于实现学生人手一套；缺点是开发周期长，开发时人工投入较大，对实验系统的维护要求较高。

4. 利用组态软件、Labview 等二次开发软件开发的仿真实验教学系统[1,7,8]

这种实验教学系统与利用高级语言开发的仿真实验系统相比，其优点是不但开发周期短、人工投入较少，而且维护要求也不高；缺点是需要购买二次开发软件，但常用二次开发软件都有 Demo 版，其功能足以满足开发仿真实验教学系统的要求，运行时间也满足实验教学的要求。

一个成功的实验教学系统应具有以下特点：（1）尽可能地使实验环境模拟客观存在；（2）具有更多的实际操作机会；（3）能实时地反映有关的实验结果；（4）尽可能地包括相关的基本知识；（5）提供进一步扩展的可能性[3]。对比以上四种实验教学系统，它们各有其优缺点，但都不能完全满足一个成功实验教学系统的要求。

三、PLC 实验教学体系的设计

为克服传统 PLC 实验教学系统的不足，充分发挥现有实验教学系统的优点，有利于学生综合能力的培养，我院在 PLC 实验教学中设计了新的实验体系，主要体现在以下几个方面：

1. 整个实验系统中既包含继电器—接触器部分的实验，也包含 PLC 控制部分的实验

学生在学习 PLC 之前都是先学习传统的继电器—接触器控制系统，这样学生容易把两者搞混。继电器—接触器控制是将程序固化在接线当中，是一种"硬"的程序；而 PLC 是将程序保存在存储器中，是一种"软"的程序。用 PLC 来取代传统的继电器—接触器控制就是将原先继电器—接触器控制中"硬"的程序变成"软"的程序保存在存储器中，从而简化控制系统的外部接线。不少学生在设计 PLC 控制系统时，往往不在 PLC 程序中实现一些控制逻辑，而是在 PLC 外部电路中用相应的继电器—接触器电路来实现[6]。因此，开设继电器—接触器控制系统实验，一方面有利于学生认识各种低压电器，提高学生电气接线的动手能力；另一方面可以使学生进一步掌握继电器—接触器控制系统的工作原理，认识继电器—接触器控制系统可靠性低、柔性差的缺点，有利于在学习 PLC 以后掌握二者的区别。

2. 实验内容全面反映课程主要内容

课程实验中的计时器/计数器功能实验、三相异步电动机星—三角形降压启动实验等基础实验主要反映逻辑控制指令和计时器/计数器指令等内容；彩灯控制和电机顺序启/停等实验主要反映顺序控制指令内容；材料分拣和转运小车等实验主要反映程序控制指令、数学运算指令、高速计数器指令和中断指令等内容；位置控制实验主要反映高速脉冲输出指令和中断指令等内容；PLC 控制网络实验主要反映网络结构、网络组态及通信指令等内容。所开设实验全面覆盖了课程的主要内容。

3. 虚实结合、软硬结合的实验装置

为了达到实验环境模拟客观存在的要求，一部分实验采用真实反映被控对象的实验装置，如 X62W 万能卧式铣床继电器—接触器控制系统、材料分拣实验装置和位置控制实

验装置等，这些实验装置虽然成本高，不能做到人手一台，但由于这些实验属于综合性实验，具有一定的难度，2-3个学生作为一个实验小组，有利于学生之间讨论，对提高学生的团队合作意识反而有一定帮助。

而对于那些属于验证性实验或市场上没有的设计性实验装置，则采用自行开发的仿真实验系统来进行实验。目前利用力控组态软件[10]开发的仿真实验系统有计时器/计数器功能实验系统、三相异步电动机星—三角形降压启动实验系统、4台电机顺序启/停实验系统、彩灯控制实验系统和转运小车控制实验系统等。

4. 验证性、设计性和综合性实验并举

在PLC课程开设的实验中，安排了相关的验证性实验，便于学生理解和掌握基本逻辑指令；除此之外，利用力控组态软件开发了设计性实验和综合性实验，培养学生综合利用所学知识设计PLC控制程序、PLC控制系统及调试PLC控制程序的能力，增强学生进行电气控制系统设计的工程素养。

5. 必做和选做并举

针对不同学生对课程内容掌握程度不一的情况，结合学生的兴趣爱好，课程所开实验分为必做与选择两种类型。通过必做实验，增强学生对课程内容的理解和掌握；而对于那些对课程内容掌握较好，对本课程兴趣较浓的学生，通过选做的综合性实验，增强学生的动手能力和综合应用课程知识进行电气控制系统设计、控制程序设计及调试的能力，使学生得到类似于实际的电气控制工程设计的锻炼。

四、仿真实验系统

基于PLC课程实验教学体系的要求，利用力控组态软件开发了电机顺序起/停、转运小车、液位控制和位置控制等仿真实验，本文以转运小车PLC控制实验为例介绍仿真实验系统。

（一）系统组成任务

实验系统的硬件包括一台计算机和一台PLC，计算机和PLC之间通过串口进行通信。在利用组态软件开发的仿真实验系统中，仿真的被控对象不仅可以接受PLC发出的控制信号，比如逻辑开关信号、继电器控制信号、脉冲信号和各种数值信号等，也可以向PLC发出各种命令信号，如按钮信号、信号继电器信号、位置信号等，还能通过动画、数值、文字、颜色等形式在计算机屏幕上反映出PLC的控制过程和结果，从而直接从界面上观察PLC的控制结果正确与否。仿真实验系统的主要任务有：

（1）通过界面直观地反映转运小车的工作过程；

（2）通过串口读取PLC中控制输出的内存数据，并将数据的值通过动画反映在界面上；

（3）通过界面接收用户的输入数据，如按下按钮，并通过串口下置到PLC中；

（4）通过组态软件的脚本程序，设置诸如行程开关之类的无需用户操作的输入数据，并通过串口下置到PLC中。

（二）转运小车仿真实验系统简介

转运小车的控制要求为：

（1）按下启动按钮，如果小车未处于原点，自动回原点；

（2）如小车在原点，则按下启动按钮后开始装料，即装料电磁铁得电，料仓打开，开始装料，装料时间为 20 秒；

（3）装料时间到，从原点出发（即小车电机正转）驶向 1 号站，抵达后制动（采用电磁制动器），制动时间为 2 秒，制动完成，小车卸料电磁铁得电，开始向 1 号储料库卸料，卸料时间为 25 秒，卸料完毕，返回原点（即小车电机反转）。再一次装料，然后再次出发一直驶向 2 号站，抵达后制动、卸料，返回原点。再一次装料，然后再次出发一直驶向 3 号站，抵达后制动、卸料，返回原点；

（4）小车的运行方式有三种：步进、单周期、连续；

（5）任何时候按下停止按钮，小车均将所装料转到到目标站后停止；

（6）控制系统可知道小车在每个储料库的卸料次数。

转运小车仿真系统中组态软件需要为 PLC 提供的开关量有小车原点位置、1 号站位置、2 号站位置、3 号站位置、小车工作模式（步进、单周期、连续）、启动按钮和停车按钮；组态软件需要从 PLC 获取的开关量有小车前进、后退、装料、卸料和制动，数字量信号主要是小车在各储料库的卸料次数。

利用力控组态软件设计的转运小车仿真系统界面如图 1 所示。

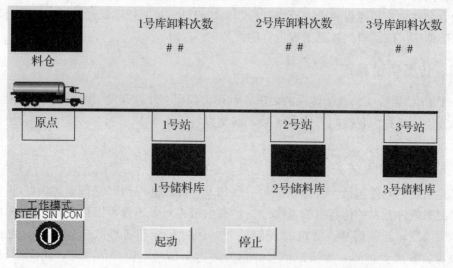

图 1　转运小车仿真系统界面

在本实验中，既锻炼了学生利用顺序功能图进行 PLC 控制程序的设计，又巧妙地加入了卸料次数的要求，有利于学生掌握计数器指令及其功能。

五、结　论

在 PLC 课程的实验教学中，通过摸索，我们建立了一套既有利于学生掌握课程内容，又有利于学生工程素养和创新能力培养的实验教学体系。仿真实验教学系统的引入，既降低了实验教学的成本，又提高了直观性和趣味性。通过该实验教学体系的实施和仿真实验系统的使用，从学生的毕业设计环节看，对于 PLC 控制方面的设计绝大部分学生能够独立地完成，达到了良好的教学效果。

注释

［1］苗红霞，齐本胜. PLC 控制技术实验教学改革研究与实践［J］. 实验技术与管理，2010，27（3）：136－139.

［2］刘彬，杜金翔. 关于建立 PLC 立体教学实验新体系的探讨［J］. 实验技术与管理，2005，22（8）：108－109.

［3］陈波，沈萌红，朱聘和. PLC 教学实验中仿真技术的应用研究［J］. 实验技术与管理，2005，22（2）：85－87.

［4］李晓宁. 现代电气控制综合实验系统设计［J］. 实验技术与管理，2007，24（2）：64－66.

［5］刘美兰. PLC 控制教学实验系统的设计［J］. 实验室研究与探索，2004，23（2）：26－27，40.

［6］郑渊，苏本知. 关于 PLC 教学的几点浅见［J］. 武汉工程职业技术学院学报，2008，20（1）：48－50.

［7］周美兰. 组态技术在 PLC 实验教学中的应用［J］. 自动化技术与应用，2001（6）：33－35.

［8］杨广才，张丹. 组态软件在 PLC 实验系统中的应用［J］. 苏盐科技，2006（4）：17－19.

［9］王永华. 现代电气控制及 PLC 应用技术［M］. 第 2 版. 北京：北京航空航天大学出版社，2008.

［10］曾庆波，孙华，周卫宏. 监控组态软件及其应用技术［M］. 哈尔滨：哈尔滨工业大学出版社，2005.

多样化本科人才培养实习基地建设研究

宗莲松① 潘华 肖毅

（西华大学教务处）

摘 要：加强实习基地建设，培养多样化本科人才，已成为当前本科院校教育研究的重点。本文从多样化本科人才培养目的出发，探讨了实习基地建设模式及方法，以促进高校多样化本科人才培养。

关键词：应用型本科人才；实习基地；建设

多样化本科人才培养是我国高等教育进入大众化阶段出现的一种新的教育现象。培养多样化本科人才，既是我国的经济发展和社会进步的要求，也是追赶国际高等教育发展潮流的一种需要。为满足现代社会对人才的多样化需求，进一步提高高校本科教学工作的质量，教育部 2005 年 1 号文件明确指出，高等学校要"以社会需求为导向，走多样化人才培养之路"。多样化人才培养的核心问题是培养创新型人才，实践教学是培养学生创新能力的根本途径，实习基地是实践教学的场所，没有高质量的实习基地，就不可能培养多样化本科人才。加强实习基地建设，培养多样化本科人才，已成为当前本科院校教育研究的重点。

一、多样化本科人才培养实习基地建设现状及存在的问题

实习基地既是承担实践教学的重要场所，又是提高教学质量和增强学生实践能力的根本保证，实习基地建设在多样化本科人才培养战略中的作用日益重要起来。从国内高校实习基地建设的现状来分析，目前我国大规模培养多样化本科人才的时间不长，多样化本科人才培养实习基地的建设模式还处在探索期，未形成一种具有普遍意义的指导模式，存在的主要问题是建设体制不完善，基地建立不完善，建设经费不足，使用单一，运作缺乏管理等。

1. 实习基地建设体系不完善

实习基地建设的系统性、连续性、协调性不完善，缺乏专门的实习基地建设机制。有效的管理体制是保证实习基地正常、高效运行的必要条件。

2. 实习基地建立不完善

一些高校没有建立相对稳定的教学实习基地，实习基地分散、临时性较强，教师不能

---

① 宗莲松（1978—），女，云南建水人，助理研究员，硕士，主要从事实践教学管理教务信息管理工作。E-mail：liansong1225@163.com；联系电话：028-87720077，13880336627。

及时对学生在实习过程中出现的问题进行指导，更严重的是督查难度大，不能很好地检查学生实习效果。实习基地不完善的原因：一是不重视实习基地建设，对实习基地建设投入的人力、物力和财力还远远不够；二是企业出于自身经济效益、生产安全等考虑，不愿接受学生来企业实习，给高校实习基地建设带来了困难。

3. 实习基地建设经费投入不足

实习基地是多元化的组织，它的建设有赖于参与各方的共同关注与支持，但目前的现状是，作为投资主体的学校，在建设投入上缩手缩脚、止步不前，硬件环境改善不力，实习基地建设的水平缺乏保障。

4. 实习基地使用方式单一、利用率偏低

学校仅仅将实习基地作为培养学生实际动手能力的途径，实习基地在学生就业、反馈教学与人才培养效果、促进科研成果转化等方面的作用被掩盖了。而企业也仅仅将实习基地作为与实习联系的纽带，实习基地在人才培养基地和人才检验现场、扩大企业知名度的作用也被忽略了。

5. 实习基地运作缺乏过程管理

学生在实习的动态过程管理很多时候出现了缺位现象，导致学生缺乏来自学校的指导和建议，往往会目标模糊、定位不准，效果打折；而单位在实习基地运作中也会出现追求目标化管理，忽视了过程对学生的塑造性的重要意义。

6. 师资力量薄弱

实习师资队伍中缺乏"双师型"素质的教师，部分实习教学的老师对生产、设计和社会实践的实际锻炼不足。另外，由于人才的流动、教师职务升迁和岗位变动等因素，实习教师队伍极不稳定，实习队伍师资力量不足的现象日益突出，加强师资队伍建设已刻不容缓。

二、多样化本科人才培养实习基地建设的思考

人才培养模式多样化是在知识经济兴起，我国市场经济不断深入发展和高等教育深化改革，特别是在我国加入 WTO 等新形势下，给高等学校教育教学改革提出的新课题[1]。但我国大规模培养多样化本科人才的时间不长，尚未形成良好的多样化本科人才培养模式和机制，学生实践能力和创新能力整体不强。要实现多样化本科人才培养目标，学校必须重视学生动手能力的培养，而实习基地的建设和发展显然是提高学生能力的重要保障。

1. 多样化本科人才培养实习基地的功能

多样化本科人才培养实习基地的功能，主要有以下几个功能：（1）教学支持功能：实习基地为学校提供实习教学场所，提供真实的商业环境，检验学生的理论知识，培养学生的操作技能，增强学生的解决实际问题的能力，为学生毕业后较快适应工作实际环境创造条件。此外，还可以利用实习基地进行课程设计与毕业设计。（2）科研支持功能：一方面，学校可以将实习内容结合教师的科研项目和科研活动开展，加快科技成果转化；另一方面，企业可以将高校作为科研开发的依托，进行新产品的研制、新技术的引进以及设备的技术改造，有利于企业提高经济效益。（3）服务支持功能：一方面，学校为利用技术优势为企业提供咨询服务、策划服务、培训服务；另一方面，企业为学生课外科技活动、专业竞赛等提供支持。（4）学生预就业渠道：实习基地作为学生与企业联系的纽带，企业就

可以通过实习基地考察实习学生，挑选合适的人才；学校则能够根据企业提供的信息，有针对性开展职业素质教育，为企业输送高素质的人才，为企业发展提供不竭动力。

2. 多样化本科人才培养实习基地建设模式

实习基地建设的形式上总的可以分为三种方式，即学校自建、校企合作和自主创业。

学校自建的主体是学校，主要是通过建立相关实习实验室地对学生进行实训。

校企合作的主体是学校和企业，形式大略可以分为四种：（1）学校为学生统一制订实习计划，积极联系适合实习的企业，签订实习基地合作协议书，确定实习基地；（2）学校通过各种渠道向社会发放信息，企业有针对性地竞标参与学生的实习安排；（3）学校在征求学生本人同意的情况下，将需要参加实习的学生资料向社会公布，学生和企业进行双向选择；（4）通过导师介绍、项目合作的方式让学生参与实际工作，达到实习的目的。

自主创业主要是通过学校或社会建立创业科技园区，给学生提供良好的就业创业的环境，在科技处、招生就业处等部门的带领下，建立学生创业实习基地，为学生提供良好的实习环境[2]。

3. 多样化本科人才培养实习基地建设经费的投入

经费投入是实习基地建设的"瓶颈"。目前用于实习的经费有限，远不足支付教学所需成本[3]。为保证多样化本科人才培养实习基地的建设经费的保障，一是政府应加大教育经费投入，保证实习教学环节的有效开展。设立研究专项基金，对不同层次、不同类型学校的校外实习基地建设和管理各方面进行系统深入的科学研究，指导学校和企业进行校外基地建设与管理。二是除了政府的扶持之外，学校本身也要走自己的特色道路，采取各种形式推进产学研合作，以服务求支持，以贡献求发展，实现自我良性运转和快速发展。

4. 多样化本科人才培养实习内容的确定

多样化本科人才培养目标是"具有创新精神和实践能力的高素质应用型人才"，在办学实践中，必须将实践教学摆在与理论教学同等重要的位置，按照实践教学本身的规律和内在联系，重组实践课程[4]。多样化本科人才培养要采用实践性很强的实习课程导向模式，实习内容要围绕一线生产的实际需要设计，要强调基础和实用，而不强调学科体系的严密逻辑和前沿领域。在整个课程体系中要突现实习课程比重，实习课程教学学时要远远高于普通本科实习课程教学学时，某些专业方面要与理论教学学时达到1：1的比例。学校必须组织一线教师认真设计实习内容，甚至可以聘请相关企业一线专家与校内教师组成专业指导委员会，结合学科和专业发展的特点，研究实习教学内容在人才培养中的作用，对实习教学内容进行整体规划和优化革新。安排不同项目、不同层次的独立实习课程，形成由认识实习、生产实习、专业实习、研究创新型实习组成的，由基本概念理解、基本技能训练、工程意识和专业能力培养、开发研究能力训练组成的，与理论教学有机集合又相对独立的，科学系统的实习教学体系。

5. 多样化本科人才培养实习基地师资队伍建设

实习教学支撑保障要求具有一定生产、管理经验的"双师型"教师为主体的师资队伍，培养实践能力强的人才最为紧迫的是要建设实践指导能力强、工作踏实肯干的"双师型"教师队伍。组建一支以专职为主、专兼结合的实践教学师资队伍，是实习工作的顺利进行的保证。为加强实习师资队伍建设，我们主要采取三条措施：一是在校内建立"双师型"教师队伍，组织部分老师实验室、企业锻炼；二是从社会上吸收一批受过高等教育且有实际经验的人员来校任教；三是加快兼职教师队伍的建设，聘请企事业单位的专家、在实践基地里有丰富经验的技术骨干做兼职实习指导教师。一经聘请，就给他们颁发聘书，定期请他们来校上课、做讲座或在实习基地指导学生实习。

三、我校多样化本科人才培养实习基地建设实践

针对以上提出的问题和所列的几点关于多样化本科人才培养实习基地建设思考，我校从以下几方面进行了实习基地建设实践。

1. 建立校企互利双赢机制，扩大校外实习基地建设

我校根据自身特色，采取各种形式推进产学研合作，以服务求支持，以贡献求发展，实现自我良性运转和快速发展。（1）充分发挥基地科研支持功能，校企技术合作，提高企业经济效益，加快我校科技成果转化。我校利用实习基地这一平台，与同国内外许多著名企业、高校和科研机构建立了密切联系，在材料科学与工程、热能与动力工程、水利水电工程等前沿领域共同进行新产品的研制、新技术的引进以及设备的技术改造，提高了企业的经济效益，极大地调动了企业的积极性，同时也加快了我校科技成果的转化。（2）充分发挥企业纽带用作，为企业选拔后备人才，为学生提供预就业渠道。我们充分发挥实习基地的纽带作用，通过实习基地让企业考察实习学生，挑选合适的人才；让学生能通过实习基地实习，充分将所学知识运用到实际工作中，并在实际的工作中再学习，不断提高自己的业务能力，并对企业有更清楚的认识，避免盲目就业；让学校能够发现在教学方面的漏洞，及时整改，有针对性开展职业素质教育，提高教学质量，为实习基地所在的企业输送高素质的人才。多年来，我校毕业生就业率一直保持在85％以上，部分专业毕业生供不应求。（3）发挥实习基地服务支持功能，为校企双方提供交流、培训等服务。我校发挥资源优势，利用校内实习基地，在完成本科生、硕士生的教学工作外，还承担对外合作服务与对外培训，如铸造技术、模具设计、自动化等技术培训服务，课程进修、工程技术培训、特种作业人员安全技能培训，汽车产品试验、天然气汽车检测、机动车司法鉴定所等科技服务工作；指派一些有着较高的理论水平和较前沿的学术知识教师到校外实习基地，对职工进行继续教育，提高企业的竞争力；请企业的专家、技术骨干定期到我校来校做讲座或在实习基地指导学生实习，加强了我校"双师型"师资队伍建设。

通过以上三方面的工作，我校目前已建成124个校外实习基地，近三年完成63个本科专业近四万人次的教学实习工作。

2. 加强校内实习基地建设

在校内，我校近五年投入五千多万进行校内本科实验室、实习基地建设，目前拥有工程训练中心、汽车结构实习实训基地、建筑施工工艺实习基地、电子工艺实习基地等五个较为完备的产学研实践教学实习基地，每年接受5300－5700人次学生实习；与此同时，开门办学，与地方研究机构、企事业单位相互合作，承担社会服务、科研等工作，共同培养多样化本科人才。

四、总　结

多样化本科人才培养实习基地建设，是当前实习教学管理工作者在新形势下需要认真调查研究和探索的课题。随着企业改革的不断深化和发展，高校实习教学工作者在多样化

本科人才培养实习基地研究方面还有很多工作要做，以探索出更好的实习基地建设方法，进一步提升教学质量，培养适合国民经济发展需要的有用人才。

注释

[1] 张德江，韩立强，等. 地方工科院校本科人才培养模式多样化的改革研究与实践 ［R］. 长春：长春工业大学，2004：1－9.

[2] 文燕平，裘婷婷. 高校电子商务专业实习基地的建设分析 ［J］. 电子商务，2011 (2)：86－94.

[3] 蔡敬民，董强，余国江. 高等院校校外实习基地建设新思考 ［J］. 中国大学教学，2009 (2)：78－78.

[4] 张天勇. 地方高校培养应用型本科人才的方法研究 ［J］. 现代商贸工业，2008 (11)：258－259.

电子商务专业实践教学体系构建

张利①　孙泽仙　杨冬妮　夏云

（西华大学经济与贸易学院）

摘　要：本文从目前电子商务人才培养与企业无法良好对接的问题着手，分析电子商务人才培养方案存在各种问题，比如实践教学比例过低，实践项目设置单一，学生第二课堂匮乏，第三课堂的建设力度不够。针对电子商务培养存在的问题，本文提出了电子商务专业实践教学体系的构建方案。

关键词：电子商务；实践教学体系；第二课堂；第三课堂

当前，电子商务专业人才的匮乏，已成为制约电子商务行业快速发展的瓶颈。一方面，企业需要大量的专业人才；另一方面，大量的电子商务专业毕业生不能找到满意的职位，企业和高校在人才定位和人才培养方面不能进行有效对接。究其原因，有来自企业的急功近利，也有来自高校人才培养体系的不合理。近年来，各高校对电子商务人才培养体系进行了大量的研究和优化，人才培养的质量稳步提升，但实践教学环节的研究相对滞后，学生解决问题的能力和实际动手的能力还需要进一步夯实和加强，实践环节的不足和缺失严重影响了人才培养质量。

一、电子商务实践教学环节存在的问题

1. 电子商务人才培养方案过于强调理论教学，实践教学比例过低

目前很多高校电子商务专业人才培养方案中实践教学比例不足 15%，这严重制约了学生动手能力和实践能力的提高。分析其原因，主要有以下三方面：第一，受传统教学模式的影响，过于强调课堂教学，忽视实践教学；第二，电子商务师资匮乏。电子商务是涵盖经济学、管理学、计算机科学等相关理论和知识的交叉型学科，专业开办时间只有十余年，师资的培养不能很好满足学科的发展；第三，实践教学软硬件条件有限。电子商务实验室不仅应该配备高性能计算机和高速网络，还应有相关电子商务软件，并能动态升级和更新，但很多高校电子商务实验室不能很好满足以上要求。基于以上原因，实践教学在整个电子商务培养方案中的比例过低。

2. 实践项目设置单一，没有形成体系，教学方法和教学手段不够合理

目前很多高校的实践项目只涵盖课带实验和专业实习及毕业实习，没有系统性设置实

---

① 张利（1979—），四川宜宾人，西华大学经济与贸易学院电子商务系讲师，主要研究高校电子商务人才的培养模式。

践项目。电子商务实践应从认知实践、验证性和综合性实验、课题参与实践、企业实践等方面进行宏观把握和具体设置。实践课程教学方法趋同理论教学，抑制了学生学习积极性，也无法培养学生独立解决问题的能力及团队意识。

3. 学生第二课堂匮乏

学生实践能力的提高与第二课堂密不可分，参与企业的顶岗实习，参与科研单位的项目运作，参与行业协会的专业活动是培养电子商务学生实践能力的必要手段，这一环节的缺失，将导致学生不能将所学知识应用于实践，也无法了解企业运作模式和行业最新动态，其结果必然影响电子商务人才培养质量。第一课堂是基础，第二课堂是有效补充，二者相辅相成、缺一不可。

4. 学生第三课堂的建设力度不够

要培养"商务型、技术型、服务型"的电子商务复合型人才，除了掌握电子商务专业课程体系的基本知识和能力外，必要的电子商务从业资格教育培训和各类专业竞赛经历不可或缺。目前，很多高校电子商务专业只注重第一课堂的教学，忽视了电子商务从业资格的培训教育，对参加各类电子商务竞赛也不够踊跃。

二、电子商务专业实践教学体系的构建

1. 优化电子商务专业人才培养方案，加大实践教学构成比例

首先，设置科学合理的实践项目。西华大学电子商务专业经过七年的探索和发展，实践教学比例从12%提高到了25%，实践教学环节被摆在了整个人才培养的突出位置，彻底改变了"教学为主，实践为辅"的传统教学模式，形成了"教学服务实践，教学和实践相辅相成"的培养理念。实践项目包括认知实践、验证性和综合性实验、课题参与实践和企业实践，突出了实践环节的渐进性、层次性、逻辑性和有效性。其次，加大师资队伍建设力度，着力打造"双师型"教师队伍。西华大学电子商务专业以"服务地方经济，培养应用型电子商务人才"为人才培养目标，在重视理论学习的基础上，更加强调学生的实践能力培养，而要达到相关目标，师资队伍建设至关重要。西华大学电子商务专业近年来先后引进了多位具有多年电子商务企业工作经验的高级人才充实教师队伍，同时支持多位教师去电子商务创业园及电子商务企业培训学习，努力构建一支既有深厚理论基础又有实践经验的"双师型"教师队伍。

2. 丰富实践项目，构建实践课程项目驱动式教学体系，不断更新实践教学方法和实践教学手段

针对实践课程，采用项目驱动式教学模式，将课程内容分为若干相对独立的单元，每个单元即为一个项目，项目在老师的宏观指导下，由学生独立完成。项目可以按一节为小项目、一章为中型项目、一课程为大型项目进行设计，小项目一个人完成，中型项目三人左右完成，大型项目五人左右完成，由易到难、循序渐进。同时注意研究适合相关实践课程的教学方法和教学手段，使教学效果达到最佳。通过项目驱动式教学，既能充分调动学生的动手积极性，也能提高学生独立思考和解决问题的能力及团队精神。

3. 加大学生第二课堂的建设，拓展校外实习基地，深化企业合作，加大产学研力度

我院已建立了稳定的电子商务实习基地，实习周期涵盖整个本科学习阶段，实习项目包括大一的认识实习、大二的课程实习、大三的专业实习和模拟实习及大四的毕业实习。

随着《成都市电子商务发展规划（2009－2012)》的出台，近两年电子商务在成都得到了快速的发展，阿里巴巴等知名电子商务企业相继入驻，本土电子商务企业也在做大做强，我院将以此为契机，继续拓展电子商务实习基地，加强与省市电子商务协会的联系，深化与电子商务企业的合作，加大产学研力度。

4. 重视宣传第三课堂①，积极开展电子商务从业资格证教育培训，鼓励学生踊跃参加专业竞赛

目前国内的电子商务从业资格证包括国家认证、行业认证和企业认证，我院在结合专业定位和学生具体情况的基础上，开展了劳动和社会保障部"助理电子商务师"培训教育及企业认证"阿里巴巴电子商务师"培训，90%以上的学生获得了从业资格证书，既拓展了学生知识面，也增加了学生就业砝码。2010年，我院为此获得了成都市电子商务协会颁发的"成都市电子商务培训教育杰出贡献奖"。为了进一步强化学生应用知识和独立解决问题的能力，我院鼓励学生积极参加各类电子商务竞赛，并且成绩斐然。2009年，我院学生获得"成都市电子商务大赛网上开店"第一名；2010年，我院学生获得全国"三创赛"四川赛区一等奖，并代表四川赛区参加全国总决赛。通过一系列的专业竞赛，既调动了学生学习积极性，也锻炼了学生实践能力和独立解决问题的能力。

三、结束语

设置科学合理的电子商务人才培养方案，保证实践教学构成比例，不断加强师资队伍建设，优化实践课程内容，采用项目驱动式教学方案，加强与企业及科研院所的合作，不断强化第三课堂内容，将电子商务实践教学体系的构建作为一项系统工程，才能切实提高学生实践能力和保证人才培养的质量。

注释

［1］黎军. 浅析电子商务课程实践教学［J］. 中国成人教育，2007（21）.

［2］李铮，李再侠. 电子商务教学模式新探索［J］. 承德石油高等专科学校学报，2008（1）.

［3］邓丽明，马俊. 应用型本科电子商务专业实践教学体系的构建［J］. 全国商情（经济理论研究），2009（7）.

［4］闵磊. 电子商务专业培养目标及实践教学分析［J］. 经济研究导刊，2011（6）.

［5］龙跃. 电子商务本科人才培养模式探讨［J］. 重庆科技学院学报（社会科学版），2010（15）.

［6］郭厚良. 高等教育第三课堂的设想［J］. 高等建筑教育，2000（1）.

① 第三课堂内涵：书本教学为第一课堂，社会实践为第二课堂，其余全部课外活动成为第三课堂。

基于建构主义学习理论的
汽车构造实验课教学改革探讨

廖文俊[1]①　　吕琪[2]

(1. 西华大学交通与汽车工程学院　　2. 成都市工业职业技术学校)

摘　要：建构主义学习理论是国际教育改革的一种新的主流思想，它的理论思想具有为教师在教学中建立教学新模式、新方法的指导作用，对我国全面实施素质教育具有明显的积极意义。本文基于建构主义学习理论，结合汽车构造实验课程的具体特点，探讨了中职院校汽车构造实验课程的教学方法、教学手段改革，提出了自己的一些想法。

关键词：建构主义；汽车构造；实验；教学；改革

一、引　言

汽车构造是汽车专业重要的专业基础课之一，课程教学目的是让学生熟悉现代汽车的构造和工作原理，要求结合实物讲解原理，是一门理论性和实践性很强的课程。因此，汽车构造实验课程是学好该课程的重要实践环节，是课程的核心要素之一。然而，随着现代汽车技术的迅速发展，汽车已从简单的机械控制，发展为由电脑、传感器组成的集计算机技术、光纤传输技术、新材料、新工艺为一体的高科技集成物。结构从基本的机械装置发展为机电一体化装置，如电喷发动机、自动变速器、ABS 防抱死装置、安全气囊等。科学技术和汽车工业的发展给汽车构造实验课程的教学提出了更高的要求，因此，必须进行教学改革。改革的目的就是要摒弃那些教学上陈旧的、落后的东西，以新的、先进的取而代之，从而提高教学效果，培养出能适应社会需求的高素质人才。

创新是教育的灵魂，教育要创新，育人要创新，这就要求教师首先要有创新思维[1]。因此，在教改过程中提出新的设想和方法是至关重要的。当今，建构主义学习理论已成为国内外学校教师教学应用的热门理论，因为它的理论思想具有为教师在教学中建立教学新模式、新方法的指导作用（尤其是基于现代教育技术条件下的各种教学活动）。建构主义学习理论的引入和以计算机为核心的多媒体、Internet、通信技术在教学领域的运用，打破了传统教学模式的束缚，为探索构建新型的教学模式提供了理论基础和技术条件[2]。本文在建构主义学习理论分析的基础上，对建构主义学习理论应用于汽车构造实验教学改革方面进行相关分析与探讨。

---

① 廖文俊（1973—），男，四川省自贡市，讲师，硕士研究生。研究方向：车辆工程专业汽车检测和交通事故鉴定。

二、建构主义学习理论的基本观念和基本教学思想

建构主义（Constructivism）源于儿童认知发展的理论，20 世纪 80 年代初由著名的瑞士心理学家皮亚杰提出[3]。在皮亚杰的理论基础上，国外的科尔伯格、维果茨、斯腾伯格等学者又从不同的角度做了进一步的研究，丰富和发展了建构主义的理论，从而为建构主义实际应用于教学过程创造了条件。20 世纪 90 年代以后，多媒体计算机和基于 Internet 的网络技术迅速发展与应用，为建构主义理论学习环境提供了技术支持，使得建构主义学习理论教学设计思想得以实现。

建构主义学习理论认为：知识不是通过教师传授得到的，而是学习者在一定的情境中利用必要的学习资料，借助他人的帮助或通过人际间的协作活动而实现的意义建构过程，其中"情境"、"协作"、"会话"和"意义建构"是学习环境中的四大要素或四大属性。所要建构的意义是指：事物的性质、规律以及事物之间的内在联系。在学习过程中，帮助学生建构意义就是要帮助学生对当前学习内容所反映的事物的性质、规律以及该事物与其他事物之间的内在联系达到较深刻的理解[4]。

建构主义所蕴涵的教学思想主要反映在知识观、学习观、学生观、师生角色的定位及其作用和学习环境等五个方面。建构主义学习理论提倡的学习方法是教师指导下的，以学生为中心的学习。学生是知识意义的主动建构者；教师是教学过程的组织者、帮助者、指导者和促进者；教材所提供的知识不再是教师讲授的内容，而是学生主动建构意义的对象；媒体也不再是帮助教师传授知识的手段、方法，而是用来创设情境、进行协作式学习和会话交流，即作为学生主动学习、协作式探索的认知的工具。

三、建构主义学习理论在汽车构造实验课程教学中的应用

（一）汽车构造实验课程教学方法

通过分析汽车构造实验课程内容核心要素，细化知识和能力培养目标，将教学拓展成层次化的教学内容（图 1），设计多样化的教学形式。实验课程的教学内容包含基本（必做）＋拓宽与提高（选做）两大部分，具体体现为：

在实验课中，设置一部分基本的必做的实验项目，如发动机、底盘典型部件拆装实验，例如离合器拆装实验项目中，将压式膜片弹簧离合器拆装实验设为必做实验项目，以满足基本的教学要求；同时设置一部分拓宽与提高的选做的实验项目，例如离合器拆装实验项目中，将拉式膜片弹簧离合器拆装实验设为选作实验项目。普通学生的自主研究与发挥留有足够的空间，以满足部分学生兴趣特长和个性发展的需求，促进创新人才的成长。与此同时，开设自主设计型、研究创新型实验为，鼓励高年级学生自主组建学习团队，选作部分实验项目。例如将摩托车超越离合器实验研究、电动汽车电磁式离合器实验研究作为综合运用与科技活动层次选作实验项目。

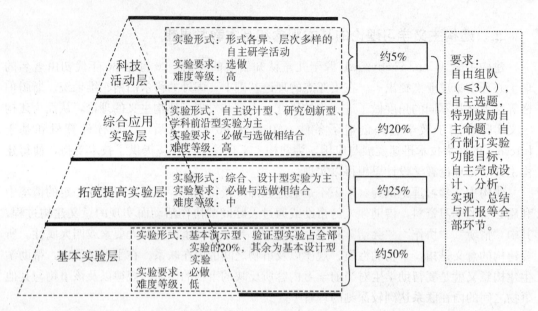

图1 层次化实验教学内容设计

教学实践中根据教学内容、学生层次灵活采用不同的教学方法（见图2）。

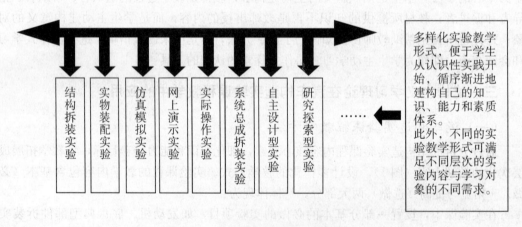

图2 多样化实验教学形式设计

1. 讨论式互动教学方法

汽车构造实验课程中讨论式互动教学方法贯穿于实验开始到结束的全过程。首先，实验前，指导教师讲解有关实验要求和实验原理，通过讨论式互动方式，充分调动学生的积极性，使学生更好地理解和掌握实验要求和实验原理；实验过程中，进行仪器调整方法的讨论，引导学生发现问题并找到解决问题的方法；实验课结束前，对实验结果进行讨论，让学生学会正确分析和处理实验结果；最后，对实验原理、方法在工程实际中的应用作一些介绍和讨论，加深学生对实验的印象，提高对实验课的兴趣。

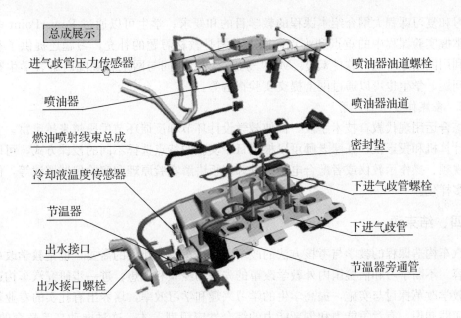

总成展示

进气歧管压力传感器

喷油器

燃油喷射线束总成

冷却液温度传感器

节温器

出水接口

出水接口螺栓

喷油器油道螺栓

喷油器油道

密封垫

下进气歧管螺栓

下进气歧管

节温器旁通管

图3　汽车发动机虚拟装配软件演示

2. 采用多种教学形式相结合的教学方法

根据具体实验项目的特点，采用多种手段让学生掌握有关的重点和难点。用讨论与回顾在汽车构造课程中学到的相关内容的方式让学生了解和实验相关的背景知识；利用PPT、展板、模型教具或者解剖教具讲解有关发动机、底盘部件构造原理；通过播放教师示范操作的教学录像（例如柴油机VE分配泵拆装实验、自动变速器拆装实验等）展示构造复杂的实验步骤、重点和难点；通过仿真实验软件学习汽车构造，例如利用汽车发动机虚拟装配软件（图3）进行机体组件装配、曲柄连杆装配、配气机构装配、燃油系统总成的装配、点火系统的装配、冷却系统及润滑系统的装配实验。在正确掌握前几项部件装配技术后最后进行总体结构装配，完成发动机的全部装配过程。这样既能提高学生在完成基本的拆装技能训练时的学习趣味性，又可以避免学生在实际装配而造成的器件损坏或丢失；让学生通过课程资源网站自主学习（例如底盘布置实验、整车认识实验等）等。

3. 示范设计教学方法

考虑学生的认知规律和实际水平，对部分综合型、设计型、课题型实验，由教师现场操作示范，利用实时摄像技术，通过投影现场实时展示教师实验操作过程，学生同步操作，使学生更好地理解理论知识和实验方法，并在"模仿"的基础上达到创新，符合认知过程和教学规律。在课题型实验中注重个性化教育，鼓励学生自拟实验题目，培养学生发现问题、提出问题、分析问题、解决问题的能力，提高学生的全面素质，培养学生的创新能力。

（二）汽车构造实验课程教学手段

1. 运用信息技术制作丰富的教学资料

建设汽车构造实验课程网站，提供丰富的网上教学资源。例如实验课的课堂录像，具体实验的电子课件，实验操作录像，实验过程的软件仿真，习题及解答。它们可以帮助学生预习和复习课程大纲介绍本课程的教学目的和要求；学生可以通过 PowerPoint 多媒体课件掌握实验课程中的重点和难点；网上习题是教材习题的补充，习题还提供了参考答案；利用网络即时通信软件 QQ、MSN 等进行网上提问与网上答疑随时解答学生在学习中的问题，学生也可以通过网上提交实验报告等。

　　2. 多媒体技术的应用

综合运用现代教育技术手段，促使教学设计环节和反馈环节手段越来越丰富。实验室配备计算机和投影仪，任课老师可以根据每个实验的特点选择不同的授课方式，可以播放实验视频、操作示教仪或者配合电子课件和展板讲解实验原理和实验仪器调试等，使教学手段多样化。

四、结束语

汽车构造课程的教学与考核方法的改革，是汽车专业建设的需要，也是教学改革的重要内容。不断学习和借鉴国内外教学改革的先进的经验和思想，进一步研究汽车构造实验课程教学改革探讨与实施，提高学生的学习兴趣和学习效率，培养出有扎实的专业基础理论和实践知识、有竞争能力和创新能力的综合性应用型人才。这对推动高等教育的发展，促进教育创新，深化教学改革，营造良好的教育教学环境等，无疑具有积极的推动作用。

注释

［1］王锦化，孟庆华，等. 社会建构主义学习观对我国教师继续教育教学改革的启示［J］. 外国教育研究，2003（1）.

［2］薛国凤，王亚晖. 当代西方建构主义教学理论评析［J］. 高等教育研究，2003（1）.

［3］张建伟，陈琦. 从认知主义到建构主义［J］. 北京师范大学学报（社会科学版），1996（4）.

［4］罗明东. 当代教育改革新探索［M］. 昆明：云南科技出版社，2001.

高校思想政治理论课实践教学改革浅谈

梁刚①

（西华大学应用技术学院）

摘　要：本文通过分析高校思想政治理论课实践性教学对于思想政治教育所具有的改革意义，针对目前思想政治理论课实践性环节的缺失，在明确理念和定位的基础上，有针对性地提出了创新课程体系、整合教学资源等改革思路。

关键词：高校；思想政治理论课；实践教学；改革

思想政治理论课实践教学是整个思想政治理论课教学体系不可分割的重要组成部分，是大学生思想政治教育的重要阵地。在思想政治理论课新课程设置方案实施过程中，实践性教学改革是一个十分薄弱的环节。教学方式落后，教学效果难以令人满意，这些已成为思政课教学改革的"瓶颈"，必须对其进行教学改革与创新。

一、高校思想政治理论课实践教学的意义

高校思想政治课程是对大学生进行系统思想政治教育的主渠道，是保证其成为德才兼备人才的重要措施。实践教学是指对大学生在校期间必须接受的非课堂教学活动，包括参观、访问、社会调查、劳动锻炼、顶岗实习、科技服务、志愿者服务活动等形式。

美国教育心理学家布卢姆曾提出，教育教学的目标有三个方面：认知领域（包括知识、理解、运用、分析、综合、评价等由低到高的六层次目标）；情感领域（包括接受、反应、形成价值观念、组织价值体系、价值个性化等目标层次）；动作技能领域（包括知觉、行动、动作、体能、交际等项目标）[1]。按照这种划分方式，高校思想政治理论课的教学目标不仅涉及认知领域，而且还涉及情感领域和动作技能领域。这种高度复合性的目标，要求学生在学习过思想政治理论课程之后，不仅要在情感领域予以接受和内化，而且要在动作技能领域勇于实践、不断外化，从而做到知行统一[2]。因此，在高校思想政治理论课程的教学过程中，就需要我们重视实践教学，突出实践教学环节，优化课程课时结构，进一步压缩理论教学时间，增加实践教学时间，这样可以更好地帮助学生学会做人和缩短其社会化过程，从而增强教学的实效性，并有助于引导大学生了解社会、认识国情、增长才干、锻炼能力、培养品格、奉献社会，全面提高大学生的综合素质。

---

① 梁刚（1968—），男，四川中江人，讲师。主要从事思想政治教育与教学方面的研究工作。联系方式：lg@mail. xhu. edu. cn；电话：13551125668。

二、高校思想政治理论课实践教学现状

在笔者看来，目前无论是高校思政课的实践教学，还是法学和经济学等相关课程的实践教学，其组织实施的过程中普遍存在着三大突出问题：第一，实践教学资源存在"人力资源主体多元、物质资源拥有分散、活动要素交叉重复、信息资源利用率不高"等问题，导致实践教学资源既紧缺，又配置不合理、浪费和低效，从而使实践教学难以开展或流于形式；第二，受我国重理论教学、轻实践教学教育传统的影响，思政课和其他人文社会科学课程的实践教学随意性较大，亟待规范；实践教学过程缺乏制度保障，没有专门的教学计划、实施方案和评价体系，使得实践教学基本处于无章可循、可有可无的状态。第三，片面强调教师单纯的教，忽视学生学习的自主性、主动性与创造性的发挥，实践教学形式或方法单一，师生在实践教学中交流互动性不足。这种实践性教学思维的匮乏表现在实践教学的模式陈旧。目前多数高校组织实践教学的方式主要是带学生外出参观、要求学生假期进行社会调查后形成调查报告等传统内容，学生参与的程度和积极性均不高，从而导致实践教学徒有虚名，这些问题的存在均直接影响了高校思想政治理论课实践教学的实效性。因此，为了改变这一状况，使实践教学真正落到实处，就必须对其进行改革。

三、高校思想政治理论课实践教学改革建议

（一）实践教学理念和定位

"高校思想政治理论课教学既是一个内化的过程，又是一个外化的过程"[3]，在高校思想政治理论课教学中，经常出现这样的情况，有的学生考试成绩很好，但就是没有很好的外化和付诸行动，理论考核的高分没有及时转化为思想道德行为的良好表现，使得理论认知与日常行为之间产生严重的脱节和背离。我们应该认识到，高校思想政治理论课教学的实际效果不仅表现为学生理论认知上的状况，更表现为学生实践环节上优化的状况。思想政治理论课实践教学作为教学过程的一个必不可少的基本环节，它直接服务于高校创新型人才的创新意识、创新能力的培养目标。因此，在进行思想政治理论教学过程中，首要的便在于能否塑造以人为本的教学理念。具体说来，就在于能否做到以学生为本，以在实践中培养学生理论素养和观察问题、分析问题、解决问题的综合能力为目标，在整合学校内外各种实践教学资源的基础上，创造多种实践教学机会，提供多种理论联系实际的环境或场合，构建集课堂实践教学、社会实践和专业实习"三位一体"的教学实验创新平台，以倡导师生的互动交流，倡导学生的自主性实践和研究性实践，从而在实践教学过程中真正夯实学生的理论素养，激发学生的实践创新思维。

（二）实践教学改革措施

1. 创新课程体系

思想政治理论课现有的课程体系无论是在章节知识点、实践的教学形式，还是在实施方法和要求等方面都因长时期教学经验的积累，拥有并形成了相对具体和细化的教学方案，也基本达到了规范化、系统化和可操作化的要求。然而，也正是基于对过往经验的一味认同，思想政治理论课教师在课程体系的设置方面的思考往往也就逐步显现出惰性，当然，自然也就缺乏对自主式、合作式、研究式与师生互动式等实践教学新模式的探索了，

更不能奢望能够建构起一种科学合理的实践教学质量评价与保证体系了。因此，在笔者看来，从使思想政治理论课更具可操作性和实效性的角度出发，有必要在紧扣教育部现行统编教材基本内容的基础上，结合四门思想政治理论课程的自身特点，进一步优化实践性的教学内容，并为之设计相应的教学方案。

2. 整合多元多向的教学资源

目前，高校思想政治理论课实践教学资源呈现"人力资源主体多元、物质资源拥有分散、活动要素交叉重复、信息资源利用率不高"等问题，要提高思想政治理论课实践教学资源利用率，就必须最大限度地整合思想政治理论课实践教学资源[4]。在资源整合的过程中，需要我们针对当前思想政治课实践教学资源供给有限和实践教学主体的需求日益扩大之间的矛盾，以培养和提高学生的马克思主义理论素养和人文素质为目标，在突破学校内部不同部门、高校之间乃至于学校与社会这些不同资源主体界限的基础上，探索有效整合与合理利用思政课和人文社科相关课程实践教学资源的原则、途径与方法。

在将思想政治理论课和相关人文素质课程的实践教学资源进行多元化、多方向的整合过程中，笔者认为至少可从以下几个方面来厘清思路：第一，将思想政治理论课教师与学生工作队伍、其他人文社科类课程教师、学校党务管理人员等进行整合，结合不同工作岗位上的具体经验，增强教学活动的实践性和方向性。第二，将实践教学计划、内容与目标进行整合，通过更新实践教学内容，不断将教师新的教学和科研成果转化为体验性、创新型和开放性的实践教学项目和内容。第三，基于资源整合与开发利用原则，将实践教学活动与其他校内外各种可利用的实践教学资源进行整合，把全校各专业的思政课参观考察、社会调查、"三下乡"服务、志愿者活动与相关专业的模拟庭审、案例分析、法律与经济咨询、网络模拟等实习、实训、实验融为一体，构建"大实践"理念与模式下的新的实践教学内容。

3. 打造合力育人的课程运行机制

从系统工程的角度，笔者认为，在高校思想政治理论课实践教学改革过程中，需要探索以思想政治理论课教研室或教学部为主导，学校各相关部门支持、专业院系参与的，点面结合、上下联动、合力育人的实践教学管理体制。在相关教学力量整合的基础上，可以进一步思考如何根据各门课程自身特点和教学要求，设计基于资源整合与利用的针对性和可操作性都较强的各自的实践教学实施方案，构建和完善思政课实践教学资源整合与利用长效机制。

对此，笔者的基本思路是将思想政治理论课实践教学资源与校内宣传、教务、团委、学生等职能部门和校外主管部门、社会组织等拥有的资源进行整合，搭建一种立体化的"大实践"教学平台，在该平台上先行设置思想政治理论课实践教学指导中心，由"中心"负责整合校内各职能部门与社会资源的关系，定期向学生发布思政课"大实践"活动信息，鼓励学生广泛参加实践教学活动和教师的科研课题，比如申请学生思想政治实践活动专项经费，开展相关科学研究、社会实践和综合技能训练活动等均可以成为思考的方向。同时，为了切实加强思政课实践教学环节的实效性和针对性，也可推行"模块化实践教学方案"，为学生提供多视角、多方位、多渠道的实践教学参与模式。由学校提供全程的工作和物质保障，在学校提供的多个模块内，由学生自己选择实践教学形式，自己申报实践教学课题。

4. 进行多位一体的教学创新

在思想政治理论课教学创新过程中，笔者认为基本应囊括以下内容：第一，教学形式创新。实践教学过程应从以"教"为中心转向以"学"为中心，学生应成为实践活动的主体，以教师指导为主的实践形式转向以辅导、监控、考核的学生自主学习为主。第二，教学手段创新。实现传统手段与现代化、信息化手段相结合，引入网络与计算机多媒体辅助教学手段，构建一套内容丰富、形式多样，互为助力的教学方法体系。第三，教学内容创新。实践教学内容的安排应注意理论与实际应用的紧密结合，通过实践教学活动，促使学生进行理论知识与相关实务知识的整合，将零散的知识转变为相互贯通的系统知识，使学生能够实现活学活用，将相关知识内化为自身发展的需要。第四，管理方式创新。随着以"教"为中心的教学模式向以"学"为中心的教学模式的转换，实践教学的管理方式也应做相应调整，即从以教师管理为主转向以学生自我管理为主。

5. 优化互补教学体系

在教学体系的改革过程中，笔者认为应强调以下内容：第一，加强实践教学体系改革，大幅度增加创新性、开放性和设计性实践教学项目，并把科研成果引入实践教学中，实现学生社会实践技能和科学研究能力的同步发展，增强学生参加社会实践活动的兴趣。第二，在实践教学活动设计上体现模块化、多层次、综合性，构建基础实践平台、课程单元实践平台、课程综合实践平台和创新、创业实践平台，将思想政治理论课与相关专业、学科进行结合，实现交叉学科之间的渗透与融合。第三，实践项目按模块化设计，不同课程按需要进行组合，并侧重于强调实用性、应用性和效用性等方面。第四，形成开放的实践教学模式。搭建实践教学专题网站和信息管理平台，通过网络发布实践项目信息，进行专门的教学指导、师生实时互动和案例展示，实现开放式的实践教学与管理。

6. 实现师资队伍的专兼职相结合

在思想政治理论课教学活动中，笔者倾向于采取培养与引进相结合、专职与兼职相结合、教学与科研相结合的方式，打造一支专业的实践教学队伍。该教学团队应参与到实践性教学体系、文件的制订，实践项目的开发，实践教材的编写等环节当中。参与度的高低决定了实践教学的氛围，人才的培养与引进、教学与科研的相长有利于提升师资队伍水平和教师专业素质的提高，从而打造出一支从事实践教学与理论教学教师的互通或合一，既熟悉思政课教学内容、又能懂得相关专业基础理论的理论教学与实践教学相结合的高素质师资队伍。

注释

[1] 靳玉乐. 中国新时期教学论的进展 [M]. 重庆：重庆出版社，2001：502.

[2] 周伟. 高校思想政治理论课教学评价的对象与方法 [J]. 思想政治教育研究，2010 (1)：90.

[3] 骆郁廷. 试论高校思想政治理论课教学评价的特殊性 [J]. 教学与研究，2007 (4)：72.

[4] 叶芃，汪洪，戴佳，邹艳红. 论思想政治理论课实践教学资源整合 [J]. 化工高等教育，2008，25 (6).